알리, 아메리카를 쏘다

알리, 아메리카를 쏘다

마이크 마커시 지음·차익종 옮김

당대

앨리, 아메리카를 쏘다

ⓒ 도서출판 당대, 2003

지은이| 마이크 마커시
옮긴이| 차익종
펴낸이| 박미옥
펴낸곳| 도서출판 당대

제1판 제1쇄 인쇄 2003년 7월 4일
제1판 제1쇄 발행 2003년 7월 8일

등록| 1995년 4월 21일(제10-1149호)
주소| 서울시 마포구 연남동 509-2 3층 121-240
전화| 323-1315 팩스| 323-1317
e-mail| dangbi@chollian.net

ISBN 89-8163-100-X 03330

옛적에 오 해적들 나타나

날 팔아치웠어

잡힌 지 몇 분 만에 장사치 배로

칠흑처럼 깊이 모를 밑바닥에 갇혔지

그러나 전능한 주의 손

내 손을 강하게 하셨지

세대와 세대를 이어 오늘

우린 드높이 일어섰어

그대 내 노래 함께 하자

이 자유의 노래를

내가 가진 모든 건

구원의 노래뿐

구원의 노래뿐

〈구원의 노래Song of Redemption〉, 밥 말리(Bob Marley)

감사의 말

이 책을 쓰도록 격려하고 도와주신 분들께 먼저 감사드린다.

자파리압 아메드(Zafaryab Ahmed), 아리프 아자드(Arif Azad), 로렌스 브렌트(Laurence Brent), 벤 캐링턴(Ben Carrington), 리즈 데이비스(Liz Davies), 스티브 포크너(Steve Faulkner), 존 피셔(John Fisher), 앨런 구드(Alan Goode), 엘리엇 허위트(Elliott Hurwitt), 제니퍼 매킨토시(Jennifer Macintosh), 제프 마커시(Jeff Marqusee), 이언 맥도널드(Ian McDonald), 데이브 파머(Dave Palmer), 파멜라 필리포즈(Pamela Philipose), 휴 리처즈(Huw Richards), 롭 스틴(Rob Steen), 숀 워터맨(Shaun Waterman) 등 모두에게 감사드린다.

또 닐스 후퍼(Niels Hooper)와 가나노동조합회의(Ghana TUC)의 앤소니 바(Anthony Bah)에게 감사드린다. 이분들은 옛 신문철에서 자료를 찾아낼 수 있도록 애써주셨다. 사진 찾는 작업을 도와주신 개빈 브라우닝(Gavin Browning)에게도 고마움을 표시한다.

정기간행물 『인종과 계급』(*Race and Class*)의 시바난단(A. Sivanandan)과 해즐 워터스(Hazel Waters) 두 분에게도 고맙다는 말씀을 전한다. 『인종과 계급』은 내가 무하마드 알리에 관한 글을 처음으로 발표한 지면이기도 하다. (영국식 영어와 미국식 영어의) 표기문제에 살갑고 자상한 관심을 쏟아주신 미건 하이앳(Megan Hiatt)에게도 감사드린다. 버소(Verso) 출판사 편집장이기도 한 나의 친구 '거인' 콜린 로빈슨(Colin Robinson)에게도 고마운 마음을 표한다.

마지막으로, 인종차별 철폐와 평화를 위해 평생을 바치신 나의 부모님 자넷 마커시(Janet Marqusee), 존 마커시(John Marqusee) 두 분에게 이 책을 바친다.

차례

들어가는 말:
알리, 저항의 상징에서 통합의 기호로

Introduction:
Ali in the Prison of the Present

무하마드 알리. 1990년대 들어 그의 운명은 기이하게 뒤바뀌었다. 아메리카 기득권체제에 겁도 없이 대들었던 알리가 그 품에 안겨버린 것이다. 끓어오르는 사랑이 알리에게 퍼부어졌다. 하지만 그 이전 30년 동안 알리는 눈곱만한 기림도 받지 못했다. 무적의 패자로 군림하면서도 오히려 그는 미국 스포츠 역사상 보기 드문 욕설을 한 몸에 뒤집어써야 했다.

그러던 중 NBC 스포츠방송의 막후로비 덕택에 알리는 1996년 애틀랜타올림픽의 개막식 스타로 떠올랐다. 코카콜라 후원으로 84일 동안 이어진 성화 릴레이의 최후 주자 알리가 길이 52미터의 전기도화선을 향해 팔을 뻗쳤다. 알리의 팔은 눈에 띄게 떨리고 있었다.[1] 도화선 끝에는 거대한 솥 모양의 올림픽 성화대가 솟아 있었다. 엄청난 돈을 쏟아부은 이 최신식 점화장치는 애틀랜타올림픽의 상징이었다.

통제실에서 개발자 돈 미셔가 송신장치를 머리에 쓰고 조용히 내뱉었다. "가서 알리를 도와주게. 불 좀 붙이게 말야." 하지만 알리는 누구의 도움도 필요 없었다. 도화선에 불꽃이 인 것이다. 성화대는 널름거리는 불꽃으로 타올랐다. 현장에 모인 후원기업가, 텔레비전방송 임원, 관중들 그리고 가정의 시청자들은 안도의 한숨을 내쉬었다. 알리가 다시 승리했다고, 이번에는 신체장애에 도전하여 승리를 거뒀다고 말이다. (1인당 600달러씩 내고 참석한) 8만 3천의 관중과 약 30억으로 추정되는 전세계 시청자들의 눈앞에서, 알리는 자신의 지병뿐 아니라 말썽 많던 과거까지 이겨 넘어선 것이다.

『뉴욕타임스』(*The New York Times*)는 이 순간을 '완벽한

[1] 권투 후유증으로 파킨슨병을 앓고 있다

감동'이었다고 평했다. 여기에 발이라도 맞추듯, 대회조직자들은 1963년 워싱턴대행진[1] 마지막날 저 유명한 마틴 루터 킹(Martin Luther King)의 사자후 연설을 다시 돌렸다. 애틀랜타의 칼럼리스트 데이브 킨드리드(Dave Kindred)는 "한 세대 전 킹이 호소한 그 세계가" 모든 관중의 눈앞에 "되살아났다"고 썼다. 마틴 루터 킹의 측근이자 애틀랜타 시장을 역임했던 앤드루 영(Andrew Young) 또한 황홀함에 어쩔 줄 모르며 "알리의 존재야말로 힌두교도, 무슬림, 카톨릭교도, 유대교도 모두가 손에 손을 잡고 있다는 상징"이라고 추켜세웠다.

그렇지만 근대 스포츠의 이런 상징놀이와 돈벌이잔치에 모두가 흡족하기만 했던 것은 아니다. 경기장 바깥에서는 남부연방[2]을 상징하는 별과 막대가 있는 조지아주 깃발이 펄럭이는 가운데, 마틴 루터 킹의 옛 동료 호세아 윌리엄스(Hosea Williams)가 소규모 시위대를 이끌고 있었다. 올림픽은 만인평등원리의 상징이라 하지만, 펄럭이는 조지아주 깃발의 모습은 그것이 얼마나 위선인가를 말해 주는 듯했다.[3]

30년 전 캐시어스 클레이가 오하이오 강줄기에 금메달을 던져버린 것은[4] 올림픽이념과 아메리카 현실 사이의 괴리 때문이었다. 애틀랜타올림픽의 상징조작은 미국 드림팀이 참가한 농구결승전에서 그 정점에 다다랐다. 드림팀은 순미국산 운동인 농구의 결승전에서 미국의 우월성을 다시 한번 각인시킨 것이다. 하프타임 때는 프랑코주의자[5] 출신의 올림픽 보스인 후안 안토니오 사마란치가 등장하여, 알리에게 새로 만든 대체 금메달을 수여했다.

---

[1] 1963년 8월 28일 마틴 루터 킹 등 흑인 시민권운동가들이 주도하여 인종차별 철폐, 흑백통합 등을 주장하며 조직한 행진시위로, 킹의 연설 "나에겐 꿈이 있습니다"(I have a dream)가 유명함

[2] 남북전쟁 당시 남군측이 표방한 남부연방(Confederate States of America)을 가리킴

[3] 조지아주의 주도 애틀랜타는 CNN방송, 코카콜라, 델타항공의 본부가 있는 상공업의 중심지이자, 인종차별의 본고장 남부의 대표적인 도시로 마틴 루터 킹의 고향이기도 하다

[4] 클레이, 즉 무하마드 알리는 로마올림픽 금메달리스트가 되고서도 고향 오하이오에서 여전히 인종차별에 시달리자 오하이오 강에 금메달을 던져버렸다

[5] 프랑코는 스페인의 파시스트로 1936년 군사쿠데타 주역

알리의 깜짝출연을 두고 『USA투데이』(*USA Today*)는 "위대한 자가 부활했다"고 보도했는가 하면, 『스포츠 일러스트레이티드』(*Sports Illustrated*)는 알리의 사진을 표지에 올림으로 해서 동일 인물을 서른네 번이나 표지에 싣는 기록을 세웠다. 1974년 조지 포먼과의 '정글의 혈전'(Rumble in the Jungle)[1]을 담은 다큐멘터리영화 〈우리가 왕이었을 때〉(When We Were Kings)도 마침내 개봉되었다. 많은 관객들이 전성기 때 알리의 위용을 새롭게 맛볼 수 있었으며, 덕분에 알리는 아카데미영화상 시상식에도 모습을 드러내어 박수갈채를 받았다. '인도주의적 노력'의 대가로 알리가 그해 노벨평화상 후보로 선정되었다는 소문까지 나돌았다. 알리를 다루는 잡지 인물평, 텔레비전 프로그램, 비디오, 책 들이 쏟아져 나와 그의 옛 명성을 (물론 재해석해서) 되살려냈다. 광고출연 요청도 쇄도했는데, 연간 1천만 달러를 보장하겠다는 제안도 있었다. 권투에 대한 논의와 관심도 그만큼 커졌다. 야구, 농구에서부터 미식축구와 각종 육상경기를 망라해서 은퇴 이후까지 대기업군단들의 관심을 끈 스포츠스타는 알리말고는 없다고들 했다.

오늘날 '아메리카 영웅'으로 칭송받는 이 인물은 자기 나라보다 해외에서 더 명성이 높은 선수였다. 지금 그는 1990년대 미국의 친선사절이자 흑백조화의 온건한 상징이다. 그러나 지난날 그는 인종통합을 경멸하는 종교[2]에 조롱을 퍼부었으며, 미국을 썩어빠진 '야만국가'라고 비난했었다. 그는 전쟁보다 더 원대하고 숭고한 의무가 있다고 주장하며, 징집을 거부했다. 그 결과 그는 교도소에 보낸다는 협박을

[1] 아프리카 자이르(현 콩고 민주공화국)의 수도 킨샤사에서 열린 조지 포먼과의 타이틀매치

[2] 기독교를 가리킴

받았고, 직업으로서의 권투를 금지당했으며, 정부의 박해에 시달리고 언론이 퍼붓는 온갖 독설을 뒤집어써야 했다. 이런 상황에서도 이른바 '아메리카니즘'의 골난 수호자들을 거리 낌없이 골탕먹인 덕분에, 알리는 반미(反美) 저항의 상징이 었으며, 아프리카·아시아·라틴아메리카·유럽 곳곳에서 들불처럼 번지고 있던 자주운동의 화신이 되었다.

오늘날 알리의 정치적 색채는 퇴색되었다. 1960년대를 상징하던 존재, 마틴 루터 킹이나 말콤 엑스(Malcolm X)와 일시적인 관심 이상으로 깊은 친분을 맺었던 알리는 두 사람과 동일한 정치적 운명을 밟은 것이다. 전혀 놀랄 일은 아니다. 알리와 같은 시대적 상징은 추종자를 많이 거느리게 될수록, 그리고 신비의 빛을 장엄히 내뿜을수록 자본주의에 저항하기 어려운 법이다. NBC방송이나 코카콜라를 비롯하여 애틀랜타의 기업 엘리트들이 볼 때, 올림픽이라는 지구적 놀이를 미국인들에게 팔아먹는 데 알리만한 안성맞춤이 또 어디 있겠는가? 미국을 세계에 팔아먹는 데 알리만한 적격자가 과연 있겠는가?

하루가 다르게 늙어가는 과거의 스포츠스타들은 우리네 인간들의 허섭스레기 같은 기억을 담아두는 저장소로 이용되곤 한다. 어쩌면 운명이라 탓할 수밖에 없을지 모른다. 그러나 한때는 근대 스포츠 역사상 가장 반항적이던 거인이, 시간이 지나 기업들의 그저 그런 광고모델로 변하여 우리로 하여금 금석지감(今昔之感)을 가지게 하다니, 예사롭게 넘길 일은 아니다. 그들은 알리를 유명인사로 떠받들고, 알리의 신화를 해체하고, 상품으로 써먹고 있다. 그들은 "알리라는 우상"은 알리 스스로의 힘으로 만들어낸 것이라고 말한다. 알리는 지금 또 하나의 '아메리칸 아담'[1]이다. 그는 '위대한 개츠비'[2]와 같은 입지전적 주인공이다. 알리 역시 스스로를 갈고 닦아 성공했다가 자기파멸의 길을 걸었다. 그렇지만 성공 이전 알리의 본모습은 대중의 시야에서 가려져 있다. 또 알리의 파멸적 말로만 부각될 뿐 그 속에 담겨 있는 우리들 공통의 삶의 문제 역시 포착되지 못하고 있다.

우리 시대 여느 사람들과 마찬가지로 나 또한 알리와 얽힌 추억거리가 있다. 1960년대는 나의 성장기였다. 알리는 언제나 거기 있었다. 승부스포츠에 대한 꿈으로 펄펄 끓던 열두 살 아이가 뿌리 깊은 증오와 염세주의를 가득 품은 열여덟 살로 성장하기까지, 그 시간을 연결해 주는 다리 역할을 한 이가 바로 알리였다. 1971년 영국으로 건너가 살면서 나는 알리가 미국뿐 아니라 세계의 것이기도 함을 깨달았으며, 세계 곳곳 다양한 족속들이 제 나름의 이유로 알리를 숭상하고 있음도 알게 되었다. 그리고 아시아·아프리카의 스포츠팬과 정치운동가들을 만나본 결과, 나는 알리가 진정 전지구적인 존재로 우뚝 선 인물임을 절감했다. 권투를 싫어하는 사람, 권투와 얽힌 것이라면 무조건 고개를 절레절레 흔드는 사람들까지 알리를 숭상하고 있었다.

내가 알리를 직접 본 것은 딱 한번뿐, 1976년 프랑크푸르트 도서전시회에서다. 알리는 새로 출간된 자서전 『위대한 자』(The Greatest)의 홍보를 위해 그곳을 찾았다. 당연히 그는 행사의 절정을 장식한 명사였다. 알리가 나타나자마자, 잘 차려입은 숭배자들이 친필서명을 받으려고 비명을 지르며 몰려들었다. 도서전 특유의 늘어진 분위기와는 전혀 다른 광경이었다. 나 역시 그 인파에 끼여서 종잇조각을 들고 얌전히 차례를 기다렸다. 가까이에서 본 알리는 거대한 몸집이었지만, 군중들 속에 둘러싸인 채 이상스레 꿈쩍도 하지 않았다. 잠시 후 이 위대한 인물은 나에게도 자기 이름을 흘려 써 주었고, 나는 그 귀중한 종잇조각을 갖고 호텔방으로 돌아왔다. 다음날 아침 친필서명을 받은 종이는 온데간데없어졌다. 아마 호텔종업원으로 일하는 이주노동자가 슬쩍 가져가지 않았나 싶다. 없어진 것은 그것뿐이었으니까.

무하마드 알리를 다룬 글이 이미 수백만 단어가 넘는데, 또 한 권의 책을 여기에 더하려는 까닭이 있을까? 알리라는 인물이 원체 다면적인지라, 그를 주제로 삼는 글은 계속 새로 나오게 마련이라고 한다면 우선 그런대로 통할 순 있겠다. 그러나 알리가 뿜어내는 빛이 해가 갈수록 먼 옛날의 얘기로 사라져 가는 이 시점에서 알리를 재조명해야만 할 이유는 분명히 있다.

1990년대 미국의 우상으로 떠받들어지고 있는 알리는 60년대의 알리가 아니다. 90년대의 사람들이 혹은 기리고 혹은 비웃으며 그려내는 60년대의 이미지 또한 조잡한 모작에 지나지 않는다. 실제의 알리와 실제의 60년대는 복잡하고도 서로 모순된 여러 요소들로 얽혀 있다. 요즘 비춰지는 60년대와 무하마드 알리 이미지는 이런 실제 요소들을 아무 차별성 없는 것들로 변형시켜서, 날로 커가는 문화상품 시장에 팔아먹기 좋게 재포장해 놓은 것이다.

90년대 사람들은 60년대의 불만과 요구들이 너무 지나쳤다고 말한다. 90년대 사람들은 한때 알리가 겪은 모순들이 다 해결되었다고 말한다. 그들은 알리가 힘겹게 택한 길의 옳고 그름 따위는 알리의 개인사 전체 속에서는 하찮은 것이라고 치부한다. 인종주의와 병역 문제, 이슬람과 서구의 문제, 자기정체성에 대한 자각의 문제, 흑인운동의 지도력 문제, 빈곤하고 암울한 나라에 미국 군사력을 투입하는 문제 따위는 흘러간 노래일 뿐 더 이상 타당한 문제가 아니니 까탈스럽게 분란을 일으키지 말라는 것이다.

타의 추종을 불허하는 고집불통인 저항투사마저 우려먹는 이 시대 지배자들의 능력은 여전히 섬뜩하지 않을 수 없다. 그러나 그들의 시도가 완벽히 성공한 것은 아님을 명심하자. 알리는 언제나 서로 다른 사람들에게 제각기 다른 의미로 이해되어 왔다. 이 의미들은 서로 전혀 다르고 완전히 모순된다. 알리가 퇴장한 훨씬 이후에 성장한 흑인 젊은이들을 비롯해서 미국의 흑인사회나 세계 곳곳의 사람들에게 무하마드 알리는 애틀랜타올림픽의 돈잔치를 만들어낸 족속들의 생각과는 근본적으로 다른 가치를 상징한다. 우리가 다시 알리를 되살리려 한다면, 저 멀리 떨어진 우상을 숭배하는 것으로는 성에 차지 않는다. 우리는 알리 바로 가까이 다가가야만 한다.

알리의 이야기는 기이한 설화다. 거기에는 시련과 승리가 교차되고 있으며 고통 속에서 구원을 얻어내는 신화적 요소가 담겨 있다. 그러기에 전기작가나 평론가들에게는 구미가 당기는 인물이었고, 앞으로도 그럴 것이다. 그러나 알리 설화를 다시 써내려가는 과정에서 우리는 자칫 영웅의 그늘에

현혹되어선 안 된다. 그럴 경우 알리의 삶을 둘러싼 모순과 혼란의 상황을 놓치게 되며, 결국 전혀 다른 결과가 나오게 된다. 영웅은 의심, 모순, 오판, 타협의 결과물이자 명확한 목표에 한점 동요도 없는 존재다. 나머지 인간들은 그런 영웅상을 제 나름으로 받아들인다. 알리 이야기의 정수에는, 으스스한 협박과 군침 도는 회유책을 이겨내고 담대히 선택하여 고군분투하는 청년이 서 있다. 이 책은 알리가 내려온 결단의 순간들을 그 전후 맥락과 함께 살피고 있다.

알리만큼 자기 시대의 정치적 사건에 깊숙이 휘말린 스포츠인은 이제까지 없었다(그밖의 대중문화 분야에서도 이런 인물은 그리 많지 않을 것이다). 그의 권투 역정은 당대 정치·사회적 변화와 밀접한 영향을 주고받으며 형성되었다. 이 책은 알리를 정치지도자나 운동가 혹은 이데올로그로 묘사하려 하지 않는다. 기묘하게 들릴지 모르지만, 오히려 실제 알리의 심사나 행동거지는 지도자 노릇, 행동주의, 이데올로기 따위에 대한 강한 혐오감 속에서 정해졌었다. 알리는 정치참여에 반대를 표시했다. 처음에 그는 자신에게 인종의 대표자라는 굴레를 슬그머니 씌우려는 흑백평론가들의 시각도 거부했다. 그러나 시대상황과 인물이 연금술처럼 뒤섞인 결과, 알리는 정치의 세계에 점점 깊숙이 끌려들어갔고 자신의 의사와 무관하게 점점 더 흑인의 대표자가 되어갔다. 프레더릭 더글라스(Frederick Douglas)[1]가 말했듯이, "인간이 만들어내는 것이 인간에게 영향을 미친다. 인간이 환경을 만들어간다고 할 수 있으나, 그 환경이 다시 그를 빚어내는 것이다."

[1] 탈주노예 출신으로 19세기 미국의 대표적인 흑인 해방운동가

1

거대한 군중의 어린애 같은 얼굴
The Baby Figure of the Giant Mass

1964년 2월 25일 캐시어스 클레이가 소니 리스턴(Sonny Liston)을 꺾고 헤비급 세계챔피언 자리에 올랐다. 예상을 완전히 뒤엎은 이 승리는 당대의 가장 경악스러운 사건으로 꼽혔다. 충격에 빠진 사람들은 자신들의 판단이 잘못되었음을 뼈아프게 되새겼다. 권투전문가나 도박사들은 망연자실했겠지만, 약자의 승리야말로 스포츠에서 맛볼 수 있는 최고로 짜릿한 경험이다. 혹자는 도박확률이 들어맞아 기뻐하고 또 혹자는 정신이 아득해 있는 가운데, 승리 이후 며칠간 링 밖에서 클레이가 벌인 행각은 세간을 다시 한번 뒤흔들어놓았다.

시합이 끝난 후 여느 선수라면 마이애미의 호텔가에서 축하잔치를 벌였을 테지만, 그 대신 클레이는 자신의 훈련캠프가 있던 흑인빈민가로 발길을 돌렸다. 그는 이슬람 흑인운동가 말콤 엑스, 가수 샘 쿠크(Sam Cooke) 그리고 명문구단 클리블랜드 브라운즈의 명 러닝백으로서 흑인선수로 뛸 권리를 개척해 낸 짐 브라운(Jim Brown) 등과 한담을 나누며 차분히 저녁시간을 보냈다. 다음날 말콤 엑스와 아침식사를 한 후 기자들과 만난 자리에서, 클레이는 자신이 이슬람네이션(Nation of Islam)[1]과 관련을 맺고 있다는 소문이 사실이라고 인정했다.

나는 알라신을 믿고, 평화를 믿습니다. 나는 백인동네로 이사할 생각도 없고, 백인여자와 결혼할 생각도 없어요. 열두 살 때 기독교 세례를 받긴 했지만, 그땐 뭐가 뭔지 몰랐어요. 더 이상 나는 기독교도가 아닙니다. 내가 택하는 길이 어떤 건지 알

[1] 이슬람교에 입각한 미국의 흑인해방조직. 이슬람 민족운동, 블랙 무슬림 운동이라고도 한다. 이 책에서는 이슬람네이션으로 통일하였다

고 있고, 무엇이 진실인지도 압니다. 나는 당신들이 원하는 챔피언이 되지는 않을 겁니다. 나의 자유로운 뜻대로 될 겁니다.

"나는 당신들이 원하는 챔피언이 되지는 않을 겁니다." 어떤 권투챔피언도 어떤 흑인 스포츠스타도 지금까지 해내지 못한 독립선언을 클레이는 쩌렁쩌렁하게 외친 것이다. 다음날 그는 이 생각을 더 시원시원히 밝혔다. 입맛대로 움직여주던 예전의 떠버리는 사라지고, 그 자리에는 늠름하고 의기양양한 반항아의 모습이 서 있었다.

블랙 무슬림(Black Muslim)이란 말은 언론에서 갖다 붙인 용어입니다. 진짜 이름은 이슬람입니다. 이슬람이란 평화라는 뜻이죠. 이슬람은 엄연한 종교로 전세계 7억 5천만이 이슬람을 믿고 있고, 나도 그중 한 사람이죠. 나는 기독교신자가 아니에요. 인종차별 철폐를 법으로 규정하라고 싸우는 유색인들이 전부 얻어터지고 있는데, 내가 어떻게 기독교도가 되겠어요? 흑인을 돌로 치고 개를 풀어 물어뜯게 하고 흑인교회를 폭파해버리는데도, 범인을 못 잡는다니…. 난 헤비급 챔피언이지만, 아직도 내가 이사 들어갈 수 없는 동네들이 있습니다. 그 동네 부비트랩이나 개를 피하는 방법이 있긴 있습니다. 흑인동네에만 짱박혀 있으면 되는 거죠. 난 말썽꾼이 아닌데도 마찬가집니다…. 난 착한 남잡니다. 어떤 잘못도 범한 적 없습니다. 난 감옥구경 한번 한 적 없고, 재판정에도 가본 일이 없어요. 인종통합 시위에도 끼지 않습니다. 백인여자마다 날 보면 윙크를 해대지만, 난 눈곱만큼의 관심도 없어요. 난 구호를 들지도 않아요…. 수탉은 새벽빛을 봐야 울어대는 법입니다. 컴컴한 어둠에 수탉을 가둬보세요. 절대 못 웁니다. 하지만 나는 빛을 보았고, 그래서 지금 울어대고 있는 겁니다.

클레이의 기자회견이 있은 즉시 적개심에 불타는 반응들이 터져나왔다. 미국 남부인사들이 중심이 된 세계권투협회(WBA)[1]는 타이틀을 박탈하기 위해 움직이기 시작했다. 컬럼비아음반사는 클레이가 취입한 음반 〈나는 위대하다〉(I Am the Greatest)가 한창 잘 팔리는데도 판매목록에서 지워버렸다. 잭 파(Jack Parr)의 텔레비전 토크쇼에 출연하기로 확정된 일정도 없던 일로 되었고, 방송광고 계약상담은 쑥 들어가 버렸다. 상원의원들은 소니 리스턴과의 시합이 적법한 것이었는지 조사를 하겠다고 을러댔다. 클레이의 시합에 돈을 댔던 루이빌 신디케이트[2]의 갑부들은 그를 '배은망덕한' 놈이라 했다. 일급 권투칼럼리스트로 일컬어지던 지미 캐넌(Jimmy Cannon)[3]은 예전의 다른 사례들은 깨끗이 덮어버린 채, 권투가 "대중적 증오심의 도구로 변해 버린 적은" 이번이 처음이라면서 "클레이가 권투를 악행의 도구로 이용하고 있다"고 공격했다. 매디슨스퀘어가든 사장 해리 마크슨은 클레이에게 경고를 보냈다. "세계챔피언 자리를 이용해서 종교적 욕질을 퍼뜨릴 생각은 하지 마라. 우리가 그동안 유색인차별 장벽을 이만큼이나 철폐해 왔는데, 이런 문제를 일으키다니 유감스러울 뿐이다."

조 루이스(Joe Louis)[4]도 비난에 가담했다. "사람들은 블랙 무슬림에 가담한 클레이를 증오할 것이다. 블랙 무슬림이 가르치는 내용은 우리가 믿는 것과 정반대다." 전미유색인지위향상협회(National Association for the Advancement of

Colored People, NAACP)의 지도자 로이 윌킨스도 거들었다. "캐시어스는 자기도 모르는 사이에 이미 백인시민협회(White Citizen's Council)[1]의 명예회원이 되어버렸다… 그는 백인들보다 더 백인의 의견을 대변하고 있다." 흑인으로 헤비급 챔피언을 지낸 플로이드 패터슨(Floyd Patterson)[2]은 "블랙 무슬림에게서 타이틀을 빼앗아오기 위해" 대전료도 없이 알리와 싸우겠다고 기자들에게 말했다.

다른 흑인인사들은 좀더 현실적인 입장을 취했다. 보수적 칼럼리스트 조지 스카일러(George Schuyler)[3]는 "사귀는 사람이나 행동거지 면에서 다른 흑인 프로권투 선수들과 비교하면 캐시어스 클레이는 그래도 괜찮은 사람들과 어울리는 편"이라고 평했다. 재키 로빈슨(Jackie Robinson)[4]은 "누구든 개신교나 카톨릭 교도가 될 권리가 있듯이, 클레이 역시 무슬림교도가 될 권리가 있다"고 감쌌다. 로빈슨은 클레이가 가끔 '음충맞게' 행동한다고 지적하면서도 믿음을 표시했다. "클레이는 자기가 '위대하다'고 떠벌리기는 하지만, 거기에도 많은 사람들이 알아둬야 할 내용이 담겨 있다. 흑인들이 다른 사람보다 위대하다는 말이라서 내가 두둔하는 것이 아니다. 흑인들도 다른 인종들 못지않게 위대하다는 것을 알아두자는 뜻에서 나는 클레이를 옹호하는 것이다." 젊은 세대에 속한 르로이 존스(Leroi Jones)[5]는 새 챔피언에게서 더 큰 가능성을 읽어냈다. "클레이는 지금 거짓놀음을 벌이는 게 아니다. 유치한 시를 지어 고함만 내지르지만, 거기에도 의미가 담겨 있다. 클레이의 시들은, 이제 전보다 더 새롭고 복잡한 세대가 무대 위로 출현했음을 알리고 있다. 바로 이런 점 때문에 나는 정말 클레이가 좋다.”

이슬람네이션에 가담하여 무슬림으로 개종함으로써, 캐시어스 클레이는 아무도 가지 않은 길을 택했다. 흑백을 불문하고 모두들 그를 완전히 다른 사람으로 바라보았다. 젊은 도전자 클레이는 뱃심 좋고 뻔뻔스러우면서도 재미를 듬뿍 안겨주는 괴짜였다. 그런데 챔피언 벨트를 차지한 지 몇 시간 만에 그의 형상은 외계인처럼 위협적인 존재로 탈바꿈했다. 그는 감히 미국, 기독교 그리고 백인종에게서 등을 돌려버렸다. 숱한 흑인들이 이보다 가벼운 일만 갖고도 여전히 린치를 당하던 시절이었다. 미국 스포츠계를 지배하던 인사들은 질겁했다. 잘 통제되던 스포츠계가 클레이 때문에 뒤죽박죽의 정치논쟁에 휩싸였기 때문이다. 권투팬들은 어안이 벙벙했다. 흑인사회에서는 클레이가 흑인 시민권운동에 가담하기를 거절한 탓에 실망이 크긴 했지만, 그래도 꽤 많은 흑인들이 이런 사태를 놀라워하면서도 즐기는 기색이었다.

클레이가 이슬람교도로 개종한 일은 무엇보다도 흑인 됨을 자부하는 몸짓으로 받아들여졌다. 오랫동안 비난의 표적이 되는 것을 운명처럼 여겨온 이슬람네이션에 기꺼이 몸을 의탁한 덕택에, 클레이는 흑인사회에서 확고한 지지기반을 닦은 셈이었다. 만일 그가 여느 흑인 연예인이나 스포츠인처럼 백인 편에 기댔다면 백인들의 지지와 함께 일부 흑인팬도 거느릴 수 있었겠지만, 그는 일찌감치 흑인 편을 택함으로써 흑인들에게 더 가까이 갈 수 있었다.

“나의 자유로운 뜻대로 될 겁니다.” 오늘날 혹자는 캐시어스 클레이 “스스로의 힘으로 만들어낸” 존재가 곧 무하마드 알리라고 말한다. 여기서는 불레셋족의 신전을 무너뜨린 삼손[1]이 연상된다. 흠 없는 카리스마 속에서 불현듯 나타난 전통적 영웅상이자, 검둥이 삼손의 이미지다. 그러나 알리는 무(無)에서 자기 힘으로 태어난 인물이 아니다. 개인적 차원의 자유를 얻는 데서 시작했지만, 갖가지 사회적 요인들의 영향을 받고 대응하는 과정이 그를 움직이고 또 이끌어간 것이다. 알리의 공개적인 개종은 시대를 비웃는 예상 밖의 충격이었고, 두려움과 희망 양편에서 사람들의 시야를 아찔하게 열어준 사건이었다. 그러나 이 모든 순간은 그 시대 역사적 경험에 비추어보아야 의미가 파악된다. 강물처럼 흘러들고 다시 흘러나가는 역사의 물결 한복판에 말이다.

● ● ●

스포츠세계에서 사람들이 어떤 팀을 지지하는 현상의 밑바닥에는 뭔가 비합리적이고 변덕스러운 것이 흐르고 있다. 시추에이션 코미디드라마 〈사인펠드〉에서 주인공 제리 사인펠드도 이렇게 지적한 바 있다. "사람들이 경기에서 돌아오면서 소리를 질러대는 거야. '우리가 이겼어! 우리가 이겼어!'라고. 하지만 그게 아니라 '걔네들'이 이긴 거잖아. 사람들은 그냥 봤을 뿐이고." 관중이란 수동적 존재인데, 남의 승리나 패배에 어떻게 자신이 참여했다고 느끼는 것일까? 이는 상상력의 비약이자 자아개념의 확장으로, 인간에게만 나타나는 놀라운 현상이다. 사인펠드가 토로하듯 이 현상은 희극을 만들어내는 풍성한 젖줄이 된다.

[1] 구약성서에 나오는 거인 삼손을 가리킴. 여인 데릴라에 빠져 불레셋족에 사로잡히고 두 눈이 뽑혔으나 괴력을 발휘하여 신전을 무너뜨림으로써 복수하고 죽음

　　사랑과 전쟁을 섬세하게 통찰하는 희곡 「트로일러스와
크레시다」(Troilus and Cressida)에서 셰익스피어는 사람들
이 스포츠에 열광하는 현상을——그리고 스포츠시합을 자기
운명과 동일시하는 위험한 습성을——다루었다. 아킬레우스
와 헥토르, 즉 그리스와 트로이의 챔피언들이 벌일 일 대 일
승부를 예측하는 대목에서, 정치가이자 모사꾼 네스토르는
율리시스에게 이렇게 말한다.

　　그저 한판의 시합일 뿐이지만
　　숱한 주장이 여기서 판가름나게 마련이오
　　그도 그럴 법, 트로이인들은 경애하는 우리 장군의 명성을
　　입맛대로 맛보려 할 법이니, 율리시스 날 믿으시게
　　이 거친 승부에 우리 평판이
　　아찔히 달려 있으니, 일단 성공하면
　　하찮은 시합 하나로 장군을 두고서
　　좋으니 나쁘니
　　평판의 잣대를 들이밀 법
　　눈금은 작지만 조금 움직일 때마다
　　거대한 결과가 나오는 법
　　거대한 군중의 어린애 같은 얼굴
　　그 모습이 곧 다가온다네 (1막 제3장 335～46행)

　　평민 관중이 중심이 되는 근대 스포츠의 대표종목은 권
투·경마·크리켓 등인데, 이들은 18세기 중반 영국에서 교
구행사나 대중적 소일거리를 모태로 하여 시작되었다. 급속
한 산업화, 시장관계의 확산, 시간과 돈을 펑펑 쓸 수 있는

야심만만한 엘리트층의 증가 등이 이런 스포츠를 키우는 산파 역할을 했다. 이들 스포츠의 세계에서는 아직 이전의 무미건조한 승부나 자잘한 경기규칙들이 그대로 남은 채 이루어지고 있었다. 스포츠는 이런 울타리 안에서 벌어지는 행동들로서, 경기 자체가 목적이었다. 경제나 정치·군사의 세계에서도 경쟁이 벌어지고 승패가 엇갈리긴 하지만, 스포츠 안에서 이루어지는 승패의 결과는 이들과 매우 다른 성격을 지니고 있었다. 시초부터 근대 스포츠는 자신을 낳은 사회 안에 있으면서도 동시에 그 사회와 일정한 거리를 두고 제 영역을 확보했다.

권투규칙이 처음 명문화된 것은 1743년이었다. 곧 이어서는 전국챔피언제도가 공인되었다. 신문들마다 '프로권투시합'을 광고해댔고, 스포츠기자를 고용하기 시작했다. 관중도 어떤 때는 1만 명이나 2만 명씩 권투시합에 모여들었다. 시합의 후원자는 대개 귀족들이었는데, 이들은 경기결과를 놓고 거액의 돈을 걸었다. 오늘날 거대한 규모로 발전한 레저의 상업화가 이때부터 시작된 것이고, 프로권투는 그중에서도 신흥사업이었다.

근대 스포츠의 초창기 몇십 년 동안 관중들이 경쟁자와 자신을 동일시한 것은 기본적으로 도박 때문이었다. 돈을 쏟아부었으니 경기에 흥분한 것이다. 그러나 경기에 열광하게 만드는 다른 요인들이 곧 등장했다. 마을이나 지방을 가르는 지연, 민족, 세대, 인종적 연줄, 학연 혹은 변덕스런 개인적 취향들이 그것이다. 이런 요인들이 표면적인 근거가 되어 관중과 선수 사이의 일체감이 상상 속에서 이루어지게 되는 것이다. 허나 어떤 의미에서 이런 요인들은 그야말로 표피적일 뿐이다. 스포츠에 집착하고 경쟁자와 자신을 동일시하는 것은 관중들의 본성에 원래부터 내재되어 있는 것이 아니다. 관중과 선수 사이의 유대감은 인위적으로 만들어진 것이다. 이 양자가 느끼는 의미는——집단적이든 개인적이든——역사 속에서 만들어진 결과다. 그렇지 않았다면 어떤 스포츠시합에 의미를 부여하는 일은 오직 직접 선수로 참가했을 때만 가능했을 것이다. 스포츠는 불편부당하고 보편적이며 순수한 것이라는 바로 그 이유 때문에, 특별한 가치를 지니게 된 것이다. 스포츠 그 자체에 아무것도 담겨 있지 않다는 이유로 인하여, 스포츠는 무엇인가의 의미를 띠게 되었다.

셰익스피어는 그리스인들을 마키아벨리적인 모습으로 묘사했거니와, 빅토리아시대의 영국인들 역시 '한판의 시합'이 지니는 사회적 의미를 상당히 예민하게 포착하고 있었다. "하찮은 시합 하나로 장군을 두고서 좋으니 나쁘니" 평하게 됨으로써 스포츠 챔피언이 많은 사람들의 대표자가 될 수 있음을 그들은 알고 있었다. '숱한 여론이 판가름'날 수 있다는 바로 그 이유 때문에, 그 여론을 위로부터 만들고 이끌어가려는 시도가 행해졌다. 빅토리아시대를 지배하던 아마추어 스포츠라는 이데올로기는 단지 포장일 뿐, 그 속에는 경쟁심이 들어 있었다. 고귀한 도덕심이 울타리가 되어주었다 해도, 이를 낳고 키운 것은 경쟁심이었다.

근대 스포츠의 이념을 평등주의적 자치라고 하지만, 거기에는 지배체제의 논리가 드리워져 있었다. 그 결과 참가자들은 스포츠와 무관한 기준으로 평가받아야 했다. 경기규칙에 따른 승리만으로는 부족했다. 특정의 사회적·도덕적 기준에 들어맞아야 했던 것이다. 그리하여 '성공의 본보기'가 되라는 요구가 수많은 스포츠 챔피언들의 등판에 악몽처럼 똬리를 틀게 되었으니, '성공의 본보기' 논리는 스포츠세계의 민주주의를 길들이려는 데서 생긴 것이다. 스포츠는 사회적 신분과 무관하고, 바로 그렇기 때문에 숭고한 것이나, 이 '본보기' 요구 때문에 스포츠의 이런 성격이 희석된다.

근대 스포츠 혁명을 후원하고 만들어낸 귀족들은 절대로 권투가 벌어지는 링에 스스로 뛰어든 적이 없었다(크리켓 시합에서는 예외였지만). 하층민 출신의 직업 권투선수는, 높으신 분들의 명령에 따라 시합할 뿐이었다. 권투는 처음부터 도시프롤레타리아와 관련이 깊었으나, 그 핵심 영역은 돈 많은 엘리트들이 조종하고 있었다.

권투세계에는 불란과 불화가 끊이지 않았으며, 이런 상황에서 권투선수나 권투팬은 어떤 권한도 행사할 수 없었다. 바로 이것이 전세계 주요 스포츠 중에서 권투가 가장 무법천지의 종목으로 남아 있는 이유의 하나이다. 탄생 초기부터 권투는 범죄자들이 선망하는 꿀단지였는데, 승부조작이 비교적 쉽다는 점이 적지 않은 이유로 작용했다. 200년의 역사동안 권투는 귀족, 정치꾼, 신문사주, 기업인, 광고업자 그리고 위성방송과 유선방송 재벌 들의 노리개 노릇을 해왔다. 여기에 조직폭력배도 가세해서 선수와 팬과 노름꾼 들의 지갑을 우려먹었다.

마이크 타이슨이 나타났을 때 너무나 당연한 듯 묘사된 것과는 달리, 권투는 흑인빈민가 범죄의 상징도 아니거니와

인간의 원초적 공격성이나 본능적 폭력성향 따위와도 관계
가 없다. 권투의 문화는 오히려 자제력, 자기수양, 고진감래
같은 것이다. 이는 가난이라는 무정부상태와 대조되는 잘 짜
여진 대응이자 안락한 피난처다. 권투경기장은 고유의 의례
와 통제원칙을 갖춘 하나의 세계다. 그곳에는 경쟁과 협력이
공존한다. 그곳에는 땀내 물씬한 평등주의라고 표현되는 노
동윤리가, 기술 및 경험에 따라 형성된 일정한 위계 속에 자
리잡고 있다. 권투선수는 이 세계에서 은퇴한 후에조차, 권
투의 문화를 하나의 하위문화로서 지니고 산다. 범죄와 강탈
행위가 권투세계에서 끊이지 않았던 것은, 권투 그 자체가
아니라 이를 만들어내는 역사적·경제적 체제 때문이다.

　링 밖의 권투선수는 수요-공급 사이의 무시무시한 격차
라는, 노동시장의 현실을 피할 수 없다. 이 직업의 맨 꼭대기
에 우뚝 선 자에게는 줄곧 엄청난 보상이 주어졌다. 하지만
정상에 선 권투선수는 극히 미미한 숫자에 지나지 않는다.
권투는 고도로 개인주의적인 행위로 보이지만, 자기 신체와
경력에 대한 관리권한이 선수 자신에게 제일 적게 주어지는
종목이다. 오늘날도 사정은 마찬가지다. 정말로 아주 적은
예외는 있겠지만, 성공한 권투선수조차도 흥행사나 매니저,
위성방송 임원들의 변덕에 끌려다닌다. 그러다가 신체능력
을 잃으면 구걸로 목숨을 연명해야 한다. 타이틀에 가까이
가려는 꿈이라도 꾸려면, 그들은 무대 뒤의 온갖 힘있는 자
들에게 아부를 해야만 한다. 예나 지금이나 권투능력만으로
는 절대로 안 되는 것이다.

　그간의 역사를 보면 권투에서도 역시 기존의 사회적·도

덕적 질서를 유지시키는 데 특별한 열정이 기울여졌다. 특히 개인적 성공의 장(場)이자 부와 권력의 분배방식을 강화하는 종목으로 봉사하도록 하기 위해서 각별히(그리고 적절한 포장술로) 관리되어 온 것은, 맨몸 인간의 일 대 일 대결이라는 승부였다. 여기에서 권투의 역설이 나온다. 그 종목은 가치중립적이지만, 상업스폰서로서는 가치 관련성이 높은 관객을 끌어들인다는 역설이다.

이 역설이 몰고 오는 고통을 가장 아프게 절감한 사람들은 몇 세대 동안 갖가지 체급에서 시합을 해온 흑인 권투선수들이었다. 오랜 역사 속에서 권투는 흑인사회에서 특별한 자리를 차지해 왔다. 링 안에서는 막후실세인 백인 엘리트들의 종복이 되고, 링 밖에서는 백인 엘리트의 규범에 스스로를 맞춰야 밥값이나 할 수 있는 현실이었지만, 권투로 성공하고 권투로 비극을 맞은 흑인들의 권투이야기는 풍성하고 생생한 전통으로 자리잡았다. 20세기 전반기 동안 흑인 권투선수들은 블랙 아메리카의 삶에서 최고 유명인사 노릇을 했다. 승승장구하던 이야기는 민담의 일부가 되고, 주인공들은 영광된 흑인의 대명사로 찬사를 받았다. 곰과 개를 싸움 붙이는 놀이나 닭싸움처럼 한때 유행하다가 사라진 오락거리들과 달리, 권투는 오늘날까지 이어져서 전자미디어의 휘황한 불빛 아래서도 여전히 이루어지고 있다는 것은 참으로 기이한 일이다. 그리고 권투세계에서 가장 착취당하고 야만적 처우에 시달린 흑인 권투선수들이야말로 이 종목을 화려하게 수놓은 주역이라는 점도 그 못지않게 기이한 일이다.

1950년대에 넬슨 만델라는 남아프리카공화국 요하네스버

그의 북쪽 올랜도에 있던 한 권투클럽에서 정규적으로 (헤비급) 권투훈련을 받았다. "나는 권투의 폭력이 아니라 권투의 과학에 매료되었다." 자서전에서 밝힌 만델라의 술회다. "어떻게 몸을 가눠야 자신을 보호할 수 있는지, 공격과 후퇴전략을 어떻게 구사하는지, 경기흐름을 어떻게 조절해야 하는지 따위를 배우면서 나는 권투에 빠져들었다." 만델라에게는 권투가 장구한 정치투쟁을 위한 연습이 된 셈이다. 하지만 만델라는 스포츠의 매력을 이보다 더 깊은 의미까지 느끼고 있었다. "권투는 평등주의적 운동이다. 링 안에 서면 체급, 나이, 피부색, 빈부 따위는 따지지 않는다. 적수의 주변을 슬슬 돌면서 상대의 힘과 약점을 엿보는 동안 피부색이나 사회적 신분은 잊어버리게 된다."

만델라의 말에서 우리는 '공정한 경쟁규칙'(level playing field)[1]이란 말을 떠올리게 된다. 본래 이 말은 스포츠에서 나온 비유어지만 선거나 사회·경제적 경쟁에 대해서도 사용해 왔다. 오늘날 이 말은 현실이 비민주적인데도 말로만 민주적인 용어를 구사하는 데 이용되는 이데올로기적 수사어구로 쓰이고 있지만, 스포츠에서만은 그 이상을 의미한다. 만약 경기규칙이 다르게 적용된다면, 예컨대 양편의 축구골대 크기가 다르거나 시간을 다른 기준으로 잰다거나 하면, 관중에게는 쓸모 없는 짓거리일 뿐이며, 시장성 있는 종목으로 자리잡지 못하게 된다. 공정한 경쟁규칙이란 용어 속에는 독립성과 자율이라는 근대 스포츠의 논리가 흐른다. 승부가 만족스럽게 이루어지려면, 오로지 참가자들의 신체적 능력 정도에 의해 승부가 결정되도록 하는 규칙, 경기조건, 경기

[1] 본래는 체급이나 핸디캡별로 나뉘어 경기를 치르는 것을 가리키지만, 현대 영어에서는 공정하고 평등한 경쟁조건이라는 일반적인 뜻으로 쓰인다. 이 책에서는 문맥에 따라 체급별 공정경쟁, 체급별 경기, 공정한 경쟁규칙 등 적절히 변화시켜 옮겼음

행위가 보증되어야 한다. 그러므로 스포츠시합은 과학적 실
험에 맞먹는 객관성을 지닌다. 경기 외부적 요소가 승부에
영향을 미치지 않게 될수록, 경기는 유효한 것으로 인정된
다. 권투는 선수의 체력과 스테미나, 순발력이 맞붙는 운동
이다. 그래서 처음부터 가령 헤비급과 플라이급의 대결 같은
것은 개인의 무용을 가리는 데 있어서 아무런 의미가 없다
고 생각했으며, 관중들의 눈요기도 되지 못했다.

공정한 경쟁규칙이 스포츠를 평등의 영역으로 만든다. 이
것이 스포츠가 계속 대중적 인기를 끌어오게 한 이유 중 하
나라고 분명히 말할 수 있다. 스포츠와 인종에 관한 상투적
이야기라면, 스포츠가 다른 분야와는 달리 흑인들에게 기회
를 제공한다는 말을 들 수 있다. 스포츠라는 독립영역에서는
평등이 지배한다. 물론 아무리 공정한 경쟁을 강조한다 해
도, 그것은 체급이나 핸디캡의 문제로 풀 수 없는 사회현실
안에 갇혀 있다. 그 결과, 겉으로는 스포츠가 사회적 상황과
무관하게 보여도 갖가지 힘있는 사회요인들이 몰려들게 마
련이다. 따라서 공정한 경쟁규칙이라는 것에도 인종차별주
의를 비롯한 지배적인 사회적 위계질서가 반영되어 있다. 그
리고 이같은 차별사상들이 아래로부터 도전을 받게 되면, 공
정한 경쟁이 지배한다는 경기장도——여기서는 링이——사
회적 갈등이 격돌하는 장소가 된다.

흑인 권투선수를 '제 인종의 대표자'로 만든 사람은 애초
부터 백인들이었다. 백인들은 흑인 권투선수가 '인종대표'라
는 이유 하나만으로 경기에서 깨지고 쫓겨나야 한다고 떠들
어댔다. 1810년 영국 이스트그린스테드에서, 노예출신 흑인

톰 몰리노(Tom Molineaux)가 전설적인 영국 헤비급선수 톰 크립(Tom Cribb)을 맞아 싸웠다. 이 경기 19회째 관중들이 링 안으로 습격해 들어갔고, 그 외중에 몰리노의 손가락 하나가 부러졌다. 23회에 몰리노는 톰 크립을 몰아붙였다. 그러자 고함이 터져나왔다. "제발 저 깜둥이가 이기지 못하게 해야 한단 말야." 토마스 프라이스 경이었다. 그는 저명한 '권투 호사가'의 한 사람이자 이날 시합에 돈을 건 인물이었다. 그는 이렇게 또 소리쳤다. "옛 영국의 영광을 기억하라." 28회 초반 톰 크립이 일어서지 못했고, 몰리노는 승리를 자축하기 시작했다. 그러자 크립의 세컨드가 우겨댔다. 몰리노가 주먹 안에 총알을 숨겨넣고 있다는 것이다. 흑인선수 몰리노가 주먹을 펴 보여 혐의를 벗는 동안 크립은 힘을 차려 일어섰다. 39회, 몰리노는 기권했다.

이로부터 사흘 뒤 몰리노는 크립에게 편지를 보내 재경기를 요구했다. "이 편지가 공개될 가능성이 있으니, 나의 솔직한 소망을 말해 두지 않을 수 없소. 피부색이 달랐기에 그 자리에서 나는 나 자신을 보호하기 위해 애를 써야 했지만, 그렇다고 해서 편견을 갖게 된 것은 아니오." 스포츠에서 평등을 요청하는 그의 호소는 뭇사람의 심금을 울렸다. 1만 5천 명이 지켜보는 가운데 19세기 위대한 경기의 하나로 기록된 재시합이 열렸다. 몰리노는 9회에 턱이 부서졌고, 11회에 KO패를 당했다. 이로부터 10년 후 세른네 살의 그는 아일랜드에서 빈털터리로 사망했다.[1]

미국에서 흑인 권투선수의 '대표성'은 링 안팎에서 출세를 보장해 주었으며, 흑인사회뿐 아니라 일찍 기반을 잡은

[1] 주요한 권투기록에는 그의 사망시기가 1818년으로 표시되어 있다. 저자의 혼동으로 보임

흑인 중산층 사이에서 특별한 관심을 기울이게 해주었다. 매닝 매러블(Manning Marabel)[1] 교수는 이를 "전략으로서의 상징적 대표성"이라고 지칭했는데, 부커 워싱턴(Booker Washington)[2]이 백악관 만찬에 초청받은 때부터 미국의 흑인지도자들은 이런 전략을 중요한 요소로 고려해 왔다. 백색으로만 칠해진 미국에서 '아메리칸 니그로'를 상징하는 자리를 확보하려면, 흑인 스포츠선수나 연예인들의 성공담이(덧붙여서 예절바른 행동까지) 도움이 된다는 것이다. 따라서 성공적인 흑인선수라면 두 가지 의미에서 '대표자'로 행동하도록 요구받는다. 자기 인종의 대리인인 동시에 제 인종다운 모든 것을 체현하는 사람으로서 말이다.

초창기 흑인 권투선수를 포함하여 흑인명사들은 백인이 지배하는 세상에서 '흑인다움'을 표현하라는, 애매모호한 굴레와 오랫동안 씨름해 왔다. 그들은 누구를 의식하고 행동해야 하는가? 누가 그들을 대표자로 '선출'했다는 것인가? 어떤 이의 어떤 성질이 순전히 개인적인 것인지 혹은 전체 흑인사회를 대표하는 것인지, 누가 판가름해 줄 수 있는가? 이런 '대표성'이 정확히 무엇을 그리고 누구를 대표한단 말인가?

이 상징적 대표성이란 논리를 스포츠와 혼합하여 신비스럽게 만들어낸 것이, 흑인의 성공 본보기라는 이미지다. 본보기 인물은 현실의 법과 관습의 틀 안에서 개인적인 성공을 거둔 사례가 되어야 하는 책임을 짊어진다. 하지만 극소수를 제외한 대부분의 흑인은 주어진 법과 관습 안에서 성공을 거두리라는 희망을 품고 있지 않다. 게다가 본보기가 되는 흑인 스포츠선수들은 대부분 남성이다(권투에선 특히

[1] 현재 컬럼비아대 역사학 교수로 같은 대학교의 흑인문제연구소장임

[2] 19세기에서 20세기 초까지 활동한 흑인 운동가이자 교육가

그렇다). 흑인여성들에게는 순전히 수동적인 노릇밖에 주어지지 않는다. 흑인여성에게는 성공의 모델을 따르라 하지도 않는다. 단지 찬탄을 보내라 할 뿐이다. 현실 속에서 흑인여성은 절대다수 흑인남성과 함께 이런 무력감에 시달리게 된다. 성공담을 만들라는 요구에 따르다 보면 흑인 스포츠스타는 자신이 대표한다는 흑인대중들로부터 오히려 소외되어 버리곤 한다. 박해받고 소외받는 집단을 '상징적으로 대표하는' 고상한 (그래서 돈을 많이 얻는) 인물이 되었다는 바로 그 사실 때문에, 당사자 개인은 흑인집단을 그만큼 대변하지 못하게 되는 것이다. 더 기막힌 아이러니도 있다. 흑인 스포츠스타가, 억압받는 현실을 흑인대중에게 일깨워주면 줄수록 대중들은 점점 더 그를 성공의 본보기로 여기지 않게 된다는 것이다.

● ● ●

흑인으로 최초의 헤비급 챔피언이 된 사람은 잭 존슨(Jack Johnson)이었다. 그가 1908년 시드니에서 3만의 관중이 지켜보는 가운데 아일랜드인 토미 번스(Tommy Burns)를 꺾고 챔피언이 되자, 미국 백인사회에서 요란한 비난이 터져나왔다. 타이틀을 되찾아올 '위대한 백인의 희망'이 어서 나와야 한다며 잭 런던(Jack London)[1]도 나섰다. 그러자 전 챔피언이자 은퇴했던 짐 제프리스(Jim Jeffries)가 복귀했다. 일찍이 그는 흑인 권투선수와 싸우길 거부한 사람이었지만, 이번에는 검둥이의 분수를 알게 해주겠노라 장담했다.

[1] 작가. 모험소설과 사회주의 계열의 소설로 유명함

제프리스와 존슨의 격돌은 미국은 물론 해외에서까지 전례 없이 많은 이들의 관심을 끌었고, 인종차별의 양편에 선 사람들 상당수가 이 경기가 갖는 상징적인 의미 때문에 불안해했다. "만일 흑인이 이긴다면, 그 무식한 족속들은 백인이웃과 견줘볼 때 자기들이 신체적 능력뿐 아니라 다른 면에서도 감히 대등하다고 착각할 것이다." 『뉴욕타임스』의 신랄한 논평이다. 부커 워싱턴은 같은 흑인이면서도 잭 존슨을 '허풍선이'라고 헐뜯었는데, 워싱턴의 추종자들은 존슨이 이겼을 때 "흑인들이 지나치게 좋아하며 법석을 떨면" 백인들의 폭력을 불러일으킬 따름이라고 경고했다. 흑과 백 양쪽 모두 존슨의 경기를 기다리는 동안, 셰익스피어의 구절대로 "거대한 군중의 어린애 같은 얼굴/그 모습이 곧 다가"온다고 직감한 것이다. 그들의 행동에는 혹은 공포 혹은 희망이 실려 있었다.

1910년 7월 4일 전세계에서 달려온 기자들을 비롯하여, 절대다수가 백인인 관중들이 운집한 가운데, 마침내 네바다주 리노에서 시합이 벌어졌다. 존슨은 제프리스를 손쉽게 농락하다가 15회에 KO승을 거뒀다. 뉴스가 타전되는 동안, 미국 곳곳의 흑인사회에서는 축하연이 줄을 이었다. 이와 동시에 백인갱들이 앙갚음에 나섰고, 당대 최악의 인종폭력사태가 기록되었다.

존슨 때문에, 백인들이 두려워하던 악몽의 순간이 덮친 것이다. 존슨은 링 안에서 (이를 드러내는 특유의 웃음을 지으며) 백인영웅을 때려눕혔을 뿐 아니라, 링 밖에서는 백인여인들과 공공연히 농탕질을 치곤 했다. 존슨의 야만적인 힘은 미국사회를 지배해 오던 인종과 성의 관례를 송두리째 뒤엎어버렸다. 백인언론은 사냥개처럼 증오에 차서 존슨을 물어뜯었다. 연방정부는 그가 '매춘 등의 목적'으로 한 주에서 다른 주로 여자를 데려가는 것을 금지한, 만 법(Mann Act)의 규정을 어겼다는 혐의를 꾸며냈다. 결국 존슨은 이 혐의를 피해 나라 밖으로 도피해야 했다.

당시 존슨은 미국에서 가장 유명한 흑인이었다. 백인언론들은 그의 부와 챔피언의 위용, 허풍스런 행동을 업신여기며 씹어댔지만, 수많은 흑인들은 오히려 거기에 크게 매료되었다. 흑인언론들은 대체로 존슨의 업적을 치하하는 기사를 썼다. 당시 미국에는 도시의 신흥 흑인거주지가 형성되는 참이라, 존슨의 명성은 흑인신문의 새 시장을 개척하는 데 큰 자극제가 되었다.

하지만 소수의 흑인 중산층은 존슨의 어릿광대 짓에 불안을 느꼈다. 부커 워싱턴은, 언론이며 정부와의 마찰은 전적으로 존슨 자신의 책임이라고 믿었다. 그는 존슨의 무책임한 행각이 빚을 결과를 행여 흑인 전체가 짊어지게 되지나 않을까 두려워했다. "사특한 행동을 벌여놓고선 자기 혼자 책임지면 될 것 아니냐고 여기는 족속들이란 정말 어리석은 존재다." 워싱턴이 볼 때 존슨은 자신들 인종의 대표자가 되기에는 어느 모로 보나 부적격했다. "두뇌는 없고 근육만 붙었으니, 가련한 피조물이다."

하지만 실상은 이와 달라서, 존슨은 냉정하고 세련된 경기스타일을 구사했다. 그는 스포츠과학의 달인으로 꼽힐 정도였고, 주로 방어에 능통한 링의 예술가였다. 가끔 남들을 무색하게 하긴 해도, 할 말을 확실히 표현할 줄 아는 말재간도 지니고 있었다. 존슨은 자서전에서 이렇게 말한다. "백인들은 이따금 부커 워싱턴의 글을 들먹이며, 유색인들이 지녀야 할 바람직한 행동의 전형이라고 꼽는다. …그러나 나는 부커 워싱턴의 견해에 조금도 동의할 수 없다." 그는 오히려 프레더릭 더글라스의 편이었다. 더글라스가 "현실문제를 물러섬 없이 정면으로 다루고 있다"는 이유에서였다.

존슨이 백인여성과 결혼한다는 소식이 떠들썩하게 보도되자, 각 주의회마다 흑백결혼을 금지하는 법안이 홍수처럼 상정되었다. 두보이스(W. E. B. Du Bois)[1]는 이를 두고 흑백 양쪽이 "완벽한 일치를 보인" 유일한 경우라고 평했다. 두보이스는 이 의견일치의 뒤편에서 미국사회의 인종장벽을 비뚤어진 방향으로 분열시키고 있는——또 그렇게 봉합시키고 있는——위선을 보았다. "존슨과 카메론 양의 결혼을 놓고 얼굴을 시뻘겋게 물들이며 빽빽 소리질러대는 사람들께서는 제발 제자리에 앉아 이런 질문에 답해 보시라. 어차피 존슨과 카메론 양 두 사람이 서로 같이 살길 원한다면, 합법적으로 결혼하도록 하는 것이 낫지 않겠는가. 남부의 버본(Bourbon South)[2] 같은 데서는 어떤 답이 나올지 뻔하다. 그들이 제 형제·아들·아버지의 배우자를 합법적인 아내라고 부르느니 차라리 건전한 사회의 기반을 뿌리째 뽑아버리는 쪽을 택할 것임을 우리는 안다. 우리는 잭 존슨이 버지니아 주지사 만(Mann)이 만들어낸 법안에 대항해서 택한 방법을 전폭적으로 지지한다."

그래도 두보이스는 존슨을 지지해 준 몇 안 되는 흑인명

[1] 흑인 학자이자 사상가, 운동가

[2] 루이지애나의 주도 뉴올리언스에 있는 유명한 거리 버본 스트리트를 말함. 뉴올리언스는 재즈와 노예무역의 대명사이기도 함

사 중 한 사람이었다. 그는 존슨이 권투선수라서 두둔한 것이 아니라, 말도 안 되는 이중적인 기준이 존슨에게 적용되는 꼴을 두고 볼 수 없었기 때문에 지지한 것이다. 두보이스는 "오늘날까지도 권투에는 야만성이 섞여 있다"고도 꼬집었지만, 정색을 하며 다음과 같이 지적했다. "숱한 '영웅'과 국가기념물을 만들어내는 국제적인 전쟁놀음보다는 그래도 권투가 고도로 문명적인 소일거리임이 분명하지 않은가." 그러면서 존슨이 백인을 한명 한명 꺾을 때마다 "뉴욕타임스 같은 신문들은 두려워 벌벌 떨며 눈알을 굴려댄다"고 조롱하곤 했다. "왜 미국 전역이 이렇게 넌더리를 치고 있는가? 존슨이 흑인이기 때문이다. 물론 어떤 이들은 존슨의 성품을 핑계로 둘러댄다. 하지만 미국의 백인사회에서, 아직까지 혼인문제로 권투선수나 구기종목 선수, 아니 정치인의 자격을 박탈했다는 말을 들어본 적이 없지 않은가." 두보이스가 보기에 잭 존슨은 백인인종주의에 희생당한 흑인이라는 점에서 대표자가 되었다.

존슨은 흑인의 대표로서가 아니라 한 개인의 인권이라는 차원에서 자신을 변호했다. "난 노예가 아니다. 나는 남들이 지시하는 대로가 아니라 내 스스로 원하는 배우자를 고를 권리가 있다. …나도 눈이 있고, 나도 심장이 있다. 누가 내 아내가 될지 내 눈과 내 심장이 말해 주지 못한다면, 차라리 정신병원에 들어가겠다." 이후 몇 년 동안의 해외 망명생활 끝에 타락하고 고단해진 존슨은 1915년 쿠바 아바나에서 백인의 새로운 희망이라는 제스 윌라드와 맞붙어 싸웠다. 그는 27회에 카운트아웃으로 패배했다. 훗날 자서전에서 그는 그렇게 하면 돌아갈 수 있을 거라는 말을 들었기에 고의적으로 경기를 기권한 것이라고 밝혔다. 마침내 그는 5년 후 미국으로 돌아갔고, 1년 동안 감방에 갇혀 있어야 했다.

세상을 떠들썩하게 한 첫 흑인 챔피언에 대해서, 작가 제임스 웰던 존슨(James Weldon Johnson)은 '교양'이 결핍되어 있었다고 탄식하면서 잭 존슨과 전설적인 선수 피터 잭슨(Peter Jackson)[1]을 비교하기까지 했다. 피터 잭슨은 "링 안에서 워낙 탁월한 기사도를 발휘해 오늘날까지도 스포츠 기자들은 마지못해하면서도 '백색의 유색인'이라고 찬사를 보내지 않을 수 없다"는 것이다. 하지만 웰던 존슨은 다음과 같이 쓰기도 했다. "프레더릭 더글라스의 서재에는 피터 잭슨의 사진이 걸려 있는데, 더글라스는 그 사진을 가리키며 말하곤 했다. '피터는 흑인문제를 푸는 해법으로 주먹을 쓰고 있는 걸세.' 잭은 크고 작은 잘못을 범하긴 했지만, 그래도 나는 그가 제 나름의 몫을 다했다고 생각한다."

잭 존슨이 타이틀을 잃은 후 흑인이 다시 헤비급 타이틀전을 치르는 데는 22년의 세월이 흘러야 했다. 1920년대에는 챔피언 잭 댐프시(Jack Dampsey)[2]가 흑인 도전자와 싸우기를 거부하기도 했다. 그러나 이런 행동이 '세계챔피언'이라고 자임하는 댐프시의 주장과는 맞지 않는다고 여기는 스포츠기자를 미국에서는 거의 한 사람도 찾아보기 어려웠다. 30년대 초반에 조 루이스가 등장했다. 루이스 진영의 사람들은 잭 존슨의 쓰라린 경험에서 배워야 한다고 단단히 결심하고 있었다. 루이스는 식사예절과 발음교육을 받았고, 인종차별적인 심판들의 변덕에 대항하느니 차라리 KO패를 당하

---

[1] 1880~90년대의 흑인 권투선수로 '흑인군주'라는 별명의 기교파였음

[2] 1919~26년에 헤비급 챔피언을 지낸 백인선수

는 게 사는 길이라고 들었다. 또 백인을 때려눕힌 후 절대로 웃음을 보이면 안 된다, 특히 절대로 백인여자와 단둘이 있다가 들키는 일은 없어야 한다고 주의받았다.

공격적이지 않되 품위를 잃지 않으며 공손히 행동함으로써 남의 대우를 받는 인물, 루이스는 이런 미국식 흑인의 본보기로 조련된 것이다. 이런 상징적 굴레가 분명히 드러난 것은 1935년 프리모 카르네라(Primo Carnera)와 맞서 뉴욕에서 첫 시합을 가졌을 때였다. 당시 이탈리아에서는 무솔리니가 에티오피아를 침략할 준비를 공공연히 하고 있었다. 루이스나 카르네라 모두 전쟁에 대해서는 일절 언급하지 않았지만, 대개 사람들은 이 둘을 각각 이탈리아와 아프리카의 대표선수로 여겼다. 폭동이 일어날지 모른다는 공포가 생기자, 경기가 시작되기 전에 아나운서는 이 시합이 그저 두 개인의 승부일 뿐이라는 점을 모두 명심하자고 당부했다. 스포츠 역사상 가장 쓸모 없었던 권고라고 해도 지나치지 않을 것이다. 카르네라는 마피아의 후원을 받는 돌주먹이었지만, 루이스는 그를 6회에 끝장내 버렸다.

백인 기득권층은 루이스를 받아들였다. 루이스가 얌전히 행동했기 때문이기도 했지만, 정치적으로 민감한 때의 승리였기 때문이기도 했다. 루이스는 1937년에 시카고에서 헤비급 왕좌에 앉았다. 관중은 4만 5천 명, 절반이 흑인이었다. 하지만 1년 전 그는 독일의 막스 슈멜링(Max Schmeling)에게 패배를 당했었다. 나치의 선전가들은 아리안족의 우월성이 승리를 거둔 것이라고 요란히 떠들었다. 전례 없이 많은 관심 속에서 재시합이 뉴욕 양키스 대경기장에서 벌어졌고,

이는 당시 미국 흑인사회에서도 거대한 사건이었다. 언론, 교회, 미국대통령, 심지어 미국공산당까지도 루이스를 들먹이면서 반파시즘과 '흑인'의 대의를 위하여 슈멜링을 이기는 것이 루이스의 사명이라 했다. 다른 의혹의 목소리도 있긴 했으나, 나치진영이 미국에 훈련장을 차리면서부터는 잦아들었다.

리처드 라이트(Richard Wright)[1]는 「할렘의 전성시대」(High Tide in Harlem)에서 루이스 대 슈멜링 시합을 가리켜 이렇게 썼다. "총천연색 인형극, 가장 극적인 미국식 가장행렬…. 당대 사회의 이미지를 강력하고 명징하게 드러냈으며, 몇 주 동안이나 사람들의 마음을 계속 교묘하게 흔들어놓았다." 그런데 이런 극적인 장면은 승부 자체가 가져다주는 모험적 성격과도 관련이 없는 것은 아니다. 공정한 경쟁규칙이라는 원칙을 실험실의 조건처럼 엄격하게 준수하는 권투에서, 아리안족의 우월성이라는 논리가 판가름나는 순간이었던 것이다. 1936년 제시 오웬스가 베를린올림픽에서 그러했듯이, 루이스의 승리는 아리안족의 우월성이라는 논리를 '과학적으로' 부정한 것이 되었고, 수백만 명이 지켜보는 가운데 벌어졌다. 루이스가 첫회 2분에 슈멜링을 박살냈을 때, 누구나 이 시합이 갖는 상징적 의미를 느낄 수 있었다. 그것은 근대스포츠가 평등주의적 원칙을 전제로 하고 있었기 때문에 가능한 일이었다. 앤드루 영은 "이날은 자유의 날이었다"고 회고한다. 자기 세대 여느 사람들과 마찬가지로 앤드루 영의 "흑인으로서의 자기의식은 거의 전적으로 스포츠를 통해서 얻어졌다."

[1] 미국의 현대소설가로서 우리나라에서는 『토박이』(Native Son)가 번역 출간되었음

　이제야 비로소 흑인들은 보복당할지 모른다는 공포감 없이 한껏 축하를 할 수 있었다. 루이스가 백인을 두들겨팼다고 할 순 있겠지만, 상대는 독일인이었으니까. 게다가 나치 체제의 상징물이었으니까. 루이스는 미국을 위해서 싸운 것이다. 적어도 뉴딜시대 미국의 리버럴리즘을 대리하여 싸운 것이다. ‘미국제일주의’(Americanism)와 반인종주의가 이번에는 서로 들어맞은 것이다. 가는 곳마다 사람들은 루이스를 ‘흑인의 보증수표’로 찬양했다. 링에서 탁월한 실력을 발휘했을 뿐 아니라 아주 절묘한 시점에 ‘미국식’(American way)의 올바름을 확인시켜 주었기 때문이다.

　미국의 엘리트들이 볼 때, 루이스는 독일과 일본에 맞선 전쟁을 찬성하도록 대중을 끌어모아 줄 수단이었다. 미국 공산당과 인민전선 운동가들이 볼 때, 슈멜링-루이스전은 ‘파시즘’과 ‘민주주의’의 싸움이었다. 승부가 벌어지던 날 밤, 공산당원들은 흑인지구에서 ‘조 루이스 라디오중계 청취모임’을 조직했다. 미국의 엘리트나 공산당원들은 루이스가 흑인들을 ‘품위’ 있게 대표했다는 면을 강조했으며, 이제까지 경멸받던 운동종목의 수준을 또한 품위 있게 높여놓았다고 칭송했다.

　1940년 한 흑인 예술가그룹은 인민전선과 긴밀히 협력하여, 루이스에게 바치는 헌정음악 〈킹 조〉(King Joe)를 만들었다. 작곡은 카운트 베이시(Count Basie)가, 가사는 리처드 라이트가, 노래는 폴 로브슨(Paul Robeson)이 맡았다. 흥미로운 사실은, 이 〈킹 조〉라는 노래에서 루이스를 블랙 아메리카의 창조자로 그리고 있다는 점이다.

주여, 난 비밀을 알아요, 맹세코 비밀을 지키렵니다
주여, 잡아채고 때리고 뛰어다니는 올드 조, 죽이는 솜씨의
비밀을 난 알아요
눈이 까만 완두콩이 묻네, 옥수수빵, 네 힘은 어찌 그리 강하
지?
옥수수빵이 말하네, 내 고향은 조 루이스와 같으니까

그리고 노래는 백인 미국(white America)이 알고 있는 루
이스가 전부는 아니라고 암시한다.

그들은 조가 말 많다 하지, 수시로 지껄인다 하지
그러나 조를 바라봐, 조의 마음은 읽을 수 없지

라이트의 가사는 또한 이렇게 말한다. "올드 조가 한밤에
무얼 해도, 오 주여, 그를 해치지 못했네." 잭 존슨이 당한
일을 흑인사회는 여전히 생생히 기억하고 있는 것이고, 루이
스의 팬들은 백인들이 성적 암시가 담긴 표현을 어떻게 알
아차리는지 충분히 의식하고 있었던 것이다. 랭스턴 휴스
(Langston Hughes)[1]의 말대로 "조에 관해서는 '하더라' 식의
소문은 없었다."

조는 머리가 보통이 아냐
그는 신이야
조보다 모자라는 신도 많아

루이스는 제2차대전에 참전했다. 이로써 그는 한편으로는

백인 미국을 위해, 또 한편으로는 흑인 중산층 그리고 적지
않은 좌파들을 위해서 본보기 역할을 또 한번 해낸 것이다.
이보다 10년 전 "미국이 내게 뭐란 말인가?"라는 질문을 던
졌던 랭스턴 휴스는 루이스를 모든 미국인의 귀감으로 떠받
들었다.

> 조 루이스 그는 사나이
> 사나이라면 루이스를 흉내내지―
> 조국이 원했을 때
> 머뭇거리지도 피하지도 않았지
> 어떤 일이든 떠맡아
> 전쟁에 같이 나섰지
> "뭔가 해야지"라고
> 아무도 묻지 않았는데도

군복무 동안 루이스는 세계를 돌며 미국군대를 위해 96차
례나 시범시합을 가졌다. 모두 인종별로 나뉘어 편성된 부대
였다. 그는 병사로서 정규봉급 외에 단 한푼도 더 받은 바
없었다. 어떤 시합에서는 수익금 전체를 해군원조기금에 희
사했다. 해군은 당시 인종차별이 심하기로 악명이 높은 곳이
었는데도 말이다. 루이스는 백인 기득권층이 원하는 모든 행
동을 다 해주었고, 결국 빈털터리로 전락하여 업신여김을 받
는 신세가 되었다. 연방정부는 탈세혐의로 루이스를 몰아붙
였다. 돈에 쪼들린 그는 한때 레슬링에 나서기도 했다. 그는
전성기 때 링에서 보인 품위를 유지하면서 은퇴생활을 하고
싶었지만 할 일을 찾지 못했다. 소니 리스턴을 비롯한 선수

들의 코치로 잠깐 일하기도 했지만, 그것도 헛노릇으로 끝났다. 그는 약물중독으로 고생을 하기도 했고, 만년에는 라스베이거스를 떠돌면서 큰손들에게 절하며 영접하는 대가로 카지노업주들에게 푼돈을 받아 살았다.

그 이후의 흑인 권투선수들은 잭 존슨과 조 루이스의 대조적인 인생을 결코 잊을 수 없었다. 미국에서는 두 가지 타입의 흑인 스포츠선수만이 존재하는 듯했다. 하나는 '나쁜 검둥이놈', 또 하나는 '엉클 톰'이었다. 존슨과 루이스 모두 백인 챔피언이었으면 결코 겪지 않았을 철저한 검열에 시달렸고, 두 사람의 평판은 백인이 결정했다. 이 두 극단은 백인에 의해 백인을 위해 만들어진 것이었으며, 두 사람을 고통으로 몰고 갔다. 흑인들은 이 극단적 유형놀음에 순종할 수밖에 없었다. 이렇게 되자 흑인들은 백인이 지배하는 미국에서 흑인이 살아남을——혹은 더 나은 삶을 영위할 수 있는——조건이 무엇인지 큰소리로 묻게 되었다.

●　　●　　●

오래 전 세일런 북쪽 외딴 마을, 사내애들은 학교를 땡땡이 치고 마을 빵집으로 몰려갔다. 거기서 그들은 무전기란 것을 처음 구경했다. 빵집 주인아저씨는 손잡이 같은 것들을 이리저리 돌리면서 세계를 집 안으로 끌어들여왔고, 청중 격인 사내아이들에게 으쓱댔다. 그러더니 아저씨는 갑자기 알지 못하는 노래—영어로 된 노래—가 나오자 손길을 멈췄다. 남자가수가 부르는 노래는 동족의 노래였고, 그들과 똑같은 가락이었다. 라디오에 심장이 있다면 그 가수 노래 때문에 터질 정도였으리

라. 그들은 기도를 드리기라도 하듯, 모두 말문을 잃었다. 나 역
시 그 사내아이들 사이에 끼여 있었다.

(시바난단 A. Sivanandan)[1]

　억압받는 민중의 대표자로 행동하는 일이 얼마나 곤고한
것인지 절감한 인물로는 우선 폴 로브슨[2]을 꼽을 수 있다.
로브슨은 대학시절 미식축구선수로 전례 없는 활약을 한 덕
에, 1922년 당시 헤비급 권투챔피언 잭 댐프시와 맞설 흑인
도전자로 아주 적격이라는 구애를 끈덕지게 받았다. 그러나
가족들과 상의한 끝에 그는 이 제안을 물리쳤다. 그는 장차
흑인지도자가 되리라는 꿈을 갖고 있던 터라, 프로 권투선수
라는 이미지를 적절치 않게 여겼다. 그 대신 로브슨은 법학
공부를 계속했으며, 애크론 구단의 미식축구선수로 뛰는 것
으로 수입을 벌충했다. 그 당시만 해도 프로 미식축구는 수
입도 적고 인기도 없어서, 농구와 달리 흑인선수를 막는 인
종장벽은 존재하지 않았다(구단주들은 이 종목을 고급경기
로 만들겠다는 생각으로 1934년부터 흑인선수 참가를 금했
다. 이 장벽은 1950년대 들어서야 감질날 정도로 조금씩 무
너지기 시작했다).
　로브슨은 〈황제 존스〉(Emperor Jones)로 브로드웨이 연
극무대에 성공적으로 데뷔한 이후, 1927년 〈흑인소년〉(Black
Boy)이라는 연극에서 잭 존슨 역을 맡아 거침없는 연기를
펼쳤다. 백인언론들은 이 연극의 주제 때문에 열이 잔뜩 올
라 인종주의적 연극이라는 혹평을 퍼부었다. 흑인언론들도
인물이 외곬의 스테레오타입이라며 비난을 쏟아냈다. 어느

[1] 작가이자 인종차별철폐운
동가

[2] 1898~1976. 프로축구,
육상 등 만능운동선수 출
신으로 법학도, 가수, 연극
인 등으로도 활동함. 좌파
성향의 발언과 행동으로
평생 동안 외국을 떠돌아
야 했음

새 로브슨은 그 흔한 악마적 인물의 하나가 되어버린 것이다. 두보이스가 가리킨 '뛰어난 1/10'(talented tenth)[1]의 한 사람이라 할 로브슨은 자신을 흑인들의 전위로 생각해 왔다. 스포츠·학업·가수·연기 등에서 장애물을 하나하나 넘어서고 이정표를 세워나가는 동안, 그는 흑백 양쪽에서 본보기로 요구하는 굴레들을 부여잡고 씨름했다.

1943년 12월 로브슨은 흑인신문의 발행인들과 함께 메이저리그 야구구단주들에게 흑인 야구선수 금지조치를 철회하라고 요구하는 자리를 가졌다. 이 자리에서 커미셔너 랜디스는 로브슨을 '위대한 미국인'이라고 소개했다. 구단주들은 묵묵히 로브슨의 연설을 경청하고는 큰 박수를 보냈다. 그러고 나서는 로브슨의 요구 중 단 하나도 들어주지 않았다. 제2차대전의 승리는 파시즘과 짐 크로 법(Jim Crow Law)[2]에 대한 '이중의 승리'이기도 하다고 뭇사람들은 말했지만, 짐 크로 법은 이때까지도 여전히 미군과 메이저리그 야구계에 버티고 있었다.

1945년 로브슨은 하워드대학으로부터 명예학위를 수여받았고, 전미유색인지위향상협회로부터는 조 루이스 대신 스핑건 상(Spingarn Medal)[3]을 받았다. 이로써 그는 최고의 명예를 얻으며, 당대 흑인 중 가장 혁혁한 인물로 떠올랐다. 동시에 그는 피식민지 민족의 자유와 인종주의 철폐를 위해 점점 더 격렬한 말을 쏟아내며 정치적으로 비타협적인 인물이 되어갔다. 게다가 서슴없이 냉전을 비난하고 소련과의 친선관계가 필요하다고 주장함으로써 논쟁을 불러일으켰다.

반공주의가 미국을 장악해 가면서 로브슨의 활동범위는

[1] 같은 제목으로 행한 두보이스의 연설에서 나온 말. 절대다수의 흑인들이 탄압받는 가운데, 극히 일부만 성공의 표본으로 치켜올려지는 비열한 미국언론의 현실을 고발하는 표현

[2] 식당, 극장, 교통수단 등 일상생활에서부터 학교, 고용에 이르기까지 철저한 흑백분리를 규정하는 법안으로, 1950년대까지도 존속한 미국의 대표적 악법

[3] 뛰어난 업적을 쌓은 흑인에게 주는 상으로 마틴 루터 킹, 랭스턴 휴스, 재키 로빈슨 등도 수상자에 올랐다

차츰 좁아졌다. 재키 로빈슨이 메이저리그 데뷔 첫 안타를 날린 바로 다음날, 피오리아시에서 예정되었던 로브슨의 연극이 시의회의 금지조치로 취소되었다. 1948년 헨리 월리스 (Henry Wallace)[1]가 진보당을 결성하여 제3당으로 미국 대통령선거에 나섰다가(로브슨은 이 당의 전국공동의장을 맡았다) 패배한 후, FBI의 에드거 후버 국장은 로브슨을 더욱 철저히 감시할 것을 명했다. 이로부터 2~3개월 동안 로브슨의 공연이 취소된 횟수는 85회를 헤아렸다.

1949년 2월 마침내 로브슨은 유럽으로 떠났다. 영국에서는 모든 공연이 매진사태를 빚었고, 영국 노동운동계는 그를 영웅으로 받들었다. 파리에서는 세계평화회의(World Peace Congress)에서 연설을 했다. 세계평화회의는 공산주의계열의 발의로 만들어져, 60개국에서 1800명의 대표자를 선출하여 열린 기구였다(두보이스와 피카소도 대표자의 일원이었다). 로브슨은 미국과 소련 사이에 적대감을 키우려고 하는 작자들이 있다며 비판했다. AP통신의 보도에 따르면, 로브슨은 이렇게 말했다고 한다. "수세대 동안 미국흑인들을 압박해 온 자들이 흑인을 상대로 전쟁을 충동질하고 있다. 게다가 그 전쟁상대는, 단 한 세대 만에 우리 흑인들을 영예로운 인류의 반열에 올려놓은 나라다. 이런 일이 있을 수 있는가." 로브슨은 이 보도가 자신의 발언을 잘못 인용했다고 주장했지만, 발언의 골자까지 부인하지는 않았다. 이로 인해서 미국언론은 로브슨을 대중적 인물의 반열에서 말살시켜 버렸다. 로브슨의 전기를 집필한 마틴 듀버만(Martin Duber-man)은 이렇게 평한다. "블랙 아메리카의 전시인물이었던

[1] 프랭클린 루스벨트 시절 부통령을 지냈으나, 냉전에 반대하여 민주-공화당에 맞서는 진보당을 결성하여 1948년 미국 대통령 선거에 참여한 바 있음

그가 결국 '대표인물'로는 부적합하게 된 것이다. 저들은 이 제 그를 따돌리고 불신해야 했다.”

  AP통신에 보도된 로브슨의 말은, 이제 미국언론들에게는 그가 '공산주의의 동조자'이자 미국의 배반자라는 증거로 이 용되었다. 『뉴욕타임스』의 사설은 로브슨이 “뒤틀리고 비뚤 어졌다”면서 “뛰어난 재능”을 공연장에서 노래하는 데 쓰라 고 꾸짖었다. 하지만 그는 공연이 불가능한 블랙리스트에 올 라 있는 인물이었으니, 『뉴욕타임스』가 말한 것은 로브슨이 자신의 정치적 견해를 버려야만 가능한 일이었다. 그러나 외 국의 언론들은 로브슨에게 동정적이었다. 여기에 놀란 미 국 무부는 전미유색인지위향상협회의 지도자 월터 화이트 (Walter White)를 움직여서 공식성명을 발표하도록 했다. 다 음은 화이트의 발언이다. “흑인들은 미국인이다. …우리 흑 인은 완전하고도 평등한 권리를 요구하고 있으며, 또 그 완 전하고 평등한 권리를 부여받고 있다. 우리의 나라가 타국과 분쟁을 빚는다면, 우리는 스스로를 미국인으로 믿으며 미국 인에 부여되는 모든 책임을 다할 것이다.”

  흑인조직의 여느 저명인사들과 마찬가지로, 화이트는 흑 인들이 애국을 생각하지 않는다고──심지어 친공산주의적 이라는 식으로──로브슨이 말한다면서 흑인들을 미국체제 에 완전히 통합시키려는 협회의 노력이 뒷걸음칠까 몹시 두 려워했다. 베이어드 러스틴(Bayard Rustin)[1]도 이렇게 말했 다. “합중국을 비판하려거든, 합중국 안에서 비판하라는 불 문율이 있다. …우리 흑인은 애국하고 있음을 증명해야 한 다.” 러스틴은 미국 전역의 저명한 흑인지도자들을 소집하여 "로브슨의 견해는 우리와 다르다"는 캠페인을 펼치는 데 의견을 모았다. 로브슨을 꾸짖는 성명서들이 발표되었는데, 여기에 서명한 사람 중에는 감리교감독파 시온교회의 애덤 클레이턴 파웰 2세(Adam Clayton Powell Jr.) 목사, 흑인여성 운동의 원로인 메리 맥레오드 베순(Mary McLeod Bethune) 등도 있었다(특히 베순은 "미국의 흑인들은 미국에 충성을 바쳐왔으며, 앞으로도 그럴 것이다"라고 말하기도 했다).

흑백을 막론하고 이제까지 로브슨을 '흑인의 대표인물'로 칭하던 그 유력인사들, 로브슨이 예술과 스포츠에서 공적을 쌓을 때마다 미국의 흑인 모두를 위한 기념비적 쾌거라고 칭송하던 그 유력자들이, 이번에는 모든 것이 로브슨만의 외쪽생각일 뿐이라고 우겼다. 로브슨의 말이 근거 없는 주장이라고 몰아붙이기 위해 로이 윌킨슨은 다음과 같이 말하기까지 했다. "로브슨의 말은 미국흑인들에 대해 감상적인 수준밖에 근거가 없다. 로브슨은 미국흑인 중 한 사람이긴 하나, 흑인의 대표자는 될 수 없다."

막말이 쏟아지는 와중에도, 일부 흑인언론계에서는 로브슨에 대한 찬사가 조용히 일고 있었다. 많은 흑인들이 속내에 두면서도 감히 내뱉지 못한 바를 로브슨이 선뜻 터뜨린 것 아닌가. 노스캐롤라이나주의 한 신문은 다음과 같이 썼다. "자신을 모욕하고 린치하며 2등시민으로 발을 묶어버리는 나라를 위해 목숨을 바치고 싶지는 않다고 로브슨이 말했지만, 이런 느낌을 가끔이라도 가져보지 않은 흑인은 미국 남부에서라면 거의 없을 것이다."

그해 6월 미국으로 돌아온 로브슨은 라구아디아공항에

내리자마자 적대감으로 가득 찬 기자무리를 만나 이렇게 공박했다. "나는 미국을 사랑한다. 하지만 월스트리트를 좋아하는 건 아니다. 당신네 신문을 좋아하지도 않는다." 아프리카문제위원회(Council on African Affairs)가 열어준 환영모임에서 그는 일찍이 국내활동을 끝장내게 만든 그 견해를 다시 귀국소감으로 되풀이했다.

> 미국이 조금이라도 거만하고 무례한 모습을 보이면, 나는 그 힘이 아무리 거대하다 해도 거기에 저항한다. 흑인형제를 심부름꾼으로 여기는 모습, 엉클 톰으로 만들려는 모습에 나는 저항하고 내가 생각하는 미국주의를 지키려 한다. 이 사악한 체제에 나는 말과 행동으로, 죽을 때까지 싸울 것이다. 내가 추구하는 것은 자유, 그것도 비굴한 딱지가 붙은 자유가 아니라 완전한 자유다. …우리는 월스트리트나 미국 내 파시즘의 더러운 추종자들을 위해서 이역만리 전쟁터에서 개죽음하고 싶지는 않다. 죽어야 한다면, 차라리 미시시피나 조지아 같은 데서 죽게 해달라. 우리가 린치당하는 그곳, 인간으로서의 권리를 박탈당하는 바로 그곳에서 죽게 해달라.

『뉴욕타임스』는 이 연설을 보도하면서 "소련이 최고, 로브슨 털어놔"라고 제목을 달았다. 언론재벌 허스트(William Hearst)[1] 소속의 신문들은 1면의 "우리가 원치 않는 시민"이란 제목의 사설에다 "로브슨이란 인물이 이 땅에 태어났다는 것부터가 아메리카의 불행이다"라고 썼다. 『암스테르담 뉴스』(Amsterdam News)[2]는 로브슨을 가리켜 "이기주의 사기꾼"이며 공산주의 중독자라고 몰아붙였다.

　로브슨의 "불충하고 매국적인 발언"에 대응하여 7월에는 하원비미활동위원회(House Un-American Activities Committee, HUAC)가 소집되었다. 저명한 흑인들은 이 자리에서 로브슨에 반대한다는 생각을 밝혀야 했다. FBI가 제보자들을 줄줄이 내세우고, 직업 반공꾼들이 로브슨을 "크렘린의 대변자" "검둥이 스탈린"이라고 비난하는 가운데, 학자나 기업가들뿐 아니라, 유력 흑인단체인 전미유색인지위향상협회와 어번리그(Urban League)의 간부들 그리고 피스크대학(Fisk College)[1]의 총장까지 증언대에 섰다. 그러나 이중에서도 첫째가는 스타 증언자는, 단연 재키 로빈슨이었다. 데뷔한 이래 세번째 시즌에서 최고의 활약을 보이고 있던 로빈슨은 로브슨과 함께 미국 최고의 유명 흑인으로 꼽히고 있었다. 3할 6푼의 타율을 기록하며 메이저리그 올스타 투표 1위에 등극한 그에게 HUAC 위원장 명의로, 로브슨의 "거짓 가면을 벗기라"는 초대장이 날아왔다.

　재키 로빈슨은 만능 스포츠선수이자 장학생으로 대학을 졸업했다는 점에서 폴 로브슨과 공통점이 있었다. 군대생활 동안에는 인종차별적 장교에 항의했다가 군법회의에 서는 곤욕도 치렀다. 다저스 구단주 브랜치 리키가 로빈슨을 선수로 받아들인 데는, 그가 능력이 뛰어난 선수라는 점뿐 아니라 행동거지가 분별 있고 차분하며 자제력이 돋보이는 사람됨이 작용했다. 로브슨과 달리, 재키 로빈슨은 자본주의 체제와 공화당 지배정치에 따랐다. 그는 개인적 성공이라는 미국식 윤리관에 순종했으며 헌신적인 '경주마'였고, 또 항상 그렇게 되려 했다.

[1] 내슈빌 소재 대학으로, 해방노예를 위한 교육에서 비롯된 최초의 흑인대학

1949년 7월 18일 신문·라디오·텔레비전 기자 및 영화 관계자들이 꽉 들어찬 하원비미활동위원회실에서 로빈슨은 성명을 낭독했다. 다저스 구단의 리키와 어번리그의 수장인 레스터 그랜저가 성명서를 준비하는 데 도움을 주었다. 성명서에서 재키 로빈슨은, 폴 로브슨에게는 "개인적 의견을 가질 권리가 있지만, 그런 생각을 공공연히 밝히는 어리석은 행동은 나와 상관없다"고 주장했다. 로브슨을 반박하는 동안 로빈슨은 자칫 흑인의 대표자연하는 행동으로 오해받지 않을까 무척 조심스러운 태도로 의견을 폈다. "그 누구도 1500만 명을 대표하여 말할 수 없으며, 나 또한 그러하다. 나는 이 나라의 미래에서 그저 내 아내와 자식 그리고 나 자신의 자리를 찾느라 다른 여유가 없다. 나뿐이 아니라 미국의 여느 사람들도 우리나라의 복지를 향상시키느라 다른 여유가 없기에, 저 밑바닥에서 들려오는 유혹의 소리 때문에 우리의 노력을 팽개칠 수는 없는 노릇이다."

이것이야말로 정치꾼들과 언론이 듣고 싶어하던 바로 그 소리였다. 충성선언에 이어 로빈슨은 경고의 말을 덧붙였는데, 여기에 주의를 기울인 사람은 거의 없었다. "흑인들은 공산당이 생겨나기 전부터 각성해 왔고, 공산당이 사라질 그 후로도——짐 크로 법이 철폐되지 않는다면——계속 각성해 나갈 것이다." 흑인들은 미국 외부의 적에 대해 언제나 싸울 것이지만, 그렇다고 해서 "이 나라 안의 인종차별에 대한 투쟁을 멈추겠다는 것은 아니다. 우리의 투쟁은 공산주의자 없이도 승리할 수 있으며, 그들의 도움을 원하지도 않는다."

『뉴욕타임스』는 재키 로빈슨의 성명을 1면에 보도하고,

그를 찬양하는 사설을 실었다("재키 로빈슨, 4안타 무실책"). 엘리노어 루스벨트도 자신의 신디케이트 칼럼을 통해 찬양물결에 가담했다. 흑인언론들은 약간 다른 각도에서 이 사건을 다뤘다. "재키, 우리의 주적(主敵)은 흑인의 린치자들, '빨갱이'심문자들에게 주장." 『필라델피아 아프로-아메리칸』(*Philadelphia Afro-American*)의 보도이다. 다른 흑인언론들은 재키 로빈슨을 백인들의 '앞잡이'로 묘사하는 만평과 통신원 기사를 실었다. 로브슨은 "재키와 나 사이에 어떠한 논쟁거리도 없다"면서 "공포스런 일의 희생자가 되고 있는 형제들과 나 사이를 이간질시키는 데 끌려가지 않겠다"고 공언했다. 그해 늦여름 뉴욕 픽스킬에서 예정되어 있던 로브슨의 공연은 우익행동단의 습격을 받았다. 미국 스포츠연감은 1917년과 18년 미식축구 우수선수 명단에서 로브슨의 이름을 삭제했다. 1950년대 초에 로브슨의 이름은 미국대중들의 뇌리에서 깨끗이 지워져버렸다.

여권도 박탈당하고 만성병에 시달리고 있었으니 이제는 기도 꺾이고 허탈할 만한데, 로브슨은 그렇지 않았다. 1956년 하원비미활동위원회에 출두한 그는 혼신의 힘을 짜내서 이른바 '미국주의'의 수호자들에게 통렬한 비난의 화살을 날렸다. "당신네들은 우리 형제들의 권리를 위해 일어나 싸우려는 모든 흑인의 입을 틀어막고 싶을 거요!" 러시아로 가지 그러느냐는 하원의원들의 말에는 이렇게 응수했다. "내 아버지가 노예였고, 내 형제들이 목숨 바쳐 이 나라를 세웠으므로, 나는 이 땅에 머물러 당신들처럼 이 나라의 한 부분을 떠맡으련다. 파시즘에 물든 그 누구도 날 이 땅에서 몰아낼 수 없다. 질문 있소?” 의분으로 끓어오른 그는 심문자들을 경멸하는 말을 공공연히 퍼부었다. 이것이 폴 로브슨이 공개적인 자리에서 펼친 마지막 대공연이었다.

마치 헤비급 권투시합과 마찬가지로 폴 로브슨과 재키 로빈슨의 대결은 백인이 연출하고 백인을 위해 짜여진 한판의 공개전투로, 흑인들 역시 비상한 관심을 갖고 지켜보았다. 두 사람 모두, 주로 백인관객을 즐겁게 하는 선수 혹은 연예인으로 성공한 덕택에 흑인의 ‘대표자’가 되었다. 하지만 이 ‘대표자’라는 역할을 둘은 서로 전혀 다르게 해석한 것이다. “누가 블랙 아메리카를 대변하나?” “블랙 아메리카는 어디에 충성하나?” 하원비미활동위원회가 던진 이 두 가지 물음은 1963년 재키 로빈슨과 말콤 엑스 사이에서 다시 화려하게 울려퍼진다. 신티케이트 칼럼으로 기고한 글에서, 로빈슨은 애덤 클레이턴 파웰 2세에게 경고의 말을 던졌다. “흑인민중은 이제 성장했네, 애덤. 단지 어떤 사람이 같은 인종이라는 이유만으로──옳든 그르든──무조건 아무 행동이나 지지하는 일을 동정할 리는 없다고 난 생각하네.” 로빈슨은 특히 파웰이 말콤 엑스와 이슬람네이션과 어울렸다는 이유를 들며 꼬집었다. 이때 말콤 엑스는 『암스테르담뉴스』에 보낸 반박편지에서, 로브슨사건을 거론함으로써 재키 로빈슨의 아픈 데를 찔렀다.

가난과 암흑 속의 그대를 백인들이 구제하여 메이저리그에 보내준 후 얼마 되지 않아 일어난 일이오. 미국이 흑인들에게 부정의한 짓을 행하고 있다고 폴 로브슨이 비판했소. 흑인을 그토록 노골적으로 경멸하고 야만적으로 취급한 나라를 지키기 위해 싸운다면 흑인들의 양식을 의심하지 않을 수 없다고 로브슨은 말했소. 우리 흑인형제를 대변하는 로브슨의 위용에 백인들은 죄의식으로 입을 다물어버렸소. 그들은 변명조차 할 수 없었소. 그들은 이제 파산해 버린 '백인'의 대의를 로브슨의 손에서 구해 줄 또 다른 멍청이 흑인을 허겁지겁 찾게 되었소. 바로 그대요. 백인들이 그대 동족을 짓누르는 그때, 당신은 스스로 백인의 도구가 되었소. 그래서 그대는 그들이 시키는 대로 폴 로브슨에게 덤벼들었지.

말콤 엑스는 로빈슨이 즉석커피숍 체인사업가의 들러리 노릇[1]을 하는 등 닉슨, 록펠러, 브랜치 리키 따위 백인후원자들의 추종자 노릇을 한다고 비웃었다. 그리고 이렇게 경고했다. "만일 그대가 조금이라도 공격적으로 흑인민중을 대변하기라도 하면… 지금 그대가 친구라고 생각하는 바로 그 백인들이 그대의 가슴에 총탄과 칼날을 날릴 첫번째 사람이 될 것이오." 로빈슨도 장문의 반박문을 발표하여 흑인의 자유를 위해 헌신해 온 백인들과 협력하는 것을 "자랑스럽게 생각한다"고 주장했다. 그리고 흑인들은 말콤 엑스의 '인종주의'를 거부할 것이라며, "미국에서 우리가 현재까지 확보한 지위는 싸워 지킬 만한 것"이라고 그 이유를 들었다. 로빈슨은 또 말콤 엑스가 입으로는 공격적인 언사를 구사하지만 행동은 수동적이라고 경멸스레 지적했는데, 이는 말콤 엑스의 예민한 부위를 건드린 것이다.

흉악한 인종범죄가 저질러진 버밍햄이나 미시시피에 그대가

[1] 1957년 로빈슨은 레스토랑 커피숍 체인인 Chock Full O'Nuts의 부사장 자리에 앉았다

없었기에 흑인지도자들이 '감사드려야' 한다고 그대는 말했소. 말콤, 도대체 누굴 비웃고 있는 것인가? …그대가 버밍햄이나 미시시피에 있었다면, 일찍이 로스앤젤레스에서 그대의 무슬림 형제들이 총에 맞아 죽은 후 그대가 벌인 행동을 그곳에서도 행했을지 모르오.[1] …그대는 입을 열어 떠벌리며 가차없는 전쟁을 공언하고 있지만, 그대의 호전적 행동은 안전한 할렘 안에서만 벌어지고 있다는 것은 누구나 눈치챌 만하오.

논쟁은 로빈슨의 이 말을 마지막으로 끝났다. 엘리야 무하마드(Elijah Muhammad)[2]가 말콤 엑스에게 금언령을 내렸기 때문에 말콤 엑스가 로빈슨에게 답신을 보내지 못한 것이다. 그러나 로빈슨의 반박은 말콤 엑스의 생각 속에 무엇인가 반향을 일으켰다. 훗날 말콤 엑스는 이슬람네이션과 관계를 끊음으로써 대답을 대신했다.

재키 로빈슨은 반공주의의 신념을 끝까지 고수했고, 베트남전쟁 때도 미국이 정당한 전쟁을 벌이고 있다는 확신에서 추호도 동요하지 않았다. 그러기에 60년대의 청년투사들은 로빈슨을 엉클 톰으로 빗대어 깔보았다. 하지만 그들이 공격한 것은 냉전의 선전도구로 사용된 재키 로빈슨이라는 존재였지, 실제 인간으로서 로빈슨은 아니었다. 실제의 로빈슨은 훨씬 복잡한 얼굴을 하고 있었다.

1964년 1월 로빈슨은 짐 크로 법 철폐를 위해 온몸을 던지는 젊은 흑인들을 '명예와 불굴의 지도자'라고 높이 평가했다. 그러면서도 동시에 그는 이 운동의 중심이 북부 흑인 거주지로 번져가자 새로운 장벽을 넘어서야 한다고 경고를 던졌다. "전에까지만 해도 협조적이었던 백인들이 이제는

[1] 흑인무슬림에 대한 공격에는 전투적으로 대응하지만, 그렇지 않은 경우에는 비난에 그치고 있다는 조롱임

[2] 당시 이슬람네이션 운동의 지도자

점점 교활해지고 있다. 그들이 볼 때 편견은, 타인의 뒤뜰 안에 있는 한에서만 죄로 여겨질 뿐이다. 하지만 흑인의 저항이 '리버럴'(liberal)의 배경을 이루는 조건들에 대해서 적대적으로 나오게 되면, 긴장하기 시작한다." 그러나 그의 주장에 따르면 "리버럴들이 무슨 말을 하든, 흑인들의 변화한 태도, 변화한 감정, 높아지는 전투성에 어떻게 분개를 하든, 혁명은 계속될 것이며 또 계속되어야 한다."

로빈슨은 인종문제에 관한 한 현실주의자였다. 그는 흑인들이 경제적·정치적 힘을 얻어야 한다고 보았다. 그는 스포츠선수로서 얻은 명성을 이용하여 이러한 힘을 얻고자 했다. 동시에 그는 명성이란 두 가지 의미에서 작용을 하는 법임을 충분히 인식하고 있었다. 명성이란 자유를 가져다주지만, 빼앗아가 버리기도 하는 것이다. 백인 리버럴을 비판한 직후, 그는 소련영사가 뉴욕에서 베푼 칵테일파티에 참가한 베이어드 러스틴의 행동을 꾸짖었다. "몹시 어리석은 행동"이 시민권운동의 대의를 손상시킨다는 것이 로빈슨의 믿음이었다. 동족을 대표하는 상징이라는 것이 얼마나 힘든 굴레인지를 힘겹게 말한 후, 그는 이렇게 덧붙였다. "개인적인 특권을 포기하라는 요구는 부당하다. 리더십의 신성한 권위를 손상시키는 행동 역시 신중하게 재고해야 한다."

1964년 재키 로빈슨은 커피숍 체인점 일을 그만두고, 넬슨 록펠러(Nelson Rockfeller)[1] 선거운동진영에 가담했다. 공화당 대의원인 로빈슨이 참여한 샌프란시스코 당대회는 배리 골드워터를 대통령후보로 지명했다. 그는 신우익의 탄생을 목도한 증언자가 된 셈이다. 그는 다음과 같이 쓰라리게

[1] 록펠러 대재벌 집안으로 1964년 공화당 대통령후보로 출마를 추진하다가 중도에 포기함. 이때 공화당의 대통령후보는 극우파 배리 골드워터로 정해졌다

술회했다. "히틀러 치하의 유태인들이 겪은 심경이 어땠을지 비로소 이해할 수 있게 되었다." 그는 1972년에 자서전을 발간하고 얼마 후 세상을 떠났다. 이 자서전은 로빈슨이 만년에 얼마나 좌절감에 시달렸는지 증언하고 있다. 하원비미활동위원회 청문회에 출두했던 1949년을 다루는 대목이 특히 그렇다.

그 시절 나는 미국의 백인들이 궁극적으로는 정의로운 존재라고 믿었지만, 지금은 그렇지 않다. 그 당시 받았던 제안들을 지금 다시 받는다면 거부할 것이다. …그 이후 나는 좀더 사리를 분별하게 되었고, 미국이 얼마나 파괴적인 나라인지 그 고통스런 진실을 점점 더 깊이 깨닫게 되었다. 나는 20년을 넘도록 자신을 희생한 폴 로브슨을 점점 더 존경하게 되었다. 로브슨은 직업과 재산과 안락한 삶을 모두 버렸다. 이것이 바로 그가 자신의 형제들을 진심으로 돕고자 했다는 증거다.

●   ●   ●

잭 존슨 대 짐 제프리스, 조 루이스 대 막스 슈멜링의 시합까지만 해도 권투는 흑과 백의 싸움이었다. 그런데 1960년대와 70년대 들어 헤비급권투는 흑인선수들의 판이 되었다. 그러나 흑인끼리의 시합이라 해도 인종주의적인 색채는 약해지지 않았다. 오히려 그 이후의 선수들, 그러니까 플로이드 패터슨, 소니 리스턴, 무하마드 알리 사이에서—그리고 훗날에는 알리와 어니 테럴(Ernie Terrell), 조 프레이저, 조지 포먼 사이에서—벌어지는 시합들은 모두 각 선수들이 백인권력과 얽혀 있는 정도에 따라서 인종적 편가르기를 당했다. 이 책 첫머리에서 폴 로브슨과 재키 로빈슨 사이의 설전을 살펴보았지만, 이들 권투선수들의 시합 역시 누가 흑인대표자인지를 놓고 겨루는 한판의 교훈극이 되었다.

플로이드 패터슨을 보자. 그는 마이크 타이슨과 마찬가지로 브루클린 빈민가 태생으로 비행청소년 생활에서 벗어나 커스 다마토(Cus D'Amato)[1]에게 권투기술을 배웠다. 백인인 다마토는 선수를 완전히 틀어줄 줄 아는 명코치로, 패터슨과 타이슨을 범죄의 굴레에서 벗어나게 했다. 패터슨은 타이슨과 또 달랐다. 패터슨은 차분한 방어형 전술을 구사했고, 검소한 생활을 했으며 매주 교회에 출석했고, 그래서 백인 아메리카의 영웅대접을 받았다. 그때까지 최연소 헤비급 챔피언 기록을 세운 그는 백악관에 초대받기도 했고 백인여성과 결혼하여 백인거주지역에 저택을 마련했다. 그는 인종통합이라는 이상을 구현하는 상징이었다.

소설가 노먼 메일러(Norman Mailer)는 그를 "리버럴 중 리버럴"이라고 칭하기도 했다. 1962년 출판한 자서전 『나 자신에게 거둔 승리』(*Victory over Myself*, J. F. 케네디와 함께 찍은 사진을 표지로 썼다)에서 패터슨은 조 루이스, 랠프 번치(Ralph Bunch),[2] 재키 로빈슨 등이 자신의 영웅이었다고 털어놓았다. 또 이들처럼 '흑인의 대표자'로 살아가는 것이 꿈이라고 말했다.

한 가지, 다마토는 패터슨이 '악의'가 너무 없다고 아쉬워했다. 가장 유력한 도전자로 꼽히는 사람은 강타자 소니 리스턴이었는데, 다마토는 몇 년 동안 패터슨이 리스턴과 대전

[1] 1960~80년대에 활약한 명코치. 패터슨과 타이슨을 키운 사람으로 유명하며, 알리의 자문역으로 일한 적도 있음

[2] 정치가, 외교관으로 1949년 이스라엘-팔레스타인 휴전협정을 성사시킨 공로로 노벨평화상을 수상함

하지 않도록 보호막 역할을 했다. 리스턴이 헤비급 챔피언이
되길 원하는 사람이 단 한 사람도 없었던 것도 다마토에게
유리하게 작용했다. 리스턴은 이렇게 불만을 터뜨렸다. "패
터슨은 같은 흑인끼리 인종차별선을 긋고 있다. …마치 백
인천지 세상에 있는 것과 똑같이 힘들게 한다." 어쨌든 그때
까지 패터슨의 도전자 중 흑인은 딱 한 사람뿐이었으므로,
리스턴의 비판은 옳았다.

리스턴은 잭 존슨 이래 가장 혐오받은 흑인스타였다. 그
는 열여덟 살 때 미주리 주립교도소에서 권투에 입문했고,
석방되자 곧바로 프로선수로 데뷔했다. 데뷔 초기에는 동네
깡패와 한패가 되어 남의 빚 받아내는 일로 근육을 써먹었
다. 1956년에는 집 밖에서 말다툼을 벌이던 중 출동한 경찰
관을 공격한 혐의로 체포되어 9개월을 선고받아 일리노이주
감화소에 들어갔다. 이 전과 때문에 그는 프로시합에 나설
기회를 잃었을 뿐더러(그러니 더 조직폭력배에 의존할 수밖
에 없었고), 동네 백인경찰 사이에선 요주의딱지가 붙어버
렸다. 1962년까지 그는 열아홉 번 체포된 기록을 세웠다. 필
라델피아에서 살 때는 이미 유력한 헤비급 도전자가 되어
있었지만, 걸핏하면 경찰에 체포되곤 했다. 혐의도 갖가지였
는데, 그중에는 경찰관 사칭도 있었다. 덴버에 새 집을 구해
서 필라델피아를 떠나면서 리스턴은 기자에게 이런 말을 남
겼다. "필라델피아 시장이 되느니 차라리 덴버에서 가로등
기둥 노릇을 하겠다."

리스턴은 까막눈이었지만 머리회전이 빨랐으며, 제복 입
은 자들이 도발하더라도 스스로의 정당성을 주장하는 데 막

힘이 없었다. 전과기록이며 조직폭력과의 연루 때문에 챔피언이 될 기회를 줘선 안 된다는 핑계로 대전이 번번이 수포로 돌아가자 낙담도 하고 짜증도 냈지만, 그는 너그럽고 세심한 면모를 잃지 않았다. 그의 전기를 쓴 로브 스틴(Rob Steen)은 이렇게 말했다. "악역은 언제나 소니의 몫이었다." 정당한 지적이다. 가장 끈덕지게 리스턴을 따라다닌 의혹은 그의 출생일자에 관한 것이다. 언론은 리스턴이 출생증명서도 없다면서 바로 이것이 범죄형 인간의 증거라고 주장했다. 그러나 사실 리스턴은 빈한한 농업노동자 가정에서, 의사가 아닌 산파의 도움을 받아 스물네번째 자식으로 태어났다. 이러니 그의 출생증명서가 없다 해서 놀랄 것도 없다.

　결국 리스턴은 미국의 얼굴 없는 하류층이란 출신성분 때문에 헐뜯음을 당하고 보복을 받은 셈이다. 무뚝뚝하고 폭력적이고 위험한 돌대가리, 이것이 리스턴의 이미지였다. 언론이나 권투 관계자, 정치꾼 들은 그를 봉으로 삼아 농락했다. 르로이 존스는 소니 리스턴을 가리켜 이렇게 말했다. "백인들이 거니는 복도에 덩치 큰 검둥이가 기다리고 있다. 그 검둥이는 어서옵쇼 하며 굽실거린다. 백인들은 온갖 상처를 그어대고 그는 동족을 대신하여 당하고 있다." 그렇지만 리스턴은 흑인지도자라는 사람들에게서도 차디찬 대접을 받았다. 그들이 보기에 리스턴은 흑인을 대표하기에 부적격이었다. 단정하고 평화적인 모범생 흑인이라는 이미지를 겨우 쌓아놓았는데, 어디서 날바람둥이 깡패가 튀어나와 흑인대표연할 수 있단 말인가? 전미유색인지위향상협회는 패터슨을 부추겨 소니 리스턴과 타이틀전을 갖지 않도록 했다.

일찍이 1932년 두보이스는 이렇게 꼬집은 적이 있다. "노예에서 해방되어 신분상승을 이룬 흑인은 범죄집단 동족과 자기가 다르다며 갈라놓기에 애를 쓰고 있다. 범죄자는 부랑자로 몰아붙이고, 재수 없이 체포되어 고발된 흑인들을 싸잡아 헐뜯는다." 또한 그는 "바리새주의[1]와 무지함의 뒤범벅이"들에게 욕을 퍼부었는데, 몇 년 뒤 리스턴이 이런 자들의 처분만 바라고 있게 된 셈이다.

그래도 리스턴은 마침내 도전기회를 잡았다. 패터슨이 소니 리스턴을 피한다는 비난으로 곤란해진 사정도 작용했다. 그러나 그보다는 권투협회 관계자와 흥행사들이 현실을 깨달았기 때문이라고 할 수 있다. 리스턴을 계속 따돌리는 것보다는 차라리 그를 챔피언으로 앉히는 것을 감수하는 편이 권투의 인기를 유지할 수 있었기 때문이다. 대중은 패터슨을 밀었고, 패터슨은 그들의 원대로 링에서 자신의 능력을 보여줘야 했다.

이렇게 해서 시합이 이루어졌다. 시합은 조 루이스 대 막스 슈멜링 시합 때와 여러모로 비슷한 의미를 띠었다. 『스포츠 일러스트레이티드』지는 냉전심리를 부추겼다. "요즘과 같은 정세에서, 우리는 리스턴처럼 불량한 전과가 있는 자에게 아메리카 헤비급 챔피언 자리를 넘겨줘선 안 된다." 미국 권투협회(National Boxing Association) 회장은 자신의 편견을 숨기지 않고 드러냈다. "내가 볼 때 패터슨은 흑인의 선량한 대표자다. 세계챔피언 자리에는 우리 애들이 우러러볼 만한 인물이 올라야 한다." J. F. 케네디와 랠프 번치, 엘리노어 루스벨트도 패터슨에게 격려의 말을 보냈다. 전미유색인

---

[1] 바리새인은 신약성서에서 예수가 비난한 자들임. 위선적 율법주의자들

지위향상협회 맨해튼 지회장으로 훗날 백만장자이자 민주당의 막후실력자가 된 퍼시 서턴(Percy Sutton)은 이렇게 공언했다. "나는 패터슨을 밀고 있다. 어디를 보아도 리스턴보다는 패터슨이 우리 흑인을 대표하는 게 낫기 때문이다."

그렇지만 흑인사회 모두가 서턴의 말에 공감하지는 않았다. 다음은 르로이 존스의 일갈이다. "그들은 리스턴에게 검둥이 칠을 해대고, 패터슨에겐 흰둥이 칠을 하고 있다. …흑인은 어느 쪽에 서야 하는가? 흑인사회의 온갖 계층에서는 이 물음이 떠돌고 있다." 리스턴은 제 직분을 지키는 태도를 보였다. "프로권투란 마치 카우보이 영화와 같다. 착한 자가 있는가 하면, 악당이 있는 법이다. 사람들은 내가 지는 쪽으로 돈을 건다. 하지만 내가 출연하는 카우보이 영화에서만은 악당이 이기게 될 것이다." 과연 말 그대로, 리스턴은 1회에 패터슨을 KO시켰다. 열 달 후 다시 열린 시합에서도 역시 리스턴이 승리했다. 르로이 존스는 이때를 이렇게 회상한다. "패터슨이 다운을 당할 때마다 관중들은 적개심 섞인 침묵에 빠져들었고, 나는 식민지 서부 전체가 무너져 내리는 환상을 보는 듯했다." 언론들은 소니 리스턴을 '무적'이라고 지칭하면서도, 리스턴을 대신할 챔피언이 나오기를 학수고대했다. 1963년 12월 『에스콰이어』(*Esquire*)는 소니 리스턴과 역대 헤비급 챔피언이 대결을 벌이는 가상 특집기사를 실었는데, 여기서 리스턴은 조 루이스를 꺾고 로키 마르시아노(Rocky Marciano)[1]도 이기지만 잭 댐프시에게 무릎을 꿇는다.

지금으로선 좀체 믿기 힘든 사실이 있다. 리스턴을 혐오

[1] 1952~56년에 헤비급 챔피언을 지낸 백인 권투선수. 무패로 은퇴하는 전설적 기록을 세움

하는 자들에게 처음에는 캐시어스 클레이가 "위대한 백인의 희망"이었다는 사실이다. 분명히 초기에 클레이는 전통적인 역할놀이에 기꺼이 가담했다. 리스턴 대 패터슨 시합을 취재한 토마스 하우저(Thmas Hauser)[1]는 이렇게 썼다. "그[클레이―옮긴이]는 패터슨과 악수를 하고 리스턴 쪽으로 눈을 돌렸다. 그리곤 겁난다는 시늉을 하고선 패터슨의 손을 내동댕이치고 도망쳤다." 타이틀전을 준비하는 동안 클레이는 자신의 적수 리스턴을 "덩치 크고 더러운 곰"이라 부르며 비아냥거렸다.

　　소니 리스턴은 허섭이야. 말 한마디 제대로 못하지. 쌈박질할 줄도 몰라. 그 친군 말하는 법 좀 배워야 돼. 이번에 나하고 붙을 거니까 넘어지는 연습도 하게 될걸. …난 채찍으로 이 애송이 자식을 후려칠 건데, 화성 너머 목성까지 날려버릴 거야. 자식을 쳐다봐도 하나 겁날 것 없어. 정말 제일로 못생긴 놈이니까. …한수 가르쳐준 다음에 주 동물원에 보내줘야겠어. …난 젊고 미남이지. 난 빨라서, 질 수가 없지. …그놈같이 못생긴 놈이 챔피언이 되면 안 돼. 세계챔피언은 나처럼 예뻐야 하는 거야.

　　클레이는 흑인 권투선수를 무지한 동물로 묘사하는, 상투적인 인종주의적 편견에 맞장구쳤다. 그가 워낙 짓궂게 허장성세를 부리고 장난기 펄펄 넘치게 으쓱거렸기 때문에, 얌전한 모범생 패터슨이나 조심조심 수동적인 리스턴은 아무 대응도 못하고 당하고 있을 수밖에 없었다. 라스베이거스에서 가진 기자회견은 한판의 쇼와 같았는데, 클레이는 늘 그렇듯이 과묵하게 앉아 있는 리스턴을 "검둥이 호모"라고 비죽거렸다. 인종적 상징이라는 측면에서 두 사람의 대전을 평가해 볼 때, 우리가 기억해 둘 점이 있다. 당시에는 극장에서도 시합을 중계했는데, 흑인관객은 별도의 흑인구역에서 폐쇄회로로 시청해야 했다. 시민권운동가들은 이번 대전 때는 이런 차별을 없앤다는 조항을 대전계약서에 넣어야 한다고 주장하였고, 이 요구를 지지한 사람은 클레이가 아니라 리스턴이었다. 일찍이 리스턴은 이렇게 말한 적이 있다. "언젠가 권투선수를 위한 블루스 음악을 누군가 작곡하겠지. 기타는 느긋이, 트럼펫은 감미롭게 연주하고, 종소리를 넣으면 좋을 거야." 제임스 볼드윈(James Baldwin)[1]은 "그는 외롭다. 그는 마음이 상했다. 내가 볼 때 리스턴은 부드러운 사람이다"라고 말했다.

[1] 미국의 현대소설가

2

변화가 다가온다
A Change Is Gonna Come

미 육군사관학교인 웨스트포인트(West Point) 영내 체육
관에는 더글라스 맥아더 장군이 인용한 웰링턴 공작(Duke
of Wellington)[1]의 명구가 벽에 새겨져 있다. "선의의 경쟁이
벌어지는 대지 위에 씨가 뿌려지나니, 다른 날 다른 장소에
서 그 씨앗이 승리의 결실을 맺으리라." 전투적인 의미를 지
니지 않는 스포츠가 생사가 갈리는 전쟁터의 투쟁과 비유되
고 있다. 공공학교에서 가르치는 이런 식의 게임윤리는 전투
원에게는 숭고한 명분을 그럴듯하게 불어넣지만, 한편으로
는 스포츠를 더럽히고 있는 것이다. 근대 스포츠는 민족국가
의 운명과 밀접한 관계를 가지게 되었고, 초기부터 긴밀한
영향을 받으며 변천해 왔다. 스포츠는 전쟁의 예행연습이자
대체물이 되었으며 개인과 개인, 팀과 팀 그리고 더 나아가
서는 국가와 국가, 민중과 민중 사이의 경연장이기도 했다.
    냉전시대의 경기장은 전투의 대리물 노릇을 했다. 특히
올림픽은 양 사회체제가 서로의 우월성을 과시하는 경쟁장
소였다. 스포츠에서의 승리는 곧 역동성과 근대성을 입증하
는 시금석이었다. 이런 점에서 1960년 로마올림픽에서 가장
의미심장한 장면은 맨발의 아베베 비킬라가 에티오피아를
대표하여 마라톤에서 우승한 순간이었다. 아프리카 흑인이
메달을 획득한 첫 기록이었다. 하지만 미국은 (그리고 소련
도) 미소간 냉전의 승부를 나타내는 메달경쟁에만 관심을
쏟았다. 승리자는 소련이었다. "소비에트 선수들의 승리는
새로운 사회주의 사회의 인간이 거둔 승리다." 흐루시초프
는 이렇게 열변을 토했고, 자존심 상한 미국 평론가들은 취
임을 앞둔 케네디정부에게 적절한 조치를 강구할 것을 촉구

70

[1] 1769~1852. 영국의 군
인, 정치가. 워털루전쟁에
서 나폴레옹군을 격파한
것으로도 유명하다

했다. "미합중국은 올림픽경기력 향상을 위해 다시금 단단히 노력해야 한다." 또 미국 올림픽경기력향상 프로그램의 의장은 이렇게 선언했다. "냉전과 작금의 국제정세는 미국의 위엄을 지켜낼 수 있도록 최강의 전력을 갖출 것을 요구한다." 스포츠 관료며 정치인들도 여기에 고개를 끄덕였다. 셰익스피어의 희곡「트로일러스와 크레시다」중 "일단 성공하면/하찮은 시합 하나로 장군을 두고서/좋으니 나쁘니/평판의 잣대"를 들이대리라는 구절이 그들의 가슴에 두려움으로 사무친 것이다. 그러므로 전세계적 차원의 스포츠 경연장에서 미국을 대표할 짐을 짊어지는 것이 미국 스포츠선수들의 직무가 되었음은 짐작하기 어렵지 않다. 게임의 법칙은 또다시 국가주의 선전공세의 포로가 되었다. 스포츠 관료나 평론가들은 여기에 아무런 의문을 표시하지 않았다. 하지만 뒷날 무하마드 알리가 "스포츠를 (이슬람네이션의) 선전도구로 악용하고 있다"며 입심 좋게 비난을 쏟뜨린 족속들이 바로 이 스포츠 관료와 평론가들이었으니 참으로 희한한 일이다.

캐시어스 클레이는 로마올림픽의 영웅 중 한 사람이었다. 한 소련기자가 클레이에게 미국흑인들의 처지에 대해서 말해 보라고 요청하자, 클레이는 이렇게 쏘아붙였다. "내가 볼 때 미국은, 당신네 나라를 포함한 전세계에서 여전히 최고의 나라다." 당시만 해도 그는 자신의 기독교식 이름에 자부심을 가지고 있었다. "이거 정말 아름다운 이름 아니오? 로마시대의 콜로세움과 검투사들을 떠올리게 하는 이름이지."[1] 루이빌로 돌아온 그는 첫 시집을 출판하여 냉전에서의 승리

1 클레이의 가운데이름 마셀러스(Marcellus)는 로마시대 정치가이자 군인인 마르셀루스의 이름에서 따왔음

를 이렇게 자축했다.

  아메리카 너를 가장 위대한 이로 만드는 일 그것이 내 목표
  그리하여 나는 러시아를 이겼네, 폴란드를 이겼네
  금메달을 따내 합중국에 바쳤네

  잘생긴 열여덟 살 청년은 프로로 전향하여 루이빌 신디케
이트의 후원을 받는 계약서에 서명했다. 이로써 루이빌 신디
케이트는 담배, 위스키, 경마, 야구, 미식축구에 이어서 권투
선수도 저들의 사업목록에 올려놓았다. 그후 3년 동안 클레
이는 19번의 대전을 치러 모두 이겼고, 특히 (첫 해외원정
프로경기로서) 런던에서 가진 시합에서는 헨리 쿠퍼를 KO
로 무릎꿇림으로써 절정의 기량을 뽐내 보였다. 두 손을 아
래로 늘어뜨리고 슬금슬금 뒷걸음질을 치는 클레이의 경기
스타일은 괴상망측하긴 했지만 독특한 멋이 있었다. 몇 차례
실수를 범해 곤욕을 치르기도 했으나, 그는 언제나 장담한
대로 승리를 거뒀고, 특히 어떤 때는 놀랍게도 자신이 예견
한 회에서 그대로 KO승을 기록했다. 1963년 11월, 떠들썩한
순례시합을 벌인 후 그는 소니 리스턴과의 헤비급 타이틀전
계약에 서명했다.
  그 사이에 클레이는 이미 미국에서 가장 유명세를 날리는
얼굴(그리고 목소리)이 되었다. 그는 『타임』(*Time*)과 『라
이프』(*Life*)지의 표지인물로 선정되었고, 자작시 낭송음반도
내놓았다. 인기를 좇고 또 청중 앞에 서는 일에 기갈이 들었
던 그는 볼링장, 커피숍, 나이트클럽뿐 아니라 텔레비전 토

크쇼에도 출연했다. 권투순위의 상승—그 멋진 세계타이틀을 포함하여—은 링에서 펼치는 실력만으로는 되지 않는다는 사실을 클레이는 잘 인식하고 있었다. 더러 어떤 권투선수는 조직폭력단을 등에 업기까지 했다. 클레이는 자신의 입놀림으로 버텼다.

1960년대 초까지 미국에서 권투의 인기나 권위는 심대한 타격을 입고 있었다. 의회도 청문회를 열어 권투가 오랫동안 조직범죄와 연루되어 왔다는 의구심을 노골적으로 표명한 바 있었다. 게다가 데이비 무어와 베니 패릿이 경기중 입은 부상으로 사망하면서 권투의 이미지는 한층 추락했다. 텔레비전 시청률이 떨어졌고, 방송사 중역들도 권투는 시장전망이 도통 보이지 않는 오락이라며 흥미를 잃었다. 이런 상황에서 속사포 같은 말재간을 자랑하는 미남청년 클레이가 출현했으니, 프로권투의 큰손들에게는 하늘이 준 선물이나 진배없었다.

하지만 이름을 무하마드 알리로 바꾸기 전부터도, 클레이는 그때까지의 스포츠스타들과는 다른 행동거지를 보이기 시작했다. 그때까지만 해도 스포츠스타들은 대중 앞에 모습을 드러내되, 입은 으레 다물고 있어야 했다. 백인이건 흑인이건, 특히 흑인이라면 더욱더 겸손과 겸양을 덕목으로 삼아야 했다. 물론 거대 스포츠종목답게 으스대기, 큰소리치기, 자발스럽게 경쟁심 자극하기 따위가 하위문화로서 존재하기는 했지만, 이런 모습은 뒷전에 감추어져 있어야 했다. 이것을 겉으로 드러내고 멋지게 포장해서 장사가 될 이미지로 몰고 간 인물이 바로 클레이였다. 클레이는 아슬아슬할 정도로 대담하게 자기를 내세웠지만, 무엇보다도 언제나 장난기가 철철 넘쳤고, 자신마저도 우스갯소리의 주제로 삼음으로써 위험도를 적절히 조절했다. 떠버리 클레이는 사람들을 어리둥절하게 만들기 일쑤였고, 현대 미디어가 연주하는 서커스 장단에 맞춰 경기장을 놀이터 삼아 어릿광대 놀음을 펼쳤다. 뒷날 알리라는 이름을 가지게 되었을 때 그는 자신의 과장된 약장사식("나는 두 발 달린 것 중 제일 빠른 놈이라네") 행동거지는, 라스베이거스 라디오방송에서 만난 어느 프로레슬링 선수의 스타일을 따온 것이라고 술회했다.

인터뷰중에 고저스[굉장하다는 뜻—옮긴이] 조지는 라스베이거스에서 열린 레슬링시합에 대해 질문을 받자, 소리를 질러대기 시작하더라구. "그놈을 죽여버릴 거야. 두 팔을 확 뽑아버릴 거야. 이 자식에게 지면 링을 기어서 내 머리털이라도 잘라버릴 거야. 하지만 그럴 리는 없어. 왜냐면 내가 세계에서 제일 위대한 레슬러니까." 이 방송을 듣는 내내 나는 혼자 중얼거렸지. "야, 이 시합 한번 보고 싶은데. 조지가 이기든 지든 상관은 없어. 어떤 일이 일어날지 가보고 싶어." 그런데 고저스 조지가 시합하는 경기는 완전히 매진이었어. 수천 명의 관객 속에 나도 섞여 있었지. 바로 그때부터 나도 이젠 말을 가릴 필요가 없다고 결심하게 되었지. 과연 내가 점점 더 떠벌릴수록 사람들이 내 경기를 보려고 돈을 내더라 이 말이지.

고대의 경기에서 포스트모던한 오락으로 탈바꿈한 프로레슬링의 거친 적자생존 문화가 젊은 클레이에게 영감을 불어넣었다는 것은 의미심장한 일이다. 이 유구한 멜로드라마,

익살극과 폭력의 혼합물, 관중을 열성 패거리로 만들어 목이 터져라 응원하도록 유혹하는 프로레슬링에서 클레이는 즐거움을 찾았고, 또 많은 것을 배웠다. 비주얼과 오디오가 결합한 1950년대 대중문화의 세례를 받은 신세대가 곧 클레이였다. 독백처럼 읊조리는 그의 말 곳곳에는 할리우드영화, 텔레비전, 라디오방송극, 팝 음반 그리고 권투나 프로레슬링뿐 아니라 야구에서 따온 표현이 많았다. 60년대 초 클레이는 정치성이 없는 『매드』(Mad)[1]지와 주로 죽이 잘 맞았다. 텔레비전에서 그는 익살광대 같은 몸짓이며 카메라를 향해 을러대는 행동을 벌여서 만화주인공처럼 비쳤는데, 가령 지독히 행짜를 부리면서도 마냥 천진난만하게 즐거워하는 바트 심슨(Bart Simpson)[2] 같아 보였다.

클레이가 자신의 시합을 극적으로 포장하는 행위는, 처음에는 시장논리의 명령에 충실한 것이었으며 또 권투가 스포츠시장에서 갖는 특수한 지위 때문이기도 했다. 자신이나 적수에 대해 요란한 말들을 쏟아냄으로써 호기심을 불러일으키는 수법은 프로레슬링에서 배운 것이다. 그런데 전국을 순회하며 싸워 성공의 사닥다리를 한 계단씩 올라가는 동안, 그는 평범한 관객까지도 끌어들이도록 자기 시합에 의미를 불어넣기 시작했다. 이윽고 무하마드 알리로 활동하게 되면서도 그는 자신의 능력, 즉 장사꾼적 본능을 잘 활용하여 자신의 시합에 어떤 의미를 불어넣었다. 흑인의 대표자라는 존재가 마땅히 어떻게 행동해야 하는지, 자기식대로 정의를 내린 것이다.

수다쟁이에 허풍선이 행동을 벌이는 것은 외향적 성격에

---

[1] 워너브러더스영화사 계열의 대중잡지로 만화, 패러디, 유머 등을 다루고 있음

[2] TV만화영화 〈심슨 가족〉(The Simpsons)의 장남 캐릭터

서 나오는 임기응변성의 표현이라고도 할 수 있다. 하지만 어떤 이는 그것이 타고난 내성적 성격을 감추기 위한 과잉 행동이라고 이해한다. 그의 명성이 최고조에 달했을 때도, 알리와 단둘이 대화할 기회를 가질 수 있었던 사람들은 그가 얌전하고 사려 깊으며 집중력이 뛰어난 됨됨이의 소유자임을 알아보았다. 하지만 알리는 여러 사람과 같이 있을 때면 한판 쇼를 벌이고픈 충동을 도통 억제하지 못했다. 그는 떠벌리고 내세우길 좋아했으며 이 주제에서 저 주제로 옮아가며 관심거리를 툭툭 던지곤 했다. 선수생활 동안, 더구나 시합이 있을 동안에도 그는 수은을 바른 거울처럼 반짝반짝 재기발랄한 역을 맡아 연극을 벌일 기미만 있으면 사양하지 않았다. 사실 이 시절의 진지한 스포츠 중에서는 오직 권투만이 이런 식의 흥행극을 허용하고 있었다(프로레슬링이나 할렘 글로브트로터 Harlem Globetrotter[1] 식 농구처럼 잡종 오락물 같은 경우는 진지함과는 정반대였다). 만약 야구에서라면 구단주들은 틀림없이 이런 행동을 용납하지 않았을 것이다.

"난 권투선수라 하기엔 너무 아름다워." 그는 이렇게 으스대기도 했다. 남성이 갖는 허영심을 쉽게 내비쳐선 안 된다는 터부를 거리낌없이 깨버린 것이다. 게다가 "가장 위대한 자" 정도만이 아니라 "가장 예쁜 애"였으니, 흔히 여성적 매력을 가리킬 때 쓰는 극찬사를 동원하기를 서슴지 않았다. 흑인남성이 이런 말을 내뱉는다는 것은——흑인이든 백인이든 신체적 특징에 관한——기존의 관념을 뒤엎어버리는 셈이어서, 사람들은 이를 어떻게 받아들여야 할지 난감해했다.

[1]1926년에 결성되어 50년대까지 전성기를 보낸 흑인농구단. 과장된 쇼맨십으로 유명하다

클레이가 이렇게 괴짜 같은 성격을 지니고 있었기에 언론인들은 그가 펼치는 1인 서커스를 과연 얼마만큼 진지하게 다뤄줘야 할지 어리둥절해했다. 하지만 이런 여성적 측면은 이 권투의 왕으로 하여금 언제나 대중적 친화력을 발휘케 하는 하나의 요인이기도 했다. 이런 속에서 클레이의 인간적 특질이 발휘되었다고 할 수 있다. 그는 이렇듯 일찍부터 또 상상하기 어려운 정도까지 금기의 선을 넘었으며, 훗날에는 여세를 몰아 한층 불안하고 위험천만한 한계마저 넘었다.

클레이는, 북부에서 남부까지 마을회당에서 교회까지 두루 흐르고 있는 미국흑인들의 풍부한 구비문학적 전통을 강하게 수용하여 자기 스타일을 갈고 닦았다. 그의 떠버리 행동이나 그가 읊는 서툰 시구, 경기를 예언하며 내뱉는 말들에는 이른바 '엄마 욕하기 놀이'(the dozens)[1]의 흔적이 역력했다. '엄마 욕하기 놀이'는, 능숙한 말재간과 창의적 비유를 동원하여 욕설과 과장된 표현을 주고받는 장난기 넘치는 경쟁게임이다. 알리는 미국흑인들의 구비문학적 문화들, 특히 '엄마 욕하기 놀이'를 다시 선보였고, 현대적 미디어를 도구로 삼아 이를 새로운 대중들에게 쏘아보냈다. 그러므로 젊은 캐시어스 클레이는 백인관객들 앞에서 흑인문화를 연기해 보인 셈이었다.

1963년 톰 울프(Tom Wolfe)[2]는 이 젊은 도전자를 가리켜 다음과 같이 흥미로운 평가를 내렸다. "캐시어스는 피부색을——인종이 아니라——하나의 사실로서 천연덕스럽게 건드린다. …그는 흑인말씨를 교정할 생각은 꿈도 꾸지 않고 있는 그대로 내뱉는다. 때로는 극적 효과를 위해 이 억양을

[1] 흑인아이들 사이에서 특히 성행하는 말놀이로, 상대방의 엄마를 지칭해서 욕설을 주고받는 게임

[2] 미국의 작가, 기자

77

더욱 강하게 내뱉기도 한다.” 루이 암스트롱, 잭 존슨, 더 나아가 폴 로브슨 등 혁신적인 흑인 대중예술인들처럼, 관객 앞에 선 클레이에게는 음유시인의 영향이 배경으로 깔려 있었다. 그런데 이런 음유시 속에는 흑인청중들이라면 간파해낼 수 있는 메시지가 숨어 있었다. 백인들은 ‘흑인 됨’을 상품으로 소비할 뿐이지만, 흑인청중들은 흑인연예인들과 은밀한 교감을 나눌 수 있었다.

젊은 클레이는 거리낌없이 자신을 웃음거리로 만들었으며 무모할 정도로 세인의 주목을 받고자 했다. 이 골빈 녀석이 흑인의 위대함을 대표하는 전세계적 상징이 되리라고는 당시 그 누구도 짐작하지 못했다. 유머감각과 연기본능을 그대로 유지하면서도 위대한 상징이 되고 말았으니, 이로써 클레이는 전통적인 영웅상을 배반해 버린 셈이었다. 소니 리스턴과 타이틀전을 치르기 한 해 전, 그는 기자들에게 다음과 같이 질문을 던지며 말한 바 있다.

이렇게 짖어대고 이렇게 빽빽거리고 이렇게 남들 눈길을 끌 줄 몰랐다면, 내가 뭐하고 있을 것 같슈? 아마 빈털터리로 우리 동네에 죽치고 앉아, 창문을 닦아주든지 엘리베이터 보이가 되었든지, “네, 나으리” “아닙니다, 나으리” 하면서 얌전히 분수나 지키고 있었겠지? 반대로 난 지금 세계에서 제일 돈 많이 받는 선수요. 생각해 보슈. 남부 검둥이가 100만 달러를 벌었단 말요.

요컨대 클레이에게 어릿광대 짓과 음유시인 노릇은 레슬링의 헤드록처럼 강력히 죄어오는 인종차별로부터 벗어나는 수단이었던 셈이다. 떠오르는 스타 클레이의 진면목을 처음으로 보도한 것은 1963년 3월 잡지 『에보니』(Ebony)였다. "캐시어스 마셀러스 클레이는 인종적 자부심으로 이글거리는 용광로다. 스포츠언론들은 이 사실을 회피하는 것을 묵계로 삼아왔지만, 클레이는 이런 자부심을 감추지 않는다. 그러기에 그는 피부미백제로 가면을 쓰거나 머리를 염색하는 따위의 행동을 하지 않는다. 그의 자부심 속에는 수백만 중생의 상처로 응어리진 기억들이 불꽃처럼 이글거린다." 하지만 이렇게 쓴 『에보니』 역시, 야심만만한 매력남 클레이가 돈과 명성의 유혹을 뿌리치고 이슬람네이션에 가입하리라고는 생각지 못했다. 더구나 이슬람네이션은 당시 미국에서 가장 악명 높은 흑인조직이었다.

● ● ●

알리의 술회에 따르면, 그가 엘리야 무하마드를 알게 된 것은 1959년 나이 열입곱에 시카고에서 열린 골든글러브 권투 토너먼트에 참가했을 때였다. 시카고에는 이슬람네이션의 본부가 있었다. 그로부터 2년 뒤, 마이애미에서 훈련을 하던 중 그는 길가에서 이슬람네이션의 지부장 샘 색슨(Sam Saxson)을 만나는데, 당시 색슨은 거리에서 이슬람네이션 기관지 『무하마드는 말한다』(Muhammad Speaks)를 팔고 있었다. 색슨은 플로리다 경마장의 구두닦이 사업권을 장악하고 있던 인물로서, 1955년 이슬람네이션으로 개종했다. 권투팬이던 그는 헤비급선수를 알아보고는 인근의 이슬람사원으로 클레이를 초대했다. 클레이는 색슨이 들려주는 말에 마음이 움직여『무하마드는 말한다』를 읽기 시작했고 "백인의 천국은 곧 흑인의 지옥"이라는 LP음반도 들었다. 이 음반은 칼립소 가수 출신으로 포교사가 된 루이스 엑스(Louis X)[1]가 막 출시한 것이었다. 색슨은 클레이를 제레미아 샤베즈에게 소개했으며, 샤베즈는 교도소 생활중에 개종한 사람으로 남부 4주(Deep South)[2] 선교를 위해 개설한 애틀랜타 지부의 포교사로 일하고 있었다.

엘리야 무하마드는 처음에 별반 관심을 보이지 않았는데, 우선 클레이가 신참내기인데다 이슬람교리가 상업적이고 요란한 스포츠를 금하고 있었기 때문이다. 무하마드는 샤베즈를 불러, 그를 남부로 보낸 이유는 "새 신도를 모집하라는 뜻이지 권투선수들과 시시덕거리라고 보낸 것은 아니었다"고 따끔하게 꾸짖었다. 그러나 샤베즈와 색슨은 클레이와의 만남을 끈덕지게 지속했고 1961년 후반에는 정기적으로 같이 여행을 다녔다. 1962년부터 샤베즈는 클레이가 훈련캠프는 물론 여행길에서도 늘 무슬림식의 식사를 할 수 있도록 요리사까지 구해 주었다. 클레이가 미국 전역을 돌아다니며 권투경력을 쌓는 동안, 곳곳의 식당과 이슬람사원에까지 그 물망처럼 뻗어 있는 이슬람네이션의 조직이 도움이 되었다. 색슨은 이렇게 회고한다. "그는 뭔가 배울 자세를 하고 저 자리에 앉아 있었지. …아름다운 청년이었어. 우리 형제들을 위해 옳은 일을 하는 것, 그는 오직 그것만을 원했거든."

적어도 1962년부터 클레이는 스스로 이슬람네이션의 일원으로 여겼지만, 조직적 관계는 비밀에 부쳐져 있었다. 교

[1] 뒷날 루이스 패러컨(Louis Farrakhan)이 됨

[2] 흑인차별로 악명이 높은 조지아, 앨라배마, 루이지애나, 미시시피 등 남부 4주를 말함

단 쪽에서도 기꺼이 비밀을 지켜주었다. 저명한 흑인 무슬림이라면 돈을 걸고 싸우는 일에 서명하는 일은 있을 수 없는 법이었다. 60년대 초반에 엘리야 무하마드와 말콤 엑스는 아마도 미국에서 제일 증오받는 인물이었을 것이다. 두 사람은 백인 절대다수뿐 아니라 같은 흑인들 중 '지체 높은' 족속들 대부분으로부터도 증오와 혐오를 받았다.

1959년에 텔레비전으로 방영된 다큐멘터리 〈증오가 증오를 낳는다〉에서는 백인 아메리카에 이슬람네이션을 소개하면서 '역차별 인종주의자'라 불렀다. 프로그램 제작진은 이슬람네이션의 조직규모를 회원 25만 명(실제보다 다섯 배로 부풀려졌음)으로 추산하면서, 아마겟돈이 미국에 다가오고 있다는 엘리야 무하마드의 으스스한 예언을 보도하여 '인종전쟁'의 공포를 부채질했다. 이 프로가 전파를 타면서부터 몇 년 동안 이슬람네이션은 '흑인인종주의'라는 용어를 사용하면서 접근하는 미디어의 천박한 초점이 되었다.

시민권운동가들은 이 '혐오스러운 선동가'를 비난하는 일에 가담하라는 요구에 맞닥뜨려, 대부분 굴복했다. 전미유색인지위향상협회의 회의석상에서 서굿 마셜(Thurgood Marshall)은 이슬람네이션을 두고 이렇게 말하기까지 했다. "[이슬람네이션은] 한줌밖에 안 되는 흉악범들이 교도소와 구치소 안에서부터 조직한 도당이며, 내가 확신하건대 나세르(Nasser)[1] 아니면 다른 아랍단체들의 재정지원을 받고 있다." 여기에 응대하여 엘리야 무하마드는 "추악한 미국인"이라며 마셜을 비난했다.

클레이가 가입한 때인 1962년은 이슬람네이션이 최고의

[1] 당시 이집트 대통령. 민족주의적 성향의 군인을 이끌어 쿠데타를 감행하여 이집트공화국을 세우고 석유를 국유화함. 제국주의자와 대기업집단에 맞서 아랍민족주의를 옹호함

규모를 자랑하던 때로, 넉넉한 재정에 기강 또한 잘 잡혀 있던 해였다. 이슬람네이션은 그때까지의 미국역사상 가장 오래 살아남은 흑인민족주의 조직이기도 했다. 30년대에 디트로이트에서 처음 시작된 이슬람네이션은 미국에서 흑인민족주의 전통의 가장 중요한 온상으로 떠올랐으며, 이들이 내세운 흑인 민족주의는 극단주의 중에서도 제일 독특한 성격을 지녔다. 엘리야 무하마드는 코란, 성서, 가비주의(Garvey-ism),[1] 드루 알리가 이끄는 무어식 과학사원(Moorish Science Temple of Noble Drew Ali) 등을 비롯해서 우생학, 대중과학소설 이야기 등을 혼합하고, 미궁 속의 인물이자 교단창립자인 월리스 파드(Wallace Fard)[2]가 알라의 재림자로서 엘리야 자신을 사도로 지명했다고 주장하는 등 독특한 색채도 가미했다.

여러 측면에서 볼 때 이슬람네이션은 미국식 소수종교집단의 전형이었다. 이들은 조악한 종말론을 곁들여 자립과 청렴한 삶, 독재적인 조직윤리를 강조했으며, 선민으로서의 형제애와 자부심을 강조하고, 근대적이고 세속적인 세계에 참여할 것을(나아가 흑인민족국가의 설립까지) 제시했다.

이슬람네이션은 모르몬교도나 여호와의 증인 등과 함께 세기말적 색채가 혼합된 미국식 종교분파의 긴 계보 중 하나로 꼽힌다. 이 교단은 전형적인 미국문화의 산물이면서도 미국을 사악한 존재로 규탄하고 있다는 점이 이채로웠다. 아프리카 노예의 후손들은 '아메리카 니그로'가 아니라 "북아메리카 광야를 헤매다 이슬람네이션에 의해 찾아진 잃어버린 자식들"이라는 것이었다. 비유와 수사를 활용한 교단의 설법은 마니교[1]와 같은 이원적 특성을 강하게 지니고 있었다. 한편에는 "기독교, 노예제도, 고통, 죽음" 등이 자리잡고 있었는데, 성조기 무늬를 바탕으로 해서 교수형을 당해 나무에 매달려 있는 린치 희생자의 그림자가 묘사된 그림이 이를 상징했다. 또 한편으로는 초승달을 상징으로 삼으면서 "이슬람, 자유, 정의, 평등" 등을 숭상하였다.

이슬람네이션은 종교운동인 동시에 사회운동으로서, 정치적인 분석과 흑인민족주의, 정치강령, 흑백분리주의 등을 기반으로 주장을 펼쳤다. 그러나 이 교단의 특별한 호소력은 개인과 정치상황을 연관시키는 데서 발휘되었다. 교단은 개인을 흑인집단과 연관짓고, 개인적 자각을 흑인민족성의 깨달음으로 연결시키는 가운데 구원의 약속을 제시했다.

클레이는 이슬람네이션을 통해서 비로소 개인과 사회의 실제적 연관관계를 체험하였고, 사회 속 존재로서 자기발견을 하게 되었다. 이슬람네이션은 링의 안팎에서 클레이의 사람됨과 선수경력에도 영향을 미쳤다. 이슬람네이션은 클레이에게 주마간산 격의 역사이야기나 천체원리 이상의 것을 가르쳐주었다. 이슬람네이션은 그와 그의 형제들이 세계에서 누려야 할 권리의식을 전해 주었던 것이다.

1961년 제임스 볼드윈은 "현재 이 나라에서 가장 강력한 운동은 두 가지"라면서, 학생들의 흑백통합운동과 함께 무슬림운동을 들었다. 학생들의 흑백통합운동은 "절름발이식 사고와 습속에서 미국 전체를 해방시키는 일"을 목표로 하지만, 무슬림운동은 "이 나라의 백인들에게서 아무것도 기대하지 않는 것"이 운동원들의 특색이라 했다. 이 주장에서

[1] 고대 페르시아의 조로아스터교에서 파생하여 중세까지 중앙아시아 등을 중심으로 성행한 종교로 창시자는 마니. 세계를 선과 악, 빛과 어둠 등 이원적 요소의 대립으로 인식하며 채식, 금주 등 엄격한 계율을 요구함

볼드윈은 시민운동가들 편에 섰지만, 할렘거리의 실태를 조사한 끝에 무슬림운동에 대해서도 다음과 같이 시인했다. "무슬림운동은 저들의 주장을 증명할 모든 증거를 갖고 있다. …이 나라에서 흑인들의 실태를 주제로 무슬림의 주장을 반박하는 건 불가능하다. 진실은 결국 진실이니까. 바로 이러하기에 무슬림의 연설자들은 청중을 강력하게 휘어잡는다. 청중들은 무슬림만큼 자신들의 삶을 영예롭게 예찬해 주는 사람을 한번도 만난 일이 없다."

클레이는 이슬람네이션에 가담했으면서도 당시 유행하던 사회드라마의 주인공 역할을 맡지 않았다. 리스턴과의 대전이 끝난 후 기자들과의 인터뷰에서 클레이는 이런 거부의사를 분명히 했다. "부비트랩이나 개를 피하는 방법이 있긴 있습니다. 흑인동네에만 짱박혀 있으면 되는 거죠. …난 감옥구경 한번 한 적 없고, 재판정에도 가본 일이 없어요. 인종통합 시위에도 끼지 않습니다. …난 구호를 들지도 않아요." 그러나 그는 짐 크로 법에 도전하는 흑인청년 역할을 맡음으로써, 제1세계에서 제2세계, 제3세계까지 퍼져나간 청년들의 국제적 저항물결의 기폭제가 되었다.

결국 클레이는 이런 운동을 따라다니지 않기로 선택했으면서도 당대 사람들의 분투와 희생을 충분히 인지하고 있었으며, 이를 감안하고 자신의 길을 선택했던 것이다. 운동의 본보기 역할에 대한 부정적 반응은 운동가의 영웅주의를 부인한 것은 아니되, 말콤 엑스의 신랄한 표현을 빌리면 그들의 '지적 수준'에 의문을 표시한 것이었다.

볼드윈이 말한 대로, 시민권운동가들은 프리덤 라이드

(Freedom Rides)[1]와 공공장소 농성투쟁을 통해서 때로는 생명을 걸고 때로는 팔다리가 부서지는 위험을 무릅썼으며, 이는 미국이 민주적 신조대로 움직일 것을 요구하는 운동이었다. 그러나 이슬람네이션이 볼 때 이들의 전략은 역사의 법칙에 도전하는 행위일 뿐이었다. 말콤 엑스는 자기 앞에 모인 청중들을 향해 이렇게 일갈했다. "그대는 미국인이 아닙니다. 그대는 미국의 희생자입니다."

결국 이슬람네이션은 백인족속은 '악마'라는 신념, 미국은 소멸을 앞둔 열등문명이라는 신념을 불태우며 그 어떤 형태의 정치적 참여행위도 부정했다. 투표는 물론이고 공공장소 농성, 피켓투쟁, 시위 등도 예외 없이 부정했다. 흑백통합을 내세운 시민권운동과 이슬람네이션의 흑백분리운동이라는 두 물줄기는 서로 양립하기 어려워 보였으나, 실제로는 서로 밀접한 영향을 주고받고 있었다. 아이러니컬하게도 이슬람네이션은 시민권운동의 도움을 받고 있었던 것이다.

미국 남부에서의 선동투쟁과, 뒤이어 잔혹하게 덮친 백인들의 보복을 통해서 이슬람네이션의 두 가지 교의가 분명해졌다. 하나는 흑인민중의 아름다움과 힘이며, 또 하나는 백인 아메리카의 도저히 구제할 길 없는 인종주의였다. 1960년 제임스(C. L. R. James)[2]는 냉혹한 현실이 "흑인들에게 인종적 의식을 불어넣었다"면서, 이는 "오늘날 행동의 원천인 동시에 훈련의 원천이기도 하다"고 썼다. 시민권운동이나 이슬람네이션 운동 모두 이렇게 배태된 '인종적 의식'의 산물이라는 점에서는 같았다.

이슬람네이션은 흑인들간의 연대를 각별히 역설했는데,

[1] 인종차별 철폐를 위한 미국 남부지방의 버스 또는 기차 여행

[2] 1901~89. 카리브해 트리니다드 출신의 흑인 마르크스주의자. 『블랙 자코뱅』 등의 저작이 있음

확실히 이것은 무산자와 소외된 이들에게 호소력을 발휘했다. 그들은 말콤 엑스라는 인물을 엘리야 무하마드의 힘이 발휘된 존재로 느꼈다. 엘리야 무하마드는 도둑이자 마약중독자였던 말콤 엑스에게 손을 뻗쳐 자학의 구렁텅이에서 구원해 주었다.

그렇다면 법을 꼬박꼬박 지키고 전도유망했던 유능한 청년 캐시어스 클레이는 도대체 이슬람네이션의 어디에 끌린 것일까? 클레이가 로마올림픽에서 금의환향한 이후 겪은 이야기를 우리는 종종 들을 수 있다. 로마에서 귀국한 후 "내 목에 금메달을 걸고 다녀도 고향동네 햄버거 하나 사먹을 수 없었다."[1] 하지만 이런 이야기는 앞의 질문에 대한 부분적 답변일 뿐이다. 당시에도 인종차별에 대한 반응은 다른 곳에서도 공공연하게 접할 수 있었으니까.

클레이는 이슬람네이션에서 결코 예외적인 존재는 아니었다. 50년대 중반부터 엘리야 무하마드는 전문직종에 종사하는 중산층 흑인들을 끌어들이기 위해 많은 노력을 기울였다. 가비주의는 절망과 무권리 시대에 세를 확장했지만, 이와 달리 이슬람네이션 운동은 흑인들의 사회진출이 진전되고 상대적으로 번영을 누리는 시기를 배경으로 했을 때 더욱 힘을 얻었다.

엘리야 무하마드의 재능은, 일촉즉발 투쟁에 나설 태세가 되어 있는 소수자들의 희망과 공포, 열망과 절망을 텃밭으로 해서 발휘되었다. 1960년 이 교단이 첫번째 연례행사로 치르는 구주절(Savior's Day) 집회에서 알라의 사도 엘리야 무하마드는 연단 앞자리에 봐란 듯이 앉아 있는 흑인 부유층

[1] 흑인과 백인이 같은 식당을 이용할 수 없었던 인종차별 때문에 클레이는 금메달리스트가 돼서도 고향에서조차 자유롭지 못했다

을 향해 연설했다. "그대 전문인들이여, 내 뒤에 서시오. 나를 떠받치시오. 나와 함께하라는 말에 어째서 몸을 떨고 있는가? 올라와 나와 함께하시오. 입을 떼어 말할 필요도 없소. 내가 모든 말을 대신하며 내가 모든 짐을 대신 짊어지리라."

우리는 1960년 들어 이슬람네이션이 미국 최대의 흑인소유 사업체가 되었음을 기억해 두도록 하자. 농업에서부터 출판업, 금융업, 음식도매업, 의류소매업에 이르기까지 교단은 각종 기업에서 이익을 올리고 있었다. 무하마드는 세속을 초월할 것을 열심히 설교했지만, 그 자신은 부자가 되었다(1955∼60년에 그는 캐딜락과 링컨컨티넨탈 등 네 대의 자동차를 사들였다). 그는 '백인의 탐욕'을 배격했지만, 자본주의 체제논리에 굴복하고 흑인소유 기업이 가져다주는 이익에 대해 자주 설교했다. 한편으로는 검약과 겸손을 강조하면서도 다른 한편으로는 부의 추구, 지위상승 등을 축복했던 것이다. "입을 떼어 말할 필요도 없소. 내가 모든 말을 대신하며 내가 모든 짐을 대신 짊어지리라."

야심에 넘치고 교육을 잘 받았으면서도 곳곳에서 인종차별의 장벽에 부딪혀야 했던 흑인청년들에게는 무하마드의 이 말이 매력적인 초대장이었을 터이다. 무하마드는 그들에게 흑인의 위대함과 함께 개인적 성공을 안성맞춤으로 축복했을 뿐 아니라, 이 두 가지를 조화시킬 수단까지 제시했다. 클레이는 노동자계급 집안 출신이면서도(그의 아버지는 광고판 화가였다), 무하마드가 염두에 두고 연설을 했던 신흥 흑인 엘리트였다. 기이하게도 결국 모든 말을 대신해 주고 모든 짐을 대신 짊어진 사람은 엘리야 무하마드가 아니라, 무하마드 알리였지만 말이다.

클레이는 이슬람네이션의 의식과 식사관습에 매료되었다. 또한 비슷한 이유에서 그는 훈련캠프나 체육관 생활을 즐겼다. 두 가지 모두 신체를 사려 깊게 관리해야 하며 일정한 시간이 지난 후에야 보상을 받는다는 점에서 공통적이다. 더욱 중요한 것은 종교적 섭생과 프로선수로서의 체력단련 방식 모두 삶의 의미를 느끼게 하며, 바깥세계로부터의 피난처이기도 하고, 그 세계 자체에서 풍족함을 느낄 수 있는 수단이 된다는 점이다.

당시의 여느 종교적 운동들과 마찬가지로 이슬람네이션은 어떤 면에서는 세속적 근대화에 대한 저항이었다. 이 운동은 급속한 사회변동에 적응하는 수단으로서 개인적 순결, 가족의 가치와 위계질서, 흑인의 자의식 등을 강조했다. 표면적으로는 세속의 유혹에 개인이 맞서기를 설교하지만, 그 이면에서는 속세에 적응할 뿐 아니라 이를 이용하고 사업대상으로 삼아 이익을 얻어 번창하도록 허락하기까지 했다. 이슬람네이션은 흑인거주지 문화에 저항하면서도 동시에 그 안에서 성장해 온 셈이다. 이슬람네이션은 마약, 도박, 매춘, 프로권투 등 흑인거주지 속의 유혹에 저항하는 매력적 대상으로 자신을 내세웠다.

그러나 엘리야 무하마드가 아무리 "삶을 탕진하는 것"을 경멸하라 해도, 추종자들은 다들 요령을 피웠다. 오랫동안 이슬람네이션에 몸담았던 부커 존슨(Booker Johnson)은 아치 무어(Archie Moore)[1]를 위해 일했고, 왈리 무하마드(Wali

[1] 흑인 권투선수

Muhammad)는 슈거 레이 로빈슨(Sugar Ray Robinson)[1]을 위해 일하다가 나중에는 무하마드 알리의 경호원을 했다. 이슬람네이션의 회원 가운데는 흥행업소에서 일하는 사람들도 있었다. 이런 사람들에겐 엘리야 무하마드와 함께한다는 것이 힘겨운 선택이었지만, 그것은 다른 대안 즉 개인적으로 백인사회에 통합되거나 아니면 사회적 참여를 하는 것, 다시 말해 인종차별을 받아들이거나 거기 맞서 싸우는 두 가지 중 하나를 선택할 상황은 피하게 했다. 이렇듯 그들이 엘리야 무하마드를 선택한 데는, 적지 않은 매력이 있었다.

비록 교단은 공식적으로 부인하고 있지만, 이슬람네이션이 '아메리카'와 공존하고 있는 데서 나오는 역설적인 현상 중 가장 놀라운 사실은, 그들이 백인우월주의와 타협하고자 했다는 사실이다. 한때 미국에서는 인종분리주의 운동권들이 공동전선을 맺은 적이 있었는데, 이때 미국 나치집단의 지도자인 G. L. 록웰이 엘리야 무하마드가 주재한 이슬람네이션 집회에 참여한 바 있다. 클레이가 마이애미에서 샘 색슨을 만나던 1961년 1월, 제레미아 샤베즈와 말콤 엑스는 애틀랜타에서 KKK[2] 집단과 비밀회담을 가졌다. 샤베즈는 엘리야 무하마드의 공식 대리인으로서 KKK의 회합에 참석했다. 그로서는 KKK와 한자리에 앉는 행위가, 캐시어스 클레이에게 설교한 교리와 서로 모순되지 않는다고 여겨졌다. 이슬람네이션은 흑인민족주의 중 골수 보수파와도 지속적인 관계를 유지했다. 결국 이슬람네이션의 목표는 미국을 변화시키는 것이 아니라 살아남는 데 있었던 것이다. 이런 맥락에서 그들은 KKK처럼 극단적인 인종주의자들과 협약을 맺

[1] 흑인 권투선수. 웰터급과 미들급의 챔피언을 지낸 영웅이었음

[2] 백인주의 비밀결사 Ku Klex Klan. 미국 남부에서 흑인을 린치하고 집을 불 태우는 등 악명 높은 비인도적 폭력의 주인공들이다

는 것은, 마틴 루터 킹이 은밀한 인종주의자인 민주당의 진보주의자들과 협약을 맺는 것보다 더 낫다고 생각했다.

그러나 인종차별적 사회 한복판에서 인종주의를 피할 피난처를 만들어내는 일은 참으로 고단하고 모순된 일이었다. 엘리야 무하마드의 추종자들은 이로 인해 매몰찬 정치현실의 갈등 그리고 미국 국가와의 갈등에 빠져 허우적거려야 했다. 나비 같은 발놀림을 자랑하는 캐시어스 클레이도 이런 현실에 예외 없이 끌려들어갔다.

● ● ●

1961년 캘리포니아 주의회는 이슬람네이션을 '반미단체'로 공식적인 낙인을 찍었다. 1962년 4월에는 길거리 언쟁이 악화되어 로스앤젤레스 경찰이 제27 무슬림사원에 난입하는 사태가 발생했는데, 이때 한국전 참전자로 대졸남성 가운데서는 일찍 이슬람네이션에 가담한 스물여덟 살의 로널드 엑스 스토크스가 8피트 거리에서 심장을 관통하는 총상을 입었다. 그는 무장도 하지 않았거니와 두 손을 쳐들고 서 있던 상황이었다. 이날 다른 무슬림교도 여섯 명이 또 총에 맞았으며, 상당수가 폭행당하고 체포되었다. 이에 이슬람네이션은 조직적으로 대응하기 위해 말콤 엑스를 급히 불렀다. 말콤 엑스는 이날의 발포사태에 대해 과단성 있게 조사를 벌이고, 로스앤젤레스 경찰국과 샘 요티 시장에게 단호히 대응했다. 그때까지의 무슬림교도의 행동과 달리, 말콤 엑스는 남부 캘리포니아 멕시코인들과 아메리카 인디언 사회에도 협력을 구했다. 심지어 주류 흑인교회와 정치인들과도 연대하려는 움직임을 벌여나갔다.

5월에 열린 검시배심원회의(모두 백인으로만 구성되었다)는 로널드 엑스 스토크스의 죽음을 경찰의 '정당방위에 따른 불상사'라고 선언했다. 말콤 엑스는 계속 투쟁을 밀어붙이려 했지만, 엘리야 무하마드는 신중한 태도를 보였다. 엘리야는 그 어떤 보복성 폭력도 금지했으며, 자기방어를 위해 무기를 들자는 말조차 꺼내지 못하게 했다. 그러고는 로스앤젤레스의 말콤 엑스에게 전령을 보내 "자중하라"는 뜻을 전하면서 백인정치인들을 자극하지 말라고 단속했다.

6월에는 유럽에서 비행기사고가 일어나 조지아주 애틀랜타의 백인시민 100여 명이 사망하는 사고가 일어났다. 말콤은 이 사고를 스토크스 살해행위에 대해 신이 응징을 내린 증거라고 보았다. 그는 로스앤젤레스에서 열린 집회에서 개구쟁이 같은 미소를 띠고 이렇게 외쳤다. "매일 하늘에서 비행기 한 대씩 떨어졌으면 좋겠습니다." 당연히 이 발언은 언론을 들쑤셔놓았고, 말콤은 전국적으로 증오를 받는 인물로 다시금 악명을 떨쳤다. 마틴 루터 킹을 비롯한 인권운동 지도자들은 자신들의 운동이 미국에 대한 선의와 인간적 우애에 기초해 있다고 서둘러 단속하기에 바빴다. 그러나 '사랑'과 '증오'라는 두 수사적 어구의 그늘에는 이 표현보다 더 결정적인 전략적 차이가 잠복되어 있었다. 말콤이 로스앤젤레스 연설에서 역설한 것은 알라신의 의지와 지상에서의 인내에 대한 믿음이었다. 이 내용은 시민권운동의 행동주의와 전혀 달랐다. 마침 시민권운동에서는 백인우월주의라는 악에 정면으로 맞서는 행동주의가 열기를 띠던 상황으로, 말콤도 이를 잘 알고 있었다.

오랫동안 말콤은 시민권운동 지도자들이 내세우는 비폭력 신조를 조롱하였으며 '인간애'라는 말을 비웃었다. 동족이 곤봉으로 얻어맞고 화형으로 불태움을 당하는 순간에도 적들에게 뺨을 내밀고 있다고 생각했던 것이다. 뉴욕으로 돌아오는 길에 말콤은 벗들에게 이렇게 털어놓았다. "우리는 군사혁명을 연상케 하는 언사를 쏟아내고 아마겟돈 전쟁을 연설했네. …하지만 막상 우리 형제들이 잔혹하게 죽어나가는 현실에서 아무것도 하지 않고 있어. …그저 팔짱만 끼고 자리에 앉아 있으면서 말야."

1962년 한 해 동안 캐시어스 클레이는 링에서 착실히 명성을 쌓아나가면서 링 밖에서는 자신의 상품성을 꾸준히 입증했다. 그해 그는 로스앤젤레스에서 세 차례의 대전을 치렀다. 로널드 엑스 스토크스의 살해사건이 터지기 사흘 전에 조지 로건을 4회 KO로 이겼고, 7월에 다시 로스앤젤레스로 돌아와 알레잔드로 라보란테(Alejandro Lavorante)를 5회 KO로 눕혔으며, 11월에는 나이 마흔의 전설적인 선수 아치 무어를 맞아 싸웠다. 이 시합은 클레이가 최초로 유명선수와 맞붙은 것이었고, 큰돈을 만지게 된 싸움이기도 했다. 4회에 무어를 KO로 이기면서 그는 자신을 헤비급 도전자로 사람들에게 각인시켰으며, 이때부터 타이틀전을 겨냥하여 좌충우돌 행각을 벌이기 시작했다.

클레이는 무어와의 시합을 앞두고 훈련을 하던 중, 엘리야 무하마드의 연설을 직접 듣고자 차를 몰고 마이애미에서 디트로이트까지 달려갔다. 말콤 엑스의 동생이 포교사로 있는 이곳의 사원에서 클레이는 말콤 엑스를 소개받았다. 이때부터 1964년 3월 말콤 엑스가 이슬람네이션을 떠날 때까지 18개월 동안 클레이와 말콤 엑스는 가끔씩이지만 깊은 교류를 가졌다. 말콤 엑스는 한번도 들어본 적이 없었던 이 젊은 권투선수를 주의 깊게 지켜보며 정중하게 대해 주었다. 이로부터 30년 후 알리는 토마스 하우저에게 이렇게 말했다. "말콤은 아주 지적인 사람이다. 유머감각도 뛰어나고 지혜로운 분이다. …그가 입을 떼기 시작하면, 난 넋을 잃고 몇 시간이고 듣고만 있었다." 다음은 말콤 엑스의 자서전에 나오는 대목이다.

나는 그가 좋았다. 그에게는 뭔가 사람을 붙드는 매력이 있어서, 나는 드물게도 그를 내 집까지 초대했다. 아내 베티도 그를 좋아했다. 우리 애들도 사족을 못 썼다. 캐시어스는 정말 매력적이고 호감이 가는, 잘생기고 솔직담백한 젊은이였다. 자잘한 일까지 어찌나 빠르게 분별해 내는지 나는 놀랐다. 그래서 그가 공중 앞에서 어릿광대 연기를 한 데도 무슨 계획이 있겠거니 하며 나 혼자 갸웃거리기도 했다.

클레이나 말콤 엑스는 어린아이들을 을러대는 무서운 호랑이 이야기 같은 역할을 백인언론 앞에서 천연덕스럽게 해낸 인물들이었다. 이 두 사람이 다음엔 어떤 생게망게한 짓을 또 벌일까 하는 식으로 말이다. 결국 클레이는 말콤 엑스와 사귐으로써 보기 좋게 한방 먹인 것이다.

백인들의 위선을 벗겨내고 청중의 마음을 그대로 드러냄

으로써 말콤은 여느 흑인들과는 전혀 다르게, 누구나 알기 쉬운 어법을 구사하며 인종주의에 정면 도전했다. 말콤 엑스의 성품이 젊은 클레이를 매료시켰음은 쉽게 짐작할 수 있다. 말콤 엑스는 까다롭고 무거운 주제를 말할 때면 살짝 비튼 유머를 곁들였으며, 설교나 강론 때는 민담식 비유를 능란하게 구사했다. 청중에게 질문을 던지고 대답을 유도하는 흑인교회의 전통, 매몰찬 현실논리, 기자회견장이나 텔레비전 혹은 라디오 스튜디오에서 느껴지는 팽팽한 긴장, 이렇게 세 가지를 잘 섞어 자신만의 화법을 만들어낸 인물이 바로 말콤이었다. 클레이는 이 화법을 받아들여 자기식으로 응용했다. 정중하고 눅진하며 친밀한 말콤 엑스의 마음씨에 매료된 것은 클레이 또한 마찬가지였다. 말콤 엑스는 강직하고 강경한 입장의 교사였지만, 적당한 재밋거리를 보여주며 청중을 끌어당기는 방식을 좋아했으며, 또 그런 사람을 스스로도 좋아했다.

말콤 엑스와 클레이는 겸손한 마음씨와 유머감각, 연극적 기질, 특히 '여성성의 소유자'라는 점에서 사람들을 사로잡았으며, 이런 면모 때문에 둘은 뒷날 흑인남성 혹은 흑인가부장을 상징하는 기호가 되었다. 하지만 바로 이런 면모에 대해 언론들은 고개를 설레설레 흔들었고, 독자나 청중들은 "도저히 이해할 수 없는 인물"이라고 토로하곤 했다.

두 사람의 인생역정은 전설적인 것들로 가득 차 있지만, 다큐멘터리영화 〈우리가 왕이었을 때〉와 스파이크 리 감독의 〈말콤 엑스〉에서는 이런 전설들이 모두 빠지고, 전설들은 기껏 두 사람의 초상화를 치장하는 장식품처럼 그려지고 있다. 뿐더러 급변하는 환경 속에서 두 사람의 다면적인 성격들이 어떻게 생생하게 서로 얽혀 움직였는지도 적당히 윤색되고 있을 따름이다. 알리와 말콤 엑스의 관계에 대해선 아직까지도 풀리지 않은 의문들이 남아 있지만, 두 사람이 처음 만났던 몇 달 동안 말콤 엑스의 면모가 변화하던 중이었고 이는 다시 클레이에게 영향을 끼쳤던 것만큼은 분명하다. 이 몇 달이 말콤 엑스에게는 고뇌와 불확실의 시기였다. 그러면서도 그는 뒷날의 무하마드 알리라는, 찬란한 인간형을 만들어낸 날줄과 씨줄을 클레이의 안팎에서 짜넣어주었다.

클레이의 스케줄을 도맡았던 오스만 캐리엄은 말콤 엑스가 직접 골라준 인물이다. 캐리엄은 일찍이 플래터스(The Platters)[1]의 스케줄 담당자로 일하기도 했고, 추월차선을 질주하는 자동차처럼 팽팽 돌아가는 비즈니스에서 흑인이 느끼는 압박감이 얼마나 힘겨운지 잘 아는 인물이었다. 캐리엄은 권투라면 질색인지라 처음에는 클레이에 관해 긴가민가 했지만, 말콤 엑스의 추천이니만큼 받아들이기로 했다. 뿐만 아니라 흑인을 파멸로 몰아가기 일쑤인 백인사업가들로부터 젊은 선수를 지키겠노라 말콤 엑스에게 다짐했다. 클레이가 미국 곳곳을 돌아다니는 동안 만났던 여느 무슬림들처럼, 캐리엄은 이슬람네이션 조직 내의 긴장된 분위기에 대해서도 속깊이 알고 있었다.

1963년 3월이 되자 이슬람네이션 내부의 진통이 극심해졌다. FBI의 시카고 담당관이 에드거 후버(Edgar Hoover)[2]에게, 이제 '교란작전'을 중지하고 이슬람네이션 자체 분위기에 맡겨놓아도 된다고 보고할 정도였다. 당시 엘리야 무하

[1] 1950년대부터 활동한 혼성 흑인음악그룹. 〈Only You〉〈The Great Pretender〉 등의 히트곡이 있다

[2] 당시 FBI의 국장

마드는 휘하에 거느리던 어린 여신도들과 몇 차례 성적 관계를 맺은데다 두세 명이 넘는 사생아까지 있었다. 전부터 이 사실을 알고 있던 말콤은 고심 끝에 엘리야 무하마드를 압박했다. 하지만 이보다 더 두 사람 사이를 갈라놓은 일이 있다. 시민권운동이 중요한 고비를 넘어 급속히 발전하자, 말콤 엑스의 태도가 달라진 것이다.

● ● ●

매닝 매러블은 이렇게 말한다. "3년이라는 엄혹한 시간을 거치면서 남부의 투쟁은 성장했다. 처음에는 그저 그런 식당 앞에서 평화시위를 벌이는 얌전한 흑인학생그룹에서 출발했지만, 인종차별폐지 개혁과 시민권을 내걸고 싸우는 20세기 최대의 대중운동 수준으로까지 발전한 것이다. …1961년 가을부터 1963년 봄까지, 남녀노소를 막론하고 체포된 숫자가 모두 2만 명에 달한다. 1963년 한 해에만도 1만 5천 명이 더 감옥에 갔고, 남부의 100여 개 도시에서 1천 건의 흑백차별 반대시위가 일어났다."

지진에 맞먹을 사회적 변화의 진원지는 앨라배마 버밍햄이었다. 1963년 4월 3일 남부기독교지도자회의(Southern Christian Leadership Conference, SCLC)[1]는 식당과 백화점에서 앉아있기 운동[2]을 벌임으로써, 인종차별의 요새라 일컬어지던 이 도시에 대한 공세를 개시했다. 경찰은 시위장과 철야기도장에 들이닥쳐 대오를 해산시켰고, 감방마다 수감자가 넘쳐날 지경이었다. 성금요일(Good Friday)[3]에는 마틴

[1] 남부의 흑인기독교 시민권운동단체. 마틴 루터 킹이 초대의장이었음

[2] 고의로 공공장소의 백인전용 좌석에 앉음으로써 인종차별에 항의한 운동

[3] 그리스도 수난일. 부활절 전주 금요일을 말함

루터 킹 목사도 체포되었다. 현지의 '온건한' 교직자들의 비판에 맞서서, 킹 목사는 "버밍햄 감옥에서 보내는 편지"를 썼다. 인종차별이라는 야수의 심장 한복판에서 공표된 이 편지는 정의를 갈구하는 60년대의 절규를 담은 고전적인 명문이 되었다.

자유를 향한 흑인의 발걸음을 가로막는 최대의 장애물은… 정의보다는 '질서'에 더 집착하는 백인 온건파들입니다. …그들은 온정주의적 심사를 발휘하여 타인의 자유를 위해 시간표를 마련해 두겠노라고 생각합니다. …[그러나] 이제 인내의 찻잔이 굴러떨어질 때가 왔습니다. 사람들은 끝모를 절망의 구렁텅이에 더 이상 뛰어들지 않으려 합니다.

5월 2일 여섯 살배기에서부터 열여섯 살까지 6천 명의 흑인 어린이들이 버밍햄시 한복판을 행진했다. 전국에 방영된 텔레비전 방송에는 무릎꿇고 기도하는 아이들 앞에 경찰견들이 도열해 있는 모습, 소방호스와 곤봉으로 시위대를 해산시키는 장면이 그대로 담겼다. 그리고 959명의 어린이들이 투옥되었다. 거센 저항의 목소리가 전국을 흔들었다. 특히 세계의 여론 앞에 미국은 당혹할 수밖에 없었던 터라, 무기력하기 짝이 없던 케네디 행정부도 어떤 조처를 취하지 않을 수 없었다. 5월 10일 연방정부의 압력으로 버밍햄의 백인 기업가와 시 지도자들은 인종차별 조치를 철폐하라는 요구에 굴복했다. 흑인 투옥자들도 석방되었다.

버밍햄 어린이들의 용감한 투쟁은 그때까지 흑인을 상징

하고 대표한다던 흑인명사들에 대한 준엄한 도전이었다. 흑백간 평화협정이 맺어진 직후 플로이드 패터슨은 킹 목사 쪽에 합류하여 버밍햄시 6번가에 있는 침례교회 모임에서 강연에 나섰다. 소니 리스턴과의 두번째 시합을 준비하던 훈련일정을 중단하고 이 모임에 참가한 패터슨은 이렇게 말했다. "저는 죄의식을 느꼈습니다. …어린이들, 내 형제들이 이곳을 행진하는 모습을 훈련장에 앉아서 텔레비전으로 보아야 했으니까요. …정말로 고맙다는 말씀을 드리고 싶습니다." 재키 로빈슨도 이날 모임에 참가하여 연설했다. "뉴욕에 있는 우리들이 버밍햄의 여러분에 대해 어떻게 느꼈는지, 여러분은 이해하실 수 있을까요." 흑인전사(戰士)를 상징하는 인물 말콤 엑스와 클레이가 옆자리를 지키는 동안, 로빈슨과 패터슨이라는 두 사람의 '엉클 톰'은 자처해서 앞자리에 앉아 있었다.

버밍햄협약은 시민권운동이 거둔 주요한 승리의 하나로 꼽힌다. 그러나 이 사건의 여파로, 인종차별 철폐에 대한 저항과 인종주의적 폭력은 더욱 극심해졌다. 6월 11일 미시시피주 잭슨시의 전미유색인지위향상협회 간부인 메드거 에버스가 자기 집 현관계단에서 암살당했다. 사건 다음날, 케네디 대통령은 시민권 도입을 위한 법안을 마련할 계획이라고 밝혔다. 그러나 남부에서 흑인의 봉기가 분출하고 남부 백인들이 맞대응을 계속하자, 케네디는 주춤거렸다. 케네디는 남부 백인 중 민주당 지지세력을 위험에 빠뜨릴 생각이 전혀 없었던 것이다. 게다가 냉전을 선동하는 목소리와, 아프리카·아시아 신생국가를 놓고 소련과 겨루는 일에 몰려, 케네디는 미적거리고 있었다.

1963년 8월 28일, 워싱턴대행진이 벌어졌다. 워싱턴 링컨기념관 앞에 25만 명이 운집하여 흑인지도자들과 백인 지지세력들의 연설을 들었다. 연사들은 대통령이 약속한 민권법안을 조속히 통과시키라고 요구했다. 이날을 기점으로 시민권운동은 최고의 절정에 오른 듯했다. 남부기독교지도자회의의 프레드 셔틀워스는 군중들에게 이렇게 부르짖었다. "우리가 이 자리에 온 이유는 이 나라를 사랑하기 때문입니다. 우리가 이 자리에 온 이유는 또한 이 나라가 우리를 필요로 하고 우리가 이 나라를 필요로 하기 때문입니다." 그러나 이들 지도자들보다 더 전투적 입장을 취하던 청년그룹, 학생비폭력조정위원회(Student Non-Violent Coordinating Committee, SNCC)[1]는 행진 도중 대열에서 빠져나와 말콤 엑스를 만났다. 말콤 엑스는 "워싱턴에서 웃기는 짓"들을 벌인다며 이날 행진에 대해 조롱을 퍼부었다.

그로부터 2주 후, 버밍햄의 백인 우월주의자들이 보복에 나섰다. 9월 15일 아침, 16번가의 침례교회가 다이너마이트 폭발로 파괴되면서, 주일학교에 나왔던 흑인소녀 네 명이 죽음을 당했다. 이후 며칠 동안 흑인청년 수백 명이 시경찰에 맞서 싸움을 벌였고, 미국 전역의 흑인사회가 흐느낌과 노여움으로 들썩였다. 시인 랭스턴 휴스를 비롯한 흑인예술가도 동참했다.

그들을 애도하는 것만으로는 충분치 않다
기도하는 것만으론 충분치 않다.

상복을 걸치고 재를 뿌리는 일은, 이제,
다른 날로 미뤄두자.
우리 주 또한
바라지 않았을 터
사람을 태워죽이길 바라지 않았을 터
그 불길을 축복하지 않았을 터

그로부터 30여 년이 흘러서, 테일러 브랜치는 그날의 버밍햄 성도들을 아스라이 회고하면서 다음과 같이 말했다. "어린 학생들의 뜨겁고 순결한 죽음 때문에 비로소 이 나라가 변화했고, 단언컨대 구원받았다." 이 순결한 희생이야말로 60년대 내내 울려퍼진 귀감이었다. 이 사건은 흑인의 자기의식을 가다듬게 했으며, 이타적인 정치행동을 통해 속죄해 주기까지 했다. 뒷날 무하마드 알리는 베트남전쟁에 반대하는 입장을 견지할 때 대중문화 영역에서 60년대 정신을 펼쳐 보였다. 이 덕에 대중문화는 일찍이 지니지 못했던 힘을 발휘할 수 있었다. 하지만 1963년에 그는 백인의 인종주의와 정면으로 맞붙는 일은 피했다. 사건이 있은 지 8개월 후 마이애미에서 가진 기자회견에서 그는 이렇게 털어놓았다. "나는 기독교신자가 아니에요. 인종차별 철폐를 법으로 규정하라고 싸우는 유색인들이 전부 얻어터지고 있는데, 내가 어떻게 기독교도가 되겠어요? 흑인을 돌로 치고 개를 풀어 물어뜯게 하고 흑인교회를 폭파해 버리는데도, 범인을 못 잡는다니…."

1963년 봇물처럼 이어진 사건들은 뭇사람의 마음을 뒤흔들어, 때로는 어리둥절케 하고 또 때로는 절망에 빠뜨렸다. 빈센트 하딩은 운동가로서 겪은 고난을 체험으로 증언한다. "운동이 전진하는 매순간마다 엄청난 대가를 치러야 했다. 상처에서 피가 쏟아지고, 신경이 터지고, 기괴한 질병까지 만연한다. 그렇게 해서 우린 젊은이들의 목숨을 빼앗겼다. …흑인의 자유와 평등을 가로막는 장애물을 하나씩 부숴버릴 때마다, 저 앞에는 이전에 느끼지 못했던 더 거대한 장애물이 또 어른거리며 우리의 정력과 기운을 마지막 한방울까지 쥐어짰다." 승리와 패배가 엇갈리고, 빼앗았다가 다시 빼앗기고, 전진했다가 가로막히는 일이 사람을 미치게 만들 듯 소용돌이치던 시기, 이때가 바로 1960년대였다. 이런 과정에서 새로운 근본주의가 태동하고 전투적 흑인민족주의에 대한 동정심이 퍼져나갔다. 하지만 이 시기 동안, 정작 그 전투적 입장과 두루 얽혀 있는 장본인 말콤 엑스는 엘리야 무하마드의 분부 때문에 침묵을 지키고 앉아 있어야만 했다. 그의 자서전은 당시를 쓰라린 심경으로 후회하고 있다.

    탄약이 장전된 장총이 미시시피 전미유색인지위향상협회 조직국장 메드거 에버스의 등을 꿰뚫었을 때, 나는 쓰리지만 꼭 밝혀야 할 진실을 말하려 했다. 앨라배마 버밍햄 흑인교회 안에서 폭탄이 터졌을 때, 그래서 예쁜 우리 흑인소녀 네 명의 목숨을 앗아갔을 때, 나는 말을 하긴 했다. 하지만 백인들이 키워오고 가꿔오던 증오심의 환경에 대해서 꼭 해야 할 말을 하지는 못했다.

    엘리야 무하마드의 금언령을 무릅쓰고, 말콤은 시민권운

동에 동조하는 말을 계속했다. 물론 비폭력에 대한 회의나, 흑백통합에 대한 반대의견은 계속 견지하는 상태였다. 말콤은 뉴저지주 뉴어크에서 대중시위를 조직했지만, 이에 대해 엘리야 무하마드에게 사과할 수밖에 없었다. 그러나 그는 좀더 신중한 방식으로나마 움직임을 계속해 나갔다. 뉴욕시의 브루클린 건설현장에서 흑인고용 금지에 반대하는 시위가 열리자, 그는 격려차 피켓대열을 방문했다. 또 좌파단체와도 접촉했는데, 이는 FBI와 엘리야 무하마드의 눈을 휘둥그레지게 했다. 말콤은 루이 로맥스(Louis Lomax)에게 사적으로 이렇게 털어놓았다. "신의 사도[1]께선 신을 보았지. …그는 알라께서 이 악을 징벌하기를 기다리고만 있네. 근데 말야, 나머지 흑인 무슬림들은 신을 못 보았단 말야. 우린 악을 인내하는 성스런 심성을 선물받지 못한 걸 어쩌겠나. 우리보다 젊은 흑인 무슬림들은 뭔가 행동을 원하고 있어."

●　　●　　●

　　1963년 9월, 『필라델피아 데일리 뉴스』(*Philadelphia Daily News*)는 필라델피아에서 열린 이슬람네이션의 종교집회에 캐시어스 클레이가 참석했다고 보도했다. 클레이는 기자들에게 자신은 이슬람교도가 아니라고 말했지만, 언론은 클레이가 또 한번 희한한 재주를 부렸다는 식으로 얼씨구나 기사를 내보냈다. 11월 5일 소니 리스턴과의 대전계약이 체결되었다. 말콤 엑스는 이 경기를 이슬람네이션을 위한 절호의 기회로 삼고자 했으나, 엘리야 무하마드는 도전자 클레이

[1] 엘리야 무하마드를 지칭함

를 멀리하라고 분부했다. 엘리야 무하마드는 클레이가 리스턴에게 질 것이라고 보았던 것이다. 그래서 공연히 클레이를 가까이했다가는 이슬람네이션의 위신이 땅에 떨어질 거로 지레짐작했지만, 이것은 결국 그의 상상력 빈곤과 비루한 냉소적 태도를 증명한 셈이었다. 다른 흑인언론들과 달리 『무하마드는 말한다』지는 대전 준비상황을 보도하지도 않았거니와 대전장에 기자도 파견하지 않았다.

하지만 말콤은 엘리야 무하마드의 분부와 달리, 클레이를 멀리하지 않았다. 게다가 11월 22일 케네디가 암살되면서 시카고 교단본부가 사건 몇 시간 만에 근신명령을 한층 위중하게 보내왔는데도 그는 개의치 않았다. 엘리야 무하마드는 전국적인 애도물결에 찬물을 끼얹는 행위를 해서 좋을 것이 없다고 판단하여 근신조치를 내린 것이었다. 지난 3년간 이슬람네이션은 케네디를 '악'이라고 비난해 왔지만, 그가 암살되자 엘리야 무하마드는 일체의 비판적 언사도 입밖에 내지 말라고 포교사들에게 엄명을 내렸다. 12월 1일 뉴욕에서 말콤은 기자회견중 질문에 대답하면서, 케네디가 재임중에 한 일을 상기시켰다. 사실 케네디 행정부는 아프리카와 아시아에서 자행된 정치폭력을 꾸며냈으며, 콩고의 루뭄바 대통령 암살과 베트남의 고딘 디엠 암살 사건을 재가했었다. 말콤은 케네디의 암살을 가리켜 "자업자득이며… 가난한 시골 꼬마 출신인 내가 보기에도 자업자득에 슬퍼할 이유는 없다. 이런 일은 언제나 오히려 즐겁다"고 평했다.

말콤의 격렬한 발언에 언론과 정치인들은 분통을 터뜨렸다. 더 의미심장한 일은 엘리야 무하마드가 말콤을 시카고 본부로 소환하여 "이 나라의 대통령은 우리의 대통령이기도 하다"라고 말한 사실이다. 그러나 무하마드는 자신의 말이 그동안의 교단입장과 상충된다는 점은 스스로 되짚어보지도 않았다. 무하마드는 말콤의 발언은 실로 너무 큰 실수여서 앞으로 교단의 형제들이 값비싼 대가를 치러야 할 것이라면서 이슬람네이션은 말콤의 잘못된 논평과 거리를 두어야 마땅하다고 보았고, 말콤에게는 90일간 함구령을 내렸다. 이 기간 동안 말콤은 공식적인 발언은 일절 할 수 없었다. 기관지『무하마드는 말한다』는 케네디 사망을 애도하는 기사를 실었고, 알라신의 사도 엘리야 무하마드가 교단의 가장 유명한 사도를 징계한 조치를 지지했다.

케네디 암살에 대한 무하마드의 반응은 장·단기적 측면을 다 고려한 끝에 나온 것이었다. 그간의 쓰라린 경험을 통해 그는 연방정부의 힘과 언론의 까탈스러움을 두려워하게 되었다. 특히 하원비미활동위원회의 조사를 다시 받는 일은 어떻게든 피하고자 했다. 그럴 경우 기업군단으로 발전한 교단의 사업이 샅샅이 파헤쳐질 것은 불을 보듯 뻔했고, 이는 더더욱 마뜩치 않은 일이었다. 그는 외부의 탄압뿐 아니라 내부분열도 두려워했다. 지난 몇 주 동안 엘리야는 말콤 엑스가 가장 큰 위협적 존재임을 알게 되었다. 말콤 엑스 때문에 가부장적인 권위는 물론이고, 이 운동에서 쌓은 지위와 자신의 재산까지 위협당하게 된 것이다. 그는 말콤 엑스의 조직기반을 축소하고 신도들의 충성도를 시험해 가면서, 말콤 엑스를 고립시키는 조치를 하나하나 취해 나갔다.

12월 말 첫번째 암살위협이 말콤 엑스의 귀에까지 들어왔다. 자서전에서 그는 무하마드가 자신을 제거하라고 명령했다는 소식을 접했다면서 이렇게 썼다. "마침내, 결국, 이슬람네이션과 결별할 마음의 준비를 할 때가 되었다." 1964년 1월 첫주에 무하마드는 말콤 엑스를 할렘사원의 포교사로 강등시켰다. 이때 두 사람은 마지막으로 직접 마주했는데, 이자리에서 무하마드는 자신의 사도 말콤이 배신을 모의했다고 힐난했다. 지금까지 교주의 오른팔이나 다름없었던 말콤이지만, 이제는 자신이 키워낸 미국 곳곳의 포교사들로부터도 헐뜯음당하는 처지가 되었다.

그동안 말콤의 뒤를 밟아오던 FBI만이 아니라 이슬람네이션 내에서도 더 강하게 압박을 해오자, 말콤은 1월 15일 마이애미의 클레이에게 전화를 걸었다. 클레이는 소니 리스턴과의 대전을 앞두고 그곳에 훈련캠프를 차려놓고 있었다. 말콤은 일전에 클레이가 가족과 함께 훈련캠프에 한번 오라고 했던 초대를 받아들이겠다고 했다. FBI의 도청기록에 따르면 클레이는 "오늘 듣는 최고의 뉴습니다!"라고 하면서 공항까지 마중 나가겠노라고 했다는 것이다. 이튿날 클레이는 오스만 캐리엄 그리고 이슬람교도이자 경호원인 클래런스 엑스 질과 함께 말콤 엑스 일행을 마중 나가서 자신들이 묵고 있던 흑인 소유의 호텔로 말콤 가족을 모셨다. 물론 FBI는 이들 뒤를 줄곧 밟았다.

클레이는 말콤 엑스와 부인 베티 여사의 결혼 6주년기념 선물로 자신이 왕복휴가경비를 모두 부담하겠다고 진작에 제안했던 것이라고 기자들에게 밝혔다. 훗날 말콤 엑스의 딸은 이때를 회상하며, 공인으로서 엄청나게 바빴던 아버지가 모처럼 가족과 함께 일종의 탈출여행을 한 셈이라고 말했다. 그 이튿날 말콤 엑스 일행은 캐시어스 클레이의 스물두번째 생일축하연을 열어주었다. 그리고 이틀 뒤 부인 베티는 아이들을 데리고 뉴욕으로 돌아갔고, 말콤만 남았다. 클레이는 말콤이 활동정지 상태에 있다는 것을 알았을 터이다. 말콤이 언론 앞에서 어떤 말도 해서는 안 되는 상황이라는 사실, 두 사람이 만나는 것을 알면 알라신의 사도 엘리야 무하마드가 눈살을 찌푸릴 것이라는 사실을 클레이가 모를 리 없었다. 그런데도 클레이는 말콤과 함께 지냈고, 이 사실을 굳이 숨기려 하지도 않았다.

1월 21일 클레이는 훈련일정을 잠시 중단하고 말콤과 함께 뉴욕으로 날아갔다. 그리고 일찍이 폴 로브슨이 백인국가 미국에 도전장을 던지는 연설을 했던 록랜드 팰리스(Rock-land Palace)에서 연설을 했다(바로 한 달 전에 폴 로브슨은 6년간의 해외생활을 마치고 미국으로 돌아왔다. 병과 우울증에 시달리던 그는 곧 칩거생활에 들어갔다). 말콤은 클레이의 연설준비를 도왔지만, 활동정지 상태였던 터라 집회에 참석할 수는 없었다. 클레이는 행사장을 가득 메운 1600명의 무슬림들 앞에서 20분 동안 연설을 했다. 그는 소니 리스턴과의 대전에서 자신을 응원해 달라며, 자작시 몇 편을 낭송했다. "나는 다진 양고기를 먹고 훈련하노라, 그러나 더러운 곰 리스턴은 다진 돼지고기를 먹는다네."[1] 청중들은 한마음이 되어 뜨거운 박수로 화답했다.

또 그는 말콤 엑스에 대해서도 언급했는데, 한때 이슬람 네이션의 전국 포교사로 활동하던 말콤 엑스를 두고 교단의

[1] 이슬람교에서는 돼지고기가 금기임. 이슬람 율법을 존중하는 자신을 응원해 달라는 뜻

공식연단에서 좋은 말을 해준 것은 아마 이때가 마지막이었을 것이다. "말콤 엑스와 함께 마이애미 거리를 걷다 보면 마음이 뿌듯해진다"고 클레이는 말했다. 그리고 무슬림은 금연·금주를 하는 사람들이라면서 이렇게 덧붙였다. "바로 이것이 이른바 검둥이들의 기적입니다. 그래서 백인들은 놀라 자빠집니다." 현장에 나와 있던 FBI 끄나풀은 클레이가 출현한 것을 알고는 헐레벌떡 밖으로 나가 뉴욕언론들에 소식을 흘렸다. 클레이가 이슬람네이션과 관련이 있다는 명백한 증거가 생긴 셈이었다. 몇 달 동안 그런 의혹만 짙게 하다가 마침내 백주에 증거가 드러났으니, 다음날 이 소식은 각 신문의 1면을 장식했다. 후속취재를 하려는 기자들은 클레이에게 "정식 가입한 흑인 무슬림인가?" 하고 몇 번씩 되풀이하여 물어댔다. 그때마다 그는 이렇게 대답했다. "정식 가입, 그게 무슨 뜻인가? 나도 흑인종이니, 무슬림 집회에 가면 마음이 일렁인다." 흑인신문인 『암스테르담뉴스』는 "캐시어스 클레이 무슬림임을 거의 인정"이라는 제목을 붙이고 그 밑에다 줄까지 쳤다. 뿐더러 젊은 클레이가 말콤 엑스 가족들과 놀이를 하는 사진들로 전면을 도배해 놓고는, 필시 엘리야 무하마드도 그 옆에 있었을 것이라고 썼다. 1월 24일 클레이는 언론이 거의 눈치채지 못한 가운데, 징집 신체검사를 받았다. 검사등급은 높지 않았다——100등급 중 16등급으로, 징집급수에 한참 못 미치는 등급이었다. 그러자 언론들은 의혹을 제기했고, 결국 클레이는 소니 리스턴과의 대전이 끝난 뒤 재검을 받아야 했다.

10년 동안 알리를 취재한 조지 플림턴(George Plimpton)

은, 클레이가 무슬림단체와 관계가 있다는 설에 의문을 느껴 말콤 엑스와 직접면담 취재를 하고자 했다. 이에 말콤 엑스는 엘리야 무하마드의 함구령을 무시하고 마이애미 흑인지구 한복판에 있는 햄프턴하우스 호텔에서 플림턴을 만났다. 이 인터뷰 기사에는 말콤 엑스의 불편한 심기가 한껏 묻어나 있었다. 1964년 6월 월간지 『하퍼스』(Harper's)에 게재한 기사에서 플림턴은 "말콤 엑스가 가끔 너털웃음을 지어 보이긴 했지만 전혀 즐거운 기색이 아니었다"면서, 비록 겉으로는 서글서글 대답했으나 말콤 엑스는 "고집이 대단한" 성격의 소유자라고 표현했다. 플림턴이 꼼꼼히 기록한 바에 따르면, 이 '고집 세고' '신랄한' 인물은 캐시어스 클레이의 광대짓에 숨어 있는 진지함을 맨 처음 찾아내고 떠버리 약자 노릇 속에서 미래의 무하마드 알리의 면모를 처음으로 발견한 사람이었다. "클레이의 속내를 간파하는 사람은 드뭅니다. 그는 남들을 놀림감으로 만듭니다. 사람들이 흔히 잊는 사실이 있는데, 어릿광대는 현자를 흉내낼 순 없지만, 현자들은 어릿광대를 흉내낼 수 있다는 점입니다. 클레이는 감수성이 예민하고 아주 겸손합니다. 또 기민해요. 신체능력뿐 아니라 뛰어난 정신적 에너지를 간직하고 있는 청년입니다." 말콤은 또 "이슬람교가 두려움을 없애줄 것이기 때문에" 클레이가 리스턴을 물리칠 것이라고 예상하면서 이렇게 덧붙였다. "우리는 훈련을 믿고 신체능력을 믿습니다. 하지만 상업스포츠는 부정한 짓입니다. 상업스포츠는 유한계층의 놀음입니다. 도박이라는 악행도 거기서 생겨나죠. …흑인은 결코 거기에 앞장서지 않습니다. 스포츠 역사에 그런 식으론 이름을 남기지 않을 겁니다."

　말콤은 즐겨 자신을 캐시어스의 '형님'이라고 칭했다. 정치스승이자 영적 길잡이를 자처한 것이다. 부인 베티 샤베즈의 회고에 따르면, 말콤은 캐시어스와 몇 시간씩 마주앉아 타이틀전의 의미를 논하고 흑인의 미래와 권투선수의 운명을 이야기했다. 언제나 그렇듯, 말콤은 인종차별사회가 만들어내는 부정적 선입관을 자신의 사도 캐시어스의 마음속에서 몰아내고 견고하고 뚜렷한 목적의식과 확신을 불어넣어 주려 한 것이다. 프란츠 파농이나 C. R. L. 제임스와 마찬가지로 말콤 엑스 역시 억압받는 이들의 심리에 대해 연구해 왔다. 부자와 권력자들이 가난한 이와 약자들을 지배하는 수단인 심리적인 장벽을 극복하게 하는 데 말콤의 가르침은 집중되었다. 자유를 얻기 위해서는 자아를 근본적으로 재창조해 내야만 한다고 그는 믿었다. 말콤이 클레이에게서 추구하고자 했던 것은 자신이 이슬람네이션에 있을 때 목표로 삼던 것이기도 했고, 자신의 생의 마지막 해에 추구하려던 바와 같은 것이었다. 즉 역사가 부여하는 자기 역할을 담당할 인물을 키워내는 일이었다.

　그러나 마이애미에 머무는 동안 말콤은 뭔지 모를 불안을 느꼈고 절망감도 심해져 갔다. 그는 알렉스 헤일리(Alex Haley)[1]에게 이렇게 술회한 바 있다. "내가 언제 무슨 말을 하든지, 그 말은 내 마음 한구석에 의해서만 조종된다. 그 한구석을 제외한 내 마음은 주마등처럼 펼쳐지는 지난날의 무수한 장면들로 가득 차 있다. …내가 스포츠기자들에게 되풀이 이야기한 것이 있는데, 90일 안에 나를 복권하리라는

---

[1] 현대 미국의 흑인소설가. 주요 작품으로는 『뿌리』가 있으며, 말콤 엑스의 자서전을 공동 집필함

약속이 거짓말임을 차츰 깨달았다는 것이다." 말콤은 한마디도 내비치지 않았다고 주장하지만, 마이애미에서 자신을 받아준 클레이에게 자신의 불안한 속내를 한번도 털어놓지 않았을 리는 없을 듯하다. 이러나저러나 두 사람은 언론의 화려한 조명을 받는 명사라는 공통점도 있지 않았겠는가. 이 몇 달 동안 말콤 엑스와 엘리야 무하마드 사이의 갈등에 대해 클레이가 아무것도 모르고 아무 영향도 받지 않았으며, 그저 순진하기만 했다고 믿기는 어렵다. 클레이는 알라신의 사도 엘리야 무하마드와 공공연히 반목하던 무슬림교도에게 피난처를 제공하고 언론을 타게 만들었으며, 몇 시간씩 그와 사적인 대화를 나누지 않았던가.

2월 초 클레이는 『루이빌 쿠리어 저널』(*Louisville Courier Journal*)과의 인터뷰에서 이렇게 말했다. "나는 무슬림들이 좋다. 날 좋아하지도 않는 사람들에게 억지로 좋아해 달라고 강요하다 죽음을 당하고 싶지 않다. 난 내 식대로 살고 싶다. 흑백통합은 틀렸다. 억지로 강요해도 안 된다는 것이 내 믿음이다. 무슬림들도 그렇게 믿는다. 그런데 도대체 무슬림들이 뭐가 문제란 말인가?" 이 신문기사에 의하면 클레이의 아버지 캐시어스 클레이 1세는 아들 둘이 다 이슬람네이션 조직에 가담했다면서, 이슬람네이션이 자식들을 "망쳐놓고 있다"고 비난했다. 이 소문이 점점 퍼져나가면서, 권투흥행사들은 전전긍긍해했다. 입장권 판매율이 매우 낮은데다, 도전자 클레이가 무슬림과 관계 있다는 이유로 대전이 철퇴를 맞지 않을까 두려워하기까지 했다. 클레이는 이제 본보기 역할이 뒤바뀌었음을 재빨리 간파하고 소니 리스턴에게 이렇게 말했다. "내가 당신을 위대한 인물로 만들어주지. 팬들은 당신을 사랑할 거야. 왜냐하면 이제부터는 내가 악당이거든." 클레이는 상황을 슬슬 즐겼을 터이지만, 그의 홍보담당자인 해럴드 콘라드는 미칠 지경이었다. "애초에는 클레이 대 소니 리스턴, 혹은 흰 모자 대 검은 모자의 대결로 홍보에 초점을 맞췄다. 그런데 이제는 둘 다 검은 모자를 쓰고 싸우게 된 것이다."

말콤 엑스가 도전자 곁에 있다는 사실만으로 시합의 의미를 바꿔놓았을 뿐 아니라 시합 자체도 위태로워졌다는 것은, 백인들의 마음속에 말콤 엑스가 얼마나 큰 상징적인 영향력을 발휘하고 있었던가를 말해 준다. 캐시어스 클레이로서는 이제 진실을 말할 순간을 맞이하게 된 셈이었다. 이 순간을 시작으로 그의 일생은 내내 진실을 정면으로 대하게 된다. 친구나 매니저, 권투흥행사, 기자 들의 반응을 보건대, 무슬림과의 관계를 끊는 것이 클레이에게 도움이 되는 길임은 불을 보듯 뻔했다. 그들은 무슬림을 가까이하는 것은 일생의 기회를 놓치는 미친 짓이라고 충고했다. 그가 그토록 힘겹게 마련한 기회가 물거품처럼 사라질 위기에 놓였다는 것이다. 그러나 젊은 도전자는 조용하고도 단호하게 제자리에 버티고만 있었다. 타협안이 나왔다. 대외적으로는 알리지 않은 채, 말콤 엑스를 적어도 잠시 동안만이라도 클레이의 훈련캠프에서 떠나도록 하자는 것이었다.

이 사이에 FBI는 말콤 엑스와 엘리야 무하마드의 갈등을 시시콜콜한 것까지 정리하여 유포시켰다. 주요 언론들은 다투어 이 정보를 기사화했다. 2월 23일 말콤 엑스는 마이애미로 돌아왔고, 클레이는 또다시 캐리엄과 질을 대동하고 공항까지 나가 말콤을 만났다. 다음은 FBI의 기록이다. 클레이가 "시카고에선 무슨 말이 없었나요?" 하고 묻자, "좋은 얘긴 없었네"라고 말콤은 대답했다. 잠시 후『마이애미 헤럴드』기자가 다가오자 말콤은 아주 짧게 말했다. "캐시어스 클레이가 떠버리라고들 하지만, 3월 1일부터 내가 말을 하기 시작하면 달라질 거요."

헤비급 타이틀전이 열리는 2월 25일 아침, 말콤은 엘리야 무하마드에게 전화를 넣었다. 무하마드는 말콤이 자신을 중상모략한다며 역정을 냈고, 말콤은 혐의를 부인했다. 이날 밤 시합 전에 말콤은 탈의실에서 캐시어스와 그의 동생 루돌프(뒤에 라하만 알리로 이름을 바꾼다)와 함께 기도를 올렸다. 엘리야 무하마드를 비롯한 대부분의 사람들이 클레이의 패배를 점쳤지만, 말콤은 줄곧 승리를 확신하고 있었다. "나로 하여금 캐시어스를 도와 이슬람의 우월함을 세계에 떨치도록 하는 것이 알라신의 의지다." 그는 다윗과 골리앗의 일화를 상기시키며 클레이에게 리스턴에 맞설 자신감을 북돋워주었다. 리스턴의 전력과 지금까지의 삶이야말로 흑백통합을 내건 투쟁이 얼마나 헛되고 무기력한지를 증거하는 것이라 믿었던 말콤에게, 클레이는 이와 다른 것을 상징하는 존재였다. "클레이는… 내가 지금까지 아는 흑인선수 중 최고다. 백인의 영웅 재키 로빈슨보다 훨씬 많은 것을 뭇 사람에게 일깨워줄 것이다." 말콤은 클레이가 갖는 상징적 영향력을 당대 누구보다도 분명히 꿰뚫어보고, 링에서 그 힘을 발휘하도록 도왔다.

"이 시합은 곧 진실일세." 나는 클레이에게 이렇게 말해 줬다. "기독교의 십자가와 무슬림의 초승달이, 상금을 걸고 벌어지는 링 안에서 처음으로 맞붙는 거야. 현대의 십자군이지. 기독교도와 이슬람교도가 마주보고 싸우는 광경이 텔스타 위성[1]을 통해 그대로 전세계 텔레비전에 중계되는 거야!" 난 클레이에게 물었다. "자네가 챔피언이 되어 링을 떠나도록 알라신께서 모든 것을 역사하셨다고 생각하지 않나?"

말콤은 시합장 맨 앞자리에 보란듯이 늠름히 버티고 앉았다. 옆좌석에는 클레이의 초청으로 온 흑인스타 샘 쿡[2]가 앉아서, 말콤은 그와 말도 나눴다. 경기장을 찾은 관중은 예상보다 적었지만, 폐쇄회로로 이 시합을 지켜본 사람은 100만이 넘었다. 뉴욕 할렘가의 영상중계장을 찾은 『뉴욕타임스』기자는 분위기에 다소 압도된 듯 이렇게 썼다. "여기선 예상승률도 개의치 않고 한결같이 클레이만 응원한다. 약자를 동정하는 일반적인 분위기를 뛰어넘는다."

마이애미에서 열린 이날 시합에서, 리스턴은 동작이 굼떴지만 클레이는 마치 링 위에서 춤을 추듯 했다. 클레이의 발놀림, 스피드, 360도를 핑핑 도는 재간은 힘과 팔길이에서 우위에 있다는 챔피언 리스턴을 무력화시켜 버렸다. 어안이 병병할 정도로 기가 꺾인 리스턴은 7회 시작공이 울렸지만 링 안으로 나오지 못했다. 클레이는 펄펄 뛰며 기뻐했다. "모든 사람이 증인이 되시오! 내가 가장 위대한 자요! 내가 세상을 뒤흔들었다!" 그러나 상당수의 스포츠기자들은 이 예상 밖 승리를 요행이라고 보았다. 말콤은 이들보다 좀더 분별이 있었다. "권투역사상 가장 위대한 반전에도 비밀이

---

[1] 1962년 미국이 쏘아올린 상업용 인공위성. 경기는 이 위성으로 중계되었음

[2] 1950년대 후반~60년대 초반까지 활동한 흑인 가수이자 작곡가. 이 장의 제목 "변화가 다가온다"는 그의 히트곡 〈A Change is Gonna Come〉에서 따온 것임

있었다. 시합 몇 달 전부터 클레이가 리스턴을 머리싸움에서 압도한 것이다." 말콤은 흑인선수에 대한 일반적인 선입관을 배격한 사람이었기 때문에 클레이의 진면목을 간파할 수 있었던 것이다. 물론 스포츠기자들은 클레이를 제대로 보려는 노력조차 하지 않았다. 돈욕심보다 더 큰 것을 위해 싸우는, 탁월한 지능과 창의력을 지닌 권투선수, 이것이 클레이의 진면목이었다. 이날 밤 클레이는 마틴 루터 킹 목사로부터 축전을 받았다. 말콤 엑스 외에, 클레이를 밀어준 유일한 흑인지도자가 바로 킹 목사였다.

말콤 엑스는 일행과 함께 햄프턴하우스 호텔로 돌아와 몇 시간 동안 승리의 행복감을 만끽하고는 알렉스 헤일리에게도 전화를 걸어 기쁨을 나눴다. 이날 말콤은 새 헤비급 챔피언이 바로 옆방에 있다면서 어린아이처럼 기뻐 어쩔 줄 몰라 했다고 헤일리는 기억했다. 어쩌면 그는 그동안 엘리야 무하마드와 벌이던 투쟁의 균형추가 이날의 극적인 승리를 계기로 뒤집힐 수 있겠다고 믿었을지 모른다. 하지만 말콤이 전화를 붙들고 기뻐하는 동안, 옆방의 클레이는 말콤과의 관계를 정리하고 엘리야 무하마드를 따라야겠다고 짐 브라운에게 털어놓고 있었다. 그럼에도 이때부터 며칠 동안의 행적으로 미루어보건대, 클레이는 아직 마음을 온전히 정하지는 못한 듯했다. 어쩌면 두 지도자가 화해할 수 있을 거라는 희망도 품었을 수 있다.

클레이가 이슬람네이션과의 관계를 공개적으로 밝힌 바로 다음날, FBI와 국방부는 클레이의 병역판정 상황에 대해 합동조사에 들어갔다. 루이빌시 징집위원회 의장은 기자회견을 열어 앞으로 '몇 주 안에' 클레이를 소환하게 될 것이라 밝혔다. 그러나 아무도 이날 회견에 주목하지 않았다. 모두들 클레이가 이슬람네이션의 품으로 다시 돌아온 것에 열광하느라 여념이 없었고, 또 병역을 거부하느니 차라리 권투를 포기할 것이라고 생각했기 때문이다.

말콤 엑스는 시카고에서 열린 구주절 저녁행사에 10년 만에 처음으로 참석하지 않았다. 루이스 엑스가 대신 그 자리를 메워, 알라신의 사자를 위해 분위기를 돋웠다. 열광하는 5천의 신도 앞에 엘리야 무하마드가 섰다. 그는 캐시어스 클레이가 자신의 신도이며 알라신의 가호가 있었기에 위대한 승리가 있을 수 있었다고 세상에 공표했다. "참으로 기쁘노니, 캐시어스 클레이는 용감하게도 무슬림임을 밝혔노라. … 알라를 신으로 고백하고 엘리야 무하마드를 따름으로써, 그는 훨씬 강한 자를 꺾을 권능을 얻은 것이다. 저들은 그의 얼굴에 먹칠을 하려 했으나, 알라신과 내가 '안 돼!'라고 말했다. …클레이는 알라를 믿으며, 나를 신의 유일한 사도로 믿는다." 마이애미에서 날아온 루돌프 클레이는 형을 대신하여 그동안의 기도에 감사드린다는 말을 신도들에게 전했다.

●　　●　　●

세상의 격변은 언제나 섬뜩하게 마련이다. 사람들이 제 나름으로 지녀오던 현실감을 깊숙한 곳까지 뒤흔들어버리기 때문이다. 백인의 세상에서 흑인들은 붙박이별이나 움직이지 않는 기둥과 같은 존재였다. 그 흑인이 제자리를 박차고 나서자, 하

늘과 땅이 뿌리째 일렁이고 있다. (제임스 볼드윈)

　리스턴과의 시합에서 충격적인 승리를 거두고 얼마간 계속된 인터뷰에서 클레이는, 비록 성공하지는 못했지만 백인 언론에 비친 자기 모습을 바꾸려고 애쓰는 태도를 보였다. "난 말썽꾼이 아닌데…. 난 착한 남잡니다. 어떤 잘못도 범한 적 없습니다. 난 감옥구경 한번 한 적 없고, 재판정에도 가본 일이 없어요. 인종통합 시위에도 끼지 않습니다. 백인 여자마다 날 보면 윙크를 해대지만, 난 눈곱만큼의 관심도 없어요. 난 구호를 들지도 않아요." 어떤 면에서 볼 때 이런 말은 골수까지 노예근성이 박인 엉클 톰 식의 사고라고 여겨질 만하다. 그러나 클레이가 어떤 식으로 자기 주장을 펼치는지 좀더 주목해 보자. 한번도 감옥이나 법정에 간 일이 없노라면서 그는 이렇게 덧붙였다. "난 소니 리스턴과 다르니까." 또 백인여자들에게 코방귀를 뀌는 대목에서는 "난 잭 존슨과 다르니까"라고 했다. 그리고 흑백통합을 비판하는 대목에서는 "난 플로이드 패터슨과 다르니까"라고 말했다. 더 통렬한 것은 "구호를 들지 않는다"는 언급인데, 이는 이른바 흑인의 대표자라는 역할을 부인한 것이었다. 그러니 백인들이 자신을 두려워할 이유가 하나도 없다고 강조하려 했던 듯하다. 하지만 이렇게까지 말했는데도, 백인들은 클레이가 자신들의 소중한 가치기준을 위협하는 존재라고 느끼지 않을 수 없었다. 그러니 "나는 당신들이 원하는 챔피언이 되지는 않을 겁니다"라는 말은 더욱 험악한 도발로 들렸다.

　클레이는 백인경찰이 개를 풀어 흑인들을 물어뜯게 하고

소방호수로 시위를 진압한 일이며, 흑인소녀 네 명이 살해당한 사건을 수시로 거론하면서 미국의 인종차별을 지적했다. 그래서 세간에서는 이슬람네이션의 일원이 된 일이 순전히 종교적이고 개인적인 선택이라는 클레이의 해명을 받아들이려 하지 않았다. 클레이의 말을 당시 상황 속에서 곰곰이 생각해 보면, 그는 극심한 인종차별사회에 사는 흑인의 생존수단으로 이슬람네이션을 선택했음이 분명하다. 기독교로 개종한 조지 포먼은 훗날 이렇게 말했다. "나는 무하마드 알리가 종교적인 체험의 차원에서 개종한 것이라고 믿지 않는다. 그의 행동은 사회적 각성 차원에서 이루어진 것이라고, 나는 죽을 때까지 믿을 것이다. …이러한 사회적 각성이 당시로서는 그에게 절실한 것이었고, 또 미국 전체에도 절실히 요구되는 것이었다."

●   ●   ●

말콤 엑스는 뉴욕으로 날아가, 그곳 지부장 조셉에게 "이슬람네이션은 끝났어"라는 말을 던졌다. 조셉은 예전에 할렘사원에서 말콤 밑에서 일하던 사람이었다. 클레이도 마이애미를 떠났다. 비행기 공포증이 있었던 터라 그는 자동차편을 택했다. 남부에 만연한 인종차별을 다시금 경험하면서 뉴욕에 도착한 그는 곧바로 할렘지구의 테레사 호텔에 여장을 풀고 말콤 엑스를 만났다. 타임스스퀘어 광장을 거니는 두 사람 주위로 많은 사람들이 몰려들었다. 새 헤비급 챔피언은 기자들에게 이렇게 말했다. "나보다도 말콤 엑스에게 사인을 해달라고 청하는 사람이 더 많네요. 가장 위대한 사람은 말콤 엑습니다."

이것이 클레이가 리스턴에게 승리를 거둔 지 나흘이 지난 2월 29일 저녁의 일이었다. 말콤에게 내려진 90일간의 함구령이 이튿날 오전 풀리기로 되어 있었건만, 시카고에서는 아무런 전갈도 없었다. 다음날 말콤 엑스와 클레이는 흑인신문 『암스테르담뉴스』 사무실을 방문하였고, 덕담을 늘어놓는 신문사 간부에게 클레이는 이렇게 응수했다. "엘리야 무하마드는 세상에서 가장 부드러운 분입니다. …말콤 엑스요? 텔레비전 토론에서 그를 보고 마음을 빼앗겼지요. 교육자입네 하는 사람들과 이슬람에 대해 토론을 벌이는데, 그 사람들 입을 딱 벌리고 꼼짝 못하더라고요. 난 엉클 톰 취급을 받지 않을 겁니다. 날 캐시어스 엑스로 알아줬으면 해요. 내가 이슬람교를 믿는다는 걸 알게 되자 세상이 이제 날 인정해 줍디다. 이 종교는 진실이고, 나는 그 진실을 위해 죽을 각오가 되어 있어요." 그러면서 앞으로 루이빌 신디케이트와 계약을 할 때는 흑인변호사를 대리인으로 임명할 것이라고 선언했다.

3월 4일 말콤을 따라 2시간 동안 유엔을 방문한 클레이는 "나는 전세계의 챔피언입니다"라며 '전세계'란 말에 특히 힘을 주면서 챔피언의 지배영역이 드넓음을 강조했다. "그래서 나는 챔피언으로 있는 사람들을 만나고 싶습니다." 말콤은 여러 해 동안 공을 들여 관계를 돈독히 해온 말리·라이베리아·잠비아·콩고 등의 국가대표들을 클레이에게 소개해 주었다. 유엔빌딩에서 말콤은 얼마나 낯익은 인사였는지,

그곳 경비원들은 말콤이 원하면 언제든 들여보내라는 지시를 받았을 정도였다. 미국 국적의 흑인 중 가장 유명한 두 사람이 방문했다는 소식이 알려지자 유엔 대표들과 관료 사이에서 북새통이 일어났다. 1960년 소련의 흐루시초프가 신발을 벗어 연단을 두들긴 이래 가장 요란한 사건이었다. 말콤은 이 기회를 놓치지 않고 외국기자들에게 미국의 비참한 인종차별 상황에 대해 간략히 설명을 했다. 클레이는 아프리카와 아시아를 방문할 계획이라고 밝히면서 "나의 세계여행에 포교사 말콤 엑스께서 동행하실 겁니다"라고 했다.

유엔 및 외교 사절들과의 의사교환은 공식적 경로를 밟아서 이루어지는 것이 통례였지만, 이 두 흑인은 미국정부에는 일언반구도 없이 불쑥 외국 열강의 대표자들을 만나 의견을 나누었다. 이제까지 미국의 스포츠스타 중 어느 누구도 이런 식의 자율적 행동을 한 사람은 없었다. 폴 로브슨과 마찬가지로 말콤 엑스와 캐시어스 클레이는 외국사절과 대등한 관계로 만났다. 그들은 '미국'이 아니라, 미국에 갇혀 있는 민중을 대표하여 행동한 것이다. 이들의 유엔방문은 CIA와 FBI의 이목을 자극했고, 두 기관은 앞으로 예정된 이들의 해외여행을 추적할 작업준비에 들어갔다.

개인적 그리고 정치적인 차원의 위기 한가운데서도 말콤 엑스는 클레이와 시간을 보내는 일을 무엇보다 소중히 여겼다. 역사는 말콤 엑스의 이런 행동이 긴 안목에서 나온 것임을 입증해 준다. 새 헤비급 챔피언을 대동하고 유엔을 방문함으로써, 말콤은 범아프리카주의의 대중화를 위한 씨앗을 뿌린 셈이다. 한편 엘리야 무하마드는 말콤 엑스의 공공연한 도전에 분기탱천했다. 그는 말콤 엑스를 제7 이슬람사원의 책임자에서 해임시키고 그 자리에 루이스 엑스를 임명했다. 유엔방문 다음날인 3월 5일, 말콤은 엘리야 무하마드로부터 한 통의 편지를 받았다. 그동안의 활동정지 조치가 '무기한'으로 연장되었다는 내용이었다. 그 이유는 말콤이 '갱생'을 "바라는 태도가 절실하지 않다"는 것이었다.

그날 오후 미국정부는 클레이의 병역 재검조치를 "신속히 밟아나가겠다"고 천명했다. 첫 징병검사 당시 불성실하게 임한 것이 아니냐는 언론들의 질문공세에 클레이는 "신검 통과를 위해서 온갖 힘든 노력을 아끼지 않았다"고 주장했다. 그는 양심에 따른 병역거부자로서 예외를 요구할 것이냐는 질문도 받았다. "난 그런 용어가 싫다. 어딘지 못난 뜻을 풍긴다. 그런 용어로 나를 부르지 말라. …내게 라디오방송 두 시간을 달라, 전국중계로. 거기서 내 입장을 설명하겠소."

다음날 아침 일찍 말콤과 클레이는 테레사 호텔에서 만났다. 말콤은 제2차대전 당시 자신이 징병을 기피한 경험을 들려줬고, 현명한 사람이라면 정부를 물먹일 수 있을 것이라고 부추겼다. 두 사람은 점심시간에 다시 유엔에 들렀고, 그곳에서 만난 나이지리아 대표는 클레이에게 챔피언 벨트를 "세계형제들의 이름으로" 사용하라고 촉구했다. 유엔빌딩 밖으로 나온 클레이는 우르르 몰려든 사람들이 요청하는 사인을 해주면서 『뉴욕타임스』 기자에게 이렇게 말했다. "내 이름은 캐시어스 엑스 클레이(Cassius X Clay)다. 엑스(X)는 예전에 노예주를 가리키는 말이었다." 옆에 있던 말콤 엑스가 클레이의 옆구리를 찔렀고, 자신이 큰 실수를 한 것을 깨달은 클레이는 서둘러 다른 질문에 대답해 나갔다.

말콤 엑스는 클레이를 테레사 호텔까지 차로 데려다주고 집으로 돌아와 클레이의 홍보비서 역할을 하던 레온 4X 아미어의 전화를 받았다. 뉴욕의 총책임자 조셉이 말콤 엑스를 "끝장내야 한다"고 말하더라는 것이다. 클레이의 경호원인 클래런스 엑스 질도 말콤 엑스를 제거하는 사람에게 보상금을 준다는 얘기를 들었다며 귀띔해 주었다. 그날 밤 엘리야 무하마드는 정규 포교방송을 통해 캐시어스 클레이의 이름을 바꾼다고 밝혔다. "그가 알라신을 믿고 나를 따른다면, 무하마드 알리라는 이름을 그에게 주노라." 자동차 안에서 이 방송을 듣는 순간 말콤 엑스는 이것이 '정치적 수작'이라고 판단했다. 그는 친구들에게 "클레이를 나에게서 떼어놓으려는 엘리야 무하마드의 조치"라고 말하고는, 클레이가 묵고 있는 테레사 호텔로 전화를 걸었다. 그러나 이날 밤 이후부터, 그러니까 두 사람이 함께 유엔을 두번째로 방문한 지 불과 몇 시간 후부터 이슬람네이션의 열성분자들은 재빨리 새 챔피언의 주변을 에워쌈으로써 두 사람간의 연락을 차단했다.

이슬람네이션으로부터 '본명'(original name)을 부여받는 것은 정말로 드물게 영광스런 일이었다. 심지어 말콤 엑스도 그런 영광을 누리지 못했다. 말콤 엑스는 이것이 새 챔피언의 충성을 확고히 하기 위한 정치적 수작이라고 직감했다고 말했는데, 아마도 이는 올바른 판단이었을 것이다. 그 며칠 전에 FBI가 행한 도청기록에 의하면, 클레이와 엘리야 무하마드는 전화통화를 했고, 여기서 늙은 사도는 영 내켜하지 않는 클레이에게 특별한 은전을 베풀겠노라고 거듭 다짐했다. 클레이는 다른 신도들은 본명을 부여받기 위해 10여 년 넘게 기다리고 있다면서 자신은 캐시어스 엑스 클레이가 좋으니 거기에 만족하겠다고 사양했지만, 엘리야 무하마드는 집요하게 매달렸다. 챔피언 타이틀 덕택에 이제 명실공히 이슬람신앙의 국제적인 대표자가 되었으니, 그에 걸맞은 아랍식 이름을 갖는 게 좋다는 것이었다.

백인언론들은 아연실색했다. 이름까지 바꿨다니, 클레이가 또 한번 사악한 짓거리를 한 셈이었다. 무하마드 알리가 된 그가 곧바로 지적했듯이, 미국 스포츠나 연예계에서 이름을 바꾸는 일은 흔하디흔했다. 조 루이스(본명 조 루이스 배로우)도 그랬고, 슈거 레이 로빈슨(본명 월커 스미스)도 그러했다. 에드워드 G. 로빈슨(Edward G. Robinson)[1]이나 존 가필드(John Garfield)[2]도 마찬가지 아닌가. 프로레슬링 선수들의 경우도 별명을 사용하는 것이 통례 아닌가. 클레이는 이렇게 항변했으나, 이번에는 사정이 달랐다. 이번에는 당사자가 흑인이었으며, 이름을 바꾼 것도 미국의 주류로부터 환심을 사려는 것이라기보다 오히려 주류를 완전히 거부하려는 의도였기 때문이다.

엘리야 무하마드의 분부에 따라 무하마드 알리로 이름을 바꿈으로써, 바야흐로 캐시어스 클레이는 전혀 다른 새 전통, 새 민족, 새 가족의 영역으로 발을 내딛게 되었다. 그럼으로써 그는 이제 미국적인 질서를 자연스레 주어진 것이 아닌, 다른 것으로 만들어버렸다. 무하마드 알리는 자신의 새로운 이름을 마지못해 받았을지도 모른다. 그래도 그는 완

[1] 1893~1973. 영화배우. 본명은 에마뉴엘 골든버그로 갱스터 영화의 악역으로 유명함. 매카시즘 선풍에 휘말려 하원비미활동위원회에 출석한 이력도 가졌음

[2] 영화배우. 본명은 제이콥 줄리어스 가핑클로 반항적 영웅 역의 선구자로 꼽힘. 공산주의자 동료를 고발하라는 하원비미활동위원회의 요구를 거부, 영화산업의 블랙리스트에 오른 비운의 인물. 39세로 요절함

강하게 자신을 방어했다. 이름을 바꾼 지 일주일 되었을 때, 그는 뉴욕의 매디슨스퀘어가든 체육관에서 경기를 관람하다 도중에 나와버렸다. 경기장 아나운서가 링 앞자리에 새 헤비급 챔피언이 초대손님으로 앉아 있다며 그를 굳이 "캐시어스 클레이"라고 불렀기 때문이다. 그는 '무하마드 알리'라는 이름을 이미 자부심의 징표로 여기고, 링 안팎에서 이 자부심을 지키기 위해 싸움으로써, 자신의 길을 뒤따른 수백만 명의 선구자 역할을 한 것이다.

오늘날 미국의 흑인들이 이슬람이나 아프리카 식의 이름을 쓰는 것은 흔한 일이 되었다. 사람들은 1964년 알리가 얼마나 대담한 길을 선택한 것인지 잊어버리기 일쑤다. 마이크 타이슨이 감옥에 있는 동안 이름을 바꿔보려고 시도한 것처럼, 그렇게 식은 죽 먹기 식하고는 결코 비교할 수 없는 것이다. 잭 존슨, 조 루이스, 플로이드 패터슨, 소니 리스턴 등 지난날 헤비급 챔피언들의 대중적인 이미지는 백인언론들이 만들어냈다. 그러나 새 챔피언은 무하마드 알리라는 이름을 통해서 자신의 독자적인 이미지를 스스로 창조하고자 의식적으로 노력했다. 이는 비록 개인적 동기에서 출발한 행동이었지만, 사회적으로 큰 반향을 불러일으켰다.

그의 행동은 거센 저항에 부딪혔다. 『뉴욕타임스』는 60년대 내내 그를 캐시어스 클레이라 부르길 고집했을 정도이다. 알리가 이런 저항을 극복해 낼 수 있었던 유일한 힘은 당시 거대한 운동의 바람이 불고 있었다는 데서 나왔을 것이다. 무슬림이었던 그는 시민권운동에 참여하지 않으려 했지만, 결국 그토록 회피하려던 싸움의 한복판에 서게 되었다. 그것도 거대한 규모로 말이다. 그는 미국의 흑인들, 나아가 궁극적으로는 전세계인의 봉기를 표상하는 살아 있는 상징이 됨으로써 "구호를 든" 셈이다.

●　　●　　●

　3월 8일, 말콤 엑스는 테레사 호텔에서 기자회견을 열었다(장소예약은 알리를 위해 계속 일하고 있던 레온 아미어가 맡았다). 이 자리에서 말콤은 이슬람네이션을 떠난다고 선언하고, 자유로운 정치행동을 추구하기 위함이라고 그 이유를 밝혔다. "이슬람네이션 내부의 차이 때문에 나는 밀려났다. …내 자신의 의지로 떠나는 것이 아니다." 그는 흑인민족주의가 여전히 자신의 정치적 · 경제적 · 문화적 철학이라고 강조하고는, 앞으로는 "남부나 그 어떤 지방에서든 시민권운동과 협력하고자 한다. 특정한 목표를 내걸고 싸우는 투쟁이라면 그 어떤 것도 흑인의 정치의식을 높이고 백인사회에 대항하는 흑인 정체성을 고양시키기 때문이다. 나의 도움이 필요하다면 그 어느 곳에서라도 흑인을 위해" 싸울 것이라고 다짐했다. 아울러 대학 캠퍼스에서도 연설을 할 계획이라고 밝혔는데, 당시 수입원이 전혀 없었기 때문이기도 했다. "내가 알기로는, 대부분의 백인 대학생들은 부모들보다 현실문제에 더 큰 관심을 가지고 있다. 그들은 이 나라가 무엇인가 근본적으로 잘못되어 있다는 사실을 깨닫고 있다."
　시카고 본부의 엘리야 무하마드는 언론 앞에서 눈물을 흘렸다. 『뉴욕타임스』는 1면에다 상원에서 시민권법안 심의를 시작했다는 소식과 함께, 말콤 엑스의 이슬람네이션 탈퇴 기사를 실었다. 말콤은 허버트 무하마드라는 사람의 비서로부터 전화를 받았다. 그는 허버트 무하마드가 이제부터 무하마드 알리의 매니저라면서, 알리는 말콤의 아프리카여행에 동행하지 않을 것이라고 전했다. 3월 9일 말콤은 알리가 묵고 있는 호텔로 전화를 여덟 번이나 넣었지만, 그때마다 챔피언이 자리에 없다는 답변만 받았다. 3월 10일 이슬람네이션은 말콤에게 가족과 함께 거처하는 집을 반환하라고 통고했고, 이틀 뒤 말콤은 다시 기자회견을 열어 선언했다. "투쟁에서 나의 위치를 분명히 하련다." 이 자리에서 그는 처음으로 이슬람네이션을 공개적으로 비판했으며, 그런 한편으로 그동안 시민권운동을 향해 자신이 퍼부은 악담에 대해 용서를 구했다. 그리고 그들이 자신에게 던진 막말들도 모두 용서한다고 밝혔다. 『뉴욕타임스』는 사설에서 말콤을 "비참한 지경에 빠진 인종주의자" "무책임한 선동가"라고 준엄하게 꾸짖었다.

유엔방문이 있은 지 일주일째 되는 날, 무하마드 알리는 말콤 엑스와의 관계를 영원히 단절했다. "엘리야 무하마드 선생님을 욕되게 해선 안 되고, 그래선 무사하지 못한다. 난 그 사람[말콤 엑스—옮긴이]과 더 이상 말하지 않을 작정이다." 그러고는 자신의 "본명, 흑인 된 이름"을 자랑스럽게 써가며 이슬람네이션을 "미국에서 가장 청렴하고 가장 단결되어 있고 가장 존경받는 흑인들"의 모임이라고 찬양했다. 3월 13일 알리는 징병검사를 다시 받았고, 또다시 불합격 처분이 내려졌다. 정신감정까지 받음으로써, 꾀병이나 술수를 부린 것이 아니라는 보증도 주어졌다. 이렇게 해서 2주 후 그는 1-Y등급으로 분류되었는데, 이것은 징집 부적격이라는 의미였다. 글을 읽을 때면 매번 곤욕을 치르던 알리는 징병검사 기록에 우두망찰해하며 이렇게 둘러댔다. "내가 가장 위대한 자라고 했지, 가장 똑똑한 자라고 한 게 아니잖아요."

캐시어스 클레이는 어떤 면에선 평범한 청년스타였다. 그는 말콤 엑스처럼 사내답고 매력적이었지만, 잘 알려져 있다시피 말콤보다 돈이 더 많고 융통성 또한 있었다. 클레이가 리스턴과의 대전에서 이긴 덕에 엘리야 무하마드가 클레이와 말콤의 관계를 더 빨리 청산시키려 했다고 보아도 무방할 것이다. 엘리야 무하마드의 전기작가 클로드 클레그(Claude Clegg)는 "캐시어스 클레이라는 이름으로 얻은 예상 밖의 승리" 덕분에 "말콤 엑스를 기꺼이 내던져버린" 것이라고 믿고 있다. 그러나 클레그도 지적하듯이, 애초에 클레이는 말콤 엑스 입장에서 볼 때 "비밀의 에이스 카드"였다. 클레이라는 카드가 있었기에 말콤은 이슬람네이션에서 자신의 명성을 굳힐 수 있었다. 혹은 클레이를 발판삼아 조직에 상당한 영향력을 끼쳤기 때문에 내분이 더 재촉되었다고 할 수도 있겠다. 비판자들은 말콤이 알리를 정치적으로 이용하려 했고, 엘리야 무하마드는 이를 막기 위해 개입한 것이라고 주장한다. 말콤이 이 젊은 권투선수에게 상당한 시간과 정신적 노력을 기울였음은 분명한 사실이다. 만일 클레이가 급변하는 흑인 자유운동을 대변하는 상징인물이 될 수 있으리라 여기지 않았다면, 말콤은 그토록 힘겹고 긴박한 시기에 몇 달씩 알리 주변에 머물러 있지도 않았으리라는 것

또한 분명한 사실이다. 하지만 독특한 환경에 놓여 있는 젊은이를 위해 말콤이 사심 없는 동료이자 길동무 역할을 자처한 사실도 분명하다. 그는 알리에게 절대 강요하려 들지 않았다고 알렉스 헤일리에게 강조한 바 있다. "그는[말콤은] 단지 알리가 자유롭고 강해지기를 원했을 뿐"이라고 헤일리는 믿고 있다.

엘리야 무하마드는 이와 다른 책략을 썼다. 그가 알리를 처음으로 직접 만난 것은 알리가 새 챔피언이 된 지 일주일쯤 후 뉴욕에서였다. 그 뒤 엘리야는 자기보다 명성이 훨씬 높은 이 신참내기 신도의 충성심을 확실히 붙들어매는 쪽을 택했다. 말콤 엑스의 탈퇴선언 직후 알리는 시카고의 엘리야 무하마드 저택을 방문하여 엘리야의 손자손녀와 놀고 있는 모습의 사진을 찍었다. 말콤의 딸과 노는 사진을 찍은 지 꼭 6주일 만이었다. 엘리야 무하마드로서는 캐시어스 클레이가 실로 적절한 시기에 들어온 셈이었다. 말콤 엑스가 떠난 대중적 공백을 메워준 것이다. 말콤 엑스와 달리 알리는 정치적 야심도 없었고, 알라신의 사자인 엘리야 무하마드의 보통 추종자의 한 사람인 데 그저 만족할 따름이었다. 젊고 유능한 여느 흑인들처럼, 알리는 다정하고도 엄격한 노인에게 복종했다. 혹자는 의구심을 표시하면서, 엘리야 무하마드는 벽에 걸린 그림과 같은 존재에 지나지 않았을 뿐 회중을 장악하며 살아 움직인 인물은 말콤 엑스였다고 주장하기도 한다. 그러나 클로드 클레그는 이렇게 반박한다. "불같이 연설하고 연단을 힘차게 휘어잡는 일보다 더 중요한 것은 타인에게서 충성과 봉사 그리고 물질적 헌납까지 받아내는 능력이다. 엘리야는 바로 이런 면모를 지니고 있었다." 엘리야 무하마드가 알리의 시합장에 모습을 보인 적은 없다. 그는 권투를 경멸해 마지않으면서도, 알리가 대전료를 받아 십일조로 바치는 돈은 선뜻 받았다. 그런데도 알리는 엘리야 무하마드가 죽는 날까지 그를 알라신의 사자로 공개적 예를 표했다.

알리의 친구와 가족, 사업관계자 들은 처음부터 이슬람네이션이 알리의 돈을 우려내려 한다고 충고했다. 하지만 알리는 이슬람네이션에 돈을 선뜻 내어놓았고, 심지어 친구에게 사기까지 당했으면서도 전혀 개의치 않았다. 그는 이슬람네이션을 비롯하여 자기 주변을 맴도는 사람들이 하나같이 자신을 돈줄로 여기고 있다는 사실을 모르지 않았다. 그저 그는 자신이 벌어들인 것에 대해 작은 대가를 치르는 정도로 생각했다.

말콤 엑스와 알리는 진지하고 깊은 유대를 맺었지만, 그만큼 두 사람의 차이점도 컸다. 말콤은 수도사처럼 금욕적인 인물이었으나, 알리는 전혀 그렇지 않았다. 이슬람네이션의 청렴한 신조와 그 수장의 실제 행동 사이에 존재했던 괴리 때문에 말콤 엑스는 깊이 고뇌했지만, 아마 알리는 다르게 생각했을 것이다. 훗날 그는 무슬림의 경건함을 말하면서도 자신의 간통사건을 거리낌없이 언급했으니까 말이다. 어쨌든 한편으로는 제도적 위선에 빠져 있으면서, 또 한편으로 현실세계에 복잡미묘하게 적응해 가던 이슬람네이션에 대해 알리는 처음부터 얼마간 매료되어 있었다.

내가 보건대, 알리가 말콤 엑스와 절교하고 엘리야 무하마드를 따르기로 결정한 핵심 이유는 말콤 엑스에 대한 의심 때문이다. 알리는 말콤 엑스가 자신을 정치활동 영역으로 깊이 끌어들이려 한다고 생각했고, 그렇게 되면 자신은 더 큰 위험에 빠지고 말 거라 믿었다. 알리는 물대포나 경찰견 따위와 만날 일이 없도록 하련다고 몇 번씩 되뇌었는데, 이는 진심이었다. 반대로 말콤은 물대포와 경찰견에 맞서 싸우는 이들에게 손길을 뻗쳤고, 자기 나름의 방식으로 그들과 함께 싸웠다.

1964년 말, 말콤은 BBC TV와의 인터뷰에서 백인 기득권층이 알리를 증오하는 이유를 이렇게 말했다. "그들은 만일 흑인들이 캐시어스나 캐시어스의 이미지를 자기 것으로 생각하게 되면 곤란해질 것임을 알고 있다. 흑인들이 거리를 쏘다니며 '내가 가장 위대한 자다'라고 외치고, 자신들이 흑인임을 자랑스레 여긴다면 곤란하지 않겠는가." 이와 반대로 엘리야 무하마드는 캐시어스라는 신참내기 교도를 옹호하긴 했지만, 흑인의 영웅이 아니라 종교적 영웅으로 묘사하는 신중함을 보였다. "미국은 그가 무슬림이라는 사실에 어쩔 줄 몰라 한다"고 엘리야는 추종자들에게 말했다. 다만 그는 "미국에서 이슬람과 이슬람교도들이 품고 있는 증오심을 공공연히 밝혔다"는 점을 들어 알리를 비판했다. 심지어 알리를 스포츠영웅으로 묘사하는 일조차 사양했다. "그는 기독교세계를 포기하는도다. 기독교는 스포츠와 놀이의 세상이고, 그래서 허무하다. 하지만 그는 그 이상을 추구한다." 권투선수들이 겪어온 대로, 엘리야 무하마드 역시 저를 따르는 선수를 어떤 본보기적 영웅으로 만들고자 했다. 그는 미국 의사당과 신문사 건물 안의 인물들이 아메리카의 사제단 같은 역할을 하듯, 알리도 개인적 차원을 넘어선 존재를 대표하기를 바랐다. 다만 알리가 '아메리카'나 흑인민중이 아니라, 이슬람을 대표하기를 원했던 것이다. 아니 더 정확하게 말하면 엘리야 자신의 교리에 따른 이슬람을 대표하길 바랐다. 엘리야 무하마드는 "이슬람은 세계가 흑인을 인정하도록 만들 것"이라면서, 알리가 이를 가능케 할지 모르기 때문에 "미국이 두려워하는 것"이라고 주장했다.

3월 26일 기자회견에서 말콤 엑스의 형제인 필버트 엑스가 이슬람네이션 시카고 본부에서 마련한 회견문을 읽어내려갔다. 그는 말콤을 유다, 브루투스,[1] 베네딕트 아놀드(Benedict Arnold)[2]에 비유하면서, 정신적으로 이상이 있는 자라고 주장했다. 다음날 말콤 엑스는 워싱턴으로 가서 상원의 시민권법안 심의를 방청했다. 여기서 그는 마틴 루터 킹과 처음으로, 그리고 생전에 딱 한번 만났다. 두 사람이 함께한 전설적 사진도 이때 찍힌 것이다. 여기서 말콤은 언론을 향해 이렇게 말했다. "나는 백인들에게 킹 박사가 대안을 갖고 있다고 환기시키려 이 자리에 왔다." 마틴 루터 킹은 시민권법안이 통과되지 못하면 "이 나라는 사회혼란이라는 어두운 밤에 묻히게 될 것"이라고 경고했다.

그 다음 주에는 또 다른 카리스마적 흑인지도자, 엘리야 무하마드와 무하마드 알리가 함께 찍은 사진이 『무하마드는 말한다』 1면을 장식했다. "자유인의 길을 걷는다!"는 제하의 기사는 알리를 "새로운 유형의 헤비급 챔피언"이라면서 흑인거주지에 있는 흑인호텔에서 기거하고 있음을 높이 평

---

[1] 로마의 정치가. 시저의 후견에 힘입어 성장하였으나, 시저 암살에 가담함

[2] 미국 독립혁명을 배신한 인물

가했다. "요즘 흑인 연기자들이나 권투선수, 연예인들 가운데는 흑인들이 살지 않는 곳으로 이사하는 자들이 숱하다." 그리고 엘리야 무하마드가 "흑인민중에게 진실을, 흑인민중에게 제 역사를" 가르치고 있다고 찬양하는 알리의 말도 빼놓지 않았다.

알리는 왜 엘리야 무하마드와 한자리에 있었던가? 세계적 명사가 된 스물두 살의 청년은 한창 요란한 논쟁을 불러일으키고 있던 종교집단에 공개적으로 가입했고, 교단은 알리를 보호하고 소중히 함을 약속했다. 이와 달리 말콤은 알리에게 준 것은 아무것도 없고, 오히려 갈수록 힘겨운 일들만 요구했다. 말콤처럼 강인한 의지의 소유자도 교단에서 탈퇴하기까지는 긴 세월 동안 교단현실과 고통스레 타협할 수밖에 없었는데, 알리 같은 신출내기가 어떤 일을 할 수 있었겠는가? 게다가 알리에게는 말콤과 같은 지적 능력이나 정치적 야심도 없었다. 말콤의 친형제마저 말콤을 나무라는데, 알리가 말콤을 두둔할 것을 기대할 수 있겠는가?

플로이드 패터슨은 어떻게 생각했을까. 패터슨은 나중에 알리가 "함정에 빠졌다"는 것을 알아차렸으리라고 생각했다. "내 생각으론, 그는 블랙 무슬림에서 빠져나오려 해도 빠져나오지 못했을 것이다. 어떤 결과가 닥칠지 알 수 없었기 때문이다." 확실히 1964년 내내 말콤과의 불화는 갈수록 더 심해졌고 또 교단은 변절자들을 집요하게 추적하여 응징하였기 때문에, 알리는 말콤을 따르는 그 어떤 시도도 극도로 위험하다는 것을 알고 있었을 것이다. 그런데 나는 1964년 6월 르로이 존스가 말한 바가 알리의 진실에 더 접근했다고 생각한다.

  말콤 엑스 대신 엘리야 무하마드를 좇았다는 사실은 그가 아직 패거리 기질이 있는 '순진남'이었음을 뜻한다. 마음을 툭 터놓는 사람에게 끌리는 성향은 야심만만한 가난한 흑인이 키워온 강렬한 정신주의의 결과이다. 캐시어스는 (사회적·정치적인) 근거가 분명한 행동을 했다기보다는, 그저 부아가 발동한 것임이 분명하다.

  알리와 말콤이 행보를 같이한 시간은 불과 몇 개월 되지 않는다. 그러다가 갑작스럽게, 그것도 돌이킬 수 없이 갈라서 버렸다(한 가지 예외가 있다면, 두 사람의 행보가 아프리카에서 마지막으로 같은 지점을 교차했다는 사실이다). 그렇다 해도 말콤이 알리에게 오랫동안 영향을 끼쳤음은 분명하다. 말콤은 자기 노력의 중요성을 알고 있었다. 그의 자서전은 오랫동안 힘겨운 노력을 쏟아부은 결과 완성된 것이다. 이러한 노력이 더 큰 과업에 몰두하는 숭고한 마음에서 나온 것이 아니라면 그저 자기를 선전하는 것으로 타락할 뿐이라는 사실도 그는 잘 알고 있었다. 알리에게도 진지함이 있음을 직관으로 알아차린 사람은 말콤 엑스가 처음이다. 그는 알리의 광대짓 속에서 지혜를 꿰뚫어보았다. 알리가 맞대면한 거대한 외부의 힘을 이겨낼 길은 오직 내적인 힘을 기르는 데 있다고, 말콤은 알리를 일깨워주었다. 야심과 자부심에 충만해 있는 젊은 선수에게 말콤은, 진정한 자부심은 자기 자신이나 능력에서 나오는 게 아니라 같은 흑인민중들

속에서 나오는 것임을 알려주었다. 그리고 그는 흑인들이 집단적으로 간직해 온 과거와 미래를 기리고 그 속에서 용기를 얻도록 알리를 인도했다.

●　　●　　●

위대한 노래가 일렁였다. 아름다운 일이 바다의 이편에서 일어났다. 그것은 새로운 노래였다. 흑인의 맥박, 고대의 박자가 그 안에 담겨 울려나오지만, 그 노래는 아프리카에서 오지 않았다. 그 노래는 백인 아메리카에서 온 것도 아니었다. 속되면서도 마음을 감싸고 도는 그 음의 빛깔이 창백하고 희멀건 백인들에게서 나올 리는 없다. …그것은 새로운 노래였다. 인간의 입에서는 좀체 나올 수 없는 메시지가 깊고 구슬픈 아름다움으로, 거칠게 울부짖는 호소력으로, 뭇사람의 귓가에 벽력처럼 고동쳤다. …아메리카가 아름다움에 하나를 더한 것이다. 오물구덩이에서 증류한 것, 노예가 구원받을 하나의 길, 그것이 그 새로운 노래였다. (W. E. B. 두보이스)

10대 시절 캐시어스 클레이는 리듬 앤드 블루스의 팬이었다. 1959년 로이드 프라이스(Lloyd Price)가 루이빌시를 들른 적이 있었는데, 당시 이미 골든글로브상을 수상한 권투선수였던 열일곱의 클레이는 프라이스의 친필사인을 받겠다고 그가 묵은 호텔 밖에서 죽치고 있었다. 프라이스는 백인들의 음반 판매순위에 오른 최초의 리듬 앤드 블루스 가수였고, 그해에는 〈절름발이 리〉(Stagger Lee)로 대성공을 거뒀다. 흑인의 대담한 범죄행각을 묘사한 이 노래는 도덕관 따위는 아랑곳없이 경쾌한 분위기를 담고 있었다. 프라이스는 밴드의 리더이면서, 음반제작자이자 야심찬 기업가였다. 프라이스는 이때 클레이를 만나 그의 낙천적인 성격에 반했다. 그로부터 몇 년 동안 클레이는 뉴욕을 찾을 때면 종종 프라이스와 자리를 같이하곤 했다.

프라이스는 미국의 가스펠 음악분야에서 가장 성공한 스페셜티 레코드(Specialty Records) 사와 초기 작업을 같이 했는데, 이때 동료가 샘 쿠크였다. 1957년 샘 쿠크는 가스펠 분야에서 손꼽히는 남자가수로 자리잡으면서, 백인청년들을 위해 크로스오버 음악을 소개하는 전략을 세웠다. 이로써 그는 흑인음악에서 백인음악으로, 종교음악에서 세속적인 음악으로 전환을 시도한 것이다. 샘 쿠크의 많은 팬들은 배신감을 느꼈는데, 이는 밥 딜런이 자기 음악에 전자기타를 도입했을 때 포크음악계가 보인 반응에 비견할 수 있다. 쿠크는 이때 처음 선보인 〈너 날 가게 해〉(You Send Me)로 음반순위 1위를 기록했는가 하면, 그후로도 줄줄이 히트곡을 내놓았다. 그중에는 100만 장 이상의 판매고를 기록한 것도 있다. 〈멋진 세상〉(Wonderful World), 〈연쇄강도〉(Chain Gang), 〈트위스트로 밤을 지새워〉(Twistin' the Night Away) 등이 당시의 히트곡들이다. 백인청년들이 흑인음악을 듣기 위해 기꺼이 호주머니를 털 수 있음은 레이 찰스(Ray Charles)와 패츠 도미노(Fats Domino) 같은 리듬 앤드 블루스 가수들이 이미 증명한 바 있지만, 샘 쿠크의 야심은 훨씬 더 컸다. 그는 빙 크로스비나 프랭크 시나트라에 맞먹는, 전 미국을 대표하는 인물이 되고자 했다. 그리하여 스탠더드 뮤

직을 섞은 중도적 음반을 연이어 취입했고, 나이트클럽에서
연주했으며, 텔레비전 쇼에도 출연했다. 아이비리그 스타일[1]
의 스웨터를 걸치고, 살갑고 상냥한 표정으로 느긋한 분위기
를 선보이며 백인청중의 비위에 맞춰 공연을 하면서도, 다른
한편으로 그는 말콤 엑스나 이슬람네이션과 친근한 관계를
맺어나갔다.

　샘 쿠크는 1963년 말에 처음 캐시어스 클레이를 만났다.
두 사람 다 할렘의 테레사 호텔에 묵고 있었는데, 그때 샘은
인근 아폴로클럽에서 주중 공연을 하고 있었다. 그곳에서 그
는 자신이 정교하게 만들어낸 팝음악에 취해 있는 백인청년
들은 도저히 느낄 수 없는, 관능적이고 황홀하며 블루스풍에
흠뻑 젖은 음악을 흑인청중을 상대로 구사했다. 클레이는 쿠
크가 내놓은 음악은 모두 열렬히 좋았으며, 쿠크의 스타일과
성공에도 마음을 빼앗겼다. 두 사람은 의기투합하여 친교를
맺었고, 같은 테레사 호텔에 사무실을 차린 말콤 엑스와 함
께 시간을 보냈다. 케네디가 암살된 지 2주 후, 그러니까 말
콤이 [케네디 암살은] '자업자득'이라는 저 악명 높은 발언을
한 지 며칠 후, 쿠크와 클레이는 텔레비전 스튜디오에서 다
시 만났다(제리 루이스 진행으로 잠시 방영되었던 전국판
토크쇼에 함께 출연한 것이다). 그리고 클레이는 마이애미
에서 예정된 리스턴과의 대전에 쿠크를 귀빈으로 초대했다.
　쿠크와 클레이는 당시로서는 좀체 생각하기 어려운 야망
을 품고 있었다. 두 사람 모두 시민권운동에 직접 관여한 바
는 없었지만, 흑인의 자부심과 열정을 널리 일깨우는 시민권
운동의 영향이 두 사람에게도 자연스럽게 스며들었다고 할

수 있다. 다만 둘 다 자신들의 동족인 흑인들을 의식한 야망
을 키워오면서도 이를 용의주도하게 내색하지 않았을 뿐이
다. 클레이와 마찬가지로 샘 쿠크는 흑인으로서의 의식과 더
불어 개인적 성공에 대한 욕구도 무척 강했다. 물론 쿠크는
이 욕구를 백인의 세상에서 실현해 보려 했지만, 그렇다고
백인의 가치를 받아들이진 않았거니와 백인의 눈으로 흑인
을 바라보려 하지도 않았다. 흑인기업의 중요성을 믿었던 그
는 로스앤젤레스에 흑인이 소유하고 경영하는 스튜디오를
설립함으로써 자신의 신념을 행동으로 옮겼다.

　말콤은 스스로 클레이의 '형님'이라고 생각했지만, 어린
권투선수 클레이에게 정작 인생을 가르쳐준 '형님'은 쿠크와
로이드 프라이스였다. 두 사람은 세상사에 정통해, 돈을 어
떻게 벌고 써야 하는지 꿰고 있었다. 또 두 사람은 멋진 여
성을 사로잡을 만큼 매력적인 남자들이기도 했다. 루이빌 출
신의 어린 클레이는 난삽한 성행위도 거리낌없이 벌이는 두
사람에게 매료되었고, 나중에는 이를 직접 흉내내기도 했다.

　샘 쿠크는 방탕한 쾌락주의자이긴 했지만, 처신이 신중하
고 자부심 강한 흑인이었다. 또 클레이와 마찬가지로, 백인
을 위해 흑인이 제 역할을 다하는 분야에서 일하고 있었다.
음유시인 이상의 존재로 활약하면서도 개인적 명예를 잃지
않으려 애쓰는 면에서도 클레이와 다름이 없었다. 그는 크로
스오버 쪽으로 나가기로 결심했지만, 창의력이나 재정 면에
서는 독립적인 위치를 잃지 않으리라 다짐하고 있었다. 이런
노력은 어느 정도 성공을 거뒀다고 할 수 있는데, 다양한 음
색으로 다양한 청중의 마음을 일깨우려는 고통스런 과정의

개가였다. 브로드웨이의 쇼들은 포크, 칼립소, 로큰롤, 틴 팬 앨리(Tin Pan Alley),[1] 하이틴로맨스, 댄스 크레이즈(dance crazes), 서퍼클럽 스탠더드 뮤직(supper-club standards) 등을 공연하고 있었는데, 쿠크는 탁월한 음악인답게 이 요소들을 두루 섞어 자신만의 흐느적거리는 듯한 목소리로 더욱 풍부하게 만들었다. 그런데 장기적인 관점에서 보면 옛 동료들이 꾸었던 호사스런 꿈보다 더 강렬하게 호소력을 획득했던, 말 그대로 크로스오버를 성취한 사람은 캐시어스 클레이였다. 그는 미국 흑인사회에서 기반을 더욱 굳혀나가면서도 다인종과 다국적의 거대한 인간군단을 지지자로 삼았다. 게다가 어느 누구의 비위를 맞추는 일도 없이 이를 성취해 냈다.

리듬 앤드 블루스나 솔(Soul) 장르의 여느 음악인이 그러하듯 샘 쿠크는 거리시위와는 멀찌감치 떨어져 있었다. 이 음악들은 시민권운동과 마찬가지로 남부 흑인교회에 뿌리를 두고는 있었지만, 상업적 현실의 피조물이었다. 당시 사람들은 정치와 대중문화를 뒤섞어선 안 된다는 사고를 갖고 있었다. 음반구입자들은 영화관객과 마찬가지로, 숭고한 시민적 덕목을 찾기보다는 현실의 고뇌로부터 도피할 곳을 찾고자 하는 존재라고 여겼기 때문이다. 50년대 내내 할리우드를 덮쳤던 매카시즘의 냉혹한 손길에서 음악계 역시 벗어날 수 없었다. 인종적 정의를 외치다 폭탄처럼 위험한 정치에 말려들어가선 안 될 뿐 아니라, 민감한 문제라 여겨지는 것은 무엇이든 피하는 것이 상책이었다.

그러나 60년대 초의 포크음악은 이전의 사고를 뒤엎는 쪽으로 급변했다. 피터 폴 앤드 메리(Peter, Paul and Mary)는

[1] 뉴욕 맨해튼 거리의 지명에서 유래한 이름으로, 당시 브로드웨이에서 유행하던 백인 중심의 부드러운 음악을 가리킴. 빙 크로스비가 그 대표적 가수임

밥 딜런이 작곡한 〈바람만이 아는 대답〉(Blowin' in the
Wind)으로 대성공을 거두었으며, 이 노래는 곧 세계 여러
나라에서 여러 음악인들에 의해 엉뚱한 곡으로 변조될 정도
로 강한 전파력을 가졌다. 이런 음악인들 중 한 사람이 샘
쿠크였다. 더욱 의미심장한 점은 쿠크가 밥 딜런의 노래(그
리고 그가 거둔 성공)에 자극받아 직접 작곡을 하는 쪽으로
대담하게 움직였다는 사실이다. 그가 친구들에게 털어놓기
로는, 대담하게도 대중음악에서 처음으로 인종문제와 정치
를 논한 음악인이 백인청년이었다는 사실에 흑인음악인으로
서 당혹스러웠다는 것이다. 1964년 1월 쿠크는 솔 장르에서
최초로 사회의식을 담은 대작으로 평가받는 〈변화가 다가온
다〉(A Change Is Gonna Come)를 직접 작곡하고 취입했다.
왔다갔다 끊어질 듯 길게 이어지는 곡조는 흑인역사의 굴레
를 짊어진 듯하고, 해방이 임박했다는 느낌을 담고 있었다.
노래는 새 천년을 소망하는 남부 흑인교회에 뿌리를 두고서
감히 현대세계로 얼굴을 향하고 있었다. 곡조는 인내와 애태
움 사이에서 불안정한 균형을 이루고 있었는데, 이는 흑인운
동이 처해 있던 상황을 특징짓는 것이기도 하였으며, 숭고한
결정의 순간을 열망하는 경건함이 내재되어 있었다.

　　내 형제에게 갔네, 그리고 난 말했지, 형제여 날 도와주게
　　그러나 그는 날 채찍으로 때리고 넘어뜨려 무릎 꿇렸네
　　정말 오랜 시간이 걸렸어, 하지만 난 이제 알아
　　변화가 다가온다, 오 변화가

1964년 2월 샘 쿠크는 이 노래로 〈투나잇 쇼〉 전국집계 1위를 차지했다. 그 이틀 뒤 비틀즈가 〈에드 설리번 쇼〉에 역사적인 데뷔를 했다. 남부 흑인 리듬 앤드 블루스가 대서양을 건너 영국의 젊은이 속에 추종자를 심고, 이들이 다시 여기에다 영국 뮤직홀(music hall) 음악과 그밖의 요소들을 섞어 미국으로 역수출한 것이다. 쿠크는 비틀즈를 좋아했으며("감정을 흔든다"고 평했다), 이들의 출현이 곧 자신의 음악을 더 널리 알릴 기회라고 생각했다. 그러나 비틀즈가 미국 흑인음악계에 몰고 온 충격에는 양면성이 있었다. 1955 ~63년에 미국 음악차트 10위 안에 든 흑인음악인이 전보다 50% 늘어났으나, 1964년 말이 되자 차트 10위권의 1/3이 영국인이었다. 이 시기는 크로스오버 장르가 풍성하게 쏟아져 나온 때이지만, 오늘날까지 변치 않는 미국 대중음악 시장의 인종적 분포선이 확정된 시기이기도 했던 것이다.

비틀즈그룹은 클레이의 홍보담당자 해럴드 콘라드의 권유를 받아 마이애미에 있던 클레이의 훈련장을 방문하여, 서로 농을 주고받다가 언론을 위해 포즈를 취하기도 했다. 당시로서는 양편의 유명인사들이 서로 상대에 기대어 돈을 벌어보자는 행동으로만 비쳤다. 그리고 며칠 뒤 샘 쿠크가 마이애미로 날아와 클레이의 훈련장에 합류했다. 앨런 클라인이 클레이의 새 재정담당 매니저로 링 앞자리에 앉았고(나중에 클라인은 비틀즈의 재정에도 관여하여 말썽거리를 만든 인물이기도 하다), 그 좌우로 샘 쿠크와 말콤 엑스가 자리 잡았다. 리스턴이 패해서 대소동이 벌어졌을 때, 잔뜩 흥분한 클레이는 TV인터뷰 도중 불쑥 샘 쿠크를 끌어안으며 이렇게 선언했다. "여기 세계에서 제일 위대한 로큰롤 가수가 있소!" 샘 쿠크와 말콤 엑스를 제외하고, 이날 저녁의 시합현장에서 평정을 지킨 사람은 손으로 꼽을 정도였다. 『로스앤젤레스 센티넬』과의 인터뷰에서 샘 쿠크는 이렇게 말했다. "클레이가 첫회를 마치고 난 후부터 나는 평온한 마음으로 그가 경기를 풀어가는 모습을 지켜봤다. 캐시어스 클레이는 내가 이때까지 본 사람 중 최고로 뛰어난 연예인이자 쇼맨이다. 그리고 우리 젊은이들의 좋은 본보기가 될 사람이다."

경기 후 햄프턴하우스 호텔의 말콤 엑스 방에서 클레이와 밤을 보낸 특별한 흑인들이 있었는데, 쿠크도 거기 있었다. 뉴욕으로 돌아가는 길에 쿠크는 전설적인 디스크자키이자 친구인 로스코(Rosko)에게 이슬람네이션에 점점 관심이 끌린다 토로하면서, 미국의 흑인들이 '식민지 억압'의 희생자라 믿게 되었다고 말했다. 며칠 뒤 새 챔피언 클레이는 말콤 엑스를 옆에 앉히고 기자회견을 하면서 음반취입 계약을 맺었다고 발표했다. "그 사람도 나처럼 가장 위대한 사람이다!"라고 하면서 공동작업자로 밝힌 사람은 다름아니라 자신의 친구 샘 쿠크였다. 쿠크는 클레이를 녹음스튜디오로 초대하고는, 자신의 악단을 이끌며 로큰롤 곡 〈우와 우와 갱들이 여기 모두 모였네〉(Hail, Hail the Gang's All Here)를 새 챔피언에게 바치는 헌정곡으로 녹음했다. 그리고 이로부터 며칠 뒤 말콤 엑스가 이슬람네이션 탈퇴를 공개적으로 선언했고, 교단으로부터 새 세례명을 받은 무하마드 알리 즉 캐시어스 클레이는 말콤과의 관계를 끊었다.

4월에 샘 쿠크는 〈아메리칸 밴드스탠드〉(American Bandstand)란 프로에 출연하여, 지난 7년 동안 히트곡을 계속 내놓은 비결이 무엇이냐는 질문을 받고 이렇게 답했다. "비결은 바로 관찰력에 있다고 생각한다. …세상이 어떻게 돌아가는지, 사람들이 무슨 생각을 하고 세상을 어떻게 판단하는지 알아내려 노력한다면, 그들이 이해할 수 있는 곡을 쓸 수 있는 법이다." 여기서 쿠크는 상업적 추세를 간파하는 기민한 관찰자가 되자는 것뿐 아니라, 정치환경에 대응할 줄 아는 예술인이 되어야 함을 말하고 있었다.

그해 6월, 샘 쿠크는 뉴욕의 코파카바나클럽의 주연주자로 공연을 가졌고, 무대 뒤로 찾아온 알리를 만났다. 쿠크는 여기에서 자신의 히트곡뿐 아니라 〈빌 베일리〉(Bill Bailey), 〈테네시 왈츠〉(Tennessee Waltz), 〈나에게 망치가 있다면〉(If I Had a Hammer), 〈바람만이 아는 대답〉 등 스탠더드 곡들을 부유층 청중들을 배려해서 불렀다. 공연은 성공적이었다(이때를 담은 앨범 〈코파의 샘 쿠크〉Sam Cooke at the Copa는 한 해 동안 음반순위에 포함되었다). 그리고 다음달에는 카멜레온 같은 음악가답게, 애틀랜틱시티의 할렘클럽에서 일주일간의 공연으로 역시 (수입 면에서는 다소 낮을지 모르지만) 성공적인 반응을 거두었다. 그는 가스펠, 리듬 앤드 블루스 그리고 목을 쥐어짜는 듯한 솔풍의 명곡들을 연이어 노래하며, 청중의 95%를 차지하는 흑인들을 즐거움에 취하게 했다. 7월에는 자신의 〈변화가 다가온다〉를 남부기독교지도자회의의 기금모금용 앨범으로 다시 내놓았다. 8월에는 인디애나주의 개리에 들러 알리에게 결혼 축하인사를 건넸다. 쿠크의 다음 목표는 크로스오버 음악의 본산이 된 라스베이거스 최고의 재즈클럽에서 연주하는 것이었다.

1964년 12월, 쿠크는 로스앤젤레스 와츠에 있는 싸구려 호텔에서 총에 맞아 숨졌다. 죽기 전 그는 도둑질을 했다고 창녀와 한바탕 다툼을 벌였다고 하며, 그의 자동차에서는 『무하마드는 말한다』 한 부와 위스키 한 병이 발견되었다. 흑인신문들은 쿠크의 죽음을 1면기사로 다뤘지만, 그가 그토록 '크로스오버'하려고 애쓴 백인신문들은 토막기사로 취급했을 뿐이다. 수많은 흑인팬들은 경악을 금치 못했다. 돈 많고 세련된 청년이 이토록 잔혹하고 비참한 죽음으로 생을 마감할 수 있단 말인가? 경찰은 호텔 여자지배인을 살인혐의로 조사했지만 불기소처분을 내린데다, 많은 이들이 경찰의 발표를 의심했다. 무하마드 알리 역시 이같은 의심을 품었고, 시카고의 장례식에 수천 명의 조문객과 함께 모습을 보였다. 그는 현지 라디오기자에게 다음과 같이 털어놓았다. "그렇게 총에 맞아 죽은 것도 찜찜하지만 경찰의 수사도 마음에 차지 않는다. 만일 쿠크가 아니고 프랭크 시나트라나 비틀즈 혹은 리키 넬슨이었다면 FBI가 수사에 나섰을 테고, 그 여자는 감옥에 갔을 것이다."

장례식 사흘 뒤, 샘 쿠크의 곡 〈변화가 다가온다〉가 싱글 앨범으로 발매되었다. 그러나 음반사는 쿠크가 죽기 전에 동의를 받아냈던 다음 한 단락을 삭제했다.

영화관에 갔네, 그리고 시내도 나갔지
누군가 내게 꺼지라고 말해댔지
정말 오랜 시간이 걸렸어, 하지만 난 이제 알아

변화가 다가온다, 오 변화가

남부도시의 거리투쟁을 빗대어 암시하는 정도인데도, 1964년까지 미국에서는 말썽 많은 구절이라고 여겨졌던 것이다. 샘 쿠크의 노래는 온화하며 흑인이라는 의식도 언급하지 않았지만, 60년대 내내 흑인 대중음악에서는 구호를 방불케 하는 가사를 전면에 넣는 것이 매우 일상적이었다. 그만큼 놀랄 만한 규모와 속도로 대중문화는 변화하고 있었으며, 이런 변화를 낳은 사람이 바로 샘 쿠크나 알리와 같은 개척자들이었다.

3

모두 집으로
Bringing It All Back Home

불과 300년 사이에
아버지가 아끼던 장면들에서
그 멋진 풀숲, 감나무 들이 사라져 버렸다
대체 아프리카는 내게 무엇인가 (카운티 컬렌 Countee Cullen)

1955년 두보이스는 이렇게 한탄했다. "오늘날 미국 흑인 지도자들은 아프리카의 역사나 현재상황에 대단히 무지할 뿐 아니라, 아프리카 흑인들의 운명에도 관심이 없다. 과거에서 현재까지 오는 사이에 엄청난 변화가 있었음을 말해준다." 그의 이 말은 아프리카·북아메리카·유럽·카리브해 연안 사이에 대서양을 가로질러 사상과 열정을 주고받아온 풍부한 역사를 가리키고 있다. 이 역사는 줄곧 간과되어 왔지만, 백인들이 장악한 두 개의 적대적 블록이 만들어낸 냉전에 의해 그 베일이 걷히고 있었다.

이 역사에서 두보이스가 기울인 노력도 적지 않다. 그는 대서양 양안에 범아프리카 의식을 드높이고자 노력했으며, 범아프리카 조직의 건설에도 힘을 쏟았다. 그는 1900년 런던에서 열린 제1차 범아프리카회의와 1919년 파리 제2차회의에 공헌했다. 그리고 양차대전 사이에 볼셰비키혁명이 터지고 파시즘이 대두하자, 두보이스는 아프리카인과 세계 흑인들이 공동의 이해관계를 가지고 자유로운 미래를 위해 단결해야 한다는 사상을 지켜나가기 위해 분투했다.

두보이스의 사자후는 폴 길로이(Paul Gilroy)가 검은 대서양(Black Atlantic)이라 일컬은 지역에 울려퍼졌다. 이 검은 대서양 사상은 양차대전 사이에 만연한 공포심에서 출발하여, 백인들이 거의 눈치채지 못하는 가운데 정치·종교·사상·음악·문학·춤·스포츠 등의 분야에서 영향을 주고받으며 발전해 나갔다. 대서양 양안에서 이 사상의 존재를 의식한 사람은 극소수에 불과했지만, 폴 길로이는 검은 대서양 사상이 "감정, 생산, 의사소통 및 기억의 구조"를 만들어냈다고 지적했다. 숱한 사람들이 이에 이끌렸고, 무하마드 알리도 그중 한 사람이었다. 이 검은 대서양 사상을 도외시한다면 알리를 충분히 이해할 수 없을 것이다. 검은 대서양 사상은 알리를 만들어냈으며, 알리는 검은 대서양 사상이 형성되어 최초로 대중의식 속에 심어넣어지는 데 한몫했다.

검은 대서양 사상의 선구자로는 프레더릭 더글라스, 알렉산더 크루멜(Alexander Crummell), 마틴 들래니(Martin Delany) 등을 우선 꼽을 수 있고, 빌 리치몬드(Bill Richmond), 톰 몰리노, 마사 서턴(Massa Sutton), 바비 답스(Bobby Dobbs) 그리고 잭 존슨까지 꾸준히 이어지는 미국의 흑인 권투선수들 계보 또한 한 축으로 꼽을 수 있다. 선원, 음악인, 권투선수, 목사 등 런던과 파리를 여행하는 여러 흑인들은, 비록 소수이지만 아프리카에서 유학온 학생들을 만날 수 있었다. 1873년 그룹 '피스크 주빌리 싱어즈'(Fisk Jubilee Singers)는 유럽에(그리고 유럽에 사는 흑인들에게) 자신들의 〈슬픈 노래〉(sorrow songs)를 소개하여 가스펠의 진수를 처음으로 맛보게 했다. 두보이스는 이 노래를 유일하게 진짜 미국음악의 형식이라고 높이 평가했다. 물론 그는 아프리카적 특색을 지니고 있다는 측면에서 〈슬픈 노래〉를 높이 산 것이다. 유럽의 흑인들은 이제 미국흑인들의 지위가 비정상임을 깨달았으며, 거의 식민지배 상태에 놓여 있던 아프리카와의 유대감도 갖게 되었다. 그러니까 그들은 세계 속의 자신들의 모습을 깨달은 것이다. 1940년 출간된 『새벽의 여명』(*Dusk of Dawn*)에서 두보이스는 다음과 같이 신비롭고 힘찬 장면을 묵상한다.

> 아프리카를 마주보며 나는 스스로에게 묻는다. 제대로 설명할 순 없지만, 나는 아프리카와 나 사이에 어떤 유대가 있음을 더욱 분명하게 느끼고 있다. 무엇이 이 유대감을 만들어주는 것일까? 당연하게도 아프리카는 내 아버지의 땅이다. 그러나 내 아버지도, 내 아버지의 아버지도 아프리카를 보지 못했으며, 그 의미도 알지 못하며 그것을 크게 의식하지도 않는다. 견장처럼 우리를 구분해 주는 피부색은 특별히 중요한 상징도 되지 못한다. 아프리카에 대해 가지는 유대감의 진정한 알갱이는 노예제도와 인종차별, 모욕 등의 사회적 유산에서 태어난 것이다. 이 유산은 우리 아프리카의 자식들만이 아니라, 황인종 아시아 그리고 더 나아가 남태평양 사람들까지 하나로 묶어주고 있다. 이 러한 일치감이 있기에 나는 아프리카에 끌리는 것이다.

그러나 범아프리카주의가 미국흑인들의 일상사 속에 주류사상으로 확산된 것은, 두보이스의 논리적이고 학술적인 호소보다는 자메이카 출신의 마커스 가비(Marcus Garvey)[1]의 카리스마적 인기에 힘입었다. 1917년 가비는 세계흑인지위향상협회(United Negro Improvement Association, UNIA)를 창립하여 "아프리카를 아프리카인에게, 국경을 넘어"라는 슬로건을 제창했다. 이 슬로건은 북아메리카와 카리브해

[1] 1887~1940. 범아프리카주의를 제창하고 대아프리카공화국을 주장한 흑인 사상가. '흑인 모세'로 불릴 정도로 큰 영향을 끼쳤다

연안에 흩어져 살고 있는 아프리카인들 사이에서 급속히 확산되었다. 또 아프리카 남부와 서부에서도 옹호자들이 생겨났는데, 아프리카대륙에 퍼져나간 가비의 연설은 젊은 케냐타(Jomo Kenyatta)[1]에게도 큰 자극제 역할을 하였다. 가비는 스스로를 '아프리카 임시대통령'이라 칭하기도 하였다. 1920년 가비의 세계흑인지위향상협회는 미국 등 곳곳에 흩어져 사는 흑인들을 규합한 200만 회원의 최초의 대중조직임을 선언했다. 그러나 20년대 초반 KKK의 성장과 연방정부의 탄압에 직면해서는, 식민주의와 짐 크로 법에 대한 정치적 투쟁의 비중을 줄이고 대신 인종적 순수성을 강조하면서 흑인이 곤궁에서 벗어날 대안으로 아프리카 '귀환'운동을 강조했다. 1961년에 엘리야 무하마드가 그랬듯이, 가비는 KKK를 포함한 백인우월주의자들에게 협상을 제안하기까지 했다.

가비즘이 단호한 흑인정신론과 범아프리카주의를 강조한 데 대해, 두보이스는 처음에는 환영의 뜻을 표했으나 머지않아 가비가 경망한 자기중심주의자임에 놀랐고, KKK와의 '사악한 동맹'을 시도하자 천불이 났다. 두보이스가 가비를 두고 "미치광이 아니면 배신자다"라고 혹평하자, 가비는 두보이스에게 "게으른 독불장군 흑인튀기(mulatto)"라고 응수했다. 두보이스는 가비를 부패한 독재자로 몰아붙이고, 가비는 두보이스에게 백인 몸종이라는 딱지를 붙인 셈이었다. 그 무렵 가비에게서 등을 돌린 필립 랜돌프(Philip Randolph)[2]는 범아프리카주의의 위대한 두 인물 사이의 불화를, "아프리카-아메리카-서인도제도 지대를 놓고 투사 두보이스와 어린아이 가비가 벌이는 헤비급 챔피언전"이라고 꼬집었다.

[1] 케냐독립의 영웅이자 범아프리카운동을 펼친 흑인 민족주의자. 케냐의 초대 대통령

[2] 흑인운동가. 흑인에 대한 인종차별뿐 아니라 백인 빈민계층, 멕시코계 등의 이해도 대변하여 '미국에서 가장 위험한 흑인'으로 간주되었음

두 사람 사이를 권투에 비유한 것은 우연의 소산이 아니었다. 당시 권투는 블랙 아메리카에서 가장 대중적인 경연으로, 정치를 비롯하여 공연예술이나 그밖의 운동경기들을 압도했다. 이 경연장에서는 흑인영웅들이 출연하여, 누가 흑인을 대표하는지를 놓고 싸우거나 아니면 누가 백인의 다수를 대변하는지를 놓고 싸움이 벌어졌다. 더욱이 20년대 들어서서는 미국을 넘어서, 카리브해 연안이나 서유럽, 서아프리카까지 포괄하는 검은 대서양에서 으뜸가는 관심사가 되었다. 세네갈 태생의 흑인 시키(Siki)는 프랑스군인으로 1차대전에 참전한 후 프로 권투선수로 데뷔하여 투사라는 별명으로 이름을 날렸다. 시키는 1922년 파리에서 조르주 카르팡티에와 라이트헤비급 타이틀전을 가졌는데, 이로써 그는 잭 존슨이 패한 뒤로 전 체급에 걸쳐 최초의 흑인 도전자가 되었다. 경기는 본래 카르팡티에의 승리로 각본이 짜여 있었다고 전한다. 하지만 시키는 초반 몇 회를 엎치락뒤치락하다가 갑자기 힘을 발휘하여 상대를 이 코너 저 코너로 몰며 밀어붙였다. 결국 카르팡티에가 쓰러졌지만, 주심은 시키의 반칙을 선언하고 카르팡티에의 손을 들어주었다. 그러나 성난 관중들이 난리를 피우자 경기감독관이 링에 뛰어들어 판정을 번복하고 시키의 승리를 선언해 타이틀을 수여했다.

하루아침에 시키는 부와 명예를 거머쥐었고, 프랑스언론은 이런 시키에게 앙심을 품었다. 이듬해 그는 더블린에서 가진 타이틀전에서 패하자 미국으로 건너가, 북부도시의 흑인들 사이에서 대중적인 인기를 누렸다. 호사스런 생활과 경찰과의 잦은 충돌로 흑인신문을 요란하게 도배하던 시키는

1925년 12월 할렘에서 총에 맞아 숨진 채 발견되었다. 무하마드 알리는 자서전『위대한 자』에서 이렇게 회상한다. "나는 체육관을 돌아다니는 동안 프로 권투선수들이 옛날 선수들에 관해 들려주는 얘기를 듣곤 했다. 백인들의 서부영웅담보다도 훨씬 짜릿하고 흥미진진했다. 그들은 블랙 디콘(Black Deacon), 타이거 플라워즈(Tiger Flowers), 보스턴 타 베이비(Boston Tar Baby), 키드 초콜릿(Kid Chocolate), 조 갠스(Joe Gans), 투사 시키 들이 미국 곳곳에서 싸운 얘기를 곧잘 했다. 흑인이 얻어터지는 모습을 보고자 하는 관중이 있으면 이들은 어디든 가서 싸웠다."

제럴드 얼리(Gerald Early)[1]의 말대로, 시키는 블랙 아메리카의 환영을 받기는 했지만 사람들에게 비친 모습은 난폭한 원시인 그 자체였다. 그의 권투스타일이나 링 밖에서 벌인 활극들이 이런 인상을 더욱 굳혀주었다. 미국흑인들은 아프리카나 아프리카 사람들을 동정하면서도 흔히 야만인으로 치부해 버림으로써, 기독교와 산업화를 통해 교화하고 통제할 필요가 있다고 생각했다. 두보이스가 한탄했듯이, 미국의 흑인들은 "아프리카엔 역사도 없고 문명도 없는 것으로 생각했으며, 아프리카와 연을 맺는 것조차 수치로 여겼다."

하지만 아프리카와의 유대를 자랑스럽게 생각하는 이들조차 아프리카대륙의 현실을 이해하기는 쉽지 않은 일이었으니, 대부분의 평범한 미국흑인들은 여전히 아프리카를 진기한 풍물인 양 바라보았다. 폴 로브슨의 영화이력을 살펴보면, 범아프리카 의식을 확립하고 현대 대중문화에서 참된 아프리카를 구현하는 일이 어떤 장애에 부딪힐 수밖에 없는지

[1] 스포츠기자로 무하마드 알리에 관한 책을 썼음

151

잘 알 수 있다. 아프리카에 대한 로브슨의 관심은 초기에는 주로 문화적인 것에 가 있었다. 그는 음악학과 언어학을 공부했는데, 이는 "순수한 흑인의 예술"을 찾기 위한 노력의 일환이었다. 그는 20년대 후반에 짐 크로 법이 옥죄는 미국에서 런던으로 옮겨감으로써 비로소 자유를 맛볼 수 있었다. 그는 런던대학교에서 자신의 뿌리를 찾자는 생각으로 아프리카 언어를 배웠으며, 그로부터 10년 동안 아프리카와 카리브해 연안에서 온 학생들을 비롯하여 은남디 아지키웨(Nnamdi Azikiwe),[1] 케냐타, C. L. R. 제임스 등 미래의 지도자들을 만났다. 반식민주의 투사들과의 유대가 깊어지면서 로브슨의 문화이론은 점점 정치적 실천과 강하게 연계되었으며, 30년대 중반에는 투생 루베르튀르(Toussaint L'Ouverture)의 생애를 그린 C. L. R. 제임스의 희곡작품을 상연한 런던 이스트엔드 연극무대에 출연하기도 했다. 이렇게 검은 대서양 사상은 영국문화 속에서 틈새를 찾고 있었지만, 여전히 흑인대중들에게는 상상하기 어려울 만큼 소원한 사상이었다.

운동가이자 배우였던 로브슨은 코르다(Korda)[2] 형제로부터 그들의 서사영화 〈강가의 샌더스 사람들〉(Sanders of the River)에서 비중 있는 역을 맡아달라는 제안을 받았고, 이를 기쁘게 받아들였다. 마침내 대중영화가 아프리카의 현실을 다소나마 진실하게 그리겠다고 약속한 것이다. 조모 케냐타도 이때 런던에서 엑스트라로 출연하며 고학을 하고 있었다. 로브슨은 케냐타와 자신이 함께 출연하면 영화의 진실성이 강화되리란 희망을 품었다. 그러나 로브슨은 통렬한 실망을

[1] 1904~96. 나이지리아 출신으로 흑인민족주의의 대변가 역할을 함. 나이지리아 대통령을 지냈음

[2] 1893~1956. 헝가리 태생의 영국 영화감독이자 제작자

맛보아야 했다. 로브슨이 애를 썼음에도 불구하고 그가 맡은 보삼보(Bosambo) 역은 희화화된 성격을 넘어서지 못했거니와, 영화는 멍청히 웃기만 하는 겁 많은 원주민들을 백인이 너그럽게 통치하는 모습을 당연한 듯 그려낼 따름이었다. 이렇게 로브슨은 낭패감을 맛보았지만, 대중영화에 아프리카의 진실한 모습을 불어넣으려는 노력을 줄기차게 거듭했다. 로브슨은 영화 〈자유의 노래〉(Song of Freedom)에서 복잡하게 얽힌 플롯 속에서 부두노동자로 시작하여 유명한 가수가 되고, 다시 아프리카의 왕이 되는 역할을 열연했으며, 〈솔로몬 왕의 광산〉(King Solomon's Mines)에서는 제국주의의 보호를 시인하기는 하지만 고대아프리카 왕의 권리를 주장하는 역을 맡았는가 하면, 〈제리코〉(Jerico)에서는 의과대학생으로 군대에 갔다가 부당한 군사재판에 휘말리지만 마침내 아프리카로 탈출하여 한 부족의 추장이 되어서 민중의 보호자 노릇을 하는 인물로 분장했다.

그러나 이 모든 영화에서 아프리카의 풍광은 뻔한 멜로드라마를 위한 이국적 배경에 그칠 뿐이며, 아프리카 민중들은 높은 권위자에 의해 인도되어야 할 유치한 족속으로 묘사된다. 실제로 존재하지 않음에도 영화를 지배하고 있는 스테레오 타입의 숱한 캐릭터들과 씨름하는 로브슨의 모습을 지켜보는 일은 우리로서 힘겨운 경험이다. 이것은 발군의 재능을 지닌 개인이라 해도 대중문화를 지배하는 위계구조 속에서는 제한을 강요당할 수밖에 없음을 분명히 일깨워준다.

영화를 만드는 백인부자들도 폴 로브슨이 자유인이자 품위와 지능과 자부심과 자제력과 권위를 지닌 인간임을 모를

리는 없었다. 하지만 당시 대중영화에는 이런 유형의 흑인이 끼여들 자리는 전혀 없었기에, 로브슨의 뛰어난 재능도 틀 속에 갇힐 수밖에 없었다. 이런 딜레마는 로브슨뿐 아니라 영화제작자에게도 마찬가지로 있었다. 그러나 아이러니컬하게도 30년대 로브슨의 캐릭터가 사회적 지위나 흑인의 면모 면에서 마치 마술을 부린 듯 돌변을 거듭한 것은 바로 이런 딜레마 때문이었다. 천박한 족속 가운데 리더십과 지적 능력이 뛰어난 이가 갑작스럽게 나왔을 때, 이를 설명할 길은 두 가지밖에 없다. 셰익스피어가 그린 대로 고귀한 혈통이 은폐되어 있었거나, 아니면 좀더 현대적인 현상일진대 필시 (백인식) 서구교육의 결과 때문이다. 로브슨은 자신이 맡은 역할들에 줄곧 큰 불만을 품고 있었다. 30년대가 깊어가면서 그는 흑인형제들에게 자유가 주어지지 않듯, 자신에게도 예술가로서의 자유가 주어지지 않는다고 생각하게 되었다.

로브슨은 "모든 흑인의 몸 속에는 아프리카의 리듬이 흐른다"고 믿었고, 많은 평론가들 또한 이에 대해 의견을 같이했다. 그들은 로브슨의 연기에서 아프리카의 씨앗, 즉 아프리카의 리듬을 직관으로 느꼈다. 탁월하고 세련된 예술가를 완벽한 자연의 힘을 구현하는 이로 탈바꿈시킨 요소가 바로 이 리듬이라는 것이다. 이는 인종환원주의라 할 수 있는데, 좌파들은 이런 관점을 받아들였을 뿐 아니라 찬양하기까지 했다. 네루다가 쓴 로브슨 찬가에는 이런 시각이 정확히 들어 있다. "그대는 인간의 목소리가 되었네/대지가 싹을 틔우는 이야기/강이 뒤척이고 자연이 움직이는 이야기를 말하네."

로브슨이 유럽에서 자신의 아프리카적 전통을 탐구하고

이를 예술적으로 표현하는 동안, 크와메 은크루마(Kwame Nkrumah)[1]는 대서양을 건너 미국 흑인사회에 뛰어들었다. 25세 되던 해 그는 아프리카 서부의 황금해안에 있는 영국 식민지를 떠나 미국에서 10년을 보냈다. 링컨대학과 펜실베이니아대학에서 공부하고는 북아메리카 최초의 흑인조직인 아프리카학생기구(African Students' Organization)를 만들었다. 은크루마는 아프리카와 카리브해 연안 지도자들 중 30~40년대에 미국의 흑인교육기관에서 공부한, 몇 안 되는 인물 중 한 사람이다. 그들 가운데는 아지키웨와 조지 패드모어(George Padmore)도 있다. 트리니다드 출신의 마르크스주의자로서 검은 대서양 대중문화를 선구적으로 연구하고 이 사상의 구현자 역할을 한 C. L. R. 제임스는 은크루마의 동료이자 비판가였다. 제임스는 뒷날 은크루마가 아프리카 최초의 반식민지 혁명을 성공적으로 이끌 수 있었던 데는 이 시기 미국에서의 경험이 결정적인 역할을 했다고 본다.

이 아프리카인[은크루마]은 미국 유색인들 누구보다도 철저하게 활동적인 삶을 살았다. 그는 고도로 문명화되고 발전된 공동체의 삶을 살았다. 그의 삶은 미국을 공식적으로 지배하는 집단의 지배와 박해에 맞서 끊임없이 투쟁하는 과정에서 더욱 예리하고 풍요로워졌다. 그는 수세기에 걸쳐 미국의 흑인민중이 스스로의 해방을 위해 모든 원천을 활용하여 발전시켜 온 물질적 투쟁과 지적 사상의 계승자였다. 이는 책을 통해서만이 아니라, 민중들을 만나고 지적·정치적 삶을 능동적으로 영위하는 과정에서 얻어진 결과다.

[1] 가나공화국의 독립을 이끈 초대 대통령

은크루마는 미국의 흑인음악을 연구했으며, 교회와 사회
제도를 조사하고 흑인민족주의도 섭렵했다. 한때 그는 메시
아적 소수종교인 디바인교(Father Divine)를 믿었고, 1936년
할렘에서 생선장사를 하던 중 이슬람네이션 탈퇴자들과 만
나기도 하다가, 가비주의의 신봉자가 되었다. 이로부터 20여
년 뒤에는 새로 탄생한 가나정부를 위해 세계흑인지위향상
협회의 정기선 블랙스타(Black Star)[1]를 구입하기도 했다.

　1945년 런던으로 옮긴 그는 같은 해 맨체스터에서 조지
패드모어, C. L. R. 제임스, 두보이스 등과 손을 잡고 역사적
인 범아프리카회의(Pan-African Conference) 설립대회를 열
었으며, 1947년에 아프리카 황금해안으로 돌아가 "자유는
선물로 주어지는 것이 아니다"라고 선언하고 정치투쟁을 전
개했다. 그후 약 10년의 투쟁 끝에 그는 가나아프리카공화국
을 세움으로써, 아프리카 식민주의 이후 최초의 독립국을 성
취했다.

　한편 1951년 82세의 두보이스는 "외국의 첩보원임을 자
진신고하지 않았다"는 이유로 기소되었다. 반공히스테리가
최고조로 기승을 부릴 무렵이어서, 미국시민자유연맹(Amer-
ican Civil Liberties Union, ACLU)[2]조차 두보이스의 변호를
거절했다. 결국 기소는 취하되었지만, 여권을 5년간 정지당
했다. 냉전이 격화되면서 국무부와 CIA는 해외에 여행중인
흑인들이 미국의 인종차별 현실을 비판하는 데 대해 더욱
적대적인 태도를 보였다. 이 영향력이 미치는 경계가 어디까
지인가는 폴 로브슨의 사례에서 적나라하게 드러났다. 이제
해외에서 미국을 거론하고 미국을 대변하는 발언을 할 수

[1] 가비의 정신에 따라 재정
자립 및 흑인 독자적인 국
제사업의 일환으로 흑인선
원으로만 운영되던 화물통
상선

[2] 미국의 대표적인 시민권
옹호 단체의 하나

있는 사람은 오직 필립 랜돌프, 월터 화이트, 로이 윌킨스 등
이 한계에 굴종한 흑인지도자들뿐이었다.

1955년 이집트의 나세르, 인도의 네루, 인도네시아의 수
카르노가 인도네시아 반둥에서 비동맹 신생국가들의 역사적
인 회의를 개최했을 때, 두보이스와 로브슨은 여권을 박탈당
한 상태라서 참가할 수 없었다. 아프리카와 아시아 각국이
독립적인 블록을 만들어야 한다는 주장에 경악한 미국관료
들은 이 회의를 보이콧하고 주류 흑인지도자들에게 불참을
종용했다. 그 결과 할렘의 독불장군 의원이자 아비시니아파
침례교목사인 애덤 클레이턴 파웰 2세 한 사람만이 반둥회
의에 참여했다. 30~40년대에 미국공산당과 친밀한 협력관
계를 유지했던 파웰도 반공주의의 물결에 몸을 싣고 있었지
만, 미국의 기득권자들은 여전히 그를 예측 불가능하고 신뢰
할 수 없는 인물로 여겼다. 파웰이 알코올과 섹스, 돈 등에
대해 비청교도적인 태도를 취했기 때문에 불만인데다가, 흑
인으로서의 정치적 소신을 확고히 견지하고 아프리카·아
시아 지도자들과 자주적 관계를 개척해 나가는 모습에 불안
감을 감추지 못했던 것이다. 잭 존슨처럼 파웰 역시 이중기
준의 희생자였다. 그 역시 백인들의 비위를 뒤틀리게 했고
수백만의 가난한 흑인노동계층의 애정을 얻는 대신 주류 흑
인지도자들을 동요하게 했다. 그러나 반둥회의에서 그는 미
국 충성파를 연기하는 쪽을 택했다. 반둥회의 연설에서 미국
에서는 인종문제가 개선되고 있다고 높이 평가하면서, 그 증
거로 자신의 가족은 두 세대 만에 노예에서 국제회의 석상
에 서는 지위로까지 상승한 사실을 들었다. 미국의 언론은

파웰의 애국적 행동에 대해 더할 수 없는 기쁨을 표했으며, 남부 출신의 의원들은 찬사를 보냈으나 흑인언론들은 의문을 표시했다.

1956년 5월 루이 암스트롱이 국무부 후원을 받아 CBS 방송진을 이끌고 아직 식민지였던 서아프리카 황금해안 지역을 방문했다. 그동안 음반을 여러 장 발표하고 라디오와 영화에 출연한 덕분에, 당시 암스트롱은 미국 국적의 흑인 가운데서 미국 바깥에서 가장 유명한 인물이었다. 아크라(Accra)에서 열렬히 환영하는 군중을 향해 그는 이렇게 말했다. "내 속에는 여전히 아프리카의 피가 흐르고 있다." 은크루마는 암스트롱의 재능을 익히 알고 있었기에 이 미국 재즈의 거장을 귀빈으로 영접했다. 그러나 은크루마는 죽어가는 식민체제(식민지 관료들은 암스트롱에게 원주민을 자극하지 않도록 연주속도를 늦추라고 주문했다)의 손님으로 암스트롱을 대접한 것이 아니라, 신생 가나 자유민들의 손님으로 영접을 한 것이다. 이렇게 해서 은크루마는 미 국무부의 도움을 받아 재즈를 그 뿌리지역으로 되돌려놓았으며, 검은 대서양 운동의 흐름에 새 길을 열었다. 그렇지만 미국이 볼 때 암스트롱의 방문은 또한 재즈를 '미국음악'으로 공식 포장하는 사업의 일환이기도 했다. 신생 제3세계에 아메리칸 드림을 팔아먹기 위한 수단으로 삼으려는 것이었다.

미국에서 볼 때 암스트롱의 방문공연은 외교적 성공이었다. 물론 '새치모 대사님'(Ambassodor Satchmo)[1]이란 별명까지 얻은 암스트롱 자신으로서도 성공이었던바, 이때가 그의 명성의 최절정기였다. 암스트롱의 이력은 매우 주목할 만하

[1] 입 큰 대사라는 뜻

다. 20세기 전반기 미국 흑인연예인의 비극적이고 모순적인 상황을 암스트롱만큼 생생하게 증거해 주는 이는 아마 없을 것이다. 그는 모더니즘, 음유시인적 전통, 천재성, 음탕한 농담, 에둘러 말하기, 아는 체하기 등과 함께, 백인식 말을 부끄럽지도 않은 듯 알랑거리며 구사하는 등 의식적으로 흑인 스타일을 구사했다. 그렇지만 언제나 용의주도하고 튀지 않는 인물인 암스트롱조차 계속된 흑인봉기를 외면할 수는 없었다. 1957년 9월 아칸소주 리틀록의 시위장면을 텔레비전으로 지켜보았던 암스트롱은 언론에 이렇게 털어놓았다. "그자들이 남부에서 내 형제들을 다루는 방식이란… 정부는 지옥에나 가야 한다." 그러면서 지난 10년 동안 폴 로브슨을 파멸의 구렁텅이에 몰아넣은 말에 부지불식간 동조하는 발언을 덧붙였다. "상황이 갈수록 악화된다. 유색인에겐 조국이 없다." 또한 두번째 '친선여행'을 취소하면서, "그곳 사람들이 내 조국이 도대체 뭐가 잘못된 거냐고 물을 텐데, 난 어떻게 대답하란 말인가?" 하고 되물었다.

루이 암스트롱의 이 말에 우파 논객들은 노골적으로 비난을 해댔다. 라디오방송에서 그의 노래를 들을 수 없었으며, 공연도 잇따라 취소되었다. 애덤 클레이턴 파월과 새미 데이비스 2세(Sammy Davis Jr.)[1]까지 가담하여 암스트롱을 헐뜯었다. 적어도 처음에는 이같은 반응이 오히려 암스트롱을 자극하여 분노케 했다. 그리하여 아칸소주에서 공연하느니 차라리 소련에서 하겠다며, 흑백분리를 규정한 루이지애나주법에 항의하는 뜻에서 재즈 요람 뉴올리언스에서도 연주하지 않겠노라고 했다. "그 도시[뉴올리언스]를 다시 못 본들

[1] 당시 유명한 흑인배우

어떤가. 내 조국에서보다 나라 밖의 사람들이 더 나를 존중
해 준다."

　마침내 FBI는 블랙리스트에 암스트롱을 올려놓았고, 그
의 매니저는 암스트롱이 폴 로브슨의 전철을 밟지 않을까
전전긍긍해했다. 그러나 암스트롱은 백인청중들에게 너무나
익숙한 사람이었다. 게다가 그들 백인의 구미에 맞는 음악인
이었기 때문에 머지않아 제도권 울타리 안으로 들어올 수
있었다. 1959년 그는 미국 친선대사로 공식 선임되었고,
1960년에는 자신의 악단을 이끌고 가나를 다시 찾았으며, 국
무부의 권유에 따라 일정을 연장하여 콩고도 찾았다. 파트리
스 루뭄바(Patrice Lumumba)[1]가 곧 순교자대열에 오르리라
고는 짐작조차 못한 채였다.

● ● ●

　1957년 가나의 독립은 검은 대서양 운동에 중대한 변화를
몰고 왔다. 서인도제도에서는 칼립소 가수 로드 키츠너(Lord
Kitchener)가 이 역사적인 순간을 다음과 같이 축하했다.

　　그날은 결코 잊지 않으리
　　1957년 3월 6일
　　황금해안이
　　명실상부 독립에 성공하던 날
　　가나, 그 이름은 가나
　　가나, 우리는 선포하네

[1] 콩고의 초대 총리. 독립의
영웅이었으나 군사쿠데타
로 처형당했음

우리 즐겁고 흥겹고 유쾌하게
3월 6일 독립기념일을 선포하네

은크루마가 외빈으로 초청한 미국인으로는 부통령 닉슨을 비롯하여 필립 랜돌프, 애덤 클레이턴 파웰 그리고 젊은 마틴 루터 킹이 있었다. 특히 킹 목사는 별도로 초대하여 함께 점심을 나누기도 했다. 미국으로 돌아가면서 킹은 이번 방문을 통해 "특권계급은 강력한 저항에 부딪히지 않는 한 절대로 특권을 포기하지 않는다. …자유는 오로지 끈질긴 항거를 통해서만 얻어지는 것"이라는 교훈을 얻었다는 말을 남겼다. 두보이스와 로브슨도 초청을 받았지만, 해외여행이 금지되어 있었던 터라 참석하지 못하고, 다만 두보이스는 은쿠르마에게 보내는 편지로 대신했다. 두보이스는 편지에다 독립아프리카가 "탐욕과 이기와 전쟁에 시달리고 있는 세계에서 비폭력, 타인에 대한 배려 그리고 문학·예술·음악·춤이 기여할 수 있는 바를 인류에게 가르쳐줄 것"이라고 희망을 담았지만, 안타깝게도 은크루마는 (패드모어의 고약한 반소비에트주의의 영향을 강하게 받아) 처음부터 친미정책을 펼쳤다. 1958년 3월에 미국을 방문하여 아이젠하워정부에 원조를 요청했는가 하면, 미국정부의 비위를 맞추기 위해 그때까지의 자신의 경험이나 실천과 정반대로 "미국의 인종문제"가 "의도적으로 과장"되었다고 말했다. 그래도 할렘사람들은 자신들의 양자나 다름없는 은크루마를 위해 성대한 환영행사를 열었다. 이 행사에는 파웰과 말콤 엑스도 참석했는데, 말콤 엑스는 그해 말 은크루마가 유엔방문차 미국을 다시 찾았을 때 또 만나게 된다. 그리고 은크루마와 말콤 엑스 사이에 오간 대화에 촉각을 곤두세우던 CIA는 FBI에 이슬람네이션 관련 서류를 요구하여 세밀히 검토했다.

1960년 「인종의식의 대두」라는 제목으로 발표한 글에서 마틴 루터 킹은 "흑인들이 긍지와 자존심을 새롭게 느끼기 시작"했다면서, 그 원인의 하나로 "자신들의 투쟁이 세계적 차원의 투쟁의 일부를 구성하고 있다"는 인식이 생겼다는 점을 들고는 다음과 같이 썼다. "이제까지 흑인은 아시아와 아프리카에서의 발전을 경외의 눈길로 바라보았다. 오늘날에는 [흑인이 벌이는] 드라마가 지금 모든 대륙에서 후원과 관심을 받으며 세계무대에서 펼쳐지고 있다." 이 글에서 킹은 두보이스와 같은 국제주의적 전통에 서려고 했으나, 그럼에도 그의 주된 관심은 미국의 흑인을 당당한 미국인으로서 해방시키는 일이었다. 따라서 아프리카와 아시아의 해방을 위해 미국의 흑인들이 무엇을 해야 할 것인지는 언급하지 않고 있다. 그렇지만 아프리카에서 신생독립국이 속속 등장하자, 미국 흑인사회에서 비록 소수이지만 고대까지 거슬러 올라가는 아프리카와의 유대감을 자각하는 목소리가 생겨나고 있었다. 이제 더 이상 아프리카는 신비한 이미지들의 집합체가 아니었고, 민중들의 뇌리에 어렴풋한 기억이나 메시아적 열망의 대상으로 남아 있는 존재도 아니었다. 바야흐로 아프리카는 디아스포라(diaspora),[1] 즉 줄줄이 끌려온 흑인들이 뒤에 남겨두고 온 고장 이상의 실체로 떠오르기 시작했다. 새로운 아프리카가 할렘에, 뜨거운 불길을 내쉬며 살고 있는 블랙 아메리카에 온 것이다. 은크루마 그리고 특히

[1] 흑인이 아프리카대륙에서 라틴아메리카와 유럽 곳곳으로 노예로 끌려간 것을 말함

루뭄바가 이 새 아프리카를 구현한 인물이었다. 그중에서도 루뭄바는 말콤 엑스에게 크나큰 영향을 끼쳤으니, 결국 무하마드 알리도 그의 영향을 간접적으로 받은 셈이다.

1960년 6월 전직 공무원이자 노조운동가이며 범아프리카주의자로서 콩고민족운동(Mouvement National Congolais, MNC)의 창립자이기도 한 루뭄바는 신생 콩고민주공화국에서 선거로 선출된 최초의(그리고 마지막) 총리가 되었다. 그는 총리자리에 오르자마자 모이스 촘베(Moise Tshombe)가 이끄는 카탕가공화국 분리 움직임으로 인해 지위에 위협을 받았다. 촘베는 식민지 종주국 벨기에 용병의 비호 아래 서구세력의 지원을 받고 있었다. 7월 24일 루뭄바는 아크라에서 은크루마와 만나 협의를 한 후 뉴욕으로 날아갔다. 기자들이 루뭄바를 둘러싸고 공산주의자인가를 질문해대자, 그는 자신은 민족주의자이며 자신의 새 나라는 '적극적 중립' 정책을 추구할 것이라고 답변했다.

> 콩고는 어떤 블록에도 가담하지 않는다. 우리는 아프리카 사람이기 때문이다. …우리는 미국이든 소련이든 어느 쪽과도 그 어떤 정략관계를 바라지 않는다. 우리는 오직 기술적 지원만 바랄 뿐이다.

그러면서 루뭄바는 벨기에 용병을 포함한 모든 외국세력이 콩고에서 철수할 것을 요구했다. 하지만 이는 논쟁에 불을 지피는 격이 되었고, 결국 그의 의도는 성공을 거두지 못한다. 그는 하워드대학과 할렘에서의 연설에서 자신의 구상

을 상세히 설명하였다. 할렘집회 후 루뭄바를 만난 말콤 엑
스는 아프리카가 자치와 단결로써 독자적으로 근대화를 이
뤄야 한다는 루뭄바의 구상에 깊이 감명받았다. 그리고 루뭄
바를 가리켜 "아프리카대륙을 걸어온 이들 중 가장 위대한
사람"이라고 칭송할 정도로 그의 사람 됨됨이에도 감동하였
다. 말콤 엑스가 케네디의 암살에 대해 발언하면서 루뭄바를
거론하고, 또 죽기 전 몇 개월 동안 그 이름을 몇 번씩 언급
한 것은 결코 우연이 아니었던 것이다.

　조제프 모부투(Joseph Mobutu)는 1958년 루뭄바가 이끄
는 콩고민족운동에 가담한 후 루뭄바의 초대 내각에서 국방
장관에 임명된 인물이었다. 그는 9월 5일 미CIA의 후원 아
래 쿠데타를 일으켜 루뭄바를 수도 레오폴드빌에 가택연금
시켰다. 당시 루이 암스트롱은 8주 동안의 아프리카 순회연
주를 하고 있었는데, 예정된 일정이 끝나갈 무렵 미 국방부
의 요청에 따라 일정을 변경하여 레오폴드빌을 방문해서 열
렬한 환영을 받았다. 암스트롱의 때맞춘 방문은 이 나라의
정치적 긴장을 해소하고, 루뭄바의 고통도 숨돌리게 하는 청
량제 역할을 했다. 그런 한편으로 이 나라에 있던 또 다른
미국인들의 존재를 위장시켜 주는 효과 또한 발휘했다고 할
수 있다. 개중에 일부는 콩고의 민주화 실험과 루뭄바의 운
명을 끝장낼 음모를 꾸미고 있었던 것이다. 심지어 암스트롱
은 촘베와 친구사이가 되었는데, 훗날 이렇게 술회한다. "그
친구, 내게 무척 잘해 줬지. 거대한 궁전에 날 초대해서 멋진
식사를 내오고 밤새 함께 술을 마셨지. 그때 난 요렇게 작고
비싼 테이프리코더를 갖고 있었는데 촘베가 자꾸 만지작거

리기에 주고 왔지."

10월, 은크루마는 유엔총회에 참석하여 나세르와 네루, 수카르노를 만났으며, 네 사람은 한목소리로 루뭄바 사태의 해결을 촉구하면서 아프리카에서 자행되고 있는 거대한 권력음모에 우려를 표했다. 할렘에도 들른 은크루마는 테레사 호텔 앞에 모여든 1만의 군중들에게 이렇게 말했다. "미국으로 건너온 2천만 명의 아프리카 조상들이 북아메리카와 아프리카 민중들을 끈끈하게 연결해 주고 있습니다." 말콤 엑스도 이 자리에서 연설하면서, 수감되어 있는 루뭄바를 기리고 미국의 흑인들은 미국의 콩고 간섭행위를 용납하지 않을 것이라고 경고했다.

11월 말 루뭄바는 연금장소에서 탈출하였으나, 12월 2일 모부투의 군대에 다시 체포되었다. 모부투가 미CIA 요원들과 벨기에 용병, 영국 용병 등과 불화를 일으키면서 루뭄바는 1월 17일 촘베의 손에 넘겨져, 고문 끝에 살해되었다. 이어 레오폴드빌에는 서구의 후원을 받는 새로운 정부가 들어서고, 모부투가 군사원수가 되었다. 콩고분쟁은 검은 대서양에 반향을 일으켰다. 트리니다드의 로드 브리너(Lord Briner)는 새로운 국제정세를 내용으로 담은 스카(ska)[1]풍의 〈콩고전쟁〉(Congo War)을 발표했다. 이 노래는 권력투쟁을 벌이던 카사부부, 모부투, 촘베, 루뭄바 등을 꼬집어 거명하고 있다.

아버지가 내게 들려주셨네
내 할아버지의 할아버지가

카탕가 서쪽
콩고에서 왔다고
그러나 그 할아버지 이름이
너무나 길어서 난 잊었네
그 이름을 발음하면
혀를 깨물 것 같아서

루뭄바의 처형소식은 그로부터 몇 주일이나 지나서 알려졌으나, 할렘의 사람들은 루뭄바를 잊지 않았다. 1961년 2월 14일 그들은 유엔빌딩 앞에서 시위를 벌여, 대담하게도 미국대사 아들레이 스티븐슨의 총회연설을 훼방놓았다. 그 몇 주일 동안 전세계에서 루뭄바를 지지하는 시위는 이것이 가장 유일했으며, 비록 규모도 적고 비폭력적이었지만 미국의 기득권자들은 소스라치게 놀랐다. 이들은 다른 나라의 거리에서 으레 성조기를 불태우던 '반미주의자들'이 아니었다. '미국의 검둥이들'이 시위를 벌인 것이다. 게다가 제 나라 정부의 국제정책에 항의하여 유엔 면전에서 항의집회를 갖다니 말이다. 로이 윌킨스조차 이 시위를 비난했다. "벨기에 대신 소비에트 식민통치자를 그 자리에 앉힐 순 없다." 그 다음주에 랠프 번치(Ralph Bunche)는 전미유색인지위향상협회 회의석상에서 유엔 앞에서 시위를 벌인 "삐뚤어진 작자들"을 힐난하며 사과하라고 요구했고, 이에 로레인 한스베리(Lorraine Hansberry)는 "민중들로부터 어떤 권한을 받았기에" 그런 말을 하느냐고 번치를 꼬집으며 응수했다. "번치 박사의 발언에 대하여 나는 유가족인 폴린 루뭄바 부인과 콩고민중들에게 사과드리는 바이다."

제임스 볼드윈은 유엔 시위사건을 두고 "할렘의 흑인들에 대한 정치적 암살과 다름없는 충격이었다. 사람들은 상상력을 빼앗겨버렸고, 아직도 회복하지 못하고 있다. …유엔에서 난동을 벌인 흑인들은 해외의 일에 준동한 극소수의 흑인 계정꾼들"이기 때문에 "외부의 선동자들"을 탓할 필요는 없다고 주장했다. "미국말고 달리 충성을 바칠 대상이 있다고 믿는 미국흑인은 스스로를 기만하는 것이다. 미국의 흑인도 역시 미국인이며, 이 나라에서 살고 이 나라에서 죽을 것이다." 그러면서도 볼드윈은 흑인이 과거 방식으로 미국에 적응해 살아가는 일은 없어졌다고 했다. "미국흑인은 더 이상 백인들이 만들어놓은 이미지대로 움직이지는 않으며, 앞으로도 그러지 않을 것이다. 아프리카가 국제적 존재로 떠오르는 것도 이와 연관이 있다." 볼드윈에 따르면 젊은 흑인들은 더 이상 '노예의 후손'이 아니며, 그들은 "오래 전 저 먼 모국땅에서 왕이거나 왕자였다. 이것은 자기혐오의 독소를 해독시키는 작용을 할 것이다."

유엔시위는 세 여성이 주도했는데, 가수 애비 링컨(Abbey Lincoln)과 뒷날 작가가 된 로사 가이(Rosa Guy)와 마야 앤젤루(Maya Angelou)가 그들이다. 아프리카와 미국 흑인을 주제로 한 말콤 엑스의 연설에 감명받은 이 여성들은 테레사 호텔에 있는 말콤 엑스의 사무실을 찾았다. 그러나 놀랍게도 말콤은 그들의 행동을 시간낭비라고 충고했다. "할렘 사람들은 화가 나 있어요. 그럴 만한 이유가 있는 겁니다. 하지만 그렇다고 유엔에 가서 구호를 외치고 플래카드를 들고 있는다고 해서 자유로워지는 사람은 한 사람도 없어요.”
하지만 사실 말콤은 이들에게 자신의 속내를 완전히 드러낸
것은 아니었다. 당시 그는 루뭄바의 암살사건에 대해 어떤
행동을 할 입장이 못 되었기 때문에 속을 부글부글 끓여가
며 참고 있던 참이었다. 이것이 한 계기가 되어 이로부터 3
년 후 엘리야 무하마드와 절연하게 된 것이다.

루뭄바의 운명은 크와메 은크루마에게도 영향을 미쳤다.
1960년 은크루마정부는 미국으로부터 등을 돌리고 중립주의
노선을 분명히 했다. 1960년 가나는 국민투표로 공화국을
선포하였으며, ‘아프리카화’ 정책을 택하고, 도시와 농촌의
기간시설 개발을 최우선 과제로 설정했다. 또한 은크루마는
두보이스를 개인적으로 초청하여 아크라에서 살기를 권유하
는 한편, 그에게 아프리카 대백과(Encyclopedia Africana)의
편집을 맡아줄 것을 요청했는데, 이는 두보이스가 반세기 동
안 추진해 오던 프로젝트였다. 은크루마는 폴 로브슨에게도
아크라대학교의 음악 및 연극 책임교수를 맡아달라고 초청
했지만, 로브슨은 건강이 몹시 악화된 탓에 독립아프리카에
끝내 발을 들이지 못했다.

1961년 10월 93세의 두보이스는 미국공산당원 자격을 신
청했고, 그 한 달 뒤 가나로 떠났다. 그리고 워싱턴대행진 행
사 전날 가나시민권을 얻었으며, 그로부터 2년 후 아크라에
서 세상을 떠났다. 20세기 초 ‘흑인의 이중의식’을 지적한 이
후 길고도 고통스런 길을 걸어온 끝에 마침내 두보이스는
미국 국민이라는 의식을 초월할 수 있었다. 비록 미국에서는
거의 잊혀진 존재였지만, 그래도 젊은 흑인전위들은 상처투

성이인 시민권운동의 경험을 빛으로 삼아 두보이스를 재조
명하기 시작했다. 로레인 한스베리는 다음과 같이 말한다.
"두보이스의 사상은 그를 모르는 수많은 사람들에게까지 영
향을 미쳤다." 무하마드 알리도 분명히 그중 한 사람이었다.

●   ●   ●

1963년 은크루마는 아프리카통일기구(Organizationa of
African Unity, OAU)를 설립함으로써 범아프리카주의라는
오랜 꿈을 성취했다. 하지만 국외에서는 영향력이 높아가는
(미국의 불만은 급격히 커졌지만) 반면, 국내에서는 경제와
정치 면에서 극심한 압박에 시달렸는데 이는 부분적으로 냉
전으로 인해 외부로부터 온 것이기도 했다. 대통령으로서 은
크루마의 권력은 더욱 막강해졌다. C. L. R. 제임스는 이렇
게 쓴 바 있다. "1957년 은크루마는 가나의 대부분 지방을
수행원 한 명 없이 며칠씩 홀로 활보했다." 하지만 이제 그
는 무장경호원을 대동하지 않고는 아무 데도 가지 않았을
뿐더러, 1962년 암살기도를 모면한 직후에는 가혹한 치안법
안을 도입하였다. 그리고 1963년에는 그때까지 꿋꿋이 소신
을 지켜온 검찰총장을 해임했다. 제임스의 다음 지적은 실로
선견지명이 아닐 수 없었다. "아프리카는 루비콘강을 건넜
다. …이 한번의 조치로 은크루마는 가나국민들에게 마피아
조직의 도덕률을 제공하고 있다." 1964년 초 알리와 말콤 엑
스가 방문하기 얼마 전에, 가나는 공식적으로 일당지배국가
가 되었고, 은크루마는 종신대통령이자 오스게야포(메시아)

가 되었다. 그러나 2년 후 그는 중국방문중 군사반란으로 권좌에서 끌어내려졌다. 제임스는 은크루마를 평가하는 마지막 대목을 이렇게 끝맺는다. "크롬웰이나 레닌처럼 그는 부패한 체제의 분쇄라는, 엄청난 업적을 이끌었다. 그러나 새로운 사회를 열지 못했다는 점에서도 은크루마는 그 두 사람과 역시 똑같다."

1962년 제임스는, 미국의 흑인들은 "세계의 다른 분야보다는 아프리카의 진정한 역사전개 과정을 훨씬 더 많이 이해하고 있"지만 "주류신화에 오염되어 아무리 노력해도 여기서 벗어나지 못한다"고 탄식했다. '오염'된 대열에는 백인신을 숭배하는 미국 흑인기독교인들뿐 아니라 흑인신을 숭배하는 비미국 무슬림, 즉 엘리야 무하마드도 끼여 있었다. 엘리야 무하마드는 아프리카인들의 '덤불머리'를 '야만인 꼬락서니'라고 비웃었고, 미국에서 범아프리카주의가 한창 융성하던 60년대 후반에는 아프리카 민속의상인 다시키를 입지 말 것과 수염을 기르지 말 것, 그리고 아프리카식 머리모양을 하지 말 것을 명했다. 엘리야 무하마드가 말하는 신화에서 미국흑인들은 노예의 후손도, 아프리카 이교도들의 후손도 아니고 "되찾은 이슬람나라"의 성원들이었다. 이 신화에 따르면, 한때 검은 피부의 민중들은 아랍–이슬람 문명을 공유했지만 불행하게도 야만의 백인들이 융성하면서 타락하게 되었는데, 이 잃어버린 것을 오늘날 이슬람네이션이 다시 구현하고 있다는 것이다. 요컨대 그는 할리우드영화에 나오는 아프리카 흑인들과 거리를 두는 대신, '본래 인간들'의 '문명화된' 특색을 강조했다.

　　이슬람네이션 자체도 검은 대서양주의의 독특한 소산이라 할 수 있는데, 이 교단은 흑인의 디아스포라의, 디아스포라를 위한, 디아스포라에 의한 강렬한 자기인식 아래 만들어진 신념체계였다. 물론 이슬람네이션은 아프리카의 신생독립국들을 축하하였고, 미국의 흑인들에게는 이 형제들을 본받아 미국땅의 일부를 흑인독립국으로 만들 것을 촉구하였지만, 두보이스라든가 패드모어, C. L. R. 제임스, 은크루마 같은 고도로 정치적인 범아프리카주의와는 줄곧 거리를 두었다.

　　미국 흑인운동의 초창기 때부터, 그리고 특히 흑인민족주의의 비조라 할 수 있는 크루멜과 들래니에게 아프리카는 후진지대로 취급받았으며, 서구의 가치와 기술 그러니까 기독교에서부터 과학기술까지를 두루 전수받아야 하는 처지로 그려졌다. 1967년 해럴드 크루즈(Harold Cruse)는 이렇게 지적했다. "많은 미국흑인들 가슴 저 깊은 곳에서 아프리카는… 과거의 원시부족시대 모습을 가까스로 벗어난 모습으로 새겨져 있다." 이렇듯 아프리카에 대한 이중적 감정은 미국의 흑인들을 강하게 지배하고 있었으며, 특히 영국에 있는 카리브 출신 흑인들의 경우에는 오늘날까지도 그러하다. 이 점에서는 알리도 마찬가지였다. 근대세계의 산물인 미국 흑인들은 현대 아프리카의 실체와 맞붙어 싸웠다. 구원의 원천도 아프리카지만, 그 아프리카 역시 구원받아야 할 존재였다.

　　　●　　　●　　　●

1974년 알리가 두번째 아프리카 방문에서 얻은 영광스런 승리[1]를 기념하여 만든 〈우리가 왕이었을 때〉에서는 자신의 첫번째 아프리카여행을 언급하지 않았지만, 그는 리스턴을 누르고 무슬림 개종을 공개적으로 밝힌 지 몇 주일 후에 처음 아프리카 여행길에 나섰다. 그동안 미국에서는 거의 잊혀져 있었지만, 이 첫 여행은 알리의 이력을 형성하는 데 중대한 의미를 지니게 된다.

알리의 첫 아프리카여행의 씨를 뿌린 사람은 말콤 엑스였으나, 그 결실은 다른 사람이 거두었다. 여행의 기획은 말콤 엑스의 친구인 오스만 캐리엄이 맡았는데, 그때까지도 이슬람네이션과 손을 잡고 있던 캐리엄은 젊은 챔피언이 잠시 미국에서 벗어나 재충전의 기회를 갖기를 기대했다. 출발 전날 알리는 보스턴의 군중들에게 이렇게 말했다. "많은 흑인 명사들이 국무부의 친선대사로 아프리카나 아시아를 여행하지만, 나처럼 전세계 여러 지도자들의 초청을 받아 여행한 사람은 아마 없을 것이다." 엘리야 무하마드에게 알리의 여행은 무엇보다 이슬람네이션을 널리 알리는 기회였다. 교단 신문 『무하마드는 말한다』는 알리를 엘리야 무하마드의 사절로 칭하면서, 알리가 받은 열렬한 환영은 이슬람세계에서 엘리야 무하마드의 지위가 그만큼 높다는 증거라고 보도했다. 그러나 알리, 그리고 알리를 맞이한 세계는 이보다 훨씬 의미 있는 경험을 하게 된다.

오스만 캐리엄, 알리의 동생 루돌프, 알리의 친구이자 사

[1] 1974년 알리는 킨샤사에서 조지 포먼과의 헤비급 타이틀전을 치렀는데 예상을 뒤엎고 승리함

172

진사인 하워드 빙햄, 그리고 엘리야의 아들로 알리의 새 매니저가 된 허버트 무하마드 등으로 이루어진 알리일행은 맨 처음 아크라에 당도했다. 가나의 고위관료와 기업인들이 환영을 나왔고, 가나청년개척단 회원들이 건네는 화환을 받아든 알리는 현지언론에 다음과 같이 심경을 밝혔다. "아프리카를 돌아다니며 내 형제자매를 만나고 싶은 생각에 가슴이 두근거립니다. …400년 만에 고향에 돌아온 거죠." 외무장관은 토요일에 도착한 알리에게, 토요일에 태어난 가나의 창시자 크와메 은크루마의 이름을 따서 크와메(Kwame)라는 새 이름을 선사하였다.

알리일행은 "귀향을 축하합니다. 세계의 왕이시여" "가나는 그대의 모국, 캐시어스 클레이여"라 씌어진 플래카드를 들고 연도에 몰려나온 수천의 환영인파의 영접을 받으며 무개차를 타고 시내로 들어갔다. 그리고 앰버서더 호텔에서 있은 고관대작들과의 리셉션 자리에서 알리는 가나 언론인들에게 이렇게 나직이 털어놓았다. "고향에 돌아와 예쁜 가나 여인들도 직접 만나고 사진을 찍게 되어 무척 기쁩니다. 미국으로 돌아가면 사람들에게 이렇게 말하렵니다. 아프리카에는 사자, 호랑이, 코끼리말고도 볼 것이 매우 많이 있다고 말이지요." 말콤 엑스가 그랬듯이, 알리는 아프리카에도 자동차와 비행기, 텔레비전 등 낯익은 미국산 기술이 많이 들어와 있는 것을 눈여겨보았으며, 특히 미국에서는 아직도 백인들의 독무대인 기술·전문 직종에 흑인들이 종사하고 있는 모습에 주목했다. "높은 빌딩을 비롯해서 근대적 모습을 자랑하는 아름다운 도시를 발견하고 몹시 놀랐습니다." 이렇게 알리는 모국 아프리카도 근대적인 공간이 되어 있는 데 대해 흡족해했다.

다음날 『가나타임스』(*Ghanaian Times*)는 "왕 알리, 손들어 화답"이라는 제하의 기사를 사진과 함께 1면 톱으로 다루었는가 하면, 『데일리그래픽』지는 머리기사를 "클레이 왕, 가나에 오다"로 장식했다. 또 은크루마는 즉석에서 회견일정을 잡는 호의를 베풀어서 알리를 만났으며, 그 자리에서 식민주의와 아프리카의 미래에 관한 자신의 저서 몇 권을 선물로 주었다. 신문보도에 따르면, 알리는 은크루마 대통령에게 가나에 집을 한 채 사서 해마다 묵을 수 있으면 좋겠다고 했고, 이에 은크루마는 몹시 흡족해하며 "미국흑인들과 아프리카의 우정과 유대를 말해 주는" 것이라고 치하했다고 한다. 물론 은크루마는 무슬림이 아니었다. 따라서 이슬람네이션 입장에서는 대통령이 알리를 면담했다는 것은 알리의 교주인 엘리야 무하마드의 세계적 지위를 공고히 해주는 한에서만 의미가 있었다. 하지만 지금 은크루마는 범아프리카주의 운동으로 인정받는 지도자인 동시에 미 국무부의 적대자였다. 미CIA는 알리의 가나방문에 의혹의 눈길을 거두지 않았다. 한 국가의 원수로서, 아니 세계적으로 유력한 정치인으로서 알리를 포옹한 사람은 은크루마가 처음이었다. 이로부터 10년 동안 알리는 많은 정치인들과 포옹을 나누지만, 미국대통령하고는 1974년 킨샤사 대전에서 포먼에게 승리를 거둔 후 비로소 악수하는 것에 만족해야 했다.

『가나타임스』의 동정란 기사에 따르면, 같은 시기에 말콤 엑스도 아크라에 있었다. "이 복잡하고 흥미로운" 인물은 가

나의 젊은 지식인들을 두 시간 동안 완전히 사로잡아 버렸다고 쓰면서, 이 미국인이 아프리카 의상을 걸치고 아프리카식으로 두 손을 사용해서 얌과 바나나, 쌀 등의 음식을 먹고 있는 사진을 실었다.

그때까지 말콤 엑스는 중동과 아프리카 지방을 한 달여 여행하던 중이었다. 그는 메카에서 하지(hajj)라 불리는 참배의식을 가지는 동안, 시인 로버트 헤이든(Robert Hayden)이 읊은 바를 깨달았다고 한다. "알라는 인종이 없으며 불타오르는 단일함 속에 모든 것이/하나이도다." 메카참배의 경험은 말콤 엑스의 신화에서 큰 자리를 차지한다. 그것은 끊임없는 발견의 과정을 밟아가던 그의 드라마의 마지막 장이기도 했으며, 백인종과의 화해이자 이슬람네이션의 가장 씁쓸한 요소와 절연하는 것이기도 했다. 마틴 루터 킹처럼 말콤 엑스에게도 종교적 믿음은 가장 중심을 이루는 것으로서, 그가 정통 이슬람으로 개종한 것은 진실한 선택이었다. 일찍이 1959년 그는 엘리야 무하마드의 사절로 중동을 방문한 적이 있었기 때문에 무슬림세계가 지닌 다인종적 면모를 익히 알고 있었다. 또한 믿음과 실천 면에서 정통무슬림과 엘리야 무하마드 식 무슬림 사이에는 신학적 차이가 있음도 알고 있었다.

메카참배를 계기로 말콤 엑스는 이슬람네이션의 편협함을 뛰어넘어, 세계종교의 한 성원으로 자기변화를 했다. 아이러니컬하게도 메카참배는 그가 모호한 메시지의 종교로부터 벗어나서 세속적이고 정치적인 과제들로 관심을 옮기는 전주곡이기도 했던 것이다. 결국 말콤 엑스는 먼 나라를 떠돌며 메카참배와 같은 경험을 한 끝에 깨달음을 얻었으니, 1964년 3월 8일 그가 이슬람네이션을 탈퇴하고 죽기 전까지 삶의 절반 시기를 소모하고서 비로소 얻은 교훈이었다. 더 넓은 세상으로의 변모에서는 범이슬람주의보다 범아프리카 주의의 영향이 더 컸거니와, 메카참배의 경험도 그 요인의 하나로 작용했다.

메카참배 이후 말콤은 이집트와 나이지리아를 거쳐 가나를 찾아서, 학생을 비롯하여 언론인과 정부지도자 들을 두루 만났다. 가나의 아크라에서는 미국에서 쫓겨난 흑인들이 따뜻하게 환영해 주었다. 그들은 적은 숫자였지만 활기가 넘쳤다. 작가 마야 앤젤루는 가나 시절을 떠올리면서, 말콤 엑스는 쾌활하고 다변가였으며 여행으로 마음이 무척 들떠 있었다고 말한 바 있다. 말콤은 이슬람네이션의 규율을 벗어나면서 한층 자유로운 공기를 호흡하는 듯한 모습이었다. 당시 그는 나머지 생애 내내 몰두한 계획을 후원해 줄 사람들을 모으는 중이었다. 그의 계획은 미국흑인의 부당한 현실을 유엔에 청원하는 것이었다. 아프리카와 미국흑인의 유대를 굳건히 함으로써 미국의 흑인은 국내 억압자들에 대항할 새로운 축으로 국제적 힘을 결집할 수 있으리라는 것이 그의 구상이었다. 미국의 백인들에게 청원하는 대신, 이제 거대한 다수를 구성하는 비백인·비미국 세력, 즉 미국의 경제력과 군사력에 항거할 수 있는 다수에게 청원하자는 것이었다.

아크라에서 말콤 엑스는 언론편집인·교육자·학생·장관 등은 물론이고, 아프리카·유럽·쿠바·중국 등지에서 온 외교관들과도 대화를 나눴다. 만나는 사람마다 그에게 매료되었다. 그를 위한 환영파티를 열어준 가나프레스클럽의 초대자들을 향해 그는 이렇게 말했다. "저는 미국인이라고 생각하지 않습니다. …난 아프리카 혈통을 간직한 흑인 무슬림입니다." 1년 전 가나에서 별세한 두보이스의 부인 셜리 두보이스의 도움을 받아 아크라를 떠나기 전날에 은크루마도 만났다(은크루마가 이미 알리를 만난 뒤였다). 말콤에게는 이 면담이 순례여행중 중대한 기회의 하나였다. 메카참배가 그에게 영적 영감을 선물했다면, 이 면담은 정치적 영감을 얻는 기회였다. 은크루마와 만난 후 그는 대사관에서 미국친구들과 재회했다. 대사관에서 공항으로 가는 동안에는 여러 대의 리무진이 열을 지어 그를 배웅했는데, 그중에는 나이지리아·중국·쿠바·알제리·이집트 외교관도 있었다. 자기 나라에서 쫓겨난 미국인들이 볼 때 참으로 기이한 광경이 아닐 수 없었다. 조국에서는 몹시도 무시당하고 중상모략당하는 흑인이 해외에서는 지도자이자 교사로 칭송받는다니 말이다. 마야 앤젤루는 이 순간을 회고하는 글을 썼는데, 여기서 더 기이한 만남이 이어지게 된다.

검은 미국인의 익숙한 말소리에 우리 모두 즐겁게 웃음을 터뜨렸다. 몸을 돌리니 마침 무하마드 알리가 수행원들을 대거 거느리고 호텔에서 나오고 있었다. 그들은 담소하며 우스갯소리를 주고받다가, 우리를 알아보고는 하나같이 눈길이 말콤 엑스에게 쏠렸다.

얼어붙은 듯했다. 사진용 은판에 포착된 장면이라 할까. 그 후 몇 분 동안은 슬로 모션 같다. 무하마드 알리가 발길을 멈춘다. 몸을 돌려 동료 한 사람에게 말을 건다. 알리의 친구들은 모두 알리를 쳐다본다. 그리곤 다시 말콤 쪽을 본다. 말콤이 발걸음을 멈춘다. 말콤은 우리에게도 입을 다문다. 우리도 말콤에게 입을 떼지 못한다.

그전까지 말콤은 우리에게 이슬람네이션과 관계를 끊은 뒤로 많은 옛 친구들이 적이 되어버렸다고 털어놓던 참이었다. 무하마드 알리와 그의 일행이 먼저 몸을 돌려, 일렬로 주차되어 있는 차량 쪽으로 걸음을 옮기기 시작했다. 말콤이 황급히 움직인다. 그는 우리를 뒤로하고는, 떠나는 이들 쪽으로 발을 옮긴다. 우리는 말콤을 따라간다. 말콤이 버럭 소리지른다. "형제 무하마드, 형제 무하마드."

무하마드와 그의 동료들은 걸음을 멈춘다. 몸을 돌려 말콤을 바라본다.

"형제, 나는 지금도 그댈 사랑하오. 그리고 그대는 여전히 가장 위대한 자요."

말콤, 미소짓는다. 입을 움찔거리며 지어내는 슬픈 미소. 무하마드, 말콤을 쏘아본다. 머리를 흔든다.

"당신은 엘리야 무하마드님을 버렸어. 그것은 잘못이오, 형제 말콤." 무하마드의 슬픈 얼굴, 슬픈 목소리. 말콤은 그의 후원자요, 영웅이었는데. 실망과 상처가 무하마드의 얼굴에 먼지처럼 내려앉아 있다. 홱 몸을 돌려 걸어가는 무하마드. 우르르 그를 좇아가는 패거리들. 그들은 다시 입을 열기 시작한다, 떠들썩하게.

말콤의 어깨, 축 늘어지고 일순 얼굴에는 그늘이 진다. "너무 큰 것을 잃었어요. 너무 큰 것을. 거의 모든 걸." 그는 우리와 함께 내 차에 탔다. 줄리안이 한마디한다. 무하마드의 행동이 너무 당돌했다고. 말콤은 에둘러 말한다. "그앤 아직 어려요. 엘리야 무하마드님께서 그의 예언자고 그의 아버지라 생각해요. 이해하죠. 제발 그에게 친절합시다. 내게도 그렇게 해주시고.

　내 마음속에 그의 자리가 있는걸요."

　가나의 알리 훈련장에는 엄청난 인파가 몰려들었다. 그는 시범경기차 쿠마시(Kumasi)까지 갔는데, 5천의 인파가 임시공항에서부터 그를 환영했고 시내로 들어가는 도로에서는 1킬로는 족히 되는 차량행렬이 경적을 울리며 뒤따랐다. 그곳 할렘권투학교는 알리를 명예회원으로 위촉하고, 코란 한 권을 선물했다. 늘 그렇듯 알리가 아이들과 장난치자, 이를 지켜보던 수많은 어린아이들이 즐거움에 겨워 깔깔거리며 폴짝폴짝 뛰었다. 알리는 기자들을 향해 "저애들이 자신이 얼마나 예쁘고 멋진지를 깨닫게 해주고 싶다"고 말했다.
　가난한 아프리카인들이 즉석에서 베풀어주는 따뜻한 환영에 젊은 챔피언은 충격을 받았다. 유엔에서 외교관들을 만난 것도 좋은 경험이었지만, 아무런 절차도 말도 필요 없이 아프리카 대중을 만난 것은 또 다른 체험이었다. 알리는 광대짓이나 희롱, 무언극 흉내 따위를 내지 않고도 장벽을 뛰어넘어 민중의 마음속으로 파고들 수 있음을 비로소 느꼈던 것이다. 이제 그는 미국 내의 흑인거주지나 텔레비전 스튜디오에서 만나는 대중보다 훨씬 넓은 대중에게 영향력을 미칠 수 있었다. 이 깨달음이 깊어갈수록 그는 더 많은 대중들에 대한 책임감을 자각했다. 아프리카 군중들이 그 사명감의 깊이를 더해 준 것이다.
　알리는 가나에 이어 나이지리아와 이집트를 방문했다. 이집트에서는 비동맹운동의 또 다른 거인이자 미국이 악귀처럼 증오하는 나세르의 환영을 받았다. 나중에 알리는 나세르가 나일강가에 궁전을 지어주겠다며 자기 딸과 결혼해 달라고 했다고 말했지만, 이는 할리우드식 이국주의와 국제정치를 소재로 한, 알리 특유의 너스레가 또 한번 나온 것이다. 이집트에서는 접대가 훨씬 차분했다. 역시 이슬람국가인 이집트는 한때 엘리야 무하마드가 목회와 경제사업을 개척해 놓은 곳이기도 했는데, 여기서는 거리에서 사람들과 즉석으로 어울리는 행사보다는 공식적 순회방문일정에 더 비중을 두었다. 게다가 이집트는 가나와 달리 권투가 생소한 나라여서, 권투선수보다는 이슬람신앙의 영웅으로 알리를 칭송했다. 그러나 어디를 가든 그는 자기 나라에서 받은 모욕과 해외에서의 따뜻한 접대 사이의 크나큰 간극을 통감하지 않을 수 없었다. 알리의 측근이었던 캐리엄은 아프리카여행이 끝나고 얼마 후 말콤과 내통했다는 혐의로 쫓겨나고 마는데, 그는 토마스 하우저에게 이렇게 털어놓는다. "목숨이 붙어 있는 한, 난 그때 아프리카여행을 절대 잊을 수 없어요. 캐시어스 클레이가 무하마드 알리로 되는 것을 바로 거기서 목격했으니까요. …아프리카에서 그는 전과 다른 사람이 되었어요."

알리의 아프리카여행을 취재한 몇 안 되는 미국기자들 중에는 찰스 하워드(Charles P. Howard)도 끼여 있었다. 범아프리카주의를 신봉하는 베테랑기자인 그는 폴 로브슨을 드러내놓고 옹호한 사람 중 하나였으며, 알리의 여행 당시에는 『무하마드는 말한다』를 비롯한 몇몇 흑인신문의 국제통신원으로 활약했다. 하워드는 새 챔피언이 "미국 권투역사상 그 어떤 선수보다 국제적으로 많은 팬"을 거느리고 있다면서 "보이지 않는 망토를 걸치고 챔피언지위를 의식한 의젓한 행동을 언제나 해 보이지만, 기본적으로 민주적이며 서민적 채취를 풍기는 미국흑인"이라고 치켜세웠다. "[알리는] 고집불통에 자만심 강하고 완고한 독불장군형 인물일지 모른다. 하지만 이것이 바로 새로운 미국흑인상 아닐까? 미국 곳곳에서 얻어터지고 발길로 차이고 경찰에 끌려가 학대당하는 수천의 젊은 흑인들이 숭상하는 모습이 바로 이것 아닐까? 그들은 이제 더 이상 참을 수 없으며 백인에게는 단 하나도 애걸하지 않겠다고 분명히 하고 있다. 그들은 어떤 대가를 치르더라도 마땅히 자신들의 몫을 되찾고자 한다." 이는 엘리야 무하마드 식의 '되찾은 이슬람나라'라기보다는 말콤 엑스 식의 흑인반란자에 가까운 논조였다.

아크라에서 이루어진 알리와 말콤 엑스의 짧고 씁쓸한 만남은, 두 사람이 서로 방식은 다르지만 똑같은 운명의 길을 걷고 있음을 보여주었다. 두 사람은 흑인으로서의 자존심과 보편적인 휴머니즘의 합치라는 길을 걷고 있었던 것이다. 말콤 엑스는 알리를 만났을 때 깊은 상처를 받았거니와, 나중에 알리가 언론에다 말콤 엑스와의 만남을 거론하며 "더 이상 말콤 엑스의 말을 귀담아듣는 사람은 없다"고 내뱉은 말에도 상처받았다고 알렉스 헤일리에게 털어놓았다. 하지만 알리가 틀렸다. 배교자 말콤 엑스는 혼자가 아니었던 까닭이다. 말콤 엑스는 아크라에서 라이베리아, 세네갈, 모로코를 거쳐 알제리까지 갔다가 5월 말 뉴욕으로 돌아와서는, 미국흑인의 고통스런 실상을 유엔무대로 끌고 갈 계획이라고 발표했다. 그리고 6월에 아프리카계 미국흑인통일기구(Organization of Afro-American Unity)를 창설했는데, 이는 은크루마가 두보이스의 범아프리카회의에 영감을 받아 만든 아프리카통일기구에 자극을 받아 만든 것이다. 미국흑인의 노래가 영국으로 수출되었다가 재포장되어 미국에 역수입된 것과 마찬가지로, 미국흑인의 정치적 구상이 아프리카에 심어졌고, 이것이 다시 힘있게 미국에 들어온 것이다. 음악과 정치 분야에서 돌고 돈 검은 대서양주의는 예술과 정치의 전위들에게 큰 영향을 미쳤으며, 대중의 의식에도 변화를 몰고 왔다.

●   ●   ●

　1964년 7월 월리스 무하마드는 자신의 아버지 엘리야 무하마드와 이슬람네이션이 '무모하고 광적'이라고 공개적으로 폭로했다. 그는 코란을 공부하면서 아버지의 가르침이 이슬람과 이질적임을 알고 거부하게 되었고, 아버지의 간통행위와 측근들의 사치행각을 비판하게 된 것이다. 이 발언을 계기로 월리스는 수입도 직업도 끊어지고 친구와 가족도 잃었으며, 끊임없이 협박에 시달려야 했다. 그런가 하면 같은 형제이지만 허버트는 "권투사업을 좋아했고, 거기 걸린 돈에도 재미를 느꼈"던 태평무사한 성격의 소유자였는데, 그는 알리의 재정을 담당하고 있었다. 이 허버트가 자신이 운영하는 사진스튜디오에 소속되어 있는 손지라는 여자모델을 알리에게 소개했고, 그후 손지는 알리의 첫 아내가 된다.
　한편 엘리야 무하마드의 변호사 겸 알리의 법적 대리인

역할을 하던 천시 에스크리지(Chauncey Eskridge)는 알리의
스폰서를 루이빌 신디케이트에서 다른 쪽으로 바꾸려고 물
색하고 있었다. 그는 이슬람네이션의 성원은 아니었고, 재무
부 산하 내국세국 소속으로 활동하다가 당시 유명했던 시카
고법무법인에 참여한 회계사로 부와 명성을 다 거머쥔 흑인
이었다. 그는 말콤 엑스와 마틴 루터 킹의 대리인으로도 활
약했는데, 특히 킹과의 관계는 돈독했다(4년 후 킹이 멤피스
호텔에서 암살되었을 때 그는 킹 옆에 있었다). 9월에 마이
애미의 알리 훈련장에 들른 에스크리지는 킹 목사와 전화통
화를 하다가 그 전화를 알리에게 건네주었다. FBI 덕분에
우리는 킹과 알리의 대화 요약문을 볼 수 있다.

> MLK[마틴 루터 킹]가 캐시어스에게 말을 먼저 넣었고, 두
> 사람은 인사를 나눴음. MLK는 알리의 최근 결혼을 축하함. C
> [캐시어스 클레이, 즉 알리]는 다음 챔피언 타이틀전에 MLK를
> 외빈으로 초대했고, MLK는 가보고 싶다고 말함. C는 MLK를
> 지켜보아 왔다고 말하며 MLK가 자신의 형제라고 100% 신뢰
> 하지만 전혀 만날 기회가 나지 않는다고, 그리고 MLK가 몸조
> 심해야 한다고, MLK는 세계적으로 알려진 인물이시니 흰둥이
> 들을 조심해야 한다고, 그리고 나이지리아·이집트·가나 국
> 민들이 MLK에 대해 묻더라고 말함.

알리가 킹에게 이런 말을 한 시점은, 시민권운동이 격렬
한 투쟁을 벌인 여름철의 막바지였다. 1964년 5월 필라델피
아 외곽과 미시시피주에서는 시민권운동가 채니(Chaney),
굿맨(Goodman), 슈워너(Schwaner) 등이 현지경찰과 충돌

을 벌이는 와중에 KKK단에 의해 살해되었다. 이 살인행위
는 현지 흑인동조자들과 외부 선동가들에게 경고를 보내는
의미를 담고 있었지만, 흑인과 백인을 망라한 수백 명의 자
원봉사자들은 이에 굴하지 않고 오히려 노도와 같이 미시시
피주로 밀려들어가서 유권자교육활동과 유권자등록운동 등
'자유여름투쟁'(Freedom Summer)이라 불리는 대중적 투쟁
을 전개했다. 자원활동가들은 백인떼거리에게 구타당하고
체포되는가 하면 방화사건까지 발생하여, 여름이 끝날 무렵
6명이 사망하고 1천 명이 체포되었으며, 건물 30채가 폭탄세
례를 맞고 흑인교회 36개가 불에 탔다. 이런 갖은 고통에도
불구하고 운동가들은 의연히 나아갔다. 주정부는 1만 6천 명
의 유권자등록을 반려하며 버텼지만, 그래도 1600명의 흑인
을 유권자로 등록시키는 개가를 올렸다.

그해 여름 동안 8만 명의 흑인이 미시시피자유민주당
(Mississippi Freedom Democratic Party)에 가입했다. 백인
일색의 민주당에 도전하기 위해 조직된 미시시피자유민주당
은 당시 애틀랜틱시티에서 열린 민주당대회 대의원선거전을
겨냥하고 있었다.[1] 린든 존슨과 민주당 공식기구는 미시시피
자유민주당에 대한 의석배분 요구를 거부했고, 운동은 쓰라
린 타격을 입었다. 여기서 의미심장한 것은 그 타격이, 그때
까지 동맹자로 생각했던 허버트 험프리, 월터 먼데일, 월터
로이터 등 백인 자유주의자들에 의해 가해졌다는 사실이다.
험프리가 민주당 부통령후보로 지명되고, 대통령출마를 준
비중인 린든 존슨이 남부지방 표밭을 강하게 의식한데다 흑
인 시민권운동 내의 온건파가 존슨에 아부하는 전략을 취하

184

면서, 선거권 획득이라는 너무나 당연한 요구를 내세웠던 미시시피자유민주당 세력은 기선을 빼앗긴 셈이었다. 이는 학생비폭력조정위원회(SNCC) 활동가들에게도 쓰라린 패배였다. 이들은 1960년의 앉아있기 운동(sit-ins)을 거치며 성장한 현장조직 운동가들로서, 미시시피자유민주당의 핵심을 이루고 있었다.

찰스 셔로드(Charles Sherrod)의 말에는 이들의 심경이 잘 배어나 있다. "우리는 인종차별주의자의 나라에 살고 있다. 인종차별의 전통, 인종차별 경제, 인종차별적 언어, 인종차별적 종교, 인종차별적 생활철학이 지배하고 있다. 우리는 우리 자신과 맨몸으로 맞서야 하는 것이다." 자유인권투쟁을 일관되게 지지해 오던 흑인명사 해리 벨라폰테(Harry Belafonte)[1]는 활동가들과 함께 가나에서의 급박한 정쟁을 중단하라는 운동을 벌였는데, 가나에서 이들은 미국 흑인투쟁의 영웅으로 인식되고 있었다. 마침 여행중이던 학생비폭력조정위원회 소속 존 루이스(John Lewis)와 돈 해리스(Don Harris)는 아프리카대륙까지 가서, 나이로비에서 같은 호텔에 투숙중이던 말콤 엑스를 만나 여러 시간 토론을 벌였다.

당시 말콤은 카이로에서 열린 아프리카통일기구 제2차 회의에 참석하기 위해 7월부터 아프리카에 머물고 있었다. 말콤은 그해 첫 아프리카여행의 성과로 은크루마와 나세르로부터 이 회의에 초대를 받은 것이니, 실로 미 국무부의 심기를 거스르는 사단이 아닐 수 없었다. 일찍이 가비나 두보이스가 그랬던 것처럼, 말콤 역시 결단을 내렸다. "때는 왔

[1] 자메이카 출신의 흑인가수. 백인들에게도 큰 인기를 얻었음

다. 미국흑인의 문제를 이제 국제화해야 한다. 그러기 위해서는 기필코 신생 아프리카국가들과 미국흑인의 운명을 결부시켜야 한다." 그러나 말콤 엑스는 아프리카의 지도자들이 우호적이기는 하지만 미국의 심기를 거스르고 싶어하지 않는다고 판단했다. 특히 콩고에서 벌어진 일련의 사태가 이같은 판단을 부추겼다.

여름이 다 갈 때까지 이집트에 머물다가 말콤은 사우디아라비아와 쿠웨이트를 방문했으며, 미 국무부의 동맹자인 에티오피아의 하일레 셀라시에(Haile Selassie)로부터는 퇴짜를 맞았으나, 탄자니아 독립의 지도자 니에레레(Julius Nyerere)와는 3시간 동안 환담을 나누었다. 다시 케냐로 가서 케냐타를 만났고, 그러던 중 학생비폭력조정위원회의 루이스와 해리스를 만나게 된 것이다. "호텔에서 우리 옆자리에 앉은 그 사나이는 정열과 흥분에 들떠 있었다. 화난 것도 아니고 생각에 깊이 빠져 있는 것도 아니었다. 그는 무척 희망에 차 있었다"고 루이스는 말한다. 말콤은 그들에게 이제 운동의 초점은 '인종에서 계급으로' 옮겨가야 한다고 역설했다. 루이스의 회고를 다시 들어보자. "그는 바로 이것[계급]이 우리 문제의 근원인데, 이는 미국만이 아니라 전세계 공통의 것이라고 했다. 그는 낙관적 생각으로 잔뜩 흥분해 있었지만, 그 속에서 나는 공포를 읽었다. 어떤 초조함이 물씬 풍겨나고 있었다."

당연히 말콤은 여행 내내 CIA의 감시의 눈길 아래 있었다. 미 국무부의 문서에는 말콤 엑스가 "갖가지 목적을 달성하기 위해서 자신이 미국시민임을 스스로 포기하고 있다"고

기록하고 있다. 케냐를 떠난 말콤은 나이지리아·가나·라이베리아를 거쳐 기니에 가서 세쿠 투레(Sekou Turé)[1]의 사저에 초대를 받았으며, 그후 북아프리카와 유럽에 잠시 머물다가 11월 24일 뉴욕으로 돌아왔다.

바로 그 전날, 존슨은 콩고공습을 명령했다. 내전으로 발이 묶인 미국시민들을 보호한다는 명분이었다. 즉각 말콤은, 콩고공습은 레오폴드빌을 장악하고 있는 "모이스 촘베의 살인청부업자들"을 돕는 책략이라며, 미국의 간섭을 비난했다. 마틴 루터 킹 또한 콩고에서 "모든 외국세력이" 철수할 것을 요구했으며, 필립 랜돌프, 앤드루 영, 로이 윌킨스 등도 사태에 우려를 표시했다. 말콤은 유엔에서 미국의 '신식민주의'를 비판한 아프리카와 아시아 외교관들을 공식·비공식을 가리지 않고 화급히 접촉했으며, 12월 말에는 미시시피자유민주당의 지도자 F. L. 해머와 공동으로 할렘집회를 조직했다. 할렘집회에서 해머는 미국이 미시시피의 흑인시민은 방치하면서 어찌하여 콩고의 백인거주자를 보호하겠다며 간섭을 하느냐고 비판의 날을 세웠고, 말콤은 미국의 주장과 당면현실을 비교하면서 미국은 "세계역사상 가장 위선적인 정부"라고 단죄했다.

한편 알리는 소니 리스턴과의 재대결을 위해 보스턴에서 훈련을 하던 중 탈장증세로 시합이 연기되었다. 1964년 크리스마스에는 보스턴의 한 호텔에서 알리의 홍보비서이자 말콤 엑스와 절친한 친구사이인 아미어가 기자를 가장한 이슬람네이션 교도들로부터 폭행당했는데, 폭행가담자 중에는 알리의 보디가드인 질도 있었다. 설상가상으로 그는 병원에서 치료를 받고 호텔로 돌아오던 길에 또다시 습격을 받았고, 마침내 1965년 1월 9일 테레사 호텔에서 기자회견을 자청하여 자신이 당한 보복의 실상을 폭로했다. 그는 챔피언이 이슬람네이션의 유력자들에 대해 "심각한 의심을 품게 될 것"이라고 주장하면서 "블랙 무슬림의 내부다툼"으로 알리가 다치거나 생명의 위협을 받게 되지 않을까 염려된다고 했다. "나는 1956년 이슬람네이션 운동에 가담했고, 그 핵심 인맥의 한 사람이었다. 마이애미에서 버펄로에 이르기까지 무슬림들에게 가라테를 가르친 사람이 나다. …클레이를 이용하여 젊은이와 여성들을 끌어들이려 하고 있다. 클레이는 무슬림의 영적 운동을 믿는 충직한 청년이다. 그러나 이 조직의 영성은 이제 사라졌고, 무자비하고 힘있는 세력이 조직을 장악한 것이 지금의 본모습이다." 그 순간 같은 호텔의 다른 방에서는 알리가 기자회견을 하고 있었다. "아미어라는 사람은 내게 아무 존재도 아니다. 그는 등록된 무슬림교도인 한에서만 환영받는 친구다. 이제는 아니다. 그리고 내 홍보비서였던 적도 없다. 언론관련 일은 내가 직접 챙긴다." 또 며칠 후 이슬람 결실의 날(Fruit of Islam)을 기념하여 오드본 무도회장에서 가진 무도만찬 행사에서 알리는 신도들에게 이렇게 말했다. "말콤은 백인언론을 믿었지만, 자기를 2인자라고 부르자 환멸을 느낀 겁니다."

2월에 『무하마드는 말한다』는 1면에 아미어의 사진을 싣고 "수배중"이라는 제목을 달고는, 그가 엘리야 무하마드의 살해음모를 꾸몄다고 썼다. 아미어 측의 말에 따르면 이슬람네이션은 두 가지 이유에서 그를 추적하고 있었다. 첫째는 말콤 엑스에게 암살계획을 제보했으니 조직의 비밀을 지킨다는 맹세를 깬 것이며, 둘째는 이슬람네이션이 알리를 "우려먹고 있다"고 알리에게 말해 주었고 그 결과 알리가 시카고 본부에 항의하기에 이르렀다는 것이다. 그 무렵 알리는 테레사 호텔에서 말콤 엑스의 부인 베티 샤베즈와 우연히 마주쳤다. 당시를 떠올리며 베티가 토마스 하우저에게 들려준 바에 따르면 그녀는 "그 사람들이 내 남편에게 무슨 짓을 하고 있는지 알아요?"라며 자기 가족의 옛 친구 알리를 꾸짖었다고 한다. "그러자 알리는 두 손을 쳐들고 이렇게 말하더군요. '난 아무 짓도 안 했습니다. 아무 짓도 안 한다고요.'"

2월 4일 말콤은 남부의 시민권운동 현장을 처음으로 방문했다. 그전 주에 조지 월리스 주지사의 주정부군이 앨라배마 주 셀마의 어린 학생들 수백 명을 잔혹하게 진압하는 사태가 발생했는데, 이때 킹 목사도 함께 체포되었다. 말콤은 킹의 부인을 만난 다음 언론에 경고했다. 만일 온건파 킹 박사의 말도 무시당한다면, 백인들은 이제 "다른 방식으로 싸우는… 다른 부류의 사람들"과 마주치게 될 것이라고. 이어 말콤은 영국으로 날아가 아프리카통일기구와 런던정경대학(London School of Economics)에서 각각 연설하고는 파리로 갔으나, "바람직하지 못한 인물"이라는 이유로 입국을 거절당했다. 그리고 2월 13일 뉴욕으로 돌아왔고, 이튿날 그의 집이 소이탄 공격을 받았다.

죽기 전에 마지막 가졌던 몇 차례 기자회견에서 그는 자신의 철학이 변화하고 있다고 토로했다.

우리는 혁명의 시대에 살고 있다. 미국흑인의 저항은 이 시대를 특징짓는 억압과 식민주의에 대한 반란의 한 부분이다. … 흑인의 저항을 단순히 흑백인종분쟁이나 순전히 미국만의 문제로 보는 것은 적절치 않다. 오늘날 우리는 억압자에 대한 피억압자의 국제적 반란, 착취자에 대한 피착취자의 국제적 반란을 목도하고 있는 것이다.

결국 로버트 헤이든(Robert Hayden)[1]의 시구대로 말콤 엑스는 "위대한 인물이 되었으나/시간이 얼마 남지 않았다." 2월 21일 그는 자신이 설립한 아프리카계 미국흑인통일기구의 지지자들이 지켜보는 가운데 저격당했다. 회의는 그의 안마당이라 할 수 있는 할렘의 오드본 무도회장에서 열렸고, 현장에는 뉴욕경찰과 FBI 요원들이 나와 있었다. 엘리야 무하마드는 이를 "신이 내린 응징"이라고 했다. 그리고 그날 밤 알리의 아파트에는 어디선가 쏜 총탄이 날아왔다. 말콤의 사람들이 벌인 복수극일 텐데 두렵지 않느냐는 질문에 알리는 코웃음쳤다. "말콤에겐 추종자 따윈 없어." 그러나 만일 이것이 말콤의 사람들이 한 짓이라면, 의문이 가지 않을 수 없다. 똑같은 날 밤 말콤이 예전에 할렘포교의 연단으로 삼았던 제7 이슬람사원에 누군가 불을 지른 것이다. 아프리카에서 말콤의 명성을 깎아내리기 위해 미국의 정보기관은 미국에는 말콤의 추종자들이 한줌에 불과하다고 해외언론에 흘리는 등 갖은 공작을 다했다. 그럼에도 말콤의 암살소식은 그가 방문했던 나라마다 톱기사로 다루어졌다. 『가나타임스』는 그를 존 브라운(John Brown)과 패트리스 루뭄바와

[1] 미국의 현대시인

같은 반열에 올려놓았다.

그로부터 일주일 후 시카고 본부에서 열린 구주절 연례행사에서 엘리야 무하마드는 추종자들에게 이렇게 말했다. "우리는 말콤을 죽이려 하지 않았다. 한번도 그러지 않았다. 내가 말콤을 해한 것이 아님을 저들은 알 것이다. 내가 말콤을 사랑한 것도, 저들은 안다. 말콤은 제 어리석은 말 때문에 죽음을 자초한 것이다." 연설하는 엘리야 무하마드 뒤쪽 연단에 앉은 알리는 청중들과 함께 박수를 보냈다. 회개한 월리스가 자기 아버지 엘리야의 추종자들 앞에 나와서 "엄청난 잘못을 했음"을 고백하고 아버지 말씀을 모두 받아들인다고 말하는 동안, 알리는 무슨 생각을 하고 있었을까?

3월 10일 아미어는 말콤의 죽음과 관련하여 할 말이 있다며 암살범을 찾는 데 협조하겠다고 FBI에 제안했으며, 3월 12일에 만나기로 했다. 그리고 3월 11일 아미어는 묵고 있던 호텔방에서 여종업원에 의해 시체로 발견되었고, 한참 후에 32세의 청년이 원인을 알 수 없는 이유로 자연사했다는 발표가 나왔다.

부리나케 인쇄에 들어간 말콤 엑스의 자서전이 25만 부나 팔리면서 말콤 엑스의 명성은 사후에 더 굳건해졌다. 25년이 지나 알리는 토마스 하우저에게 이렇게 말했다. "그가 그렇게 죽다니, 유감이고 또 수치스럽다. …왜냐하면 말콤이 본 것이 옳았고, 그가 떠난 후 우리는 결국 그가 생각한 대로 나아갔으니까 말이다. 피부색이 어떤 사람을 악마로 만드는 것은 아니다. 중요한 건 마음과 영혼과 정신이다."

　타이틀을 거머쥔 후 알리는 15개월 동안 대전을 갖지 않았다. 언론으로서는 알리의 사생활을 염탐할 절호의 기회였다. 부인 손지는 허버트 무하마드의 소개로 알리를 만나기는 했지만, 여성의 복장과 행동거지에 대한 이슬람네이션의 가르침에 대해서는 코방귀를 뀌는 타입이었다. 손지는 자신이 엘리야 무하마드나 그 패거리에 대해서 거북한 질문을 해대기 시작하자, 알리가 자신을 '외면해 버렸다'고 말한다. 곧 두 사람은 별거에 들어갔고, 이혼서류를 제출했다.

　마침내 5월 25일 메인주의 루이스턴에서 치른 타이틀전에서 알리는 소니 리스턴을 1회 KO로 눕혀 챔피언자리를 지켰다. 그러나 그 유명한 "귀신같은 펀치"를 날리며 리스턴을 나동그라지게 했는데도 알리에 대한 평이나 알리와 언론의 관계는 좀체 나아지지 않았다. 알리는 백인들이 오랜 세월 애지중지해 오던 플로이드 패터슨과 라스베이거스에서 경기를 갖기로 계약했다.

　알리가 리스턴과의 시합에서 승리를 거둔 직후 패터슨은 자신이 '카톨릭'이라고 밝히며 "미국에 타이틀을 다시 바치는 것"이 자신의 의무라고 말했다. 챔피언이 마치 외국인이기라도 한 듯이 말이다. 이토록 열렬한 흑백통합 지지자였던 패터슨이었지만, 3주 후에는 백인이웃들이 자신의 가족들에게 가하는 인종차별에 견디다 못해 뉴욕주 용커스의 저택을 2만 달러나 손해를 보며 14만 달러에 팔아치워야 했다. 1965년 10월 패터슨은 『스포츠 일러스트레이티드』에 다음과 같이 썼다. "캐시어스 클레이는 자신을 포함하여 흑인을 욕되게 하고 있다. …헤비급 세계챔피언이 블랙 무슬림이라니, 스포츠와 국가를 모욕하는 꼴이다. 누군가 캐시어스 클레이를 때려눕혀야 한다. 블랙 무슬림이라는 골칫거리를 권투계에서 몰아내야 한다." 누가 흑인의 본보기인지 가리자며 패터슨이 먼저 싸움을 걸어오자, 알리는 이를 정면으로 맞받아 몇 주 동안 끈질기게 조롱의 화살을 날렸다.

패터슨은 제가 타이틀을 미국에 되찾아주겠다고 말하대. 미국이 타이틀을 갖고 있지 않다고 생각한다면, 내가 누구한테 세금을 내고 있는지 좀 보쇼. 난 미국인이오. 하지만 패터슨은 깜둥이라 불리는 귀머거리 멍청이야. 좀 패줘야겠어. 작자 말이 괘씸해서 진탕 패줄 거야. 아픈 맛을 봐야 해. …돼지고기나 뜯기 좋아하는 늙다리 땅딸보녀석 따윈 어림도 없지.

아서 애시(Arthur Ashe)[1]에 따르면 "흑인선수가 다른 흑인선수에게 이렇게 심한 막말을 공개적으로 늘어놓은 경우는 없었다." 알리는 더 지독한 시구도 쓱쓱 지어 내놓았다.

난 그놈 등짝을 마루에 붙여놓을 거야
그러면 검둥이답게 행동하겠지
챔피언이었을 때는 할 일을 안 한 놈이니까
그놈은 백인이웃에게 굽실거리려 했다네

막상 시합이 벌어지자 패터슨은 실력에서 알리의 적수가 되지 못했다. 앞자리에 앉은 권투평론가들은 알리의 행동에 분통을 터뜨렸지만, 알리는 봐란듯이 싸움을 질질 끌어 12회까지 끌고 갔다. 그는 패터슨에게 주먹맛을 보여주다가도 곧 물러서서 숨돌릴 시간을 주면서 입으로는 연신 "덤벼, 아메리카! 덤벼봐, 흰둥이 미국놈아!" 하고 욕지거리를 퍼부었다. 백인언론들은 잔인하고 야비한 짓이라고 비난했지만, 흑인운동가 엘드리지 클리버는 오히려 정반대의 논조를 폈다. "(이 싸움은) 사상적 측면에서 볼 때 흑인혁명의 정신적 성취를 반영하는 전환점이 되었다. …독립적 흑인이 굴종적인 흑인을 이길 수 있다는 상징적인 승리였다. …구세계에 대한 신세계의 승리, 어두운 무덤에 누워 있는 나사로[1]를 비추는 생명의 빛이었다."

패터슨의 추종자들도 클리버의 마지막 말과 똑같은 생각을 했다. 세계에는 두 개의 힘이 서로 투쟁한다고 생각한 마니교도들처럼 그들 역시 이 싸움을 빛과 어둠의 싸움이라고 본 것이다. 다만 누가 빛이고 어둠인지 거꾸로 생각했을 따름이다. 클리버 특유의 과장된 화법을 감안하더라도, 그의 저서 『얼음 속의 영혼』(Soul in Ice)에 나오는 이 대목은 알리의 권투역정 초기부터 시합이 어떤 상징적 의미를 띠게 되었는지를 잘 드러내준다. 알리는 링 위에 선 흑인선수들이 대표하는 가치를 거꾸로 정의하게 했는데, 패터슨의 도움은 티끌만큼도 받지 않으면서 이를 해낸 것이다.

이때를 돌아보며 제럴드 얼리는 패터슨을 가리켜 "미국의 대중문화 역사상 가장 불안한 흑인이면서 또 다른 사람들까지 불안하게 했다"고 평했다. 분명히 그는 성공의 본보기 역할을 열심히 떠맡았지만, 그로 인한 고통을 겪는 모순

[1] 예수가 죽음에서 살린 남자

된 삶을 살았다. 뒷날 패터슨 자신도 이렇게 말한 바 있다. "많은 사람들이 증오심을 품고 있다. 스스로 도덕적이라 믿고 싶어하는 사람들도 타인을 업신여기는 마음을 지니고 있기 때문에, 그 증오심을 풀기 위해 권투선수를 고용한다. 우리는 그 기대대로 행동한다. 링 위에 올라 타인의 증오심을 대신 해소한다. 그렇게 해서 우리는 만족을 얻는다. 클레이나 나처럼 남부에서 태어난 가난뱅이에다 교육도 제대로 받지 못한 사람이 권투말고 달리 돈을 만질 방편이 있겠는가?"

언론의 비난이 쏟아지는데도 알리는 물러서지 않았다. "사람들은 내가 무슬림이 아니었다면 얼마나 좋은 귀감이되었겠느냐고 내게 얘기를 해댑니다. 그런 얘기로 귀에 못이박일 정도인데 내가 어떻게 조 루이스나 슈거 레이 로빈슨같은 사람이 된단 말입니까? 그들은 이제 사라졌지만, 흑인의 현실은 변한 게 없지 않습니까? 우린 여전히 곤욕을 치르며 살고 있습니다."

패터슨과의 타이틀전이 있은 지 사흘 뒤, 콩고에서는 조제프 모부투가 미국의 지원을 등에 업고 쿠데타를 일으켰다. 군부의 돈줄을 관리하는 국방장관이던 모부투는 5년임기로대통령에 취임한다고 스스로 발표하고는, 곧이어 권력을 조속히 안정시킨다는 명분을 내걸고 벨기에와 남아프리카·영국 사람들로 구성된 용병을 고용하여 경쟁자와 반란자를분쇄했다. 모부투는 자신을 후원하던 모이스 촘베를 유럽으로 강제추방했고, 거기서 촘베는 자신이 루뭄바의 처형에 연루되었다고 고백했다.

1963년 7월 초 스물한 살의 밥 딜런이 뉴욕에서 미시시피 주 그린우드로 날아왔다. 그린우드는 학생비폭력조정위원회가 선거인등록운동을 벌인 곳이었다. 그린우드 주변의 삼각주 지방[1]에 사는 흑인들은 남부에서 가장 괴악스럽게 짐 크로 법을 적용받아 온 탓에 수십 년 동안 공포에 떨며 살아야 했다. 밥 딜런이 방문하기 전 6개월 동안 시민권운동가들은 폭행에 총기발사, 방화, 투옥 등의 위협에 시달려왔다. 그들에게는 외부의 도움과 언론의 관심이 절실했고, 피트 시거(Pete Seeger)[2]의 추진으로 이루어진 밥 딜런의 방문이 그 두 가지를 다 기대케 했다.

밥 딜런은 이때 비로소 짐 크로 법과 이에 저항해 온 민중들을 깊이 들여다보게 되었다. 다른 사람들과 마찬가지로, 그는 사회변화를 선도하는 이들과 잠시나마 만나면서 크게 변했다. 남부에서 백인전용 수도꼭지를 목격한 딜런은 역겨운 감정을 느꼈을 뿐 아니라 그 충격에만 머물지 않았다. 2년 후 그는 흑인자유투쟁에서 영감을 얻은 노래(〈에밋 틸의 죽음 Death of Emmett Till〉〈옥스퍼드 타운 Oxford Town〉)와 냉전을 좌파적 시각에서 새롭게 꼬집은 노래[3]를 발표하기에 이른다. 60년대 초에 포크음악이 다시 유행한 것은 시민권운동과 밀접한 관계가 있다. 포크가수들이 다른 분야 연예인들보다 음악적인 연구에 시간을 더 바칠 수 있었다는 점도 있겠지만, 포크가수들이 미국의 이상주의를 의식하고 있었다는 사실도 큰 요인으로 작용했다("이 땅은 우리 땅

[1] 미시시피주에 남쪽 멕시코만에 접하는 삼각주지대가 있다

[2] 백인 포크가수로 인종차별 반대, 반전 등 민권운동에 적극 참여했음

[3] 〈존 버치의 편집증 블루스 Talkin' John Birch Paranoid Blues〉 "…공산주의자들이 많다는 거야/허공에도 있고/땅에도 있고/…/그래서 난 허겁지겁/존 버치 협회에 가입했지/…/우와, 난 진짜 존 버치 회원/ 빨갱이들아 조심하라!/우리 모두 히틀러와 한통속/6백만을 죽였으면 어때/파시스트면 어때/그래도 공산당은 아니잖아!" 〈서서 죽게 해줘 Let Me Die in My Footsteps〉 "땅속에 묻혀 죽진 않겠어/난 죽어야 한다고 하네/…/무덤에서도 머리는 세워줘/서서 죽게 해줘/…/전쟁이 온다는 소문이 있어/삶의 의미도 바람에 실려 가네/누군가는 모두 끝장이라네" 등이 있다

This land is our land…"이라는 노래구절도 그렇다).

   밥 딜런의 초기 시사적인 저항노래들은 종종 중요성이 떨어지며 현학적이라고 치부되고 있지만, 그중 뛰어난 곡들은 오랜 세월을 살아남은 명곡이다. 이 노래들은 당시 다시 유행한 포크송들과 비교하면 덜 감상적인 대신, 톡 쏘는 독창성이 번득였다. 게다가 밥 딜런의 급진적 정치의식 덕분에, 그의 노래들은 시사적 문제를 꾸준히 다루었다. 〈홀리스 브라운〉(Hollis Brown), 〈해티 캐럴〉(Hattie Carroll) 등 인종과 계급적 억압을 다룬 노래가사들은 이런 점을 특히 돋보이게 한다. 〈전쟁광〉(Masters of War)은 곡이 씌어지고 5년 후에 일어난, 군산복합체와 대학의 충돌로 일컬어지는 전국적 학생봉기를 예감케 한다. "죽음의 비행기를 만든 그대/거대한 폭탄을 만든 그대/벽 뒤로 숨은 그대/책상 뒤에 숨어 있는 그대." 또 〈신은 우리 편〉(With God on Our Side)에서는 미국의 역사와 국가적 정체성을, 말콤 엑스에 비견될 만큼 우상파괴적 시각에서 그려낸다. 자유주의와 갈라서기 전부터도 그는 이미 자유주의자가 아니었다.

   딜런은 스파르타 사람들처럼 검소하고 엄격한 학생비폭력조정위원회 성원들, 그리고 가난에 찌든 현지에서 활동하는 동지들과 이틀하고 반나절을 같이 지내면서, 이들의 헌신성과 용기와 진솔함, 고통을 감내하는 태도에 경외감을 느꼈다. 그는 짐 포먼, 줄리언 본드, B. J. 레이건 등 학생위원회 산하 자유가수단(Freedom Singers, 이들은 뒤에 'Sweet Honey in the Rock'으로 이름을 바꾼다) 성원들과 뉴퍼트 포크페스티벌에서 만난 인연이 있었는데, 이번에 다시 만나 서로의 생각을 나누었다. 또 목화밭가에서 피트 시거 등 다른 가수들과 함께 트럭짐칸을 무대 삼아 대부분 현지 흑인들인 300명의 청중을 앞에 놓고 공연을 했다. 뉴욕에서 온 TV기자가 이 현장공연을 찍었으며, 저항가요의 새로운 고전이 된 〈그들의 게임에 볼모가 될 뿐이야〉(Only a Pawn in Their Game)도 여기서 선보였다. 원래 이 노래는 그 몇 주일 전 메드거 에버스의 암살에 항의하는 뜻에서 만든 곡이었다. 당시 운동의 주류는 도덕주의적이고 유토피아적 내용을 띠었지만, 딜런의 노래에는 이와 정반대로 인종주의적 폭력이 정치조작과 부당한 사회체제의 산물이라는 주장이 담겨 있었다. 메드거 에버스의 암살범인 부유한 마당발 벡위스(Byron de la Beckwith)[1]도, 일테면 "그들 게임의 볼모 한 명"에 불과한 존재였다. 마침 학생비폭력조정위원회 활동가들의 현실인식이 급속하게 변화하고 있었던 터라, 백인 엘리트들의 분할통치 전략을 까발리고 빈곤과 인종주의의 밀접한 연관성을 역설하는 딜런의 노래는 이들 사이에서 강력한 반향을 일으켰다.

미국 최악의 빈곤지대에서 가장 억압받는 사람들을 잠시 만난 딜런은 곧바로 푸에르토리코에서 열린 컬럼비아음반사의 판매대책회의에 채가다시피 불려갔다. 막 발매된 그의 두 번째 음반 〈프리윌링〉(Freewheelin')은 포크가수로서는 기록적 판매고인 20만 장을 넘어서며 승승장구하고 있었다. 이보다 앞서 '저항가요'로 첫 대박을 기록한 것은 〈바람만이 아는 대답〉(Blowin' in the Wind)을 표제곡으로 내놓은 피터 폴 앤드 메리(Peter, Paul and Mary)였다. 이제 딜런 자체가 상업적 자산이 되었다. 그러나 그는 스튜디오 안에서 제조해

[1] 잭슨시의 전미유색인지위향상협회 조직국장 메드거 에버스를 총으로 살해한 벡위스에게 유죄판결이 확정된 것은 훨씬 나중인 1997년이다

낸 그렇고 그런 대중스타와는 전혀 거리가 멀었다. 딜런의
팬들은 젊지만 진지한 사람들이었고, 노래가락뿐 아니라 가
사내용에도 관심을 두었다. 곧바로 딜런은 "한 세대를 대표
하는 목소리"로 언론에 보도됨으로써, 분석과 연구를 요하
는 사회적 현상인 컬트적 청년우상의 효시를 이루었다. 그린
우드를 방문한 지 7주가 지난 8월, 딜런은 워싱턴대행진에
참가하여 더욱 확고해진 자신의 위상을 확인했다. 집회에서
피터 폴 앤드 메리는 〈바람만이 아는 대답〉을 부르고, 딜런
은 〈그들의 게임에 볼모가 될 뿐이야〉를 불렀다. 이 노래들
은 인종화합을 내세운 마틴 루터 킹의 연설과도 대비를 이
루긴 했지만, 지나치게 자기검열된 존 루이스의 연설과 어울
려 착잡하고 애타는 심경을 느끼게 했다.

대공황기 때 미국의 인민전선운동을 선두에서 이끌었던
구좌파의 노전사들은 딜런의 계급적 예술관에 환영을 표시
했다. 폴 로브슨의 입이 막힌 이래 평이한 말투로 대중에게
말하면서도 예술로써 사회정의를 위한 성전에 복무할 수 있
는 사람, 즉 민중예술가를 딜런에게서 찾았다는 것이 많은
사람들의 생각이었다. 매카시즘이 절정에 달했을 때 이에 맞
서 투쟁한 시민자유긴급위원회(Emergency Civil Liberties
Committee, ECLC)는 1963년 딜런의 공적을 인정하여 톰 페
인 상을 수여했다. 하지만 권리장전[1] 행사 겸 수상식 만찬장
에서 잔뜩 과음을 한 딜런은 횡설수설 수상연설을 한데다
늙어가는 좌파들끼리의 모임을 빗대는 말을 하여 참석자들
의 속을 긁어놓기도 했다. "저는 오랜 시간을 보내고서 비로
소 젊음을 얻었고, 이젠 젊은이라 생각하며 또 그렇게 자부

합니다." 그러면서 그는 "노인네들이란 머리에 털이 날 무렵부터 사라져가게 마련"이라면서 "머리에 털 난 얼굴들"을 보고 싶었다고 했다.

역사책은, 사람들이 느끼는 바를 말해 주지 않더라고요. 옛일을 돌아보는 일은 저에게 한치도 도움을 주지 못합니다. …나에겐 더 이상 흑도 백도 없고, 좌와 우도 없습니다. …제가 워싱턴행진 행사무대에 섰을 때 사방을 둘러보니 모두 흑인들이더군요. 그중 내 친구 아닌 사람이 없었어요. 제 친구들은 양복을 안 입습니다. 내 친구들은 존경받는 흑인이라는 티를 내는 옷도 걸치지 않습니다.

그러고는 학생비폭력조정위원회와 제임스 포먼 그리고 쿠바를 찾아갔던 사회주의청년단체 등을 대표하여 이 상을 받는 것이라고 말했다. 여기서도 드러나듯이, 그는 좌파나 현장운동가들을 이 범위까지 포용한 것이다. 덧붙여 그는 쿠바 자유여행을 허용하라고 주장했는데, 대부분의 현장활동가들은 이 말에 통쾌함을 느꼈을 테지만 음반회사 중역들은 소름이 돋았을 것이다. 딜런은 한술 더 떴다.

솔직히 말합시다. 우물우물 않고 툭 까놓고 말하겠어요. 케네디 대통령을 쏜 리 오스왈드란 친구 있잖아요. 그 친구가 정확히 어디에서 어떤 생각으로 그렇게 했는지는 모르지만, 솔직히 인정하건대, 나는 그 사람 속에서 내 모습을 보았어요.

노인네들은 이 애송이의 말에 놀라 "우—" 하고 야유를 보냈다. 때가 어느 때인데 죽은 대통령을 험담하다니, 게다가 더 생게망게하게도 살인자와 자신이 같다고 생각하다니. 늙은 좌파건 리버럴이건 아무도 건드릴 엄두도 내지 못한, 미국에서 가장 무시무시한 터부를 깬 셈이었다. 흥미롭게도 그 2주일 전 말콤 엑스도 바로 이 터부를 건드렸고, 그 결과 엘리야 무하마드와 영원히 결별하게 되었다.

딜런을 칭송했던 사람들 중에서도 많은 이들이 그의 즉흥 연설에 격노했다. 지금 생각해 보면, 그의 연설은 미숙한 애송이가 술김에 욱기로 터뜨린 말이라고 보아도 틀리지는 않을 것이다. 하지만 내심 충격을 주기 위한 목적 이상의 뭔가가 있었고, 특히 오스왈드에게서 자신을 보았다는 대목은 더욱 그렇다. 그로부터 6개월 뒤 냇 헨토프(Nat Hentoff)[1] 사건에 대해 논평하는 자리에서 딜런은 자신이 정치적인 대표자라는 것을 부인하며 이렇게 말했다. "난 어떤 조직하고 일을 같이 하는 식은 못 돼요." 권리장전 만찬행사에서 벌인 행동에 대해서도, 사회적 양심상 구원을 얻겠다고 바글바글 모여든 부유한 백인들 틈에 끼여 있는 자신을 보니 억하심정이 발동하더라고 털어놓았다. "그들은 30년대엔 좌파였다가 이제는 시민권운동을 후원하는 사람들이더군요. 거기까지는 좋다고 해도, 밍크코트며 보석으로 치장하고 있더라 이 말이죠. 죄책감 때문에 돈을 뿌리는 꼬락서니였어요. …만찬장에 모인 사람들이 남보다 잘난 건 하나도 없었어요. 시간을 죽이는 사람들이죠. 거기 매달리며 사는 겁니다."

사회정의를 일깨우는 목소리라고 칭송받는 속에서도, 딜런의 내면에서는 음반회사 중역이나 정치활동가들이 마음대로 재단하는 존재 이상의 어떤 것이 분명히 태동하고 있었다. 그가 60년대 중반에 내놓은 대작들은, 권리장전 만찬 때 쏟아낸 독설처럼 모순이 교차하는 주제들을 다시 담고 있었다. 이 곡들은 60년대의 중심 인물이던 딜런이 중대한 변화의 시점을 통과하고 있음을 보여준다. 초기 딜런의 노래가사에 배어 있는 리버럴에 대한 경멸감은 조급한 급진주의와 함께 히피적인 반(反)지성주의로 발전했다. 탁월한 젊은이임을 내세우는 그의 선언은 일종의 독립선언으로서, 메시아적 세대가 짊어질 과업을 노래한 〈그들이 세상을 바꾸네〉(The Times They Are A Changin', 만찬사건이 있고 한 달 후에 발표됨)와 어울리는 것이었다. 그러나 역사와 현실정치에 의문을 표시하면서도 어딘지 모르게 절망적이고 현실포기적인 태도가 어른거렸으니, 당연하게도 그후의 세월 내내 딜런은 허무주의라는 비판을 받았다.

　[중산층의—옮긴이] 계급적 죄책감의 문제는 개인적 진정성의 추구와 밀접하게 얽혀 있는데, 딜런은 포먼과 학생비폭력조정위원회 속에서 개인적 진정성을 찾았다고 할 수 있다. 그들의 확고한 투쟁성은 중산층 자선가들이 안락함 속에서 떨어져 나가는 모습과 선명히 대비되었다. 남부 흑인청년들의 행동과, 그에 대해 미국이 가한 폭력을 목격한 딜런은 마치 알리가 그러했듯이 심각한 의문에 사로잡혔다. 그런데 두 사람 모두 이유와 방식은 다르지만, 이 일련의 사태를 계기로 정치투쟁 현장에서 물러나게 되었으니, 기이한 일이라 하지 않을 수 없다. 〈그들이 세상을 바꾸네〉 재킷에 쓴 해설인 '11개의 묘비명'(11 Outlined Epitaphs)에서 딜런은 포먼에

대해 이렇게 읊는다.

> 짐, 짐
> 우리의 정당은 어디 있지?
> 모든 당원이 평등한 정당
> 평등의 사상을 사람들에게
> 불어넣으마 맹세하고 봉사하며
> 나 같은 이들 모두를 위해
> 훌륭한 길을 닦아줄
> 단 하나의 정당은 어디 있지

남부에 뛰어들어 온몸으로 투쟁하는 학생비폭력조정위원회의 백열등 같은 선명성을 목도하면서, 딜런은 전통적 정치의 공허함을, 나아가 미국 민주주의 과정 전체의 공허함까지 느꼈다. 그는 시민자유긴급위원회 사람들에 대해 "제 때를 다했다"(they are doing their time)고 쏘아붙였는데, 이는 그가 미국의 유물론과 화해를 나누고 (앨런 긴즈버그[1]의 영향 아래서) 영혼 저 깊숙한 곳까지 들여다볼 수 있게 되었음을 의미했다. 그가 케네디를 저격한 오스왈드에게서 자신의 모습을 보았다고 한 것은, 인종주의와 핵무장에 대해 더 이상 동요조차 하지 않는 미국식 가치기준을 넘어섰음을 강력히 드러낸 것이다. 또한 이는 딜런이 음충한 생각("난 생긴 건 로버트 포드지만, 느끼는 건 제시 제임스 같다"[2])을 즐겨 내뱉는 습성과도 연관성이 있는데, 이런 습성은 대중문화의 역사에선 흔한 것으로 딜런이 몰두했던 블루스나 컨트리 음악의 전통에서는 더욱 그러했다. 무엇보다도 자신이 운동과는

[1] 미국의 현대시인. 히피문화, 반전, 동성애 등을 제창한 비트문학을 이끌었음

[2] 제시 제임스는 서부개척시대의 전설적 강도로 유명하며, 로버트 포드는 그의 일당이었지만 현상금을 노려 그를 등뒤에서 쏘아 죽였음

무관하다고 선언하고 '저항가수'란 말도 징글징글하게 여김으로써, 딜런은 언론과 운동권이 부여하려던 대중의 상징적 대표라는 역할을 걷어차 버렸다.

1964년 2월 초 딜런은 마약으로 찌든 길고 고단한 순회여행길에 올랐다. 그는 할런카운티에서 광부들을 만났고, 애슈빌에서는 칼 샌드버그(Carl Sandberg)[1]를, 애틀랜타에서는 베레니스 존슨 레이건과 해후했다. 그런 다음 미시시피로 가서 밥 모지스(Bob Moses)[2]와 톰 헤이든(Tom Hayden)[3]을 만났다. 또한 뉴올리언스로 가서 사육제(Mardi Gras)에 참여했으며, 댈러스에서는 딜리광장(Dealey Plaza)[4]을 찾았다. 캐시어스 클레이가 챔피언 소니 리스턴을 거꾸러뜨린 날 밤, 딜런은 캘리포니아 버클리대학에서 서부연안 최초의 대규모 연주회를 열었다. 그해 하반기에 버클리대학교는 자유발언운동(Free Speech Movement)[5]으로 대격변을 치르게 된다. 5월 들어 딜런은 런던·파리·그리스를 여행하고, 6월에 미국으로 돌아오자마자 이틀 밤 동안 11곡을 녹음했다. 이 곡들은 그의 음반 〈밥 딜런의 또 다른 얼굴〉(Another Side of Bob Dylan)의 기초가 되었다.

1964년 이 음반이 출시되자 그때까지의 열성팬들은 슬픔에 빠졌다. 딜런이 정치적 배신을 하고 포크의 재생이라는 미학적 신조로 빠져들었다는 소문이 사실로 확인되었기 때문이다. 그의 음악은 지극히 개인적인 것으로 되는 데 그치지 않고(〈그건 내가 아냐 It Ain't Me Babe〉〈D조의 발라드 Ballad in Plain D〉), 어떤 노래는 노골적으로 반지성적이거나(〈내가 진정 원하는 것은 다만 All I Really Want to Do〉)

[1] 미국의 현대시인. 좌파적 경향이 있었으며 사회운동에도 관여했음

[2] 수학도로서 흑인학생운동의 지도자였음

[3] 백인으로 반전운동과 시민권운동에 참여한 지도자

[4] J. F. 케네디가 저격당한 장소

[5] 1964년 9~11월에 버클리대학교에서 시작된 학생 저항운동

반정치적이었다(〈나의 옛 페이지 My Back Pages〉). 더욱 심한 것은 상당수의 노래들이 모호한 내용으로 가득 찼다는 점이다. 이 점만큼은 민중의 예술가로서 용서받을 수 없는 죄악이었다. 심지어 그가 미시시피주에서 폭풍 같은 투쟁의 밤을 보내면서 구상했던 〈자유의 종소리〉(Chimes of Freedom)조차, 과도하게 비유를 구사하고 형이상학적 수수께끼 투성이라는 이유로 비판을 받았다. 이 노래에서 딜런은 천둥벼락 같은 당대 역사의 충돌과 투쟁을 배경으로 깔면서 자신이 그린우드에서 만난 학생비폭력조정위원회 운동가들을 되새기려 했지만, 그들의 운명을 빼앗긴 자들의 서사시적 모습과 결부시켰다("싸울 힘을 잃은 전사들이 있네"). 가령 "학대받는 홀어머니, 창녀라고 손가락질당하는 여인네" 혹은 "감옥에 잘못 갇힌 순수하고 상냥한 영혼들"을 그리면서, 최후로는 "혼란에 빠진 이, 고발받은 이, 학대받는 이, 마약에 찌들어 죽어가는 이 등 무수한 이들을" 감싸안고 있다. 딜런에게 이 노래는 억압받는 자에 대한 연대감을 가장 철두철미하게 표현하였고, 시대의 저변에 흐르며 확대되는(그러나 논쟁의 여지는 있는) 동정심을 감동적으로 읊으려는 시도의 하나였다.

　이런 경향은 같은 음반에 실린 〈나의 옛 페이지〉에도 나타나는데, 여기서는 권리장전 만찬 때 거칠게 쏟아낸 고함투를 치밀하게 조직된 예술적 차원으로 변모시켰다. 이 곡에서 그는 정치적 과거를 철회했다. "바싹 익은 이마 아래 당당하던" 옛 시절(그러나 그리 오래 전은 아닌 시절)에 그는 "옛 역사에 나오는 정치를 줄줄이 외우느라" 기진맥진한 데 이

어 "내 입으로 설교하는 그 순간 난 적이 되었"음을 깨달았
다는 것이다.

> 자칭 교수가 학교에서
> 웃기지도 않게 심각하게
> 혓바닥을 놀렸지
> 자유란 그저 수업의 평등과 똑같다고
> 하지만 난 평등을 말할 때마다
> 결혼 서약하듯 했어
> 오, 하지만 난 그때 노인네였어
> 이제야 난 젊어졌다네

말콤 엑스(그리고 무하마드 알리)처럼 밥 딜런은 흑백통
합운동가들의 투쟁을 ('수업의 평등'이라며) 언어도단이라
고 여겼다. 그는 '자유'란 자신이 생각한 것처럼 단순하지 않
다는 것을 깨닫게 되었다. 하지만 그는 이로 인한 정치적 위
기를 실존주의적인 쪽으로 변모시켰다는 점에서 흑인 급진
주의자들과 달랐다. "선과 악, 난 명쾌하게 정의한다." 일찍
이 이렇게 토로했던 사람이 그 짧은 시기에 또 이렇게 다정
다감한 방식으로 환멸을 느낀 경우는 밥 딜런말고 또 있겠
는가? 밥 딜런만큼 오만하게 변모한 사람이 또 있을까?

음반 〈밥 딜런의 또 다른 얼굴〉에서 소품에 해당하는 곡
가운데 〈난 넘버 텐으로 풀려나겠지〉(I Shall Be Free No.
10)가 있다. 가벼운 기분으로 만들어진 제멋대로의 이 노래
에서는 리버럴과 보수주의자, 그리고 또 지나치게 심각하게
인생을 사는 모두를 싸잡아 꼬집는다. 나는 이 책의 집필을

본격적으로 준비하기 전까지는 이 노래를 완전히 잊어버리고 있었음을 고백해야 할 것 같다. 아무튼 이 음반을 몇 년만에 다시 듣던 중 별안간 이 노래의 두번째 가사가 튀어나온 것이다.

> 아침 일찍 혼자 권투연습을 하고 있었어
> 이쯤이면 캐시어스 클레이도 꺾겠다며 말야
> 피, 피, 포, 펌, 캐시어스 클레이야, 내가 나가신다
> 26, 27, 28, 29, 면상을 나처럼 만들어주마
> 5, 4, 3, 2, 1, 캐시어스 클레이, 어서 튀는 게 좋을걸
> 99, 100, 101, 102, 네 엄마가 네 얼굴을 알아보지 못할 정돌걸
> 14, 15, 16, 17, 18, 19, 놈을 두들겨 기분 좋게 해주지

새 챔피언을 노래소재로 삼았다는 점은 포크음악의 전통을 따르려는 것으로 보이지만, 루이빌의 입술(Louisville Lip)[1] 식의 구어 리듬으로 운을 맞춰 너스레를 떠는 풍을 시험함으로써, 새로운 영역으로 빠져들었다. 진지하기만 하던 젊은이가 그 진지함을 뛰어넘은 것이니, 현명한 광대 캐시어스 클레이가 자기식의 상상의 세계로 뛰어들었다고 해서 놀랄 일도 없는 것이다.

포크음악계의 완고한 사람들은 딜런에 격노했다. 난센스 즐겨 써먹기, 조증(燥症)환자 같은 유머 휘두르기 등으로 딜런은 그들을 불쾌하게 했고, 엄숙한 대중행사의 분위기를 망쳐놓음으로써 60년대(그리고 미국)의 상징이라 할 진지한 정치적 저항의 정신을 흐트러뜨려 놓았으니, 그들이 보기에는 알리와 똑같은 행동이요, 미움받아 마땅했다. 국내외의

[1] 알리의 별명이었음

폭력과 혼란과 함께 미국정부의 공식화법(official discourse)
이 갈수록 부도덕해지는 데 개의치 않고, 딜런의 부조리한
유머는 강도를 더해 갔다. 당시 상황에 비춰보면 딜런의 양
식은 급진적 솔직함의 한 형식으로서, 때로는 새로운 합리성
을 희망케 하고 있었다. 딜런과 알리는 일부러 장황하게 말
을 늘어놓기를 즐겼지만, 특히 딜런이 자신이 박해받는 자라
는 환상을 울분 속에서 길게 표현했다는 점을 주목해야 한
다("밖을 봐, 친구/네가 한 짓이야/하나님은 모두 아시지/
그런데도 넌 그 짓을 또 벌이네"). 하지만 이런 기법은 실제
로 박해를 받고 있는 인물이었던 알리에게 더 잘 어울릴 것
이다.

딜런이 [어쿠스틱 포크음악에서] 전자기타 쪽으로 옮겨
가면서 초기의 팬들이 보인 반응에 대해서는 신화 같은 이
야기로 자주 거론된다. 그러나 부활한 포크음악이나 구세대
와 연을 끊고 자신의 혁신적 재능을 마음껏 풀어헤치게 된
것은 사실 그가 초기부터 '운동성'을 부인한 데서 비롯되는
것이다. 정치활동의 장에 청년세대가 밀려왔다 밀려가는 물
결이 반복되었듯, 딜런에게는 정치와의 절연이 반복되는 모
티프로 계속 작용했다. 모든 것이 정치를 중심으로 판단되던
시대에는 기이하게 들릴지 모르겠으나, 정치의 세계에서 개
인의 세계로 옮겨간 딜런의 변모는 알리가 이슬람네이션을
받아들인 것과 비견될 만큼, 60년대 미국의 분기점이 된다.
"나는 당신들이 원하는 챔피언이 되지는 않을 겁니다"라는
알리의 말은 밥 딜런의 노래 한 대목과 매우 흡사하다.

그래, 난 최선을 다할 거야
나 자신의 모습이 되기 위해
하지만 그들은 그대가
자기들 모습을 닮길 원하고 있지

　전통적인 좌파들은 캐시어스 클레이가 이슬람네이션을 받아들인 것을 이해하지 못할 뿐 아니라, 딜런이 정치참여를 거부하고 로큰롤로 귀의한 행동을 이해하지 못한다. 하지만 비판자들이 겨우 상상해 낼 수 있는 이상으로, 두 사람은 변모해 가는 대중들과 오히려 더 호흡을 맞춰갈 수 있었다. 흘러간 '민중예술가'들이 끝내 붙잡지 못했던 영향력과 사회적 힘, 인민전선운동의 문화적 목표였던 사회적 영향력을, 이 두 사람은 엄숙주의·겸양·이데올로기 따위를 넘어섬으로써 성취해 낼 수 있었다.

　딜런과 알리는 나이차가 8개월이다. 그들이 출현한 60년대 초는 역사적으로 중대한 전환점을 맞이하고 있었다. 경제성장, 인구분포의 변화(상품소비시장에 청년층이 등장했음), 기술혁신(방송과 녹음 기술 등) 등이 인종주의와 전쟁에 반대하는 대중정치의 물결과 충돌했다. 텔레비전이 전국송출의 시험방송을 하며 미디어계의 새로운 패자로 등장함에 따라 스포츠와 대중음악도 텔레비전과 점점 긴밀한 관계를 맺게 되었다. '60년대의 상징'인 두 사람의 성공이나 신비한 분위기가 이런 시대적 조건 없이 성립할 수는 없었을 것이다. 오늘날 세계적인 스타문화의 시작은 갓 스물을 넘은 이 두 사람에 의해 풍요로워졌다고 할 수 있다. 그러나 전례 없는 명성에 파묻힌 순간에도 두 사람은 자기발견이라는 개인적인 여정으로 발길을 옮겨갔다.

알리가 그러했듯이 밥 딜런도 이름을 바꿨다.[1] 그러나 알리와 달리 딜런이 이름을 바꾼 과정은 쇼 비즈니스계의 오랜 전통대로 조용히 그리고 은밀하게 이루어졌다. 훗날 언론들은 괴짜 밥 딜런의 본명이 로버트 짐머만이란 우스꽝스런 이름이란 사실을 폭로하며 득의의 미소를 흘렸다. 자신의 참모습을 목마르게 추구하고, 대중의 우상에 요구되는 상투적 본보기 노릇에 진저리를 친 점에서 두 사람은 같았다. 그들은 상업논리와 언론의 공세 속에서도 자신의 진로를 올곧게 견지하고 자기 본모습을 유지하기 위해 혼신의 힘을 다했다. 그들은 미국식 성공기제의 소용돌이에 파묻혔다가도, 그 위험을 뼈저리게 느끼고 제 나름의 목표를 정하여 자기 방식의 목소리로 발언을 했다. 그들 스스로가 미국 비주류문화에 속해 있음을 자각하고, 미국의 주류와 마찰을 빚는 가치관을 자신들의 반려로 받아들였던 것이다. 그리고 두 사람은 침묵하고 있는 비주류대중을 대표하여 발언하는 역할을 해주기를 기대하는 뭇사람의 바람을 때로는 불편한 심경으로, 익히 깨닫고 있었다. 하지만 두 사람은 여기서부터 갈라진다. 명예 그리고 대중을 대표하는 굴레에 대해 서로 전혀 다른 전략을 취한 것이다.

딜런은 알리와 마찬가지로 명성을 적극 추구했지만, 그로 인해 짊어져야 할 부담과 간섭의 손길을 느끼고는 이것이 잘못된 것임을 뼈저리게 깨달았다. 사람을 속속들이 들추는 세간의 관심 아래서는 쉽지 않은 일이었지만, 스물두 살의

[1] 밥 딜런의 본명은 로버트 앨런 짐머만(Robert Allen Zimmerman)

이 청년은 자유로운 삶을 실험하듯 펼쳐나가고자 했다. 자신의 참모습을 찾고 지켜나가면서도 온힘을 다해 변화하고 성장하려는 노력 속에서 딜런은 투박한 수수께끼 같은 표현으로 제 얼굴을 가렸다("내게 아무것도 요구하지 마/아무것도 묻지 말라구——진실을 말해 줄까 해"). 〈말라깽이의 발라드〉(Ballad of a Thin Man)는 이렇게 점잖으면서도 신랄한 조소를 담고 있는 대목으로 시작하는데, 이는 60년대 딜런의 언론관을 간결히 보여준다.

방으로 걸어들어오는 너
머리에 연필을 꽂았네
누군가 벌거벗었다며
또 말했지, 그놈 누구야?
넌 애를 쓰지만
집에 돌아와 한 말들을
결코 알아낼 수 없어
여기선 뭔가 일이 생기고 있지만
넌 알지 못하는 까닭
그렇지 미스터 존스?

시대에 뒤처진 언론인들은 딜런과 알리가 과연 얼마나 진지한 마음으로 광대 같은 통속시인 행각을 벌이고 있는 것인지 어리둥절할 뿐이었다. 도대체 진지한 생각이나 하고 사는 거야? 조지 플림턴 같은 사람조차 알리의 행각은 '거대한 쇼'에 불과하다고 일축했다. 그러나 딜런이 인터뷰어들에게 (그리고 딜런 주변 동료들에게도) 혐오감을 드러낸 데 반해,

알리는 그들에게 더 상처를 입었을 터인데도 오히려 그들의 의구심을 자극하는 쪽을 택했다. 딜런은 의혹의 눈초리를 맞닥뜨려 몸을 뒤로 빼고 적의를 드러냈지만, 알리는 오히려 툭 터놓고 행동했으며 늘 서글서글한 태도를 잃지 않았다. 딜런이 점점 말수가 적어지고 신비주의적인 선문답에 몰입한 반면, 알리는 갈수록 수다가 늘어나고 더욱더 진솔한 사람이 되어갔다. 언론의 오보에 맞서 딜런은 음악 바깥의 세상과 소통하려는 일체의 노력을 팽개쳐 버렸으며, 개인적 삶의 의미를 세속의 말로 담아낼 수 있다는 생각을 비틀고 조각조각 해체해 버렸다.

반면 알리는 상업행위의 도구 즉 기자회견이며 사진촬영, 텔레비전 카메라와 라디오 마이크 등을 능수능란하게 다룸으로써 제 나름의 이미지를 만들어내고 자신의 대중에게 다가서고자 했다. 알리는 언론인들에게 미끼를 던져 유혹하는 것을 재미로 삼았다. 그네들은 겉으로 동의하는 체 접근했다가도 결국 알리의 힘에 빨려들게 되었다. 이런 덕택에 알리는 정부나 권투계 관료들과 오랜 시간 싸움을 치르면서도 줄곧 언론으로부터 도움을 얻을 수 있었다. 가령 『뉴욕타임스』의 스포츠담당 기자 립사이트라든가 코젤, 영국의 저명한 스포츠기자이자 방송인인 H. 매클배니, 플림턴, 메일러, 울프, BBC방송의 H. 카펜터 같은 언론인들은 알리의 목소리를 그대로 내보낸다는 약속을 지켰다. 분별력이 있는 사람이라면 누구나 알리의 허장성세 이면에 회의감이 흐르고 있음을 알아챌 수 있었을 것이다. 이런 특성은 인기를 한몸에 받는 중에도 유지되고 또 남에게도 영향을 주었다. 이는 남을 의심하지 않는 알리의 천성 덕이라 할 것이다. 그러나 알리와 천성이 다른 딜런은 반대의 면모를 보였다고 하겠다.

알리와 딜런은 전자기술에 힘입은 오디오비디오 문화가 낳은 제1세대 자식들이다. 당시만 해도 오디오비디오 문화는 서구 '고급문화'의 성숙함과는 거리가 멀고 열등한 사촌 격으로밖에 인식되지 않았다. 두 사람이 이룬 업적과 함께 두 사람 때문에 빚어진 논쟁을 지켜보는 가운데 지식인계층은 비로소 대중문화를 진지하게 받아들이게 되었다. 스포츠와 대중문화라는 두 분야가 연구가치가 있는 주제로 인정받게 된 것은 두 사람의 대담무쌍함, 야심만만함 그리고 이와 모순되는 특성이랄 수 있는 장난스러움 등과 같은 자질 덕분이었다. 딜런 스스로도 고급문화와 하위문화, 엘리트문화와 대중문화라는 주제를 건드리기를 즐겨, "모나리자의 미소를 보면 모나리자도 블루스를 들었던 게 분명하다"라는 말을 던지기도 했다.

> 에즈라 파운드 그리고 T. S. 엘리엇이
> 조타실에서 싸움판을 벌이네
> 칼립소가수가 보고 웃음을 터뜨리네
> 어부는 꽃다발을 들고 계시네

1965년 딜런은 한 인터뷰에서 이렇게 말했다. "음악만이 세상일과 박자가 맞아떨어지는 거죠. 책으로도 안 되고 무대 위에서 되는 것도 아니에요. …폭탄이 아니라 박물관이 없어져야 돼요."

오만한 우상파괴주의와 고고한 우월주의(그리고 그 이면에 숨겨진 고독감과 연약함)에서 나온 것이 바로 60년대 그의 음악을 수놓은 석 장의 위대한 음반 〈모두 집으로〉(Bringing It All Back Home),[1] 〈61번 고속도로〉(Highway 61),[2] 〈블론드 온 블론드〉(Blonde on Blonde)[3]이다. 이 음반들에서 딜런은 특유의 우두망찰한 스타일을 살리며 진실을 뽑아낸다. 초기 스타일로도 이미 대중적 인기의 최고봉에 올라 있었음에도——그의 스타일은 소니 앤드 셔(Sonny and Cher), 버즈(The Byrds), 버피 세인트 마리(Buffy Sainte Marie), 터틀즈(The Turtles), 배리 맥과이어(Barry Mc-Guire), 도노번(Donovan) 들에게서 차용되었다——미지의 음악을 찾아나선 그는 힘차고 독특한 노래들을 놀랍도록 거침없이 쏟아냈다. 알리가 그랬듯이, 딜런은 유별난 자신감을 그 시대 상황에서 벼려냈고, 그 힘으로 자기 길을 갔다. 딜런 특유의 불안은 당대의 반영이면서도 당대에 자극을 가했다. 그는 시대의 대표자라는 역할을 부인했지만, 수수께끼 같은 침묵 속으로 물러선 그의 모습은 오히려 팬들로 하여금 그의 말과 행동을 샅샅이 되새기게 함으로써 본보기적 의미를 획득하게 만들었다. 많은 이들이 딜런이 무엇을 말하고 생각하며 무엇을 지향하는가 등을 추측하는 일에 골머리를 썩였다.

처음에는 남부 힐빌리 음악과 뉴욕 그리니치빌리지 계통의 음색으로 출발했지만, 이제 딜런의 목소리는 시끌벅적한 로큰롤을 능가하는, 제 나름의 호소력 있는 악기로 변모해갔다. 고압적 독설과 아픈 상실감 위에, 미칠 듯한 자기연민과 황홀경 같은 기쁨을 뒤섞어놓음으로써 딜런은 진정 한

[1] 1965년 발표

[2] 1965년 발표

[3] 1966년 발표

세대의 목소리가 되었다. 근본적인 가치를 둘러싼 충돌과 폭력의 시대에 자라난 젊은 세대들은 일찍부터 감정적 혼란을 겪을 수밖에 없었으니, 딜런은 이들의 심경을 상세히 그려낸 것이다. 그의 노래는 분명히 비정치적인데도, 정치적 사건과 관심이 그 표면에 빈번하게 떠오른다는 점은 주목할 만하다. 미국사회에 대한 딜런의 비판은 점점 지평이 넓어지고 속이 깊어져서, 정치의 영역을 넘어서는 수준까지 이르렀다. 그래도 공격대상은 여전히 명료하게 드러났다. 전화도청, 편집증 검사, 언론의 거짓말("선전은 모두 사기짓이야"), 곳곳에 만연한 상업주의("돈이 말하는 정도가 아니라, 선서까지 하네"), '세금공제를 받는 자선단체'의 부유한 리버럴들이 바로 공격대상이었다. 20년대의 저항가요 〈페니의 농장〉(Penny's Farm)에서 영감을 받아 만든 〈매기의 농장〉(Maggie's Farm)은 계급과 세대에 대한 경멸을 곁들여 반권위주의적 독설을 내뿜은 명곡이었다. 벅찬 과업과 혁신을 요구한 이 시대 내내 딜런을 움직인 것은 (말콤 엑스처럼) "그는 태어나느라 바쁜 게 아냐/그는 죽어가느라 바쁘지"라고 한 노랫말에 담긴 정신 바로 그것이었다.

알리의 경우에도 그랬지만, 딜런의 팬들은 딜런을 따라 여행길에 나서게 된다. 딜런과 알리는, 팬들을 서로 같은 지대를 통과하게 하지만 종착역은 달랐다. 딜런은 베트남전에 대해 한번도 언급하지 않았고, 굳이 반전적 내용이라면 음반 〈모두 집으로〉의 재킷에서 잠깐 건드린 정도이다. 여기서 딜런은 "나이 지긋한 마약복용자가 지방검사로 나서며" "날 보고 비명을 질러대네, 네가 바로 그놈이지, 베트남 때문에 생긴 온갖 폭동을 일으킨 놈이 네놈이지"라고 상상을 해본다. 하지만 이 문구가 씌어진 것은 1965년이고, 그 뒤부터 미국이 베트남에서 철수하기까지 8년 동안 발표한 100여 곡들은 베트남전쟁을 전혀 건드리지 않았다. 시인 마이클 매클루어는 1966년에 베트남전쟁을 주제로 딜런과 토론을 해봤다면서, 미 국방부가 즐겨 쓰는 용어를 빌린다면 '선제공격 능력'이 당시 딜런의 신념이었다고 말한다. 딜런은 앨런 긴즈버그와 존 바에즈로부터 반전행사에 참여하자는 제안을 받았지만 오랫동안 이를 무시했다. 또 1968년에는 한 주제넘은 언론인과 인터뷰를 하다가 이렇게 쏘아붙였다. "근데 내가 전쟁을 지지하지 않았다고 하시는데, 내가 언제 그랬단 말이오?"

성조기와 징병통지서를 불태우는 시위가 일어났을 때도 딜런은 미국문화를 더욱 깊숙이 추구하는 쪽으로 나아가는 등, 60년대 후반 들어서 격렬해지기만 했던 사회적 갈등으로부터 멀어져 갔다. 그는 〈블론드 온 블론드〉에서 선보인 투박하고 이국적인 취향을 버리고 보수적인 색채를 보이는데, 음반 〈지하실 테이프들〉(The Basement Tapes)[1]과 〈존 웨슬리 하딩〉(John Wesley Harding)[2] 등이 대표적이다. 이들 음반에서 그는 기인(畸人)과 떠돌이의 세계, 꺾여버린 희망, 파묻혔던 고통 등 지금은 잊혀져 버린 상업화 이전의 아메리카를 되살려내는데, 그레일 마커스(Greil Marcus)[3]의 말대로 포크의 부활을 외치던 평론가들이 간과한 음울한 빛깔의 포크음악 전통을 한 조각씩 주워모아 형성해 낸 아메리카였다. 베트남전쟁 문제는 여전히 건드리지 않았지만, 이 시대

[1] 1967년 발표

[2] 1968년 발표

[3] 미국의 저명한 팝음악 평론가이자 저술가로 밥 딜런, 섹스 피스톨스 등을 다룬 저서를 여러 권 출판함

의 딜런 노래를 듣노라면 전쟁에 대한 감상, 전쟁이 빚어내는 혼란이 곡의 밑바닥에 흐르고 있다는 느낌을 지울 수 없다. 특히 〈지하실 테이프들〉은 밀폐된 지하방공호에서 부르짖는 상실감의 노래라 하지 않을 수 없다. 딜런은 혼란의 시대를 음악으로 빚어낸 셈이지만, 이 혼란은 그에게 고통을 가져다주었다. 점점 더 단순한 것, 변하지 않는 것들을 열망했으며, 불꽃처럼 화려한 명성과 사회운동의 참여요구로부터 벗어나 상상 속의 아메리카에 잠겨들었다. 그러나 역사, 특히 흑인의 역사는 알리에게 이런 길을 열어주지 않았다.

딜런은 달가워하지 않았지만, 그의 음악은 학생 중심의 반전운동에서 이른바 필수적인 운동가요 역할을 했다. 음반 〈그들이 세상을 바꾸네〉는 1964년 초만 해도 과장된 공상으로 받아들여졌지만, 1970년 들어 진지함과 이상에 가득 찬 청년들이 징병소집되어 수백만의 젊은 군인들 속으로 물밀듯 합류하면서 바야흐로 시대의 생생한 진실을 드러내는 노래로 부상했다. 60년대 말 가장 악명 높았던 청년게릴라그룹[1]이 "일기예보관이 아니라도 바람이 어디서 불어오는지 알 수 있는 법"이라 일갈한 딜런의 반권위주의적 경구를 따서 자신들의 단체명을 지었다는 것도 우연의 일치는 아니다. 딜런은 1960년대를 두고 이렇게 말한 적이 있다. "[1960년대는] 마치 비행접시가 착륙한 것 같았어요. …모두들 그게 어땠다더라 하는 말을 들었지만, 진짜 눈으로 본 사람은 손으로 꼽는단 말이죠." 하지만 부분적으로는 딜런과 알리의 덕택으로, 또 두 사람도 포함된 대중적 시장 덕분에, 실제로 많은 사람들이 그 시대를 목격했고, 또 스스로 그 일부분

---

[1] 급진 게릴라활동을 벌인 학생단체 Weather Underground Organization, 일명 Weatherman을 말함

임을 느낄 수 있었다.

70년대 중반에 딜런은 잠시 저항의 대열에 복귀했다. 그는 무고한 누명을 쓰고 감옥에 갇힌 흑인 권투선수 루빈 '허리케인' 카터를 소재로 한 발라드 〈허리케인〉(Hurricane)을 1976년에 발표했는데, 여기서 인종주의가 여전히 미국적 현상으로 지속되고 있음을 강하게 노래하고 있다.

> 그들은 루빈의 카드를 미리부터 표시해 놨지
> 재판은 돼지우리 쇼 같아, 루빈은 기회도 못 얻었네
> 판사는 루빈측 목격자를 빈민굴 주정뱅이로 만들고
> 백인 방청객들에겐 루빈이 혁명가 건달이라 했고
> 흑인 방청객들에겐 미친 검둥이녀석이라 말했네
> 루빈이 방아쇠 당겼다고 아무도 의심하지 않았지
> 총도 찾아내지 못하면서
> 검사는 그 짓을 할 사람이 루빈밖에 없다고 하고
> 흰둥이만의 배심원들은 고개를 끄덕였네

알리와 딜런이 대중 앞에 함께 모습을 드러낸 것은 딱 한 번으로, 70년대 중반에 '허리케인'을 위해 매디슨스퀘어가든에서 열린 행사장에서였다. 이 자리에서 알리는 이렇게 이지렁을 피웠다. "여러분 모두 날 보러 이 자리에 왔다는 걸 안다고요. …밥 딜런이 나보다는 덜 위대한 인물이니까 말이죠." 알리는 일찍이 권리장전 옹호 만찬에서 딜런에게 상을 수여했던 시민자유긴급위원회 사람들조차 부러워할 정도로 다이아몬드와 모피로 치장한 청중들을 찬찬히 둘러보면서 아픈 데를 찔렀다. "모두 인맥이 넓으신 분이고, 남한테 공

격당할 염려는 없는 용모시군요." 카터는 상류층 친구가 많
았으면서도 그후 10년이나 복역해야 했고, 판사가 그의 초기
재판기록이 '인종주의적 편향'에 물들어 있었다고 판결하고
서야 비로소 자유의 몸이 될 수 있었다.[1]

[1] 전과자 출신으로 미들급
세계챔피언 후보로 촉망받
던 루빈 허리케인 카터는
1966년 경찰의 조작된 증
거로 백인 3명을 살인한
누명을 쓰고 3건의 종신형
을 선고받았으며, 복역 20
년째인 1985년 재심판결
에서 무죄판결을 받아 석
방되었다. 그를 소재로 한
영화도 만들어진 바 있다

4

미국을 넘어서

Beyond the Confines of America

　　베트남전이 격화되면서 징병대상자가 확대되었다. 1966년 초반 징병검사 항목 중 지능검사 백분위기준이 30에서 15로 낮춰졌고, 이로써 알리도 징병대상에 속하게 되었다. 2월 14일 알리의 변호사는 루이빌징병위원회에 알리의 재등급절차를 연기하거나 징집연기를 해달라고 요청했으나, 사흘 뒤 이 요청은 기각되고 스물네 살─징집 최고령이었다─의 알리는 1-A급, 즉 전투적격 등급이 되었다.

　　알리는 마이애미에서 훈련중 이 소식을 들었다. 알리는 당혹스런 반응을 감추지 않았다. 도저히 이해할 수 없다면서 "왜 하필 나요?"라는 말을 몇 번이고 되물었다. 이날 알리와 같이 있었던 『뉴욕타임스』 스포츠담당 기자 로버트 립사이트는, 언론의 문의전화가 쇄도하자 어안이 벙벙해하던 챔피언이 마침내 그 유명한 말을 툭 내뱉던 순간을 기사로 타전했다. "이보쇼, 난 베트콩들하고 다툴 일 없어요."

　　알리의 이 말은 60년대에 울려퍼진 말 중 하나로 꼽혔다. 하지만 그가 챔피언이 되었을 때 의기양양하게 선언한 "나는 당신들이 원하는 챔피언이 되지는 않을" 것이란 말과는 달리, 이번에는 불안감 속에서 자기방어를 위해 즉석에서 튀어나온 말이었다. 알리의 미래, 권투의 미래 그리고 베트남전쟁에 대한 전세계적인 반전물결에 이것이 얼마나 거대한 충격을 몰고 올지 예견한 사람은 알리 자신을 포함하여 어느 누구도 없었다.

　　오늘날 알리의 예찬가들을 비롯해서 많은 사람들은 알리의 분노가 우연히 터져나온 것이며 영웅주의도 아니라며 동기에도 의문을 표한다. 이들은 알리가 당시 베트남이 어디 있는지도 몰랐을 뿐더러 그곳 사람들을 줄곧 '베트남인들'이라고 불렀다고 지적한다. 보수주의 논객 스탠리 크라우치는 알리를 위대한 스포츠 스타일리스트라 칭송하면서 다만 전쟁에 대한 입장만큼은 "심각할 것은 없고, …그냥 휘둘린 것"이라고 일축한다. 그러나 제럴드 얼리는 이와는 정치적으로 다른 관점에서 평가하고 있다. "알리가 전쟁에 가담하길 거부한 행동은 그리 절박한 이유에서 나온 것은 아니다. …머릿속에 아무런 신념도 없었고… 부적이나 액막이 주문 정도의 진지함으로, 지극히 단순하고 천박한 것"에 의존했을 뿐이라는 것이다. 그러나 1966~67년 알리의 행동과 반응을 당시의 역사적 맥락 속에서 추적해 보면, 알리가 여러 가지를 깊게 생각하고 있었을 뿐 아니라 결과에 연연해하지 않고 자신의 행동을 선택했음이 더욱 분명해진다.

●　　●　　●

알리의 분노는 미국의회가 통킹만사건[1]을 기화로 해서 베트남 북부에 대한 직접공격을 허락하는 결의안을 통과시킨 지 8개월 뒤에 터져나온 것이다. 존슨 대통령은 "더 이상 전쟁을 확대하지 않겠다"고 유권자들에게 다짐했지만, 미 국방부 기밀문서[2]에서 사전준비한 '보복행동'(이 공격안은 북베트남이 미국을 공격한 사건 5개월 전부터 준비된 것이었음이 문서에 의해 밝혀졌다)을 의회가 승인해 줌으로써 미국은 "사실상 국내에서 아무런 반대에 부딪힘 없이… 전쟁의 중대한 분수령"을 넘어서게 되었다.

[1] 미국은 8월 2일 북베트남군이 미 구축함을 먼저 공격했다며 의회에서 북베트남 보복폭격을 결의하고, 8월 5일부터 폭격을 시작한다. 이 사건의 실체를 두고 많은 논란이 있어왔지만, 미국이 북베트남 공격을 위해 조작한 것이란 설이 지배적이다

[2] 1971년 『뉴욕타임스』와 『워싱턴포스트』가 극비리에 입수하여 폭로한 문서를 말함. 이 문서에 의하면 미국은 통킹만사건을 사전에 준비하고 조작했다는 의혹이 제기된다. 이 보도는 국민의 알 권리와 국가기밀 보호라는 문제를 시금석에 올려놓은 계기가 되었다

이로부터 6개월 뒤인 1965년 2월 미국은 천둥작전 (Rolling Thunder)이라는 이름 아래 북베트남에 대해 대대적인 폭격을 가했다. 1973년 1월 휴전협정이 체결되어 전투가 그칠 때까지 미국의 비행기들은 2차대전 당시 유럽·아프리카·아시아 전체에 투하된 폭탄의 3배나 되는 양을 베트남에 쏟아부었다. 1965년 3월 8일 미 해병대가 다낭에 상륙함으로써 (공식적으로 인정되는 차원에서는) 처음으로 미군 전투병력이 베트남에 투입되었으며, 4월 1일 남베트남 반군에 공격을 감행함으로써 7년여의 지상전이 시작되었다. 7월이 되자 베트남에는 총 10만 명의 미군이 도착했으며, 다시 6개월 후 그 수는 2배로 늘어났다.

1966년 초 미국은 베트남인들을 대상으로 해서 잔인한 전쟁을 벌였다. 여러 문서들에 의해 확인된 바에 따르면, 미국이 벌인 작전 중에는 농작물 불태워 없애기, 쌀경작 방해, 융단폭격, 주민 강제소개, 포로 고문과 사지절단, 마을과 촌락의 완전 초토화 등이 포함되어 있었으며, 이때 사용된 무기 중에는 네이팜탄,[1] 인명살상용 파편폭탄도 있었다. 일주일에 1500회씩 북베트남에 출격하는 미 공군기를 가로막는 것은 저 아래 방공포뿐이었다.

정부에 고분고분한 언론 때문에 대량살상의 실상이 미국 내에서는 대부분 은폐되었지만, 그럼에도 전쟁이 격화되면서 정부정책에 대한 저항이 꾸준히 퍼져나갔다. 미국 내의 반대목소리가 처음으로 가시화된 것은 1965년 봄에 100여개 대학에서 개최된 반전 시국토론회 '티치인'(teach-in)[2]을 통해서였다. 티치인은 남부의 흑인학생들이 대중적으로 전

[1] 고열과 화염을 일으키는 소이탄. 반경 30미터 이내의 모든 것을 불태우고 초토화시키는 것으로 악명이 높았다

[2] 학생과 교수가 함께 참석하는 성토대회를 말함

개했던 앉아있기 운동을 변형하여 채택한 전술이었다. 반전운동 초기의 활동가들 상당수는 시민권투쟁 경험이 있었으며, 이들은 제 나름의 말과 방식을 동원하여 반전집회를 이끌어갔다.

1965년 4월 17일에는 2만 5천 명이 워싱턴에서 반전행진을 벌임으로써, 전국규모의 첫 저항운동을 기록했다. 행진을 발의한 민주사회를 위한 학생연맹(Student for a Democratic Society, SDS)은 이후 급진적 백인청년들의 전위로서 별똥별처럼 잠깐 동안 활약하게 된다. 이 단체가 행진을 호소한 문구를 보면 이들이 흑인자유운동으로부터 상당한 영향을 받았음이 뚜렷이 드러난다. "미시시피주의 가난과 억압에는 침묵으로 일관하다가 베트남의 가난과 억압에 네이팜탄과 고엽제로 응수하다니 도대체 미국은 어떤 나라란 말인가?"

이날의 행사에서 학생연맹의 대표 폴 포터(Paul Potter)는 베트남에서의 미군의 행동을 비롯하여 미국 외교정책의 기본 전제에 대해 통렬한 비판의 화살을 날렸다. 그는 "베트남인들의 공포뿐 아니라 그들의 내면에 깔려 있는 불쾌감까지 이해하는 운동을 건설하는 것"이 필요하다고 선언했다. 그리고 10월에 다시 워싱턴에서 열린 두번째 전국적 행사에서는 폴 포터의 후임인 칼 오글스비(Carl Oglesby)가 포터의 분석을 더 깊숙이 파고들었다. 그는 루스벨트에서부터 트루먼·케네디·존슨으로 이어지는 미국 리버럴 기득권층을 꼬집으면서 이들의 목표는 "이들이 이른바 공산주의라 지칭하는, 세계혁명과 혁명적 변화로부터 미국의 이익을 방어하는 것"이라고 말하였다. 이어 토머스 제퍼슨과 토머스 페인을 상기

시키면서 "때때로 우리의 진정한 도덕적 충동을 일깨워주던, 인간평등을 지향하는 신비스러운 사회적 열정"을 미국은 잃어버렸다고 개탄했다. 그는 또 많은 사람들이 "내가 그 무서운 반미를 주장한다고 생각"할지 모른다면서 이렇게 말을 맺었다. "그분들에게 말합니다. 그렇다고 나를 손가락질하지 마십시오. 입으로는 나와 같은 리버럴적 가치를 말하면서도 미국의 가슴을 파탄시키는 그자들을 비난하십시오."

그후 몇 년 동안 이같은 환멸감은 급속히 커져서, 미국정부의 정책뿐 아니라 미국이라는 국가 자체의 약속과 기본 전제들까지 회의의 대상이 되었다. 이러한 현상은 엄청난 숫자의 백인청년들에게 영향을 미쳤고, 그 결과 불과 몇 년 전만 해도 종교적·정치적으로 미국과 절연한다는 이유로 수많은 이들을 충격에 빠뜨렸던 알리에게 새로운 지지층이 생겨났다.

●   ●   ●

부정의한 전쟁에 흑인들이 자발적으로 나서 싸워서는 안 된다고 한 폴 로브슨의 견해에 나는 전적으로 동의한다. 폴 로브슨은 순진하게도 모든 흑인이 전쟁에 반대하리라고 기대했지만, 나는 거기에 동의하지 않는다. 양 같은 성질, 그러니까 어쩔 수 없이 노예로 태어난 성질 때문에 많은 흑인들은 어느 경로를 통해서든 미국에 가담할 것이다. 백인과 똑같은 잘못을 할 권리를 부여받게 될 것이라고 믿으면서 말이다. (W. E. B. 두보이스)

반전운동 초기에 흑인의 참여도가 낮자 운동가들은 염려

를 감추지 못했다. 그렇지만 여론조사에 따르면 흑인들은 항상 백인들보다 정부의 전쟁정책에 회의적인 편이었다. 흑인들은 베트남에서의 완전철수안을 백인보다 더 지지했고, 전쟁확대도 더 반대했다. 1965년에는 흑인의 25%가 철수에 찬성하고 50%가 휴전을 지지하고 25%가 개입확대에 손을 든데 비해, 백인은 철수 15%, 휴전 36% 그리고 개입확대에는 48%가 지지했다. 1970년까지 개입확대보다 철군지지 쪽이 더 많은 계층은 흑인과 저소득층, 60대 이상의 노년층뿐이었음은 확실하다. 그런데 비판자들이나 반전운동의 일부 중견 활동가(백인 중산층)들 사이에서는 반전분위기가 백인 중산층 학생들 사이에서만 나타나고 있다는 인식이 팽배했다.

　미국이 벌인 전쟁 가운데 다수의 흑인들이 반대입장을 보인 것은 베트남전쟁이 처음이었다. 그 이전까지만 해도 흑인들은 미국이 수행하는 전쟁에 참가하는 것이 곧 완전한 시민권을 부여받고 동등한 구성원으로 사회에 통합되는 수단이라 생각했다. 전쟁중의 조국에 봉사함으로써 평화시기에 평등을 요구할 수 있다는 주장도 만만치 않았다. 1918년 두보이스는 전미유색인지위향상협회가 발행하는 『위기』(Crisis)의 사설로 쓴 저 유명한 글 「민주주의를 위한 싸움」에서 백인들과 '일치단결'하자고 흑인들에게 촉구했다.

　　여기는 우리 조국이다. 우리는 조국을 위해 일해 왔고, 조국을 위해 고통을 감수했으며, 조국을 위해 싸워왔다. …이제 이번 전쟁은 우리의 전쟁이다.

나중에 두보이스는 이 사설을 몹시 후회했으며, 특히 1919년 '뜨거운 여름'(Red Summer)이라는 추악한 사태가 일어나면서 더욱 가슴 아파했다. '뜨거운 여름'은 백인들이 흑인 70명을 린치한 사건으로, 피해자 중에는 군복을 입은 흑인 10명도 끼여 있었다. 그러나 흑인의 전쟁참여는 그후에도 지배적인 격언으로 남아 있었는데, 2차대전 때 전미유색인지위향상협회와 미국공산당은 전쟁을 흑인투쟁의 중요한 기회로 여겼다. 낙관적인 견해를 가진 랭스턴 휴스는 이렇게 말한 바 있다. "진주만사건이 짐 크로 법을 쫓아내 버렸다."

그렇지만 역대 대통령 가운데 최고의 흑인의 친구로 인식되어 온 루스벨트가 미군 내의 인종차별 철폐를 거부하자, 미국인민전선은 반파시즘적 노력을 자축하면서도 쓰라린 심경을 감추지 못했다. 휴즈는 "승리의 날이 우리들의 날이기도 할 것인가?"라며 절망적인 심경을 토로했다. 시카고의 흑인청년들은 이와 똑같은 심정에서 '짐 크로 법에 대한 양심적 거부자들의 모임'(Conscientious Objectors Against Jim Crow)을 결성하여 군복무 거부사태로까지 나아갔다.

2차대전 동안에는 주로 기성 평화주의단체들이 양심에 따른 병역거부를 하였다. 이슬람네이션 역시 여호와의 증인처럼 원칙적으로 세속적 권력에 반대하는 입장이었지만, 군복무에 대한 입장은 미국을 민족적 정체성의 틀로 보는 것을 거부하는 데서 나온 것이었다. 그들은 흑인 디아스포라라는 인식을 가지고 있었기 때문에, 본질적으로 미국 바깥에서 자기정체성을 구했다. 이리하여 엘리야 무하마드와 그의 추종자들은 의무복무 등록을 거부했으며, 흑인민족주의자들을 잠재적인 파괴분자로 간주한 FBI는 엘리야 무하마드를 병역 기피 및 선동 혐의로 기소했다.[1] 이 가운데 폭동교사는 무혐의 처리되었지만 의무복무규정 위반혐의로 유죄판결을 받아 1942년 엘리야 무하마드는 단기 1년 장기 5년 징역형을 선고받았다. 그리고 1945년 6월에 가석방이 기각되어, 1946년에야 출소할 수 있었다.

이슬람네이션은 자기 이념에 따라 징병제도에 도전한 것이지만, 2차대전 시기에 흑인들은 이보다 훨씬 광범위하고 비공식적으로 군징집에 저항했다. 흑인역사에서 이따금 볼 수 있듯이, 전쟁에 대한 흑인들의 시각은 공식적인 차원과 비공식적 차원이 달랐다. 이른바 흑인지도자로 인정받는 사람들은 열심히 참전독려를 한 반면, 무명의 흑인청년들은 종종 냉소적이고 실리적인 태도를 취했다.

양아치였던 젊은 말콤 리틀[2]은 1943년 맨해튼 당국으로부터 징병검사 통지를 받고 출두하여 미친 술주정뱅이 행세를 하였다. 그는 질겁하는 정신과의사를 붙들고 늘어지며 너스레를 떨었다. "이봐 아버지, 당신하구 난 말야, 북쪽에서 왔잖아. …그러니까 입 나불대지 말구. …남쪽으로 날 좀 보내주슈. 깜둥이 군발이들 모아줄 거지, 응? 총 훔쳐내서 백인자식들 죽여버릴 거야." 결국 말콤은 정신적 부적합 판정을 받아 군복무가 면제되었다. 그리고 1946년에는 강도혐의로 수감되었는데, 잘 알려져 있다시피 그는 수감중에 엘리야 무하마드의 종교집단으로 개종하였고 한국전쟁중이던 1952년 8월 가석방으로 출소했다. 당시 그의 나이 스물일곱이었기 때문에 군복무 가능성이 없었는데도(당시 징집 상한연령은

26세였음) 그는 신념에 따라 징집등록을 거부했다. 그러자 교도소에 다시 집어넣겠다는 협박이 들어왔고, 그는 한발 물러서서 자신을 양심에 따른 병역거부자(conscientious objector, CO)로 신고했다. 다시금 군 정신과의사의 검사를 받았고, 이번에는 "편집증의 반사회적 성향"으로 판정되어 군면제 대상인 4-F등급으로 분류되었다.

1953년 알라의 사도 엘리야 무하마드의 아들 월리스도 징병검사에서 1-A등급으로 판정받자 양심에 따른 병역거부자로 신고하였고, 1957년에 이를 인정받았다. 무하마드 가족의 변호사인 에스크리지가 자신의 정치적 배경을 동원하여 2년간의 대체복무 방안을 내놓았으나, 엘리야는 이를 거절하도록 했다. 그리하여 1958년 월리스는 대체복무기관인 주립병원에 신고를 하지 않았고, 이에 따라 기소되어 재판 끝에 유죄판결을 받았다. 하지만 월리스의 병역처리 과정에서 정부의 기술적 오류가 있었다는 이유로 1960년 4월 재판이 다시 열렸다. 월리스는 자신이 이슬람교의 포교자임을 주장했지만 판사는 이를 뒷받침할 실체적 근거가 없다고 판시하고는 징역 3년형을 명했으며, 1961년 10월 항소가 기각됨으로써 판결이 집행되었다. 스물여덟 살의 월리스는 연방교도소에서 14개월을 복역했는데, 이때 성서와 코란을 연구하면서 아버지의 가르침이 이슬람의 원전들과 합치하지 않는다고 결론을 내리게 된다.

알리는 이슬람네이션이 군징집에 저항해 왔으며 흑인사회가 비공식적으로 병역기피를 벌여왔다는 사실을 알고 있었다. 그의 친구 하워드 빙햄이 1963년 질병과 언어장애를 가장해서 징집을 피할 수 있었다는 것도 알았다. 그런데 병역 재심사를 받던 초기에 알리가 이슬람네이션의 정책에 대해서는 거의 거론하지 않았다는 사실은 매우 주목할 만하다. 많은 사람들로부터 제대로 인정받지는 못해 왔지만, 알리는 자신이 처한 난국을 처음부터 이슬람네이션보다 더 넓은 정치적 맥락에서 이해하고 있었던 것이다.

●   ●   ●

　흑인들이 베트남전쟁에 반대한 것은 무엇보다 자신들이 치러야 할 잔혹한 대가 때문이지만, 여기에 시민권투쟁이 불어넣은 새로운 기대감이 더해진데다 예상보다 더 극심해진 좌절감도 한몫 했다. 60년대에 징집대상 흑인남성의 30%가 징병되었지만, 백인남성은 불과 18%만 징병되었다. 1966년 현재 전체 미군에서 흑인이 차지하는 비율은 11%에 불과한데, 베트남전에서 흑인 사상자는 전체 미군 사상자의 22%에 이르렀다. 덧붙여 미육군에서 흑인의 비율은 13.5%였으나 장교는 3.4%에 불과했다.

　베트남전쟁을 통해서, 전장에서 흑백통합을 이룬다는 것은 잔혹하고 위선적인 생각임이 드러났다. 흑인들은 개선이 아니라 더 심한 상처를 입은 격이었다. 『뉴스위크』의 여론조사에 따르면, 흑인의 35%가 본국에서도 자유롭지 못한 상황에서 해외에서 치러야 할 전쟁에 반대했다. 이런 인식은 1964년 1월 할렘의 한 흑인주민이 『암스테르담뉴스』에 투고한 편지에서 극명하게 드러난다. 이 편지는 말콤 엑스와 재키 로빈슨의 논쟁을 언급하면서 다음과 같이 주장한다.

재키 로빈슨에 관해 나는 한 가지 분명히 해두고자 한다. …
버밍햄 폭탄사건 이후 흑인들이 할 수 있는 가장 강력한 행동은,
폭탄투척자들을 찾아 처벌할 때까지 징병통지서를 국방부로 되
돌려보내는 일일 것이다. 내가 이등시민으로 취급당하는 한 나
는 이등애국자로 처신하련다.

시민권운동의 주류는 미국적 예외주의(American excep-
tionalism)[1]를 옹호하기 위해 호들갑을 떨었으며 냉전이데올
로기를 여전히 무비판적으로 강변했나. 주요 흑인인사 가운
데 전쟁반대의 목소리를 낸 선구자로는 케케묵은 '미국주의'
논리와 오랫동안 담을 쌓아온 말콤 엑스가 있다. 그는 1963
년에 이미 미국의 서남아시아 개입과 사이공의 부패한 독재
정권 지원정책을 규탄하였으며, 말년에는 미국의 콩고개입
과 위선적인 베트남정책을 비난하면서 미국의 외교정책을
집요하게 건드렸다. 베트남전쟁이 발발한 다음해인 1965년
1월, 그는 전해에 베트남, 콩고, 카리브해 연안에서 있었던
사건들을 환기시키며 신랄하게 비판했다.

정부는 우리가 반미주의자가 되지 않았음을 천만다행으로
여겨야 한다. 정부관계자들은 아침마다 땅바닥에 네 발로 엎드
려, 2200만 흑인민중이 반미로 돌아서지 않았음을 신에게 감사
드려야 한다. 바로 당신네들이 우리에게 그럴 권리를 부여했다.
만일 우리가 반미로 나선다면 전세계가 함께할 것이다. 어디,
만만한 문제가 아니지 않은가?

[1] 미국은 다른 나라와 다르며 미국의 가치기준이 곧 세계의 보편적 가치라는 사고. 미국의 이름으로 이루어진 국제문제 개입과 침공은 바로 이 사고에 기반하고 있다

232

3주 후 말콤은 앨라배마에서 흑인 학생과 시민권운동가들에게 연설하는 자리에서 베트남을 주요 화제의 하나로 언급했다. 이날의 행사는 비폭력학생위원회의 존 루이스 의장이 조직한 것인데, 셀마에서 존 루이스가 경찰의 공격을 받는 사건이 일어나자 말콤은 이렇게 비꼬았다. "베트남이며… 콩고… 아프리카까지도 군대를 보내는 존슨 대통령이 왜 앨라배마의 셀마에는 군대를 못 보내는지 알 수 없는 일이다."[1]

그해 4월 루이스의 동료인 밥 모지스는 워싱턴에서 열린 민주사회를 위한 학생연맹(SDS) 집회에서 연설했으며, 7월에는 미시시피주 매콤지방의 활동가들(이들 중 일부는 1964년 후반에 북부에 가서 말콤과 함께 베트남문제에 대해 토론을 벌인 바 있다)이 "우리의 싸움은 조국 안에서!"라는 제목의 유인물을 발행했다. 주요 시민권운동단체 중 맨 처음 반전을 공식적으로 표명한 이 유인물은 매콤의 어머니들에게 자식들이 징병을 거부하고 "매콤의 흑인사회가 누리지 못하는 '자유'를 위해 베트남에 가서 싸워" 목숨이 위태로워지는 일이 없도록 용기를 북돋워주라고 당부한다. 그리고 몇 주 후 학생비폭력조정위원회는 전쟁에 대한 첫 공식성명을 발표하여 "미시시피의 모든 흑인민중들이 자유를 찾기 전까지" 흑인들은 "베트남에서 싸우지" 말아야 한다고 주장한다. 같은 해 말에는 미시시피자유민주당(MFDP)이 전쟁반대 기도회를 개최했고, 해머(Fannie Lou Hamer)[2]가 나서서 베트남에서 철군하고 남부의 흑인 투표권을 보장하라는 요구를 담은 전문을 존슨 대통령에게 보냈다.

[1] 1965년 1월 존 루이스가 이끄는 525명의 시위대가 앨라배마주 셀마시를 행진하던 중 주군대의 습격을 받았다. 이 사건은 '피의 일요일'이라고도 불림

[2] 농장노동자 출신으로 흑인투표권운동에 앞장선 시민권운동가. 경찰로부터 살인적 폭력을 당하고 이를 고발한 일로 유명하다

1966년 1월 학생비폭력조정위원회는 전쟁반대 입장을 더욱 분명히 했다. "우리는 '세계의 자유를 지킨다'는 미국의 구호가 위선의 탈에 불과하다고 주장한다. 그 위선의 탈 뒤에서는 미국 편의주의적 냉전정책에 동조하기를 거부하는 해방운동이 짓밟히고 있다." 그리고는 "미국 내에서 이미 허구임이 드러난 '자유'를 내걸고 벌어지는 미국의 침략에 목숨 바칠 것을 강요하는 군사징집에 대해 저항하는" 모든 젊은이의 지지를 호소했다. 학생비폭력조정위원회의 홍보위원장 줄리언 본드는 11월 선거에서 조지아주 주의원으로 당선되었지만, 이 성명발표를 비롯한 활동들 때문에 의원자격을 박탈당했다. 그러자 로이 윌킨스 등 전미유색인지위향상협회 성원들은 본드 등 학생비폭력조정위원회 성원들 때문에 시민권운동의 적들이 시민권운동을 '불충성'과 '비미국적'이라고 비난할 명분을 내줬다고 몰아붙였지만, 킹 목사의 경우에는 본드에게도 발언의 자유가 있다며 옹호를 했다. 하지만 그때까지도 킹은 신중한 태도를 보이며 병역기피를 묵인하는 발언은 하지 않았다.

한편 학생비폭력조정위원회의 스토클리 카마이클은 모건주립대학교에서의 연설에서 감동적인 어조로 입장을 명확히 선언했다. "우리는 캔자스주 레번워스 연방교도소에 들어가든지, 아니면 살인자가 되는 겁니다. 난 고통의 길을 택합니다. 나는 교도소로 갑니다." 이어서 그가 터뜨린 사자후는 시민권지도자들이며 칼럼리스트들을 모두 경악하게 했다. "미국을 타도하라!"

"베트콩들하고 다툴 일 없"다던 알리의 말이 저 홀로 생겨난 것이 아님을 우리는 이제 분명히 알 수 있을 것이다. 1966년 2월, 전쟁에 대해 입장을 표명한 사람은 결코 알리 혼자만이 아니었으며, 마이애미에서 그가 터뜨린 분노의 목소리는 흑인사회에서 수없이 일어나던 저항의 몸짓 중 하나로 보아야 한다. 고명하신 흑인대표자들은 얼버무리기 바빴던 그 저항의 목소리 말이다. 알리는 점점 높아가는 전쟁반대 물결의 일부였다. 이 물결은 미국 전역뿐 아니라 전세계 수많은 곳을 휩쓸게 된다.

하지만 반전운동이 절정에 달하기까지는 아직도 여러 해를 기다려야 했던 터라, 1966년 2월 헤비급 챔피언은 포위되어 조롱당하는 소수자의 고통을 감내해야 했다. 이때까지만해도 민주당의 유력자들 가운데 전쟁반대를 드러내놓고 말한 이는 없었다. 유력한 신문이나 텔레비전방송에서도 전쟁의 근거에 대해 의문을 제기하는 일은 결코 없었다. 다만 일부 매체가 전쟁 비용과 양상에 대해 우려를 표명하는 정도였다. 오랫동안 좌파와 연계를 맺어온 극소수 배우나 가수들을 제외하고는, 영화·음악·스포츠계를 막론하고 유명 연예인 가운데 목소리를 낸 사람은 아무도 없었다.

저항자들(처음에는 언론으로부터 '베트닉'이라는 이름으로 경멸받았다)은 지저분한 게으름뱅이, 정신이상자, 밉살스런 사춘기 아이들 혹은 공산주의 앞잡이로 매도당하기 일쑤였다. 미국의 외교정책에 대한 공개적인 반대행위는 비애국적 행동이자 심지어 역적이며 전선에서 용감히 싸우는 젊은이들을 욕되게 하는 짓이라고 여겨지는 것이 일반적이었다. 알리가 베트콩과 싸울 일이 없다고 말했을 때도 배리 새들

러의 노래 〈그린베레 발라드〉(Ballad of the Green Berets)가 3월의 몇 주 내내 음반판매 1위를 기록하였다. 『라이프』(*Life*)지는 "베트남: 싸울 가치가 있는 전쟁"이라는 제목으로 특별판을 발행했는데, 사설에서 "우리의 거대한 병력과… 화력 및 기동력으로" 이 해가 가기 전에 미국이 승리할 것이라고 호언장담했다.

이러한 시대배경은 전쟁에 맞선 알리의 목소리를 더욱 돋보이게 한다. 미국의 최고 학식 있는 자들이 정부의 베트남 정책을 맞들고 있는 상황에서, 그리고 학계의 제일간다는 인재들이 더 효과적인 무기를 고안하는 데 여념이 없는 상황에서, 알리는——그것도 무식한 권투선수이자 허섭스런 소리나 뇌까리는 떠버리이자 1인극 서커스의 주인공인 알리는——뭔가 근본적으로 잘못되었음을 감지하고 있었다. 나아가 이 문제가 자신뿐 아니라 미국과 전세계 모든 유색인들의 삶에 영향을 미칠 것임을 깨달았다.

알리의 징병거부는 반전운동의 강력한 촉매제 역할을 하였다. 문제의 인물은 학자도 목사도, 비트족(beatniks)이라던 신세대 문화꾼이나 보헤미안도 아니었다. 이런 부류들은 미국의 노동계급 대중에게는 스타일이나 이미지 면에서 아무런 관련이 없는 사람들이었다. 이번의 주인공은 헤비급 권투선수였다. 그는 대중문화 주류에 속한 인물이었으며, 전쟁에 반대한다고 해서 '남자답지 못하다'거나 '겁쟁이'라고 비난당할 리도 없었다. 미스 아메리카가 순종적 여성성의 상징이라면, 헤비급 챔피언은 남성적 지배력의 상징이었다. 판테온의 신들처럼 점점 늘어가는 반전영웅들 가운데서도 알리는 처음부터 끝까지 가장 유명한 사람이었다. 게다가 그는 흑인이었으며, 그가 반전의식을 표명하면서부터 흑인사회에서는 반전감정을 정당한 것으로 간주하게 되었고 반전운동이 백인의 전유물이라는 이미지도 불식될 수 있었다.

●   ●   ●

초기에 징집시키겠다는 위협을 받았을 때는 알리 역시 갈피를 못 잡으며 불안해하고 오락가락했다. 그리고 그가 처음 터뜨린 불만은 대체로 개인적인 차원이었다. "일년에 적어도 제트폭격기 세 대와 엄청난 양의 탄약을 내 돈으로 사고, 전투사병 5만 명의 월급을 내 대전료에서 지불하겠습니다." 그렇지만 몇 주일이 지나자 더 이상 이런 말은 하지 않았다. 그런데도 역사가들은 (미 국방부의 수법을 좇아) 알리의 양심에 따른 병역거부 선언이 허장성세에 지나지 않았다는 증거로 이 말을 들이대곤 했다. 병역을 혐오하는 발언도 양심에 따른 병역거부를 합리화하기 위해 적당히 지어낸 핑계에 지나지 않는다는 것이다.

하지만 로버트 립사이트가 당시 알리 캠프에서 취재한 내용은 알리가 한 중대발언의 실제 배경이 무엇이었는지를 암시해 준다. 알리는 언론의 전화를 받거나 동료들과 농을 주고받으면서도 〈바람만이 아는 대답〉을 흥얼거렸다. 그런데 한국전쟁에 참전했던 샘 색슨은 알리를 비롯해서 누구든 옆에 있는 사람에게 이렇게 말하곤 했다. "나는 미군 군복을 입고 있었지만, 언제나 검둥이로 불렸어." 알리 스스로 립사이트에게 이렇게 말했다.

　　권투란 아무것도 아닙니다. 피에 굶주린 자들의 허기를 채워
줄 뿐이죠. 난 더 이상 캐시어스 클레이가 아니고, 켄터키 출신
검둥이가 아니에요. 나는 세계에 속해요, 흑인의 세계 말이지요.
앞으로 파키스탄, 알제리, 에티오피아 등등이 모두 내 집이 될
겁니다. 이게 돈보다 더 소중합니다.

　　미국의 언론은 이 말에는 거의 주목하지 않았다. 그 대신
"난 (베트콩들하고) 다툴 일 없어요"라는 센세이셔널한 한
마디에만 매달렸다. 히지만 알리가 립사이트에게 털어놓은
말은, 징병조치에 대한 투쟁 초기부터 자신의 위치를 국제적
차원에서 인식하고 사회적 책임을 다하려 했음을 말해 준다.
　　그렇다고 해서 알리가 초기에 보인 반응에 두려움이나 개
인적 불만이 섞여 있지 않았다는 것은 아니다. 등급재분류
조치를 받은 다음날 알리는 텔레비전 인터뷰에서 황망스러
운 심경을 털어놓았다. "지난 2년 동안 군대가 나를 바보천
치라고 사방에 떠들어대서 얼마나 창피스러웠는지 모릅니
다. 그런데 이제 와서 그들은 내가 똑똑한 사람이라는 거예
요. 도대체 전보다 내가 얼마나 똑똑해졌는지, 아니 멍청해
졌는지 시험도 해보지 않고서 내가 군대에 갈 자격이 있다
는 거죠. …당최 이해할 수 없는 노릇은, 하고많은 야구선수,
축구선수, 농구선수 중에 왜 하필 세계 유일의 헤비급 챔피
언인 나를 찍은 겁니까?"
　　알리로서는 미국정부가 자신을 벼르고 있다고 믿을 만한

이유가 있었다. 당시 남부 각주의 징병위원회는 흑인 시민권 운동가들을 소환하고 있었다. 학생비폭력조정위원회의 존 루이스나 밥 모지스도 일찌감치 등급재분류 조치를 받았는데, 당연히 이들의 전투적 투쟁 때문임은 말할 것도 없었다. 스물네 살에 처음 징병검사를 받았을 때 알리는 그물망을 벗어났다고 생각했을 것이다. 만일 전쟁을 비난하는 말을 입 밖에 꺼내지 않았다면, 그는 전투 대신 다른 대안을 조용히 얻어낼 수 있었을 것이다. 미래의 미국 대통령이 된 빌 클린턴을 비롯한 다른 활동가들이 그랬듯이 말이다.

"난 베트콩들하고 다툴 일 없소." 이보다 더 공격적이고 대담하며 심금을 울리는 선언을 입 밖에 내놓은 스포츠스타가 또 있었던가? 노여움과 적대감에 가득 찬 반응이 즉각 터져나왔다. 지미 캐넌은 당시 자기가 혐오하던 모든 것을 알리에게서 발견한 모양이었다.

그는[알리는] 아무도 알아들을 수 없는 노래를 내뱉는 이른바 유명가수들, 가죽 위도리에 철십자가를 달고 오토바이를 몰고 다니는 펑크족들과 한통속이 되었으며, 배트맨, 불결한 긴 머리의 머슴애들, 구리구리한 낯짝의 계집애들, 아파트 방안에서 은밀한 춤판을 벌여 벌거벗은 채 춤추는 대학생놈들과도 어울리고 있다. 또한 그는 매달 첫날 제 아버지에게서 받은 수표로 혁명을 한다 합네 하는 학생들, 수프깡통의 상표딱지 흉내밖에 낼 줄 모르는 화가 나부랭이, 일하기 싫어서 서핑이나 하는 날건달들 그리고 하릴없는 응석받이들이 벌이는 컬트 짓거리들과 한죽이 되어버렸다.

알리의 올림픽 금메달 입상을 치하했던 켄터키 주의회는 "켄터키의 모든 애국자들"의 명예를 실추시켰다며 비난을 퍼부어댔고, 연방의회의 정치인들은 3월 29일 시카고에서 예정된 어니 테럴과의 대전을 금지시키라고 요구했다. 이때 가장 앞장서 목소리를 높인 이가 펜실베이니아주 하원의원 프랭크 클라크이다.

이 헤비급 챔피언은 속속들이 치욕스럽기 짝이 없는 존재다. 나는 이 나라의 시민 모두에게 그가 벌이는 어떤 경기도 거부하라고 촉구한다. 관중석을 텅텅 비게 만드는 것이야말로 이 철부지에게 안겨주는 최고의 찬사가 될 것이다. 그의 영구차가 합중국의 대로를 지나는 기회를 베풀어주자.

"격에 어울리지 않는 말을 내뱉는… 무책임한 악동"이라고 알리를 헐뜯었던 세계권투협회(WBA)의 헤비급타이틀 보유자 테럴은 키가 너무 크다[1]는 이유로 면제대상인 1-Y등급을 받았으면서도 "국가가 부르면 가야 한다"는 말을 그치지 않았다. 또 『시카고 트리뷴』(*Chicago Tribune*)이 시합금지를 요구하자, 일리노이 주지사 오토 커너와 시카고 시장 리처드 데일리가 이에 화답했다. 마침내 알리는 흥행사들의 등쌀에 못 이겨 일리노이 주위원회에 출두하여 입장을 밝혀야 했다. 2월 22일 『뉴욕타임스』는 "클레이, 등급재분류에 대한 발언 사과할 계획"이란 제목의 머리기사를 내보냈다. 그러나 이것은 권투계 기득권층의 소망에 불과한 것으로 드러났다. 시카고에 온 알리는 위원회 위원들에게 이렇게 말

[1] 198센티미터

했다. "나는 언론에 보도된 것처럼 마지막 청원이나 사과를 하러 이 자리에 나온 것이 아니다. 내가 이 자리에 온 것은 내 발언으로 인해 재정적인 타격을 입은 분들이 계시기 때문이다." 위원들은 발언을 사과할 의향이 없느냐고 알리에게 몇 번이나 다그쳐 물었지만, 그들이 들을 수 있는 것은 "그 말을 스포츠기자와 신문기자들에게 한 것을 사과한다"는 말뿐이었다.

이날 일리노이주 검찰총장은 계약서에 서명한 알리의 이름이 본명이 아니라는 이유를 들어 테럴과의 시합은 불법이라 규정했다. 흥행사들은 다른 개최지를 찾기 위해 사력을 다했지만 뉴욕을 비롯해서 라스베이거스, 마이애미, 루이빌, 피츠버그 등 후보지마다 정치적 압력으로 거부되었다. 어쩔 수 없이 그들은 국경을 넘어 토론토에서 경기를 갖기로 합의했으나, 유선중계가 거부되면서 테럴이 시합에서 발을 빼고 말았고 그 대안으로 캐나다선수 조지 추발로가 끼여들었다. 알리측 흥행사 밥 애럼은 알리가 "쓸모 없는 상품"이 되었다고 선언했다. "유선중계료로 볼 때 알리는 끝났다."

2월 28일 알리는 양심에 따른 병역거부자로서 병역을 연기해 달라는 신청을 처음으로 공식 제출했다. 이를 시작으로 한 해 내내 병역문제와 씨름했지만, 시간이 갈수록 그에겐 후퇴나 작전의 여지도 남지 않았거니와 징병법안과의 갈등은 점점 더 심각하고 정치적인 양상을 띠어갔다. 3월 17일 그는 루이빌징병위원회에 출두하여 예외신청을 했으며, 그 근거로 경제적 책임과 양심에 따른 거부를 내세웠다. 하지만 위원회는 알리의 신청을 기각했고, 이로써 오랜 시간 겉돌기만 한 법정소송절차가 시작되었다.

이때까지만 해도 알리가 자신의 발언을 사과하면 그만이었을 것이다. 아니면 그저 한발 물러선 뒤 변호인들을 통해 정부와 협상을 벌일 수도 있었을 것이다. 그러나 알리는 다른 길을 택했다.

미국의 베트남정책을 거들 의사가 없다는 알리의 태도가 갈수록 단호해지자, 많은 사람들은 부레가 잔뜩 끓었다. 오랫동안 속을 삭이며 챔피언을 기다려온 그들은 공공연히 부화를 터뜨렸다. 밀턴 그로스는『뉴욕타임스』에 기고한 글에서, "지난 2년 동안 캐시어스 클레이는 헤비급 세계챔피언이었다. …이 챔피언만큼 시간을 탕진하고 타이틀을 방치함으로써 자기 이미지에 먹칠하는 사람은 또 없다"고 비난했다. 또 레드 스미스는 "캐시어스 클레이는 꾀죄죄한 낯짝에 피켓을 들고 전쟁반대 시위를 벌이는 펑크족들이나 다름없는 비참한 영웅으로 자신을 망치고 있다"고 했는가 하면, 짐 머레이는『로스앤젤레스 타임스』 기고문에서 "백인의 골칫덩이"라고 비아냥거렸다.

하지만 지지까지는 못 되어도 동정의 여론이 의외의 곳에서 나왔다. 그중에는 존슨정부의 베트남전쟁 정책을 강력히 지지하던, 저명한 흑인 스포츠선수 두 사람도 있었다. "스포츠선수로 활동하는 동안 나는 흑인들에게 '제 분수를 지키라'고 가르치려 드는 글쟁이들이 적지 않음을 알게 되었다. …행동으로 자신의 말을 입증한 클레이, 아니 알리는 제 분수를 분명히 내보여준 셈이다"라고 쓴 재키 로빈슨과 "캐시어스 클레이를 생각하면 나는 불편하다. 그는 자신이 옳다고 믿는 대로 말하고 행동했다고 해서 지나치게 가혹한 벌을 받고 있는 것이다"라고 한, 뜻밖의 원군이랄 수 있는 플로이드 패터슨이다.

불과 몇 달 전 알리 때문에 망신을 당했던 패터슨이지만 알리를 두둔하면서 권투선수는 싸움을 대중에게 팔아먹는 역할을 부여받은 존재라고 했다. "미국의 프로권투선수들은 정치문제에 대해 입을 놀릴 수 없게 되어 있다. 특히 정부에 반대하는 견해를 가졌을 때, 권투를 좋아하는 노동자계급 다수에게 영향을 미칠 수 있기에 더욱 그렇다. …아마도 알리는 이런 역할이 지나쳤는지도 모른다. 기대보다 더 큰 역할을 해 보인 것이니, 대중은 이자가 과연 자신들이 좋아하던 그 선수였는지, 증오심을 팔라고 고용했던 그 선수인지 고개를 갸우뚱거리게 된 것이다. 그는 대중이 기대하는 선을 넘어섰다. 블랙 무슬림에 가담한다거나 징집을 비난하고 미국의 베트남전쟁 정책을 비판하는 일은 예상 밖이었던 것이다." 모든 이를 위한 미국식 영웅 노릇을 그만두면서 비로소 패터슨은 링의 현실을 누구보다도 깊이 있게 들여다보는 분석가 반열에 오른 셈이다.

인종주의적 폭도들에 용감히 맞서가며 미시시피대학교의 첫 흑인학생으로 등록한 제임스 메레디스라는 청년이 있었다. 4년 후인 1966년 6월 5일 그는 멤피스에서 잭슨까지 "공포에 대항하는 도보행진"에 나섰으나, 바로 다음날 매복자의 총에 맞아 목숨을 잃었다. 운동은 공포로 얼어붙었다. 흑인 시민권활동가조차 백주대낮에 대로를 안전하게 걸을 수 없다니, 그동안 남부에서 온갖 희생과 고통을 치르며 얻은 것이 대체 무엇이란 말인가? 학생비폭력조정위원회, 인종평등회의(Congress of Racial Equalit, CORE), 남부기독교지도자회의 등은 메레디스가 못다 걸은 나머지 구간을 행진하기로 힘을 모았다(전미유색인지위향상협회와 어번리그는 학생비폭력조정위원회와 몇 차례 의견충돌을 빚자 이 운동에서 손을 뗐다).

며칠 후 400명의 자원자들이 뭉쳤고, 그들은 백인 자경단원 및 경찰들의 도발과 방해공작에도 개의치 않고 잭슨을 향해 한걸음 한걸음 나아갔다. 메드거 에버스의 암살범인 백위스까지 현장에 차를 몰고 나와 행렬 앞뒤를 왔다갔다하며 위협했다. 마침내 행렬은, 3년 전 밥 딜런이 방문한 이래로 여전히 흑인 유권자등록이 제대로 이루어지지 않고 있던 그린우드에 닿았다. 그러나 스토클리 카마이클이 이곳 흑인학교 운동장에 행진참가자들의 캠프를 설치하려다가 무단침입이란 죄목으로 체포되었다. 경찰에서 풀려난 카마이클은 자신에게 지지를 보내는 군중들에게 이렇게 연설했다.

저는 이번까지 모두 스물일곱 번 체포되었습니다. 하지만 이제는 감옥에 가지 않을 것입니다. 지금부터 우린 블랙파워(Black Power)를 말해야 합니다.

이리하여 블랙파워는 불과 며칠 만에 전국적인 구호가 되었다. 그러나 카마이클과 함께 행진했던 마틴 루터 킹은 "블랙파워라는 용어는… 흑인민족주의를 연상시키기 때문에" 적절치 못하다고 술회했다. 메레디스 행진은 물리적 공격에 거듭 시달렸다. 최루탄, 곤봉, 발포 세례 앞에서 구세대 온건파와 젊은 전투파 사이에 점점 틈이 벌어지기 시작했던 것이다. 잭슨에 도착해 가진 마지막 집회에서 킹은 한 기자에게 "내가 흑인들을 비폭력에 묶어두려면 미국정부가 내게 승리를 몇 번 안겨줘야 한다"고 말했다.

블랙파워라는 슬로건에 백인여론은 성향에 관계없이 뼛증을 냈다. 『뉴욕타임스』는 "헛되고 쓸모 없고 파괴적인 대안이며 흑인들의 무력감을 나타내는 것일 뿐"이라고 혹평했는가 하면, 부통령 험프리는 전미유색인지위향상협회를 향해 "미국은 어떤 인종에 의한 것이든 인종주의를 용납하지 않을 것이다"라고 경고했다. 로이 윌킨스도 전미유색인지위향상협회를 대표하여 "거꾸로 선 KKK"라며 블랙파워 슬로건을 비판했고, 러스틴은 이 새로운 전투적 대안을 "유토피아적이고 반동적"이라 말했으며, 필립 랜돌프는 "인종 평화와 번영에 대한 위협"이라고 했다. 정치인들 또한 "인종주의적 선동"이며 "폭력과 증오"를 설교하는 것이라고 으름장을 놓았다.

언론매체들은 블랙파워가 비폭력에 대한 거부를 첫째로 내세운다고 보았다. 폭력에 대한 입장을 표명하거나, 폭력사용을 위협하는 듯할 때면 어김없이 언론은 두 눈에 불을 켜고 달려들었다. 이 시대의 비극이라면, 이 문제를 중심으로 잘못된 편가름을 하는 논쟁이 뒤따랐다는 사실이다. 이런 식의 논쟁에서는 전술이며 전략, 원칙 들이 엉망진창 혼란에 빠져들게 마련이다. 그러나 주정부들이 인종주의적 폭력 앞에서 흑인의 생명을 전혀 보호하지 못하는 상황에서, 활동가들로서는 자기방어가 긴급한 문제였음을 기억해 둬야 한다.

1961～66년에 백인 극단주의자들의 흑인에 대한 물리적 공격은 다섯 배로 증가했다. 심지어 1966년에는 백인 인종주의자들이 언제 어디서든 아무 흑인이나 공격할 수 있었지만 그 일로 처벌받는 일은 없었다. 흑인이면 으레 또 다른 뺨을 맞아주어야 했고, 인종폭력이 발생해도 이는 예외적으로 불행한 사건일 뿐이라는 것이 백인 대부분의 생각이었다. 하지만 많은 흑인들은 결코 외면할 수 없는 미국적 현실이 여전히 계속되고 있다는 증거라고 여겼다.

메레디스 행진은 시민권운동 시기의 흑인 자유운동이 마지막으로 조직한 거대 행사였다. 이 행진은 "공포에 대항한 행진"으로, 백인들의 테러에 눌려지내지 않겠다는 공개적인 거부행동이었다. 백인권력에 대한 흑인들의 공포심을 집단행동을 통해 극복하려는 노력은 처음부터 남부 운동가들의 실천을 이끌어내는 원동력이었다. 본래 이같은 취지에서 제기된 블랙파워 슬로건은 처음에는 일체의 기존 논리를 거부하기도 했지만, 한마디로 블랙파워운동은 시민권운동이 성장하면서 도달한 논리적 귀결이었으며 성공과 실패가 반복되는 상황에 대한 응답이기도 했다.

연방대법원이 "지극히 신중한 속도로" 공립학교에서 인종차별을 철폐할 것을 명령한 것이 이미 12년 전의 일이었다. 그러나 인종통합이 실시되는 학교는 여전히 북부와 남부를 막론하고 가뭄에 콩 나듯 했다. 그동안 1964년 민권법(Civil Rights Act), 1965년의 투표권법(Voting Rights Act) 등 입법활동에서 두 차례 승리를 거두었지만, 과연 연방정부가 이를 강력히 실시할 의지가 있는지, 아니 그것조차 가능이나 한지 의심하지 않을 수 없었다. 뿐만 아니라 두 법안이 인종불평등을 변화시키는 데 핵심 역할을 할 수 있을지도 불투명했다. 운동가들은 이렇게 불확실한 진전을 얻어낸 것치고는 너무나 무서운 대가를 치렀다고 느꼈다. 사망자가 세 자릿수를 헤아리고, 수만 명이 구타와 체포를 당했다. 사정이 이러한데도 연방정부며 백인 기득권층은 수수방관했을 뿐 아니라, 흑인운동의 당연한 쟁취물조차 인정하지 않으려는 '백인들의 반동'에 절절매고 있었다. 진정한 평등은 요원할 따름이었다. 햄버거 사먹을 돈조차 없는데, 백인과 같은 식당에서 식사할 권리라는 게 도대체 무슨 쓸모가 있단 말인가? 너무나도 당연한 의문이 아닐 수 없었다. 북부든 남부든 흑인들은 이 점에서는 똑같은 현실에 놓여 있었다.

텔레비전을 통해 전국으로 알려진 남부지역의 투쟁은 북부와 서부 흑인거주지에도 강한 충격을 던졌다. 바야흐로 더 이상 참을 수 없다는 비타협적 흑인의식이 샘솟기 시작한 것이다. 1964년에서 68년까지 해마다 여름이면 주요 도시에

서 흑인폭동이 일어났으며, 이로 인한 사상자가 사망 250명
(대부분 흑인이었다), 중상 1만 명을 헤아렸고, 연행자는 6
만 명이나 되었다. 폭동이 일어난 와츠지역을 방문한 후 마
틴 루터 킹은 기자들에게 "이 사건은 비특권계층이 특권계
층에 대항하여 일어난 계급폭동"이라고 말했으며, 그로부터
일년 뒤에는 "그동안 입법과 사법 기구를 통해 얻어낸 승리
들도 북부의 과밀 빈민지대에 사는 수백만 흑인들의 운명을
나아지게 하는 데는 거의 영향을 미치지 못했다"고 인정할
수밖에 없었다.

시민권운동은 법적 평등을 위한 노력에 이어서, 이제는
경제적 평등이라는 훨씬 힘든 과제에 직면했다. 이 난국에
대처하기 나온 것이 블랙파워 슬로건이었지만, 여기에도 여
러 갈래가 있었다. 흑인사회도 권력을 부여받아야 한다는 점
에는 모두 일치하였지만, 이를 어떻게 성취할 것인가를 놓고
는 의견차이가 컸다. 그러나 놀랍게도 이 슬로건은 즉각 흑
인 기업인과 전문인들 속에서 공감대를 형성하였다. 그러자
닉슨은 1968년 대통령선거전에서 "최근 흑인들의 전투적인
언사들은 실제로 30년대 복지론자들보다 자유기업주의 원칙
에 더 가깝다"고 말하면서 "흑인에게 더 많은 소유권"을 비
롯하여 "흑인 된 자부심, 흑인을 위한 일자리, 흑인을 위한
기회 그리고 흑인의 힘"을 공약으로 내세웠다.[1]

이와 반대로 경제적 특권에 대한 전면적 공세 없이는 흑
인의 경제적 평등을 이룩할 수 없다는 견해를 가진 블랙파
워론자들이 있었는데, 암살을 눈앞에 두고 있던 말콤 엑스와
마틴 루터 킹이 여기에 속했다. 또 여기서 더 나아가, 자본주

[1] 1968년 대통령선거전에
서 공화당후보 닉슨은 국내
갈등을 해소한다는 정책의
일환으로 '흑인자본주의'
(black capitalism)를 내
세웠음

의 체제 안에서는 흑인의 자유가 얻어질 수 없다고 주장한 분파도 있었다. 이들은 인종주의를 만들어내고 영구화시킨 것은 다름아니라 자본주의 체제라고 보았는데, '흑인의 이중의식'을 설파한 두보이스가 닦아놓은 장구한 여정의 끝자리에, 새로운 세대가 새로운 경로를 통해 도달한 것이다. 블랙파워 슬로건은 흑인 마르크스주의자를 부활시켰으며, '디트로이트 혁명적 흑인노동자동맹'(Detroit's League of Revolutionary Black Workers) 등 흑인 노동계급의 전위조직을 탄생시켰다.

오늘날의 시각에서 볼 때는 블랙파워론자 내에서도 개인주의자와 집단주의자, 엘리트주의자와 민주주의자 등의 분파들을 구분해 내기가 어렵지 않지만, 당시만 해도 이 차이는 분명하지 않았다. 또 마틴 루터 킹은 줄곧 블랙파워를 '강령 없는 슬로건'이라고 말했으며, 1967년 해럴드 크루즈는 "부커 워싱턴 식 경제·정치·철학의 1960년대식 수사일 뿐"이라고 비난했다. 이처럼 블랙파워론이 잡종이라 일컬어질 만큼 모호하고 불완전하기까지 했던 것은 당시의 운동, 아니 역사적 상황 자체가 지닌 특성 때문이기도 했다.

한편 60년대의 다른 '극단주의'들과 함께, 블랙파워론은 60년대에 나타나 80~90년대까지 정치적 영향력을 발휘했던 신우익을 키워낸 책임이 있다는 비난을 종종 받지만, 사실 신우익은 60년대의 극단주의 이전부터 오랫동안 진행되어 온 현상이었다. 미국 곳곳에서 '백인의 반동'이 준동하던 1964년에 민주당후보로 나선 조지 월리스(George Wallace)는 이 여세를 북부지역까지 몰고 가 위스콘신주 민주당 표의 34%를 확보했으며, 그해 말 텍사스주 상원의원에 출마한 조지 부시[1]는 월리스가 띄워놓은 분위기를 이용하는 전략을 구사하여 유권자들을 향해 "전국민의 14%를 위해 새로운 민권법이 통과되었지만, 나는 국민의 84%를 대표해서 이를 우려한다"고 연설했다. 그리고 1966년 11월 공화당은 반동의 물결을 몰아서 의회 중간선거에서 압도적인 승리를 거두었다. 이를 두고 마틴 루터 킹은 "미국의 인종주의는 뿌리가 매우 깊다"고 한탄해 마지않았다. 이때부터 닉슨·레이건·부시·깅리치(Gingrich)에 이르기까지 공화당은 흑인의 요구를 묵살하고 부분적인 개혁요구마저 부정하는 정강정책으로 일관한다. 수많은 전투적 흑인들이 볼 때, 백인들의 반동은 그동안 백인의 양심에 호소하는 전략을 취해 온 시민권운동은 처음부터 실패일 수밖에 없었다는 명백한 증거나 다름없었다. 따라서 블랙파워운동은 막 시작된 백인 반동의 원천인 동시에 그에 대한 대응이었던 것이다. 60년대의 사회운동은 한편으로는 기대감이 커져가면서도 또 한편으로는 좌절감이 깊어가고 있었으니, 블랙파워론은 이 두 가지 요소가 변증법적으로 작용한 결과물이었다.

흑백통합을 거부했다는 점에서 알리는 블랙파워운동보다 두 해 앞선 셈이다. 철저히 백인들이 장악하고 있는 언론으로서는 흑인 분리주의는 늘 눈엣가시였다. 세속세계의 신생세력인 블랙파워 옹호자들을 이슬람네이션과 연결하는 역할을 맡은 사람은 당연히 말콤 엑스였다. 흑인의 단결에 기초하여 흑인 독자적인 정치·경제 힘을 구축하자는 말콤 엑스의 주장은 전투적 흑인들을 고무시켰다. 블랙파워운동은 백

250

[1] 공화당후보로 41대 미국 대통령을 지냈음

인권력, 특히 민주당 내 리버럴세력으로 대표되는 백인 정치권력에 대한 독립선언이었다. 스토클리 카마이클은 "우리에겐 백인 리버럴이 필요 없다"고 못박았고, 미시시피자유민주당의 태동부터 애틀랜틱시티에서 겪은 배신을 기억하는 이들은 여기에 적극 동조했다. 학생비폭력조정위원회와 인종평등회의는 흑인으로만 구성되는 조직으로 스스로 변모했으며, 그후 몇 년 동안 직업과 단체별 흑인대표대의원회의가 광범위하게 구성되었다. 이 조직들에서 내몰림을 당한 백인 동맹자들은 분노를 터뜨렸지만, 흑인투사들은 흑인 자치조직의 구성이 곧 인종차별사회에서 흑인진출을 성취하기 위한 핵심적 전제조건이라고 믿었다. 이런 점에서 블랙파워운동은 두보이스와 가비의 호소에 대한 응답이요, 시민권운동이 때로는 고통을 겪으며 최근까지 얻어낸 교훈에서 배운 결과였다.

카마이클 자신도 인정했듯이, 블랙파워운동을 전형적으로 '미국적인' 것으로 이해하는 견해가 줄곧 있어왔다. 즉 미국체제 내에서 보다 유리한 협상을 이끌어내기 위해 인종적 블록을 쌓는 시도라는 해석이다. 또한 블랙파워운동은 궁극적으로 소수 이익단체들이 본받은 정치적 선례 노릇을 했으며, 묘하게도 70년대에 새로 등장한 백인 소수자세력의 전범(典範)이기도 했다. 60년대 후반부터 70년대 초까지 대도시 선거에서 흑인후보자들이 당선되는데, 이는 블랙파워운동의 증거로 인식되었다. 결국 백인권력을 반대하는 데서 출발한 운동은 민주당과의 연합을 추구하는 흑인 부르주아 지도자들을 비롯하여 '흑인임'을 내세우는 정치인세대를 키워주는 집합구호로 끝나버렸고, 이들 정치인들은 흑인이 몰아준 표를 자신들의 개인적 영향력과 부를 확보하는 수단으로 이용했다. 클래런스 토마스(Clarence Thomas)[1]처럼 백인권력의 비겁한 하인 노릇을 하는 자가 연방대법관 인준청문회에서 말콤 엑스의 이름을 거들먹거린 모습이야말로 흑인민족주의가 얼마나 모호한 구호인지, 그 기치가 얼마나 손쉽게 도용당할 수 있는지를 생생히 증언해 준다.

●　　●　　●

> 내 영혼에 상처 입고 세상에 나왔네
> 온몸에 상처, 두 손엔 분노가 가득
> 인간의 역사, 민중의 삶에 대해 나는 눈길을 돌렸네
> 쏟아지는 불꽃, 꿈같은 행복을 들여다보았네
> 나 영광으로 흐뭇하고 슬픔으로 가슴 저미네
> 부자는 부유하여 흐뭇하고, 없는 자는 가난으로 그러하니
> 어제의 검둥이 마당에서 나는 굴레를 지고 왔네
> 나 혼신의 힘을 다해 내일의 세계로 몸을 돌리네
>
> (마틴 카터 Martin Carter)[2]

초기의 블랙파워운동은 상층흑인들이 구사하는 성공모델 전략에 비판적이었다. 젊은 투사들은 고위직 흑인이라면 그 누구의 말도 듣지 않았으며, 흑인 진보를 가로막는 백인언론과 손잡는 이들에 대해서는 특히 그러했다. 블랙파워운동은 흑인사회의 집단적인 진보를 주장하면서도, 흑인을 상징하는 새로운 대표자 유형을 추구했다. 즉 백인의 비위에 영합

[1] 1991년 부시정권에서 연방대법관으로 지명된 흑인 판사. 인준청문회 과정에서 흑인여성 아니타 힐에 대한 성희롱이 문제가 되었음

[2] 아프리카 가이아나의 현대시인

하거나 그들의 눈치를 살피지 않고 흑인을 대변하여 발언할 대표자를 찾은 것이다. 블랙파워 투사들은 늙다리 시민권운동 지도자들보다 자신들이 가난한 이들과 접촉하는 가두활동을 더 활발하게 벌이고 있다고 주장했다. 카마이클은 "지도자로 자처하는 사람들이 폭동이 일어나는 지역에 들어갈 생각도 못하며, 또 설득력도 발휘하지 못한다"고 꼬집었다. 흑인 내부의 계급격차를 의식하면서 누가 더 진정한 흑인대표자인지를 제기한 이 말은 이 시대를 특징짓는 표현이기도 했다.

죽기 얼마 전 말콤 엑스는 흑인청년들에게 귀감이 될 영웅이 누구냐는 질문을 받고 이렇게 대답했다. "크리스퍼스 애턱스(Crispus Attucks)[1]는 미국을 위해 목숨을 바쳤습니다. 하지만 흑인민중을 노예로 만드는 백인에 맞서는 데도 그가 목숨을 바쳤을까요? 그러니 흑인대중의 본보기가 될 영웅을 가리는 일에서 우리는 흑인의 이익을 위해 싸우다 숨겨간 영웅들을 선택해야 합니다." 무하마드 알리는 이렇게 새로운 유형의 영웅 그대로의 모습으로 나타난 존재였다.

알리는 문화계, 정치계, 반제국주의 운동가, 흑인자본가들을 막론하고 블랙파워론의 모든 지지자를 사로잡았다. 그는 공개적인 자리에서도 거리의 말씨를 구사하며 사람들을 휘어잡았다. 백인들의 기대를 저버리고 흑인말투를 그대로 사용했으며, 흑인 시민권운동 지도자들처럼 사근사근한 말투 대신 거리낌없이 속된 말투를 썼는데, 이는 블랙파워운동이 즐겨 채택한 전술이기도 하다. 어떤 이들은 이런 말본새를 일부러 더 조잡하게 해서 사용했는데, 이는 블랙파워운동

[1] 흑인-인디언 혼혈 노예 출신 선원으로, 18세기 미국독립혁명에 참여하여 영국군의 총에 맞아 사망함. 첫 흑인 순교자로 꼽힌다

이 반대하는 세력의 야만성을 거꾸로 흉내내는 꼴이었다. 그렇지만 알리는 추잡한 말투를 쓰는 것은 사양했다. 온갖 증오심에 포위되어 심지어 얼간이 취급을 받는 고통을 겪으면서도, 그가 너그러운 성품과 품위를 잃지 않을 수 있었던 것은 높이 평가받을 만하다.

블랙파워운동의 두드러진 공적이라면, 이 운동이 태동한 지 불과 3년 만에 검둥이(negro)를 흑인(black)으로 바꿔냈다는 점이다. 이제 흑인이란 용어는 말콤 엑스를 비롯하여 알리, 이슬람네이션까지 즐겨 사용하는 보편적 표현으로 자리잡았다. 물론 이런 노력을 두고 어떤 이들은 '정치적 공정'(political correctness)[1]의 첫 승리라고 비꼬기도 했지만 말이다. 어쨌든 블랙파워운동은 활동가와 학자들로 하여금 흑인의 정체성과 문화적 차별성을 점점 더 고민하게 만든 '문화적 전환'을 몰고 온 중요한 기폭제였음을 부인할 수 없다.

블랙파워론은 흑인의 자부심과 정치·경제적 독립을 거론하고 자신들의 고향이 아프리카임을 강조했지만, 이것은 전혀 새로운 주제가 아니었다. 블랙파워론의 새로움은 그것이 흑인대중의 의식 속으로 침투해 들어갔다는 데 있다. 이런 시각에서 알리는 중점적으로 거론된 인물이 되었다. 흑인의식의 근본바탕이 되는 요소들을 처음으로 대중 앞에서 분명히 발언한 사람 중 하나였기 때문이다. 1968년 제임스 브라운(James Brown)[2]은 〈소리 높여 말하세—난 흑인이야, 그게 자랑스러워〉(Say It Loud-I'm Black and I'm Proud)라는 솔음악을 내놓음으로써 알리를 뒤따랐고, 솔 식단(Soul Food),[3] 타고난 그대로의 머리모양, 흑인역사, 아프리카식

[1] 여성이나 흑인, 소수민족, 장애자 들의 정서와 문화를 존중하고 이들에게 상처주는 언동을 삼가는 것을 지칭함

[2] 솔의 대가이자 펑크의 창시자로 불리는 흑인음악인

[3] 고구마, 옥수수빵, 돼지족발 등 남부흑인의 전통적 음식

의상(혹은 미국인들이 아프리카식이라고 여긴 의상) 등이
길거리부터 중산층에 이르기까지 주류로 자리잡았다. 흑인
문화의 독자적인 아름다움과 가치라는 주장이 새롭게 대두
되었고, 특히 전투적 분파뿐 아니라 온건파도 여기에 동조했
다. 알리는 자신의 '아름다움'을 자랑스럽다고 공언한 최초
의 흑인남성이었다. 아니 적어도 자신의 남성성을 과시하고
대중의 숭배에 연연해하지 않은 최초의 흑인남성이었다. 요
컨대 알리는 문화적·정치적 측면에서 흑인민족주의의 영
웅이 되었다. 제임스 브라운은 흑인을 찬양하는 곡을 취입하
기 얼마 전에 미국정부 후원으로 베트남 순회공연을 가졌는
데, 이는 블랙파워운동의 문화적 충격이 급진정치운동의 영
향보다 더 광범위했음을 말해 준다. 이런 점에서도 알리의
위치는 더욱 돋보인다. 그는 노래를 불렀을 뿐 아니라, 그 정
신 그대로의 삶을 살았기 때문이다.

　그러나 많은 사람들은 블랙파워의 내용이 아니라 그 스타
일만을 편리하게 받아들였다. 블랙파워가 문화와 의식 면에
영향을 미치는 데 노력했기 때문에, 그만큼 사이비 협잡꾼들
이 판치기 쉬웠던 것도 분명한 사실이다. 노쇠한 시민권 지
도자들을 꼬집던 블랙파워운동도 결국은 똑같은 불신의 대
상으로 오염되고 말았다. 블랙파워운동은 정치와 대중문화
의 상호작용을 역설함으로써 그 고유의 이미지와 주장들을
널리 퍼뜨릴 수 있었다. 그러나 바로 그 정치와 대중문화의
상호작용이 이번에는 지도자와 대중의 조직적인 연관을 해
체했고, 그 자리에는 텔레비전이라는 매개체가 들어앉았다.
지속적인 조직도 없고 명확한 투쟁계획도 없는 상황에서 말

놀음만이 지배했고, 여기에 분파주의와 남성주의가 가세했다. 많은 백인들은 알리 하면 '폭격적이고 분기탱천한' 블랙파워운동의 상투적인 모습을 떠올리지만, 알리는 결코 (링 밖에서) 폭력을 옹호한 적이 없으며, 폭력이 화제가 될 때마다 이를 딱 잘라 비판했다는 것을 우리는 주목해야 한다. 알리가 사랑과 평화를 즐겨 입에 올리고 유머감각을 단골로 발휘한 덕택에, 흑인과 백인을 막론하고 수많은 지지자가 생겨났다. 이들 지지자는 언론매체의 후원을 받는 선동가들의 말에 거의 귀를 기울이지 않았다.

블랙파워운동은 남성주의 성향이라는 평이 종종 나오곤 하지만, 뒤이어 터져나온 여성해방, 게이해방운동이 블랙파워운동을 직접적인 모델로 삼았다는 점을 기억해 두어야 한다. 여성해방과 게이해방운동은 블랙파워운동과 마찬가지로 오랫동안 뿌리깊게 유지되어 온 억압을 고발했으며, 정치적 변화를 위한 행동으로 자기의식과 자기표현을 강조했고, 미국사회의 다원주의를 위해 분투했다. 이런 점에서 블랙파워운동은, 문화적 차이에 따라 점점 다원화되어 가던 정치변화의 첫 시발이었다. 또한 피억압자 스스로 자신의 환경을 분석하고 변화시키는 능력을 지녔음을 강조하고 이를 통해 해방과 인간화를 성취할 수 있다고 선언한 최초의 운동이었다.

나는 마흔여섯 살의 이성애(異性愛) 백인남성이지만, '정체성'과 '계급'이 서로 분리된 정치영역이라는 순진한 견해에 동의하지 않는다. 미국흑인의 자유를 위한 투쟁은 비록 그 형태가 각양각색이어도, 모든 인간성의 원천이다. 이 투쟁은 내가 물려받은 전통이기도 하다. 나 스스로 이를 받아들였기 때문만이 아니라, 그 투쟁이 나와 타인들이 함께 살아가는 세상을 형성해 왔기 때문이다. 블랙파워의 비판자들이 종종 망각하는 사실은, 미국에서 정체성을 둘러싸고 벌어지는 정치는 필시 백인의식을 지닌 다수자의 정치이며 미국 예외주의를 고집하는 정치라는 점이다.

60년대 후반을 비판하는 이들은 블랙파워운동을 당대의 파괴적 현상 가운데 하나로 본다. 그들은 이 운동이 보통사람을 소외시키는 방탕하고 폭력적인 말잔치라고 혹평하며, 정치전략 대신 자기표현의 강박감을 심어놓았다고 비난한다. 또 블랙파워와 연합한 백인들 그리고 블랙파워의 추종자로 보일 만한 극좌진영에 대해서는 한층 가혹하게 몰아붙이는데, 특히 극좌진영을 중산층 나르시시스트들이라고 치부하기 일쑤다. 나아가 그들은 흑인과 백인 급진주의자들이 민주적 변화라는 미국적 전통을 팽개치고 시민권운동이 숭고하게 지켜온 비폭력 전통과 사상을 저버리고, 대신 미국 밖의 사상가들——마르크스, 레닌, 마오쩌둥, 프란츠 파농, 체 게바라, 호치민——을 추종했다고 비난의 목소리를 높인다.

외국의 투쟁에서 나온 논리를 무리하게 적용한 경우도 있긴 했다. 그러나 해외의 투쟁경험을 자기 문제처럼 생각하며 거기서 교훈을 찾으려던 노력들은 긍정적인 모습이기도 하다. 이는 미국역사에서는 보기 드문 경우이기에 그만큼 더 귀중하다. 블랙파워운동이 내세운 국제주의는 추상적 정치원리 이상의 것으로, 개인 및 그가 속한 사회의 의미를 새롭고 넓은 시야로 바라보려는 데서 나온 소중한 결실이었다. 말콤 엑스는 이렇게 말했다. "오늘날 흑인민중들은 흑인이라는 관점에서 생각한다. 흑인으로서 사고하게 됨에 따라 그들의 시야는 미국의 울타리를 넘어설 수 있게 되었다." 이제 더 이상 흑인은 아메리카족(Americanus)이라는 집단에 소속된 열등종족이 아니라 글로벌한 사회의 일원, 즉 지구촌의 평등한 다수자의 일원이 되었다. 그들은 수백 년 동안의 억압에서 일어나 현대세계에서 자신의 권리를 주장하고 나섰다. 블랙파워는 60년대 세계를 이끄는 중요한 방향타의 하나였다. 반식민지 반인종주의의 다양한 투쟁에서(용어와 이미지 등에서) 영감을 흡수한 블랙파워는 카리브해 연안과 아프리카, 아시아, 서유럽까지 영향을 미쳤다. 60년대가 깊어가면서 흑인투사들은 미국의 적이라던 베트남인과 자신을 점점 동일시하게 되었다. 1970년에는 휴이 뉴턴(Huey Newton)[1]이 남베트남민족해방전선에 서한을 보내 미국군대와 싸울 흑표범부대(Black Panthers)를 파견하겠다는 제안을 하기도 했다. 그러나 남베트남민족해방전선은 연대의 뜻에 감사를 표명하면서 흑표범당 쪽의 제안을 사양했다. 이런 서신교환은 당시 광범위하게 퍼진 분위기를 반영하는 작은 예의 하나다. 징집에 대한 알리의 반대입장도 이런 분위기의 표현이었다.

60년대 알리의 변화는 이보다 더 광범위하게 진행된, 흑인(및 백인) 여론의 변모과정과도 맥을 같이한다. 그는 개인적 권리를 주창하다가 보편적 대의를 옹호하는 데까지 나아갔다. 말콤 엑스와 마찬가지로 알리는 흑인민족주의라는 고치 속에 틀어박혀 있다가 점차 국제주의의 날개를 펴나갔다. 그렇지만 그의 이런 변모는 전쟁, 병역징집, 헤비급 챔피언,

[1] 블랙파워운동의 급진조직인 흑표범당의 지도자

새로운 지지자들의 영향 등과 같은 시대적 환경의 압력에 대한 응답이었다. 알리는 당대를 관통하는 흐름들을 하나로 구현하는 능력을 발휘했던 것이다. 여기서 특히 자기정체성 찾기와 국제정치 상황이 맞물림으로써, 반란자들의 눈에는 알리가 자신들의 대표이자 영웅으로, 국가의 눈에는 범죄자로 비치었다.

연방 정보기관들은 블랙파워운동과 그 옹호자로 간주되는 사람들을 교란하는 작전을 광범위하게 펼쳤는데, 미국정부가 알리를 겨냥해서 한 행위도 이런 작전의 일환이었음을 염두에 둬야 한다. 에드거 후버의 경우 흑인민족주의에 적대적이었다. 그의 이력은 이미 오래 전에 가비와 엘리야 무하마드에 대한 탄압으로 물들어 있었다. 1967년 8월 후버는 "흑인민족주의자들을 중립화시키며… 폭력성향의 요인들을 연합하고 자극할 지도자의 출현을 미연에 방지할" 역정보공작(COINTELPRO)을 전개하여, 불과 1년 사이에 3천여 명의 '흑인거주지 정보원'을 모집해서 FBI를 흑인사회의 눈과 귀 역할을 하는 (그래도 여전히 백인 일색으로 구성된) 기관으로 만들었다. 정보원들은 "범아프리카주의를 표방하는 아프리카 국가 등… 외국의 *끄나풀*이라고 의심 가는 자들을" 탐지하는 훈련을 받았고, 뉴욕에서는 "할렘지역과 아프리카 사이의 고리"를 집중적으로 파내라는 지시를 받았다. 1969년 후버는 흑표범당을 "미국의 국내안보에 최대 위협"이라고 선언했다. 이 해에 흑표범당원 27명이 경찰에 의해 살해되고 749명이 투옥되었다. 하지만 후버도 블랙파워의 수수께끼 같은 힘에는 여러 차례 혀를 내두르지 않을 수 없었다.

1970년 그가 개인적으로 보관하고 있던, 위험한 '흑인민족주의자' 목록에는 재키 로빈슨도 끼여 있었다.

● ● ●

1965년 투표권법(Voting Rights Bill) 운동의 물결 속에서 앨라배마주 론즈카운티의 학생비폭력조정위원회는 독자적인 흑표범당을 창당하여 백인 일색의 민주당 지역기구에 맞섰다. 이 흑인 정치조직 결성운동은 그 이듬해 메레디스 행진이라는 전환점을 만들어냈다. 론즈카운티의 새 조직은 표범 실루엣과 함께 "우리가 제일 위대하다"는 문구가 씌어진 범퍼 스티커를 배포했으며, 이것이 특히 인기를 끌었다. 그리고 당시 누구나 미국에서 가장 도발적이며 당당한 흑인남성 하면 알리를 꼽았는데, 이는 결코 우연이라 할 수 없다. 알리의 화법이 공교롭게도 1인칭 단수에서 1인칭 복수로 변화한 것은 그가 전통적인 성공모델의 역할을 넘어섰음을 증명해 준다. 론즈카운티의 조직가 존 휼렛(John Hullet)은 앤드루 코프킨드(Andrew Kopkind)[1]에게 자신들의 상징인 표범에 대해 다음과 같이 설명했다. "그는 어떤 시비도 일으키길 원하지 않는다. 하지만 일단 누가 자신을 몰아붙이면, 그는 조금씩 물러서고 물러서다가 막다른 골목에 이르면 튀어나와서 앞을 가로막는 모든 것을 부수어버린다." 초기에 표범은 공격적인 동물이 아니라 인내의 상징이요, 숨겨진 힘을 자제하며 지혜를 발휘하는 상징물이었다. 이 동물을 자신들의 상징으로 삼고 기리던 젊은이들이 무하마드 알리에게 강

[1] 좌파 저널리스트. 미국을 비판하는 글과 책을 썼음

한 친밀감을 느꼈다는 것은 전혀 놀랄 일이 아니다.

●　　●　　●

　챔피언이 되고 처음 2년 동안 알리는 두 차례의 방어전을 치렀다. 그 다음해인, 베트콩들과 다툴 일 없다고 발언한 해에는 일곱 차례 타이틀전을 가졌다. 그리고 평론가들이 발레·재즈·황소싸움·전격전 등으로 비유하기까지 한 스타일을 구사해 보이며, 모든 도전자를 쉽게 격파했다. 그런데도 재미있는 일은, 매클배니가 지적한 바와 같이 알리가 아직 자신의 최고 모습을 보여준 것은 아니라는 점이다. 1966년과 67년의 알리는 헤비급권투를 새로운 영역으로 끌어들여 자신의 잠재력을 막 시험하는 중이었을 뿐이다. 알리는 이때부터 3년 6개월 동안 링에서 추방당하게 되는데, 이 시기는 그에게 신체적으로 최상의 시간이었을 것이다. 하지만 권투팬들은 알리의 추방이라는 손실에 대해 나중에 더욱 귀중한 보상을 받는다. 링에 복귀하여 지배체제와 세월에 맞서 승리를 거두는 알리의 모습이 바로 그 대가였다.

　어쨌든 이렇게 화려한 위용을 과시하는 동안에도 알리는 그 어떤 스포츠스타들도 경기장 밖에서 겪지 못한 압력에 직면해 있었다. 베트남전쟁에 대한 견해를 밝히고 징집을 거부한 대가로 알리는 시련의 연속이었다. 헨리 쿠퍼와의 대전을 위해 훈련하던 중간중간 알리는 작가이자 사진가인 고든 파크스와 함께 마이애미의 흑인구역을 걸어다니곤 했다. 적대적인 미국정부가 일으키는 찬바람에 시달리던 챔피언은 비참한 흑인가에서 훈훈한 피난처를 구했던 것이 분명하다. 알리는 파크스에게 이렇게 말했다. "이 사람들은 어렵게 살면서도 즐겨 나를 찾곤 하지요. 패터슨, 조 루이스, 새미 데이비스 같은 거물들은 그렇지 않아요. 백인들과 칵테일파티를 벌이느라 너무 바쁜 거지요. 난 경호원이 필요 없어요. 다들 날 좋아하니까 보호하고 뭐고 할 필요가 없는 거죠." 파크스는 당시 알리는 자신의 처지를 몹시 당황해하고 곤혹스러워했다면서, 자신이 처한 상황이 말도 안 되는 것이라며 대가를 치를 수는 없다고 반발하다가 곧 담담히 받아들이는 등 동요하는 모습이었고, 수다스러워지다가는 다시 부아를 터뜨리기를 거듭했다고 말한다.

난 하나도 겁 안 나요. 나 대신 링에 올라갈 병사를 구해 보라 해요! 이런 구호를 본 일이 있어요. "LBJ[린든 B. 존슨 대통령의 머리글자], 오늘은 애들 몇 명 죽였나?" 그래요, 베트남 얘긴 그만합시다. 그런데 베트남이 도대체 어디 있는 나라죠? 중국 옆인가? 엘리야 무하마드님의 가르침은 우리가 공격받을 때에만 싸워야 한다는 겁니다. 내 삶은 그분의 두 손에 맡겨져 있습니다. 언제나 그렇지요. 그게 이칩니다. …난 제 생각 그대로 서슴없이 말한 최초의 흑인선수가 됐습니다. 그게 무슨 문젭니까! 난 다른 이들을 살리겠다고 제 비행기를 몰고 죽은 일본 조종사들하고 비슷한 것 같아요. 증오! 증오! 증오라! 도대체 하루종일 백인에게 이만 갈아댈 만큼 한가한 사람이 누가 있겠어요? 난 사자도 증오하지 않아요. 하지만 그놈들이 물어뜯는다는 건 알지요. 내가 백인을 증오하든 안 하든 백인들은 무슨 상관입니까? 모든 게 백인을 위한 세상인데.

가미카제 조종사를 거론한 것은 전형적인 미국식 대중문
화의 수법이다. 백인과 사자를 비교하는 것이나, 말 끝머리
에 백인이 지배하는 얄궂은 세상을 환기시키는 수법은 말콤
엑스 식 놀이책에서 빌려온 것이다.

●   ●   ●

> 난 상관없네, 그대가 어디 출신인지
> 그대가 흑인이기만 하면, 아프리카인이면 됐지
> 국적도 상관없네
> 그대는 아프리카인이니까
> 브릭스턴 출신도 아프리카인
> 니스턴 출신도 아프리카인
> 월즈던 출신도 아프리카인이라네 (피터 토시 Peter Tosh)[1]

우리는 런던 이스트엔드의 허름한 경기장 2층 중앙관람
석에 앉아 크리켓경기를 지켜보고 있었다. 경기장에는 두 팀
이 있는데, 선수는 대부분 아시아인이고 드문드문 카리브해
연안 출신의 흑인과 백인이 섞여 있다. 선수들은 세로로 주
름진 위켓[2]을 세워놓고 그어놓은 라인 안에서 열심히 뛰고
있다. 이들은 영국 내륙도시의 새로운 인종분포와 대서양연
안 흑인사회 구성의 새로운 변화를 반영하고 있다. 영국 크
리켓종목에서 자신의 자리를 지키기 위해 열심히 뛰고 있는
선수들의 모습은 마치 그들의 인종이 영국사회 내에서 제자
리를 찾기 위해 분투하는 모습과도 흡사하다.
　관람석의 우리는 이들 인종들이 직면한 어려움을 화제로

[1] 레게음악의 개척자. 같은
레게음악을 했던 밥 말리
는 레게의 마틴 루터 킹이
라면, 토시는 레게의 말콤
엑스로 불린다

[2] 크리켓경기에서 타자 앞
에 세로로 설치해 놓는 경
기도구

이야기를 나눴다. 아시아팀이 문의를 하면 클럽은 출전명단이 이미 꽉찼다며 퇴짜 놓기 일쑤고, 리그에 참가하려면 클럽하우스며 탈의실, 바를 갖춰야 하고, 심판들은 아시아인들이 "지나치게 흥분한다"고 투덜거린단다. 런던에 사는 30대의 아크람은 우리 앞에서 경기를 벌이고 있는 한 팀의 매니저였다. 그는 낮에는 가족이 운영하는 이슬람식 도축업 일을 하며, 크리켓경기에 열정을 쏟고 있고 파키스탄도 자주 드나든다고 했다. 우리는 곧 파키스탄의 도시인 라호르를 열렬히 좋아한다는 공통점을 발견했으며, 와카르 유니스(Waqar Younis)[1]는 타자 앞에서 뚝 떨어지는 변화구를 잘 구사한다는 둥, 이슬라마바드시 외곽 구릉지대의 경치가 기가 막히다는 둥, 히말라야산 대마의 품질이 우수하다는 둥 이야기꽃을 피웠다. 그러다가 문득 무하마드 알리가 화제에 오른 순간 우리 일행은 모두 경건한 침묵에 휩싸였다. 아크람이 보일 듯 말듯한 미소를 띠었다. 마치 아득하긴 하지만 마음 깊이 자리잡고 있어서 결코 잃어버릴 수 없는 무엇인가를 불러내는 듯한 모습이었다. 그는 1966년 펀자브 지방어를 쓰는 이민이었던 아버지를 따라서 하이베리의 아시널 구장에서 열린 알리와 헨리 쿠퍼의 시합을 구경했다고 한다.

권투는 남아시아에서 별로 각광받는 스포츠가 아니었고, 아크람의 아버지도 권투에 관심을 보인 적이 없었다. 하지만 알리가 런던에 도착하면서 아버지가 달라졌다고 한다. 그의 아버지는 주머니를 털어 표를 샀다(당시만 해도 큰 경기시합에도 그리 비싸지 않은 좌석표가 있었다). 알리가 무슬림이니까, 알리가 영국놈 쿠퍼를 한방 먹여줄 테니까. 이것이

[1] 파키스탄의 크리켓 스타

아버지가 입장권을 산 이유였다. 그러나 어린 아크람의 눈에 알리는 이슬람 영웅 이상의 존재였다. 알리는 블랙 아메리카를 대표하는 대사였고 미국흑인 특유의 매력적인 스타일을 자랑하는 존재인데다가 흑인 정치반항아였다. 오늘날 런던 이스트엔드의 젊은 흑인 크리켓선수들에게도 알리는 의미심장한 존재일 것이다. 흑인의 정체성을 손상하는 일 없이 공정한 기회를 부여받아야 한다는 것은 오늘날 그들의 소망이기도 하다.

알리는 세계적인 차원에서 스포츠에 대한 열광과 지지를 새롭게 만들어냈다. 아크람의 이야기는 거기에 얽힌 삽화 한 토막에 불과하다. 미국의 당국자들은 알리의 시합을 불허하고 외국으로 몰아냄으로써 오히려 뜻하지 않게 알리를 진정한 세계챔피언으로 만드는 데 일조하고 말았다. 그리하여 알리는 미국의 기득권층이 그토록 혐오해 마지않는 정치적 영향력을 지니게 된 것이다. 1966년 2월까지 헤비급 타이틀전은 2차대전 종전 직후 해외에서 치러진 두 번을 제외하고는 모두 미국영토 안에서 벌어졌다. 그 2월부터 알리는 6개월 간격으로 토론토에서 한 차례, 런던에서 두 차례, 프랑크푸르트에서 한 차례의 타이틀전을 가져 챔피언을 방어했다.

초창기에 알리는 자신을 "전세계의 챔피언"이라고 강조한 바 있는데, 이는 미국의 다른 스포츠스타들에 비추어볼 때 매우 예외적인 일이다. 미국의 대중문화는 음악, 영화, 패션, 미국식 속어, 텔레비전 등의 형태로 전세계에 퍼졌을 뿐 아니라 가는 곳마다 아류를 심어놓았다. 하지만 미국의 스포츠는 해외진출 면에서 다른 부문보다 성공적이지 못했다. 물론 야구는 라틴아메리카나 일본에서 대중적 인기를 얻고 있고, 농구도 오늘날 지중해지방의 주요 경기가 되었으며 아프리카에서는 급성장하는 종목이다. 그렇다고 해도 야구나 농구는 미국 내 스포츠라는 (그리고 미국 내 시장에 머물러 있다는) 성격이 더 강한데, 이는 크리켓·축구·럭비가 영국에서 시작되었으면서도 전세계적인 스포츠의 성격을 가지는 것과 대조를 이룬다.

대서양연안 흑인사회에서 대중적인 스포츠로 자리잡은 것은 권투와 체조, 두 종목뿐이다. 축구는 아프리카와 라틴아메리카에서 으뜸가는 대중종목으로 자리잡았고, 야구는 대서양의 한쪽 편에서만 자리를 잡았고, 크리켓은 서인도제도와 영국을 잇는 선을 중심으로 해서 융성하고 남아프리카가 그 뒤를 따른다. 알리는 1966년 런던을 방문했을 때 대서양연안 흑인들이 즐기는 크리켓을 맛보는 기회를 가졌다. 런던의 로드 전용구장에서 열린 서인도제도와 영국의 결승전에 초대받은 것이다. "크리켓은 재미있군요. 아마 우리네 야구가 크리켓에서 기원한 게 분명합니다." 알리는 강속구 볼러(bowler)[1]로 유명한, 뒷날 정치가이자 외교관으로 활약한 웨스 홀(Wes Hall)에게 "너무 느리지 않냐구요? 그렇지 않은데요. 웨스 홀처럼 빨리 뛰는 건 나한테 훈련으로 좋겠어요"[2]라고 했다. 그러나 챔피언은 어느덧 고개를 꾸벅이며 잠에 빠졌다.

알리와 쿠퍼의 재시합은 1908년 이후 영국에서 처음으로 개최된 헤비급 타이틀전이었다. 1966년 5월 9일 런던에 도착한 알리는 침울해 보였다고 언론은 보도했다. "나는 나의

[1] 야구의 투수에 해당함

[2] 크리켓에서는 볼러가 뛰어들어가며 공을 던진다

종교적 신념 때문에 내 나라에서 쫓겨났습니다. 하지만 세계 어느 나라든 나를 환영해 줍니다. 정말 기이한 심경입니다. 나는 엉클 샘이 다른 선수들에게 베푸는 만큼만 나를 대우하고 존중해 달라고 요구할 뿐입니다." 영국에 있는 동안 알리는 "징병문제나 이혼문제 등 사생활에 관한 질문으로 시달리기를" 원치 않는다며 "내가 여기 온 이유는 타이틀방어 때문입니다. 늙다리 헨리 쿠퍼는 몸조심하시오"라고 했다. 한 기자가 알리에게 이번 시합을 흑인과 백인의 싸움으로 생각하냐고 질문하자, 알리는 이렇게 쏘아붙였다. "똑똑하게 생긴 양반이 그렇게 멍청한 질문을 할 줄은 몰랐소."

알리는 런던 서부의 화이트시티 지하철역 앞에 있는 국방의용군 체육관에 훈련장을 차리고는, 영국기자들과 날마다 회견을 가졌다. 영국기자들은 알리에 대해 당혹스러워했지만, 미국기자들과 달리 알리의 말을 공정하게 경청해 주었다. 휴 매클배니는 이렇게 보도했다. "캐시어스 클레이라는 이름으로 쿠퍼와 첫 시합을 가졌을 때의 단순한 떠버리 모습을 기억하던 사람들은, 이번 시합에 과거와 달라진 모습으로 임하는 무하마드 알리에게 충격을 받았다. 당연히 시합과 관련한 사람들이 알리를 방문할 것이라고 예상했지만… 방문자들 가운데는 진지한 표정의 흑인들도 상당수 있었다." 그 가운데 한 사람이, 영국 흑표범당운동의 가장 악명 높은 대변자이자 전투적인 단체인 인종문제해결행동단(Racial Adjustment Action Society)의 지도자 마이클 엑스였다. 백인들은 잘 모르고 있었지만 인종문제해결행동단의 머리글자(RAAS)는 영국흑인들 사이에서 오만함을 지칭하는 의미로 사용되고 있었다.

트리니다드 태생인 마이클 엑스는 1965년 2월 런던에서 말콤 엑스를 만난 후에 원래 이름 마이클 드 프레이타스를 바꾸었다. 언론은 그를 위협적인 증오의 설교자로 조명했으며, 1967년에는 인종적 증오를 선동했다는 이유로 기소되기도 했다. 이는 1965년에 제정된 인종관계법이 처음 적용된 사례였는데, 이 법의 원래 취지는 흑인을 보호한다는 것이었다. 결국 살인죄로 유죄판결을 받아 트리니다드에서 교수형을 당하는 마이클 엑스를 두고, 오늘날 어떤 이는 사기협잡꾼이라 말하는가 하면, 어떤 이는 영국에서 흑인의 자각을 일깨운 개척자로 꼽으며, 또 어떤 이는 이 두 가지가 뒤섞여 있는 인물이라 평하기도 한다.

어느 쪽이든 그가 1966년 알리를 만난 것은 검은 대서양운동의 성장과정에서 상징적인 사건으로 기록된다. 두 사람은 함께 노팅힐의 지역활동가들을 만났고 그곳의 자유학교(Free School)를 찾았다. 백인 반문화주의자들이 설립한 자유학교는 지역사회의 대안적 기관을 만들자는 자각운동의 산물이었는데, 이를 시발로 해서 이후 10년 동안 런던 각지에 이런 학교가 속속 들어섰다. 그동안 대서양연안에서 여러 사람들이 찾아와 미국 흑인자유운동의 정신과 이념을 영국 흑인사회에 불어넣어 주었는데, 알리도 그중 한 사람이었다. 영국흑인들은 자신들이 흑인 디아스포라의 일부분임을 자각해 나갔으며, 알리는 바로 이 과정에 참여한 인물인 셈이었다.

1964년 10월 마틴 루터 킹은 노벨평화상을 수상하러 스톡

홀름으로 가는 길에 런던을 방문하여, 당시 막 형성되어 나가던 이주자사회의 대표자들과 모임을 가졌다. 그런 다음 BBC방송과의 인터뷰에서 이렇게 말했다.

영국의 유색인들은 스스로 조직을 결성하여 비폭력적 행동방식으로 자신들이 처한 문제를 전세계 어느 곳이든 양심의 최일선에 선 나라들에 호소해야 한다고 생각합니다. 문제를 감추거나 거기에 굴복해서는 결코 해결할 수 없는 법입니다.

킹의 방문을 계기로 인종차별대항운동(Campaign Against Racial Discrimination, CARD)이 조직되었다. 이 단체는 영국의 인종차별 반대운동을 하나로 단결시키고자 한 오랜 노력의 첫 결실이었지만, 결성된 지 2년 만에 해체되었다. 그 후 블랙파워의 영향을 짙게 받은 수많은 단체들이 이 조직의 정신을 이어받았다. 말콤 엑스는 죽기 전 6개월 동안 몇 차례 영국을 방문하여 학생과 흑인 활동가들을 상대로 연설을 하였으며, BBC방송 카메라맨들과 함께 웨스트미들랜즈의 스메스위크도 방문하였다. 스메스위크는 말콤 엑스가 찾기 얼마 전 총선에서 보수당의 후보가 '인종문제를 건드리는' 전략을 처음으로 구사하여 "흑인을 이웃으로 두고 싶으면 노동당에 투표하시오"라는 선거구호로 전국적인 관심을 끌었던 곳이다. 결국 보수당 후보는 노동계급의 지지를 얻어 승리를 거두었고, 비록 해럴드 윌슨이 이 후보를 비난하기는 했지만 윌슨이 이끄는 노동당정부는 1965년 아시아·아프리카·카리브해 연안 출신 이민을 제한한다는 백서를 발표했다.

런던에서는 60년대 후반부터 무슬림의 존재가 두각을 나타냈던 터라, 알리가 방문했던 1966년에는 낯선 현상일 뿐이었다. 몇 군데 있는 이슬람사원도 조잡한 가건물 같았고, 이슬람율법에 따라 요리하는 식당도 찾기 어려웠다. 평소 이슬람네이션의 식사율법만큼은 적극적으로 따랐던 알리도 이런 사정 때문에 화이트채플에 있는 유대교식당에서 식사를 해야 했다. 당시 알리는 자신의 식단을 종종 유대인식단이라 불렀으며, 유대인은 백인종이 겪을 아마겟돈을 피할 수 있을 것이라고도 했다. 알리는 런던토박이들은 물론이고 유대인이나 아일랜드인들과 곧잘 어울림으로써 흑인 권투선수가 영국에서 선선히 받아들여질 수 있는 길을 닦아놓았다. 그는 이스트엔드의 오랜 프로권투 전통에서 영예로운 빈열에 오르기도 했는데, 권투에 관한 한 이곳의 전통은 아프리카·카리브해 연안·아프리카 출신의 젊은 런던내기들에 의해 오늘날까지 이어지고 있다.

60년대 중반 영국에는 이른바 '파키스탄인 이민을 박해하는'(Pakibashing) 분위기가 팽배했는데, 1965년에 파키스탄의 한 외교관은 "병적일 정도로 심한 반파키스탄 감정이 대중적으로 확산되고 있다"고 보고하기도 했다. 이런 상황에서 '싸우는 무슬림' 알리가 영국에 온 것 자체가 후련한 청량제이자 격려자 역할을 해주었다. 60년대 영국의 이민들은 미국흑인들과 달리 문화나 언어·음악·종교 면에서 아무런 공통점이 없었다. 바로 이런 이유 때문에 특히 젊은 세대가 블랙 아메리카를 자신들의 정치적·문화적 모델로 삼았던 것이다. 말콤 엑스의 방문이 인종문제해결행동단을 결성하는 계기가 되었다면, 비록 잠깐 동안이었지만 1967년 스토클리 카마이클의 방문은——내무장관 로이 젠킨스의 명령으로 국외추방당했다——훨씬 국제주의적 경향을 띤 유색인총연합(Universal Coloured People's Association) 형성에 기폭제 노릇을 했다. 또 허먼 에드워즈와 마이클 엑스가 이끈 흑인 청년 구제단체인 블랙하우스는 본래 미국 뉴저지주 뉴어크에서 애미리 바라카에 의해 설립된 운동조직이었다. 그밖에도 1968년 런던 남부의 브릭스턴 거리에는 자칭 흑표범당이라는 새로운 단체가 나타나서 경찰의 흑인에 대한 폭력을 규탄하는 내용의 기관지『프리덤 뉴스』(*Freedom News*)를 가두판매했는데, 이 이름은 미국의 흑표범당원들이 발행하는 기관지명에서 따온 것이었다.

그러나 블랙파워운동이나 무하마드 알리가 영국에 던진 충격은, 아크람의 경우에서 볼 수 있듯이 흑인 됨에 대한 자각이나 범아프리카주의에까지 이르게 하지는 못했다. 이 대목에서 나는 친구 수레시의 경우를 생각해 본다. 60년대에 랭카셔에 살던 청년 수레시는 인종주의에 대항하기 위한 모델로 흑표범당을 상정했으며, 또 한 친구 애친은 70년대 초에 런던거리 모퉁이에서 말콤 엑스를 연상케 하는 불같은 독설을 내뿜다가 인도로 돌아가 정치운동을 하고 있다. 그리고 스리랑카 타밀족 출신으로 50년대 후반에 런던으로 건너가 여러 세대에 걸친 인종주의에 대한 저항을 역설하고 연구한 A. 시바난단도 있다. 시바난단의 주장에 따르면 블랙파워는 "정치투쟁의 본질과 방식에 대한 우리의 생각을 근본적으로 변화시키고자 했다.”

　　그것은 미국뿐 아니라 영국, 남아프리카 혹은 카리브해 연안의 구 식민지종속국가들을 막론하고, 백인의 권력과 특권에 대항하기 위해서는 단결된 투쟁이 긴요하다는 점을 일깨워준 촉매제 역할을 했다. 이로써 흑인 됨이란 곧 정치적 색깔이 되었고, 제3세계의 운동가와 급진주의 세력들은 무엇보다 스스로를 흑인이라는 존재로 생각하게 되었다. 인도의 강력한 운동조직인 달릿표범도 그 이름을 미국의 흑표범당에서 따온 것이다. 블랙파워는 정치적 비유어이되… 그러나 그 간결하고 폭발력 있는 이름은 무장을 호소하는 울림 또한 지니고 있었다.

시바난단은 블랙파워운동이 미국의 인종주의에 대한 편협하고 민족주의적인 반응 이상의 의미를 지닌다는 주장을 처음으로 제기한 사람 중 하나이다. 그에 따르면 영국에서 블랙파워는 구세대 이민조직들의 ‘거지근성’에서 벗어나고자 발버둥치던 신세대들에게 딱 맞는 논리와 이념을 제시해 주었다. 젊은 흑인들은 더 이상 자신들이 외국땅에서 애원해가며 사는 존재가 아니라고 생각하였다. 그들은 자신의 모습 그대로 영국에서 살고 또 일할 수 있는 권리를 요구했으며, 동시에 자신들을 전세계 피억압대중의 일원으로 자각했다. 이러한 자기발견과 자아선언에 더하여 국경을 뛰어넘은 연대를 인식하게 되면서, 블랙파워운동은 프란츠 파농이 “인간조건에 내재한 보편성”이라 일컬은 새로운 이상을 향하여 미국과 영국 그리고 제3세계의 수많은 추종자들을 이끌어갔다.
　　이처럼 블랙파워가 국제적으로 거대한 반향을 일으킨 것

은 한편으로는 그 초국적인 이념에 힘입은 것이고, 또 한편으로는 블랙 아메리카를 흑인 정치문화의 원형으로 삼은 전략 때문이기도 한데, 여기서 뒤엣것은 흑인의 자기표현이 발전한 결과라고 볼 수 있다. 디아와라(Manthia Diawara)[1]는 60년대 말리에서의 성장기를 이렇게 회상한다.

알다시피 나를 비롯해서 내 또래 많은 아이들에게 해방이란 곧 리듬 앤드 블루스 곡을 얼마나 많이 접하고, 무하마드 알리, 조지 잭슨, 앤젤라 데이비스, 말콤 엑스, 마틴 루터 킹 2세 같은 인물에 관해 얼마나 줄줄 꿰고 있는가에 달려 있었다. 아프리카 젊은이들에게는 이런 것들이 대안적인 문화자본인 셈이었는데, 우리는 저마다 이를 통해서 새로운 형식의 감정을 충전했고 또 여기에 힘입어서 독립 이후에도 남아 있는 프랑스문화의 헤게모니를 뒤엎어버릴 수 있었다.

알리의 영향력이 점점 커졌다는 사실은 자유를 위한 미국 흑인의 투쟁이 60년대 미국 안팎에서 일어난 사회적 변화의 중심 역할을 했음을 증거해 준다. 미국 안의 현실 혹은 미국이 주도하는 전후(戰後)시대의 현실이, 겉으로 내세운 약속들과 얼마나 모순되는지를 극적으로 폭로한 이들이 바로 미국흑인들이었다.

종종 잊어버리는 사실이 있는데, 미국의 60년대는 세계적 현상의 한 측면에 불과하다는 점이다. 미국 안의 투쟁과 미국 밖의 투쟁 사이에서 중개자 역할을 한 사람 중 하나가 바로 알리였다. 언론매체를 통해 세계 구석구석에 모습을 드러내면서, 알리는 60년대의 핵심 이미지와 사상을 전세계에 전

273

파하는 데 큰 역할을 했다. 알리는 갖가지가 중첩된 세계적인 화젯거리나 국제운동의 한 부분이 됨으로써, 스포츠팬들, 대서양연안의 흑인들, 제3세계 그리고 미국의 베트남전쟁에 반대하는 국제여론을 하나로 묶어냈다. 반식민지 투쟁이 미국흑인의 자유투쟁을 고무시켰듯이, 미국흑인의 투쟁은 아프리카·아시아·유럽 민중의 투쟁을 고취시켰다. 텔레비전은 베트남에서 자행된 학살장면뿐 아니라, 파리·북아일랜드·프라하·멕시코·일본에서 정부를 상대로 벌어진 가두시위와 투쟁 장면도 방영했다.

이렇게 국제적으로 연동하여 울려퍼진 반향은 미국흑인의 자유투쟁을 성장시켰고, 이 투쟁은 다시 세계 다른 곳의 움직임을 고양시켜 냈다. 1968년 4월 서독에서는 사회민주주의학생연맹(SDS)의 루디 두츠케(Rudi Dutschke)가 마틴 루터 킹의 암살에 항의하는 학생시위를 벌이던 도중 정조준한 총을 맞았다. 이 사건은 시가전으로 이어져 400명이 부상하고 수천 명이 체포당하는 결과를 가져왔다. 당시 프랑크푸르트에서 벌어진 항의투쟁 관련자의 한 사람이 다니엘 콩방디(Daniel Cohn Bendit)인데, 그는 한 달 후 일어난 프랑스 봉기[1]에서 지도적 역할을 했다. 또 그 일년 뒤 북아일랜드에서는 시민권을 요구하는 가두투쟁이 벌어졌는데, 이들은 미국의 투쟁에서 영감을 얻었으며 그들이 사용한 전술도 미국으로부터 영향을 받은 것이었다.

60년대의 격변과 알리의 역정을 이해하려면 무엇보다 당시 국제적인 조류가 서로 만나 뒤섞인 과정을 고려해야 한다. 불행하게도 미국의 60년대를 담은 역사물들은 미국적 예

[1]파리에서 시작된 1968년 5월혁명을 말한다

외주의에 감염된 인식이 지배적이어서, 당대 사회적 운동의 내용과 그 결과를 잘못 기술해 왔다. 하지만 미국 중심의 협소한 시각을 벗어버리면, 60년대는 '방종'이나 '탐닉'이 아니라 세계적 차원의 연대의식이 아래로부터 형성되어 나가던 시대였음을 알게 된다. 세계의 모든 사람들이 볼 때 알리는 이러한 지구적 연대의식을 구현한 존재였다. 알리 또한 이러한 의미에서 자신의 역할을 점점 의식해 가면서 한층 성숙해졌다. 미국이라는 무대 위에서 연기하는 미국식 영웅으로 알리를 조명한다면, 그를 그저 괴짜 같은 존재로 잘못 그리기 십상이다. 알리가 세계적 차원의 인물로 성장한 것은, 미국식 표현 그대로 그가 미국적 가치기준(American norms)을 넘어섰기 때문에 가능했다.

데이비드 위저리(David Widgery)[1]는 유럽의 반전운동을 이야기하면서 "극적인 수법, 마스크 쓰기 등 미국식 수법"을 차용했으며, 그 때문에 학생 이외의 많은 문화적 저항세력들을 끌어들일 수 있었다고 했다. 유럽의 저항세력들은 미국의 전투무기들에 비난을 퍼부으면서도 로큰롤이나 존 포드의 영화, 청바지 등을 즐겼다. 미국에 대한 애증이 광범위하게 퍼져나갔고, 어느 사이에 그 대상에는 알리도 포함되어 있었다. 많은 사람들은 미국의 오만한 권력을 노여워하면서도 미국의 역동적 대중문화에 빠져들었던 것이다. 재즈와 블루스, 리듬 앤드 블루스, 할리우드식 재담, 막스 형제(Marx Brothers)[2]의 초현실주의, 앨런 긴즈버그, 케루악(Jack Kerouac)[3] 등이 인기를 얻었으며, 알리는 역시 그해 봄에 영국을 방문했던 밥 딜런과 함께 미국민중의 열정과 창의력을 대표하는

275

불가사의한 존재로 꼽혔다.

　미국에서와 마찬가지로 유럽의 좌파들은 밥 딜런의 공연이 여러 면에서 놀라운 성과를 거두었다고 확신했다. 이완 맥콜(Ewan MacColl)[1]은 이렇게 말하기도 했다. "나에게 있어 딜런은 우리 사회의 반예술가주의를 완벽하게 구현한 상징물이다. 그는 모든 것에 반대한다. 세계의 변화를 진심으로 원하지 않는 사람들과 그는 대척점에 서 있다." 알리와 쿠퍼의 타이틀전이 있기 나흘 전 밥 딜런은 맨체스터의 프리트레이드 홀에서 전설적인 공연을 가졌는데, 공연 도중 "너는 유다다!" 하는 고함이 터져나오면서 훼방을 놓자 딜런은 이렇게 대꾸했다. "헛소리 마쇼." 스코틀랜드 경찰의 보고서에 따르면, 이날의 공연방해는 그 지방 공산당조직에서 꾸민 일이었다. 좌파 내의 근본주의적 분파가 벌인 몰지각한 행동은 오히려 딜런과 그의 밴드(일년 후 이들은 그룹 '더 밴드'를 결성한다)가 미칠 듯한 열정에 더욱더 몰입하는 로큰롤음악을 창안하는 자극제가 되었다. 7월에 유럽에서 돌아온 딜런은 오토바이 사고를 당한 것을 계기로 칩거에 들어갔고, 자신의 음악에 또 다른 혁명을 몰고 올 작업에 빠져들었다.

　알리의 방문이 있은 지 일년 뒤 유럽에서는 반전분위기가 급속하게 퍼져나갔다. 1967년 2월 버트란트 러셀(Burtrand Russell)이 주도하는 전쟁범죄재판소는 미국이 베트남에서 자행한 학살에 대해 조사를 벌였다. 미국의 부통령 휴버트 험프리가 유럽의 주요 도시를 방문하여 지지를 이끌어내려 했지만, 런던·파리·본 등지에서는 성난 시위대가 기다리

[1] 영국의 노동운동가이자 작가, 연극운동가

고 있었다. 그해 후반에 실시된 갤럽 여론조사에 따르면, 핀란드·스웨덴·브라질·프랑스·인도·우루과이·아르헨티나·서독 등지의 절대다수 국민들이 미국의 베트남 철수를 요구했다. 영국에서는 철수를 찬성하는 의견이 과반수를 근소하게 넘었다. 미국의 정책을 지지하는 나라는 오스트레일리아와 미국 자신뿐이었다.

그로부터 몇 년 뒤 알리는 "제가 권투에서 추방된 시련의 시기 동안 저를 지지해 주신 영국민"들에게 감사드린다는 편지를 보냈다. 제 나라 미국에서 손가락질당하던 폴 로브슨을 격려해 주었던 많은 영국인들이 이번에는 무하마드 알리를 품어주었던 것이다. 미국의 흑인 중 타인사이드 거리에서 영광의 퍼레이드를 벌인 사람은 확실히 폴 로브슨과 알리밖에 없을 것이다. 그렇지만 징병을 피하기 위해 해외로 망명할 생각은 없느냐고 영국의 언론이 묻자, 알리는 침울하면서도 또박또박 이렇게 답했다. "그곳이 옳게 돌아가든 그릇되게 돌아가든 간에, 그곳은 내가 태어난 곳입니다. 내가 돌아갈 곳은 거깁니다."

●　　●　　●

8월 23일, 알리의 항소에 따라 그의 징병등급을 재고하기 위한 특별청문회가 열렸다. 변호인단이 알리를 대변하는 21쪽 분량의 문서를 제출했지만, 이와 별도로 알리는 청문회장에 직접 출석해서 자신의 말로 진술했다.

베트남에서 시범경기를 벌인다거나 정부 돈으로 미국을 순회하고, 진창을 기어다니며 총을 쏘며 전투를 하는 대신 안락한 생활을 보장받을 수 있으니, 나에게 군복무는 그리 어렵지 않을지 모릅니다. 그런 행동이 내 양심에 어긋나는 일만 아니라면 못할 까닭이 없습니다. 저는 이런 송사를 벌이고, 이런저런 난관을 다 겪고, 수백만 달러를 포기했고, 미국인들에게 내 이미지는 완전히 망가져 버렸습니다. 바로 우리가 이 자리에 서 있기 때문입니다.

로렌스 그로먼 판사가 "어떤 형태의 전쟁에도 참여하기를 반대하는 알리의 입장은 종교적인 신념에 따라서 진지하게 이루어진" 것이라고 판결하자, 연방정부는 영 탐탁치 않아했고 주류 평론가들은 기겁을 했다. 그리고 이틀 뒤 하원군역위원회(House Armed Service Committee)의 위원장인 멘델 리버스가 해외전쟁퇴역군인회(Veterans of Foreign Wars) 모임에서 그로먼 판사의 결정을 비난하면서, 만일 알리에게 징병유예조처가 내려진다면 의사당에서 어떤 불상사가 일어나도 감수해야 할 것이라고 으르렁댔다. 법무부는 알리의 전쟁반대를 "인종주의적이며 정치적인" 행위라고 주장했고, 켄터키주 재심위원회는 이를 받아들여 그로먼 판사의 권고를 무시하고 1-A등급 판정을 고수했다. 이제 사건은 연방기구인 징병재심위원회로 넘어갔고, 법무부는 또다시 알리의 주장을 반박했다. 법무부는 FBI에서 입수한 정보자료를 증거로 제시하면서 알리의 행동은 주로 정치적 동기에 따라 이루어졌다고 주장했다.

"난 베트콩들하고 다툴 일 없어요." 언뜻 이 말은 점잖은 표현 같지만, 사람들은 이 말에 섬뜩하리만큼 생경한 충격을 받았다. 이 말을 일개 평범한 사병의 불평쯤으로 받아들일 사람도 있을지 모른다. 사람들은 자신이 속한 민족국가의 적국을 곧 자신의 사적인 적으로 여기는데, 도대체 어떻게 이런 일이 일어날까? 이것은 근대가 시작된 이래 국가의 기득권층이 줄곧 세심하고 교묘하게 조작해낸 마술 같은 과정이다. 그러나 알리는 이와 정반대의 과정을 밟아가며 이 마법을 풀어버림으로써 자기 나름의 충성대상을 만들어냈고, 60년대를 관통하는 전형적인 모습을 구현해 냈다.

베트콩들과 다툴 일 없다고 말하는 '나'는 무엇보다도 당대 청년의 철저히 개인적인 '나'였다. 이 청년은 자기가 전혀 알지도 못하는 사람들을 왜 죽여야 하고 또 그들에게 죽임을 당해야 하는지 의문을 품은 존재다. 또한 이 '나'는 한 사람의 권투선수로 남고 싶어하는 남자이기도 하다. 그는 동족의 대표자라는 굴레를 벗고 자유를 찾으려 했으며, 그저 '나'로 남아 있으면 족한 남성을 상징한다. 한데 그가 이슬람네이션에 귀의했고 또 아프리카 여행도 했다는 사실 때문에, 이 '나'는 또 다른 집단적 속성, 즉 흑인이자 이슬람교도이며, 아프리카계라는 성격을 지니게 된다. 그러므로 궁극적으로 이 '나'는 베트콩들과 다툴 일이 없는 대신 오히려 미국과 한판 싸움을 치러야 한다고 느끼는 모든 사람을 대변하는 '나'이다.

알리는 자기중심적이 되겠다고 선언했지만, 기묘하게도 이때의 '나'는 오히려 또 다른 의미의 흑인 대표자라는 굴레에 갇히게 되었다. 돌이켜보면 "난 베트콩들과 다툴 일 없어요"라는 말은 60년대를 특징짓는 선언이었다. 즉 지극히 사적이면서도 정치적인 의미를 담고 있는 선언인 것이다. 이 속엔 개인주의자 대 집단주의자, 선민주의자(particularist) 대 만민구원주의자(universalist) 등 60년대를 움직인 다양한 요소들이 담겨 있다.

무하마드 알리는 20세기의 손꼽히는 잔혹행위의 공모자가 되기를 거부했다. 비록 그가 레둑토(Le Duc Tho)[1]와 구엔카오키(Nguen Kao Ky)[2]를 구분하지 못하고, 하이퐁(Haiphong)[3]과 후에(Hué)[4]가 다른 도시라는 것을 모른다고 해도, 잔혹행위의 공모자가 되기를 거부한 행동보다 중요한 문제는 아니다. 똑똑하고 정보에 밝아서 베트남전의 전략요충지를 줄줄이 읊어대는 사람이 많았지만, 막상 그들은 그 지역 주민들의 삶에 대해서는 눈곱만힌 관심이나 눈길조차 주지 않았다.

제레미아 샤베즈는 알리가 자신의 진로를 스스로 결정했을 뿐 이슬람네이션의 압력에 의한 것은 아니라고 힘주어 말한다. "그는 반전운동을 벌이는 수많은 백인아이들처럼 매일매일 일어나는 사건에 골몰하지 않았다. 그의 생각은 투박했지만 그의 본능은 이것이 정의롭지 못한 전쟁임을 알려주었다." 징병과 전쟁에 반대하고, 그로 인해 치러야 할 대가를 생각하며 기도함으로써, 알리는 미국과 '미국주의'를 뛰어넘었을 뿐 아니라 흑인 됨과 이슬람이라는 영역도 뛰어넘었다. 점점 확대되는 인간애야말로 그 시대 최고의 성취물이었다고 할 수 있는데, 알리의 징병거부는 그것의 가장 통렬한 표현이었다.

[1] 북베트남의 총리로 미국의 키신저와 종전협상을 벌였음

[2] 남베트남의 공군사령관으로 쿠데타를 일으켜 총리를 지냈음

[3] 베트남 북부의 항구도시. 베트남전쟁 당시 미국의 주요 폭격목표였음

[4] 베트남 중부의 유적도시. 베트남 마지막 왕조인 구엔왕조의 수도였음

1967년 초 마침내 알리는 테럴과 경기를 치렀다. 이 경기에서 알리는 테럴을 야멸차게 몰아붙여 식자들 사이에 충격을 불러일으켰다. 강펀치의 소유자인 테럴은 소니 리스턴 이래 알리가 가장 경계해야 할 상대로 꼽혔었다. 그러나 그는 시합 전 기자회견에서 한 가지 실수를 했다. 알리를 '클레이'라고 부른 것이다. "내 이름이 뭐라고?" 하며 점점 더 크게 고함치면서 알리는 테럴을 두들겨팼다. "이봐 엉클 톰! 내 이름이 뭐냐니까?"

『뉴욕 데일리뉴스』는 "치밀하게 계산된 잔인함을 역겨울 정도로 뽐내고, 스포츠맨십과 경기예절 등 옳고 그름에 대한 모든 범절에 공공연히 도전한" 경기라고 평했다. 지미 캐넌은 이 경기를 '일종의 린치'였다고 혹평했으며, 스포츠기자 아서 데일리는 알리를 "비열하고 사악한 자"라면서 "블랙 무슬림 운동에 깊이 빠져들면서 점점 추악한 꼴을 보인다"고 했다. 또 권투관련 베테랑 필자로 꼽히는 밀턴 그로스는 이렇게 털어놓았다. "사람들은 프랭키 카보(Frankie Carbo)[1] 패거리들이라도 다시 불러와야겠다는 생각이 간절했다."

권투계를 보이지 않게 지배하던 사고방식이 이때처럼 또렷이 드러난 적은 없었다. 베트남전쟁에서 벌어지는 엄청난 폭력에 가담하지 않는다고 비난하던 바로 그 인간들이, 링 위에서 (그것도 규칙 안에서) 폭력을 범했다고 알리를 헐뜯어댔다. 심지어 범죄조직의 폭력조차 알리가 스포츠에서 범한 양심의 죄보다 낫다는 식이었다. 플로이드 패터슨과의 경

[1] 프로권투를 주무르던 마피아조직의 우두머리. 소니 리스턴의 후원자이기도 했음

281

기 때처럼, 스포츠에서 받아들여질 수 있는 공격의 한도를
제멋대로 정해 놓고는 알리가 이를 넘었다고 비난을 해댄
것이다. 마이크 타이슨이 에반더 홀리필드의 귀를 물어뜯은
것은 분명한 경기규칙 위반으로 스포츠 승부를 모독한 경우
다. 그러나 알리가 테럴을 공격한 것에 어떤 문제가 있다는
말인가? 자신의 분노를 드러냈다는 것이 문제인가? 상대를
고분고분 풀어주지 않아서 문제인가? 심지어 알리의 팬까지
도 패터슨과의 경기와 테럴과의 경기를 "알리가 고의적으로
상대에게 고통을 안겨준 유일한 경우"라고 말하기도 했다.

　그렇지만 알리는 분명히 다른 권투선수들과 마찬가지로,
링에 들어설 때마다 고의적으로 상대에게 고통을 안겨준 사
람이다. 다만 앞의 두 시합에서 알리는 경기가 상징하는 내
용을 한껏 자극해 가며 싸웠고, 상대선수 이상의 사람들을
적으로 해서 싸운 것이다. 경기의 의미를 자기식대로 해석한
것은 비단 알리만이 아니라 비판가들 또한 마찬가지이다. 타
협을 모르는 무하마드 알리가 '미국주의'를 상대로 해서 비
록 일시적이지만 영광된 승리를 거두는 통쾌한 장면──알
리의 비판가들은 바로 이 장면을 지켜보아야만 했기에 속이
쓰렸던 것이지만, 그들은 이 점을 인정하려 들지 않는다. 정
작 패터슨이나 테럴 어느 누구도 알리가 링에서 자신들을
대한 태도를 문제삼아 불만을 표시하지는 않았는데 말이다.

●　　●　　●

　1967년 1월 첫째 주, 마틴 루터 킹은 모처럼 귀한 휴일을

맞이하여 한 장의 사진 앞에서 묵상에 잠겼다. 급진적인 잡지 『램퍼츠』(*Ramparts*)의 마지막 호에 실린, 네이팜탄 세례로 온몸이 참혹하게 타버린 베트남 아이들의 사진이었다. 지난해 내내 킹은 미국이 베트남에서 자행하는 폭력 때문에 깊은 고뇌에 빠져들었다. 그러나 시민권운동에 대한 책임감 때문에 직접적인 반대를 자제하고 있었다. 하지만 이제 그는 단단히 결심하고, 훗날 스스로 "침묵으로 배반하는 행위"라고 칭했던, 그동안의 침묵을 깨고 나섰다. 휴가를 마치고 이튿날 킹은 남부기독교지도자회의(SCLC) 동료들에게 이제부터는 반전활동을 최우선으로 삼기로 결심했다고 알렸다. 일부 동료들은 자신들의 지도자가 선택한 새로운 운동방향에 불안을 느끼면서 미국정부며 백인 리버럴 후원자들로부터 고립되지나 않을까 두려워했다. 2월 25일 베버리힐스에서의 연설에서 킹은 "위대한 사회(Great Society)[1]는 베트남 전장에서 총에 맞아 쓰러졌다"면서 미국의 베트남정책은 "역사의 시계바늘을 되돌리고 백인식민주의를 영구화하려는 것"이라는, 족히 논쟁을 불러일으킬 만한 발언을 하였다.

　1967년 3월 6일, 연방징병재심위원회는 무하마드 알리의 1-A등급 판정을 만장일치로 재확인했다. 같은 날 존슨 대통령은 의회에서 이렇게 연설했다. "자유를 수호하기 위한 군복무제도를 자유민들이 만들어내고 또 의무로 부과했다는 인식은 미국의 경험 속에 깊이 녹아 있다." 3월 14일 알리에게 입대영장이 날아왔지만, 변호인단이 신속하게 대응한데다 3월 22일 매디슨스퀘어가든에서 조라 폴리(Zora Folley)와의 대전이 예정되어 있었던 터라 소집일자는 4월 28일로

[1] 존슨행정부의 표어였음

연기되었다. 하지만 이 경기 뒤에 알리는 무려 3년 6개월 동안 링 위에 서지 못하는 운명에 처하고 만다. 이날 그는 자신의 탁월한 실력을 가장 현란하게 뽐내며 7회에 도전자를 KO시켰는데도 권투잡지 『링』(Ring)은 올해의 선수 지명을 처음으로 포기한다는 입장을 밝혔다. 수상자가 될 것이 명백했던 "캐시어스 클레이를 미국 젊은이들의 귀감으로 떠받드는 것은 결코 안 될 일"이라는 이유에서였다. 경기가 있었던 그 주일 동안에만도 미국은 베트남전쟁에서 274명의 사망자를 기록했다. 개전 이래 최악의 숫자였다.

3월 29일, 연방법원의 판사는 알리가 요청한 세 가지 항소를 기각했다. 그중에는 루이빌의 결정이 모두 백인으로 구성된 위원회에서 내려진 것이라며 제출한 소송도 포함되어 있었다. 이제 소집은 피할 수 없게 되었다. 유일하게 알리를 지지한 사람은 엘리야 무하마드였다. 『무하마드는 말한다』에 실린 엘리야 무하마드의 주장에 따르면, 알리가 원하는 것은 "자신의 길을 가는 것" 뿐인데 "그러나 알리는 지금 미국에서 가장 비열한 범죄자로 침소봉대되고 있다. 미국은 알리의 나라가 아닌 것이다." 이보다 더 의미심장한 일도 있었다. 같은 날 마틴 루터 킹은 남부기독교지도자회의 산하 위원회 모임에 참석차 루이빌에 왔으며, 회합을 끝내고 남부기독교지도자회의는 "도덕적·정치적으로 정의롭지 못한" 전쟁을 반대하고 징집을 규탄하는 성명서를 발표했다. "[징병은] 가난한 사람들을 차별대우하며 엄청난 숫자의 흑인들을 최전방에 배치하며, 최전방에서부터 남부 4개주(Deep South)의 인종별로 분리되어 있는 공동묘지까지 흑인들로 가득 메운다.”

　킹은 루이빌에 머무는 동안, 마침 고향을 들른 알리와 사적으로 만날 기회를 마련하였으며 그런 다음 두 사람은 기자회견을 가졌다. 기자회견장에서 킹은 징병에 관한 알리의 입장을 높게 평가했다. “무하마드 알리가 말한 바와 같이, 우리 모두는 억압적 체제의 똑같은 희생자들이다.” 옆에서 듣고 있던 알리는 머리를 끄덕이면서 자기보다 키 작고 나이를 더 먹은 킹의 어깨를 가볍게 쥐면서 ‘형제’라고 불렀다. 자리가 자리인지라 킹은 알리 못지않은 농담을 던졌는가 하면, 두 사람은 죽이 잘 맞는 듯했다. 특히 중요한 것은 알리의 태도가 계기가 되어 킹이 징집대상 젊은이들의 문제에 깊은 관심을 가지게 되었다는 사실이다. 마틴 루터 킹이 전쟁을 비판하는 목소리를 점점 높이고 또 알리를 직접적으로 지지함으로써, 알리는 고립의 짐을 다소 덜 수 있었다.

　남부기독교지도자회의 모임이 열리기로 되어 있던 루이빌의 주임목사는 마틴 루터 킹의 동생 알프레드 킹(Alfred Daniel King)이었다. 회의장소를 이곳으로 정한 데는 현지 흑인들에게 힘을 실어주고자 하는 뜻이 담겨 있었다. 당시 루이빌의 흑인들은 주택매매에서 자행되는 흑인차별에 반대하면서 고통스런 싸움을 끈질기게 해오고 있었다. 흑인들은 백인거주 용도로 지정된 구역으로 행진해 들어갔고, 이들에게 백인군중들이 돌과 유리병을 던져댔지만 경찰은 한쪽 구석에 우두커니 서서 수수방관할 뿐이었다. 알리는 마틴 루터 킹을 만난 뒤 루이빌시의 흑인거주지역을 둘러보면서 투쟁에 나선 흑인들에게 이렇게 말했다. “자유, 정의, 평등을 위한 여러분의 투쟁에 저도 함께하고 있습니다. …저는 시카고에서 입 다물고 있을 수가 없어서 루이빌에 왔습니다. 나와 같이 자라고, 같이 공부한 사람들, 그중에 몇몇은 나와 피를 나눈 혈육이건만 이들이 거리에서 얻어터지고 짓밟히고 발길에 차이고 있질 않습니까. 거주의 자유·정의·평등을 원한다는, 너무나 단순한 이유만으로 말입니다."

일찍이 '구호 들기'는 하지 않을 테며 백인거주지역에 살지도 않을 거라고 공언했고, 불과 3년 전에 흑백통합 요구를 비난하며 시민권운동의 정치전술이 잘못됐다고 비판했던 알리가 이렇게 말했다는 것은 정말로 특별한 일이 아닐 수 없다. 그렇지만 알리의 이런 변화를 감지한 사람은 거의 없었다. 알리는 자신이 전쟁에 반대하는 이유를 들며 점점 강하게 정치적 주장을 하였지만, 그의 지지자나 비판자 모두 알리의 성격 탓이거나 그가 시류에 민감해서 빚어진 결과라고만 여겼다.

그러나 알리가 이슬람네이션에 가담한 것이나 루이빌의 흑백통합운동을 지지한 일은 그다운 선택이었다. 그것은 광범한 대중과 자신을 인격적으로 동일시하는 알리의 성격에 뿌리를 두고 있었다. 겉으로는 감지되지 않았어도 그는 대중에 대한 책임감을 한결같이 지녀왔기에, 대중의 대표자 역할을 그때그때 변모시켜 왔던 것이다. 자신이 대표해야 할 사람과 대의를 거듭 확인하는 과정에서 그는 결코 권력자들의 영향을 받지 않았거니와, 권력자들의 언론을 의도적으로 이용할 때조차 스스로 생각하고 판단했다.

루이빌에서도 알리는 기자들을 줄줄이 뒤에 달고 교회와

학교들을 찾아다녔다. 그곳에서의 한 연설에서 그는 베트남 전쟁과 자신의 전쟁참여 거부와 관련해서 가장 정치적인 발언을 했다.

이곳 루이빌에서는 이른바 검둥이라 불리는 족속들이 개처럼 취급받으며 최소한의 인권도 거부당하고 있습니다. 그런데 도대체 왜 그들은 나한테 제복을 입히고, 고향에서 1만 마일이나 날아가서 갈색피부의 베트남사람을 향해 폭탄과 총알을 퍼부으라고 한단 말입니까? 가지 않겠습니다. 또 하나의 가난한 민족들을 살해하고 불태워 죽임으로써 전세계 유색인종을 지배하려는 백인 노예주를 돕기 위해 1만 마일씩이나 날아가지는 않겠습니다. 오늘은 그런 악을 끝장내야 할 날입니다. 저들에게 저항하는 것은 명예를 위태롭게 할 뿐 아니라 챔피언인 내게 돌아올 수 있는 100만 달러를 잃어버리는 어리석은 짓이라고 사람들은 저에게 경고했습니다. 그러나 전에도 한번 말한 적 있지만, 오늘 다시 한번 분명히 하고자 합니다. 우리 흑인들의 진짜 적은 바로 이곳에 있습니다. 자신들의 정의와 자유와 평등을 위해 싸우는 이들을 노예로 만드는 도구로 봉사함으로써 내 종교를 욕되게 하고 내 형제 그리고 나 자신까지 수치스럽게 만드는 짓을, 저는 하지 않을 것입니다. …만약 제가 이 전쟁이 2200만 내 형제들에게 자유와 평등을 가져다줄 것이라 믿고 있었다면, 저들이 나에게 징병조치를 내리는 대신, 나 스스로 내일이라도 입대하겠지요. 그러나 저는 세속의 법과 알라의 법 중 하나에만 복종해야 합니다. 제 신념이 말해 주는 자리에 선다고 해서 제가 잃을 것은 전혀 없습니다. 감옥에 가게 되면 가겠습니다. 우린 이미 400년 동안 감옥생활을 해오고 있지 않습니까.

괴로운 군복무를 어떻게든 피하고 싶어하던 차에 징집통지를 받고 우두망찰해하던 젊은 권투선수가 이렇듯 세계인의 연대를 촉구하는 영웅으로 성숙한 것이다. 60년대가 보여준 것 중 하나는 투쟁의 경험이 얼마나 인간을 힘있게 변모시키는가 하는 점이었고, 루이빌에서의 알리가 바로 그 증거였다. 개인사적 배경과 역사적 배경이 알리를 권력과의 충돌로 몰아갔으며, 이 충돌 속에서 알리 내부의 자아와 외부의 광대한 사회 사이에는 새롭고 강력한 결속이 이루어졌다. 루이빌 등에서 발표한 성명서 작성에서 알리가 외부의 도움을 받았으리라는 것은 부인할 수 없는 사실일진대, 이슬람네이션보다는 천시 에스크리지의 도움을 더 받았을 것으로 짐작된다. 하지만 알리는 비록 지정학적인 지식은 신통치 않았지만, 자신의 결난이 시니는 도덕적 의미에 대해서는 깊은 식견과 이해력을 갖추고 있었다. 여기서 의미심장한 사실은, 알리의 말투나 주장의 상당수가 말콤 엑스에게서 차용해 왔다는 점이다. 제대로 된 평가를 받지 못하던 말콤 엑스의 그림자는 시대의 도전에 맞서 변모해 가던 이 시기의 알리에게 드리우고 있었다.

●   ●   ●

루이빌시의 흑인거주 반대움직임은 1966~67년의 주요사건으로 꼽힌다. 이 시기의 사건들을 겪으면서 마틴 루터킹은 평화적인 사회변화가 불가능하다는 비관주의에 깊이빠져들었다. 7월에 루이빌에 다시 온 그는 군중들을 향해

"미국의 백인 중 절대다수가 인종차별주의자다"라고 선언했다. 바야흐로 마틴 루터 킹 역시 말콤 엑스가 생애의 마지막한 해 동안 보였던 모습과 크게 다를 바 없는 입장에 선 것이다. 1967년 4월 4일, 이날은 킹이 알리를 만난 지 5일 뒤이자 그가 암살당하기 꼭 1년 전이다. 이날 그는 뉴욕 리버사이드 교회에서 저 유명한 연설을 했다. 오늘날까지도 전쟁에대한 가장 통렬한 비판으로 꼽히는 이 연설에서 킹은 인종주의, 전쟁, 빈곤 그리고 미국의 세계적 역할 등의 주제를 하나로 묶어내었다. 그는 흑인거주지의 난동자들을 비판하라며 압력을 가하는 사람에 대한 자기 입장을 다음과 같이 밝혔다. "오늘 난 최악의 폭력을 전세계에 퍼뜨리고 있는 자들을 먼저 분명히 언급하고자 합니다. 그러지 않고서는 억압자의 폭력을 거론할 수는 없습니다." 물론 여기서 전세계에 폭력을 퍼뜨리고 있는 자란 다름아니라 미국정부를 가리키는것이다. "인간에 대한 신념을 지닌 사람이라면 누구나 마땅히 자신의 신념에 합당한 저항을 선택해야 합니다. 우리는모두 저항해야 합니다." 그는 자신을 "민족주의보다 훨씬 깊고도 넓은 헌신성과 충성심으로 가득 찬 사람"이라고 소개하면서 "미국의 베트남정책이 수치스럽고 부정의한 것임을깨달은 사람이라면 누구나" 양심에 따라 거부해야 한다고촉구했다.

3년 전에 킹이 노벨평화상을 수상했을 때, 언론은 그에게축하세례를 퍼부으면서 그를 미국흑인의 가장 탁월한 지도자라고 추켜세웠다. 그러나 이제 그가 베트남전쟁에 대한 전투적인 반대자로 돌아서자, 이전의 동맹군들은 바짝 약이 올랐다. 로이 윌킨슨, 휘트니 영, 필립 랜돌프, 베이야드 러스틴 등은, 20년 전 폴 로브슨에게 그랬던 것처럼 약속이라도 한 듯이 마틴 루터 킹과 노골적으로 거리를 두었다. 『워싱턴 포스트』는 이렇게 훈계했다. "킹 박사는 같은 태생의 동료들에게 심한 상처를 입혔다. 그는 자신의 대의와 조국과 민중들에 대한 영향력을 스스로 감소시켰다." 그리고 『뉴욕타임스』는 미국에 대한 공격은 "무모한 짓"이라고 꾸짖으면서 반전은 "소모적이고 자기파멸적인" 행위라고 논평했는가 하면, 『라이프』지는 리버사이드 교회에서의 연설은 "북베트남 하노이 방송대본을 방불케 할 만큼 선동적인 중상모략"이라고 휘갈겨댔다. FBI 후버 국장은 존슨 대통령에게 다음과 같은 서면보고를 했다. "그자는 국가위해를 기도하는 파괴분자들의 손아귀에서 놀아나는 도구가 되었다." 심지어 전미유색인지위향상협회의 위원회조차 킹이 베트남과 시민권운동을 연결시키고 있다면서 이는 "심각한 전술적 오류"라고 비난했다.

흑인들 사이에서 반전분위기가 높아가자 당황한 미국정부와 군당국은 반격에 들어갔다. 사이공에서 웨스트모어 장군은 기자들을 앞에 놓고 "내가 직관적으로 느끼는 바로는, 흑인병사들이 백인들보다 오히려 전쟁에 대해 더 제대로 이해하고 있다"면서 이 전쟁을 인종주의적으로 평가하는 자신의 견해를 되풀이했다. 요컨대 동양인들은 미국인들보다 인권이라는 가치기준이 없으며 심지어 자신의 인권이라는 가치조차 지니고 있지 않기 때문에, 전투에서 이기기가 만만치 않은 족속이라는 주장이었다. 『뉴욕타임스』는 군당국의 논

평을 보도하면서 "흑인이 조국을 위해 싸울 수 있는 기회를
부여받은 것은 베트남전쟁이 최초… 흑인들은 백인동료들과
모든 면에서 동등한 전과를 올리고 있다"고 결론을 내렸다.
　그러나 흑인청년들의 귀에 이런 주장은 공허한 우격다짐
으로밖에 들리지 않았다. 상원의 징병문제에 관한 청문회에
서, 하워드대학의 대학신문 편집장은 흑인대중은 목숨을 걸
하등의 이유를 못 느낀다면서 "사회로부터 가장 많은 혜택
을 받고 있는 사람들이 목숨을 걸어야 할 것 아닌가" 하고
반문했다. 마틴 루터 킹의 리버사이드 교회에서의 연설 다음
날인 4월 5일, 징병반대 선전대가 뉴욕시의 학교들을 순회하
자, 『타임스』지는 이 선전대의 주장에 특히 흑인청년들과
푸에르토리코인들이 민감한 반응을 보였다면서 당황한 기색
을 감추지 못했다. 바로 다음날, 법원은 소집영장을 불태운
청년에게 새 영장을 수령하지 않았다는 이유로 2년 6개월의
징역형을 선고했다.
　4월 11일 알리에게 소집신고를 하라는 명령장이 날아왔
다. 그리고 4월 15일 맨해튼거리는 최대 규모의 반전시위 물
결로 뒤덮였다. 센트럴파크에 모인 12만 5천의 군중을 향해
마틴 루터 킹이 연설한 데 이어 인종평등회의(CORE)의 플
로이드 매키시크(Floyd McKissick)가 연사로 나섰고, 이어
서 스토클리 카마이클이 연단에 올라 "백인들이 홍인종에게
서 도둑질한 땅을 지키기 위해, 흑인을 보내 황인종과 싸우
라는 것이 바로 징병제도"라고 주장했다. 『뉴욕타임스』의
한 칼럼리스트는 항의시위대들에게서 악취가 풍겨난다면서,
이들을 좌절감에 빠진 사회부적응자들이라고 헐뜯었다. 하

지만 전례 없는 엄청난 규모의 시위인파가 모였다는 것은 이런 부적응자들이 미국에서 하나의 세력을 형성하고 있다는 사실을 분명히 보여준 것이다.

4월 25일 알리의 변호인단은 연방법원에 상소장을 제출하여 자신들의 의뢰인이 징병처분에 동의하지 않으니 종교적 이유로서 예외판정을 내려달라고 요청했다. 그러나 법무부 대변인은 "만일 그의 주장이 받아들여진다면 모든 무슬림들이 징병선서를 거부할 텐데 도대체 어디서 병사를 구하란 말인가?" 하고 반박했다. 다음날 존슨 대통령은 북베트남 폭격의 강도를 높였고, 존슨의 지지자들은 국내의 비판여론이 미국의 전쟁을 방해한다면서 반전주의자들을 불충성행위자라고 비난했다.

그 한편으로 미국 전역의 신학도 1천 명은 국방장관 로버트 맥나마라에게 보낸 서한에서, 양심에 따른 병역거부 기준을 확대하여 특정 전쟁에 대한 도덕적 병역거부도 인정해야 한다고 촉구하면서, 이렇게 할 때만이 "양심에 따라 베트남에서 전투를 할 수 없다고 생각하는 사람들과 법의 요구 사이에 생겨날 대립을 해소"할 수 있다고 주장했다. 그러나 행정부나 사법부 모두 반전운동에 대해 이같은 양보조치를 깊이 고려할 태세는 아니었다. 연방법원은 알리의 소청을 기각하고, 알리에게 소집신고를 할 것을 명했다.

4월 28일 웨스트모어 장군은 상하 양원합동회의에 출석해서 이 전쟁이 정당하고 필요하며 또 승리가 가능하다는 주장을 늘어놓았다. 그리고 이날 아침 알리는 명령을 받은 대로, 휴스턴의 연방세관에 출석하여 소집신고를 했다. 청사

바깥에는 소규모의 시위대가 몰려와 챔피언의 힘을 북돋웠
다. 그중에는 학생비폭력조정위원회 소속의 악명 높은 랩 브
라운(Rap Brown)도 끼여 있었다. 텍사스서던대학의 학생들
은 "미국 안에서 버텨요, 알리"라고 쓴 깃발을 들고 나왔고,
"알리는 안 돼"라고 쓰인 플래카드를 들어 보이는 시위대도
있었다. 이날 다른 소집자 25명과 함께 출석한 알리는 오전
내내 서류를 채워 쓰고 그렇고 그런 검사를 받았다. 마침내
오후 1시 5분이 되어서야 소집식이 시작되었는데, 담당하사
관이 "캐시어스 마셀러스 클레이"를 세 번이나 불렀지만 그
때마다 알리는 바닥에 그어진 노란 선 밖으로 나와 서길 거
부했다. 해군 대위가 나서서 이러면 중범죄로 수감조치된다
고 공식적으로 일깨워주자, 알리는 이슬람 포교사로서 소집
예외로 해달라는 주장을 담은 서면요구장을 제출했다. 그런
다음 그는 네 쪽짜리 성명서를 기자들에게 낭독했다.

저는 1964년 2월 25일 마이애미의 링에서 거머쥔 '헤비급 세
계챔피언'이란 타이틀을 자랑스럽게 생각합니다. 헤비급 타이
틀 보유자는 언제나 신념과 용기를 지니며, 링 안에서뿐 아니
라 삶의 매순간마다 마땅히 이를 실천해야 할 것입니다. 저는
저의 개인적 신념에 비추어 군복무 소집을 거부하는 입장을 분
명히 하고자 합니다. 저는 제 행동이 의미하는 바와, 그것이 가
져올 결과에 대해 충분히 인식하고 있습니다. 제 양심에 되새
겨볼 때 저는 소집에 응하는 것이 제가 믿는 종교적 신념에 대
해 진실한 행위가 아님을 깨달았습니다. 저의 병역거부는 사적
이며 또 개별적인 것입니다. 저의 양심에 따른 결정에서 저는
오로지 알라신만을 최종적 심판자로서 따르는 바입니다.

알리는 비록 여전히 순수한 개인으로서 발언하고 행동할 권리를 내세우고 있었지만, 이와 동시에 흑인의 본보기 역할이라는 책무를 분명히 실천해 보였다. 물론 그의 본보기 역할은 통상적인 것과는 근본적으로 다른 의미였다. 권투관계자들이 볼 때 알리가 헤비급 타이틀을 반전의 발판으로 이용하는 것은 묵과할 수 없는 도전행위였다. 알리가 성명을 발표한 지 불과 한 시간 만에, 당시 막강한 권력을 자랑하던 뉴욕주 체육위원회는 알리의 권투면허를 취소하고 타이틀도 박탈해 버렸다. 알리에게 여러 혐의가 씌워지기도 전의 일이었다. 그로부터 한 달 사이에 다른 주들도 똑같은 조치를 내렸고, 세계권투협회(WBA), 매디슨스퀘어가든, 영국권투위원회(당시 윌슨의 노동당정부는 존슨행정부의 베트남정책을 여전히 지지하고 있었다), 유럽권투연합(EBU) 역시 맞장구를 취며 동일한 조치를 취했다. 이로써 알리가 링에서 추방된 3년 6개월이 시작되었다.

권투흥행사들은 알리의 추방에 쌍수를 들고 환영하면서, '공석(空席)'이 된 타이틀을 확정짓기 위해 우선 타이틀 예선전을 치른다는 계획을 재빨리 공표했다. 로버트 립사이트의 기사에 따르면 "클레이 혼자 승승장구하는 것보다 여러 선수들끼리 토너먼트를 치르는 편이 훨씬 더 많은 돈을 벌어들일 수 있었다." 여덟 명의 토너먼트를 추진하던 밥 애럼은, 그래도 전 챔피언 덕분에 막대한 돈을 긁어모을 수 있지 않았느냐는 질문을 받자 이죽거리며 되물었다. "클레이, 누구라고?"

알리가 노란 선 안쪽에 버티고 서서 소집호명에 불응했다는 소식은 미국뿐 아니라 전세계에 톱뉴스로 보도되었다. 가이아나에서는 체디 제이건(Cheddi Jagan)[1]이 직접 미국대사관 앞에서 피켓시위를 이끌었다. 방글라데시 카라치에서는 미국영사관 밖에서 한 청년이 단식투쟁을 벌였으며, 이집트 카이로에서도 시위가 일어났다. 『가나 파이어니어』(*Ghana Pioneer*)지는 알리의 챔피언을 박탈하기 위한 '담합'이 있었다고 비난하는 사설을 게재했다. 1967년 4월 영국에서는 최초의 대규모 반전시위가 일어났는데, 이때 그로브너 광장에 배포된 유인물 중에는 "린든 B. 존슨은 무하마드 알리를 전쟁에 보내지 말라"는 주장도 있었다. 버트란트 러셀은 "분위기가 변할 것이네. 난 느껴져" 하면서 알리의 용기를 치하하며 북돋워주었는가 하면, 아일랜드 애빙던의 공영주택에 사는 벽돌공이자 권투팬인 패디 모너핸이라는 사람은 미국정부의 위선에 대한 분노를 참을 수 없어 런던의 미국대사관 앞에서 길고도 외로운 피켓시위를 벌였다. 그는 알리에게 헤비급 챔피언 자리를 되돌려줄 것을 청원하는 운동을 3년 동안 계속하면서 모두 2만 명의 서명을 받아냈다.

이처럼 해외에서는 알리를 명사로 대접했지만, 정작 미국사회는 그의 입장을 경계로 양극화되어 갔고 알리는 거기에 갇힌 신세가 되었다. 『뉴욕타임스』는 "클레이 대 군대"라는 제목의 사설에다 '클레이'의 병역을 면제해 줄 경우 "징병제도를 떠받치고 있는 보편적 의무라는 정신을 갉아먹는 셈이 된다"며 "어떤 법을 준수할지 시민이 고를 수 없는 것과 마찬가지로 어떤 전쟁에 반대할지에 대한 선택권은 시민에게 없다. 그러니 만일 캐시어스 클레이 혹은 징병연령에 속하는 병역거부자들이 베트남전쟁을 부당한 것이라고 확신한다면, 그들에게 남은 선택은 신념에 따라 감옥에 가는 일이다"라고 썼다. 그러나 알리는 이 주장에 이렇게 반박했다. "만일 정의가 승리한다면, 나의 헌법적 권리가 보장된다면, 내가 군대나 감옥에 끌려가는 일은 일어나지 않을 것이다."

흑인사회에서 알리에 대한 여론은 엇갈렸다. 『암스테르담뉴스』는 "미국의 비극"이라는 제목의 사설에서 알리의 병역거부를 언급하며, 마틴 루터 킹이 리버사이드에서 한 반전연설을 상기시켰다. 또 알리의 병역거부가 "궁극적으로는 우리 시대의 인종적 부정의에서 비롯된 것"이라고 지적하면서도, 알리를 두둔하는 인상을 주지 않으려고 신중한 표현을 골라 썼다. 하지만 이 신문이 할렘지역을 대상으로 한 여론조사에서는 이와 반대의 결과가 나타났다. 또 록펠러재단에서 일하는 한 흑인은 "비극적인 일이다. 사태가 터무니없이 과장되고 있다. 그는 랠프 번치나 로이 윌킨스처럼 미국의 해외정책에 대한 흑인여론에 영향을 미칠 만한 인물은 아니지 않은가"라고 말했지만, 흑인 청년운동이 활발하게 전개되는 어떤 지역의 활동가는 생각이 달랐다. "신세대 흑인남자라면 모두 알리의 행동에 고무되어 그의 발길을 좇을 것이다."

재키 로빈슨은 신티케이트 칼럼을 기고하여 마틴 루터 킹을 비난하면서, 킹의 반전에 대한 발언 외에도 특히 알리를 지지한 사실을 꼬집었다. "나는 이 사람[1]을 권투챔피언으로서 존중하며, 자기 견해를 서슴없이 말하는 사람이라서 또 존중한다. 하지만 나는 그가 자기 몫의 케이크를 차지해 다

[1] 알리를 말함. '알리'라는 새 이름을 불러주지 않기 위해 이렇게 지칭한 것임

먹어치우려 하지 않나 하는 느낌을 감출 수 없다. 또 그가 미국에서 수백만 달러 벌이를 예약해 놓고서 대전은 거부하는 게 아닌가 하는 의문이 생긴다. …그 사람[알리]이 많은 것을 포기했다면서 찬사를 보내다니, 도대체 귀하는 무슨 생각을 품고 계시는 건가요? 내가 볼 때 알리의 조언자들은 불량스런 계략만 말해 주고 있다. 지금 유일하게 옳은 타개책을 내놓는 사람은 그의 변호인들밖에 없는 듯하다."

그러나 재키 로빈슨의 이같은 발언은 더 이상 흑인청년들에게 큰 영향력을 발휘하지 못했다. 게다가 정치의식이 가장 높은 계층 속에서 흑인들의 야망을 대변하는 이는 로빈슨이 아니라 알리였다. 흑인 스포츠스타들에게 성공의 상징이라는 굴레를 씌우던 이들도 이제 상황이 반대로 바뀌었다는 사실을 깨달았다. 한 작가는 『리버레이터』(*Liberator*)지에 기고한 글에서 이런 불쾌감을 그대로 드러냈다.

알리의 불복종 때문에 심각한 재난이 예감된다. 정부가 이 난국을 어떻게 수습할 것인가? 무하마드 알리가 흑인청년들에게 심각한 영향을 미치고 있는데, '책임 있는 흑인지도자'들이 나서서 이를 해결할 수 있겠는가? 문제는 청년들이 로이 윌킨스, 휘트니 영, 필립 랜돌프, 랠프 번치 같은 분들을 백인 리버럴리즘에 고용된 어릿광대라며 코방귀를 뀌고 있다는 것이다! 한술 더 떠서 마틴 루터 킹 박사이자 목사가 평화운동으로 변절해 버렸다. 간단히 말해 기성체제의 입장에서 볼 때 무하마드 알리는 안방의 베트콩이 된 것이다. 알리는 자신의 체급보다 더 막강한 충격을 휘두르고 다니고 있다.

알리가 소집을 거부한 지 이틀 뒤, 마틴 루터 킹은 애틀랜타에 있는 자신의 교회 에벤에셀 침례교회에서 설교를 했다. 무신론자이던 스토클리 카마이클도 회중 속에 우뚝 앉아 있었다. 킹은 "이 전쟁이 혐오스럽고 부정의한 것이라고 믿는 사람이라면 누구나" 양심에 따른 병역거부의 길을 걸어야 한다고 촉구하면서, 알리의 이름을 거론하며 찬사를 보냈다. "알리는 명성도 포기했습니다. 그는 수백만 달러를 포기하는 대신 양심이 옳다고 명하는 바를 위해 일어섰습니다."

다음날은 5월 1일이었다. 이날 알리의 변호인들은 징병위원회 구성원에 흑인이 배제되고 있다는 내용으로 연방법원에 항소함으로써, 알리와 정부의 갈등을 정치문제화시키는 전략을 취했다. 알리의 변호인단은 알리사건을 다루는 켄터키주와 텍사스주의 경우 인구 중 흑인비율이 각각 7.1%, 12.4%인데도 징병위원회의 흑인비율은 0.2%, 1.1%에 불과하다면서, 흑인을 추가 지명하기 전까지는 켄터키주 모든 징병위원회에 활동정지조치를 내려야 한다고 주장했다. 그러나 항소는 기각되었다.

일주일 뒤, 그때까지 무명으로 오클랜드에서 활동하던 전투적 단체인 자칭 '흑표범 자위당'(Black Panther Party for Self-Difense)이 의회건물에 진입하여 캘리포니아 주의회가 무기소지라는 헌법적 권리를 제한하려 한다고 항의시위를 벌임으로써 매스컴을 통해 전국 방방곡곡에 알려졌다. 기자회견에서 이들은 "인종차별주의 미국정부의 베트남침략이 점점 격심해지면서… 미국 전역의 흑인거주지역에서 경찰의 탄압이 갈수록 노골화되고 있다"고 주장했다. 노여움을 키워가던 제임스 볼드윈도 이 단체의 주장에 동조했다. "인종차별사회가 벌이는 전쟁은 인종차별전쟁일 수밖에 없다. 이것이 냉혹한 진실이다. 국내에서의 행동과 국외에서의 행동은 똑같은 사고에 바탕을 두고 있다. 이 사실을 미국흑인이라면 누구나 다 알고 있다. 왜냐하면 아메리카 인디언에 뒤이어 자신들이 '베트콩'의 첫 희생자였기 때문이다."

알리는 소집명령을 거부한 1주일 뒤에 워싱턴의 흑인거주지를 순회하고 연방교도소의 수감자들을 면회했으며, 하워드대학을 방문하여 학생회 중심의 많은 학생들로부터 열광적인 환영을 받았다. 알리는 그 무렵 새로 구성된 '블랙파워 위원회'의 초청을 받아 하워드의 프레더릭 더글라스 기념관 앞계단에서 연설했다(대학당국에서 블랙파워 위원회의 건물 내부 집회를 허락하지 않았기 때문이다). "우리는 지금까지 세뇌되어 왔습니다. 아프리카 정글의 왕인 타잔조차도 백인 아닙니까?" 그러던 중 한 청중이 1천 달러를 주면 자기가 대신 군대에 가겠다고 야유하자 알리는 이렇게 응수했다. "형제여, 당신의 목숨은 1천 달러 이상의 값어치가 있지 않습니까?" 알리는 아무 거리낌 없이 군중 속에 몸을 맡겼다. 현지 신문보도에 따르면, 이날은 '축제분위기'였다. 학생들은 알리가 "전혀 교만하지" 않았고, "흑인 됨을 떳떳이" 여기는 그의 풍모에 감명받았다고 입을 모았다.

머칠 뒤 알리는 시카고대학교도 방문하여 스태그필드 경기장에서 수많은 학생들을 앞에 두고 연설했다. 청중 가운데는 흑인뿐 아니라 백인들도 섞여 있었다. "저는 아무것도 잃은 게 없습니다. …나는 전세계 수많은 이들의 지지를 얻었고, 마음의 평화를 얻었습니다." 알리가 "누가 세계 헤비급 챔피언입니까?" 하고 울부짖자, 운동장을 가득 메운 인파는 확신에 차서 힘껏 외쳤다. "알리! 알리! 알리!" 이렇게 울부 짖듯 묻고 고함으로 대답하는 모습이 몇 번씩 되풀이되었다. 연사가 묻고 청중이 대답하는 이 광경은 그후 오랫동안 익숙한 장면이 되었다.

● ● ●

 1967년 5월 8일 휴스턴의 연방대배심이 알리를 기소했다. 배심원 21명 중 흑인은 단 한 명밖에 없었다. 알리는 용의자 사진을 찍고 지문을 찍은 다음에야, 미국을 떠나지 않는다는 조건으로 5천 달러의 보석금을 내고 풀려났다.

 6월 초 알리의 매니저 허버트 무하마드는 적지 않은 수의 흑인 스포츠스타들을 클리블랜드로 초청하여 알리와의 사적 면담을 주선했다. 몇 사람이 이 자리에 동석했는데, 이들은 스타들이 알리를 설득해 주었으면 하는 것이 허버트의 속내 라고 믿었다. 그것이 사실이라면 허버트는 알리의 결단을 정 말로 하찮게 여긴 것이다. 이날 모인 스타 중에는 미식축구 선수 짐 브라운과 윌리 데이비스, 농구영웅 빌 러셀과 루 앨 신도가 있었다(앨신도는 뒷날 하나피파 이슬람으로 개종하 여 카림 압둘 자바로 이름도 바꾸었다). 입을 꽉 다문 알리 의 모습에서 이들은 단호한 결단을 읽었다. 자리가 파했을 때 이들 중 상당수가 알리의 진지함과 용기에 감동해 있었 다. 뒷날 압둘자바는 그때를 이렇게 회고했다. "알리에겐 우리의 도움이 필요 없었다. …흑인사회의 여론에 관해서 이미 그는 모든 이의 마음을 꿰뚫어보고 있었다. 그는 미국체제에 도전할 수 있는 용기를 많은 이들에게 베풀고 있었다." 빌 러셀은 『스포츠 일러스트레이티드』지에 1967년의 알리는 "특별한 책임을 짊어진 인물"로 느껴졌다면서 다음과 같이 털어놓았다.

나는 무하마드 알리에 대해 전혀 근심이 되지 않는다. 자기 앞에 기다리고 있는 숱한 시련에 대해 알리처럼 단단히 각오가 되어 있는 사람은 그때까지 보지 못했다. 오히려 나는 나머지 우리들이 염려스러웠다.

몇 년 후 러셀은 토마스 하우저에게 이렇게 말했다. "철학적으로 볼 때 알리는 자유인이오. 역사상 가장 위대한 권투선수라는 걸 빼고도, 그는 자유의 상태요. 세상 누구도 자유롭지 못할 바로 그 역사적인 순간에도 알리는 자유인인 거요. 진실로 미국 최초의 자유인 중 한 사람이 알리였던 거요." 그러나 이 진정한 자유인은 당시 협박에 시달렸을 뿐 아니라 투옥될지도 모르는 상황에 놓여 있었다. 제럴드 얼리는 알리가 "감옥에 한번도 가지 않았"으니 '순교자'는 전혀 아니라고 주장하였지만, 그러나 이는 당시의 역사적 현실을 도외시한 후일담에 불과하다. 1967년과 그후 3년 동안 알리에게는 징역형에 처해져 다시는 싸울 수 없을 것이라고 믿을 만한 근거들이 너무도 명백하게 존재했다. 그때까지 연방정부의 권력에 도전해서 살아남은 흑인도 거의 없었다. 게다가 로브슨과 두보이스는 자신들의 사상을 입 밖으로 표출했다는 이유만으로 간단히 발언권을 박탈당하거나 국외추방을 당했는데, 알리는 지금 이 사상을 행동으로 옮기고 있었다.

1967년 6월 19일 알리는 휴스턴에서 백인배심원으로만 구성된 재판을 받았다. 변호인단은 알리의 징병등급을 결정한 징병위원회가 백인으로만 구성되어 있다는 점을 지적하는 등 몇 가지 점을 상소의 근거로 내세웠지만, 법무부와 판사는 알리가 징병명령을 거부했다는 점만을 심리대상으로 삼아야 한다고 주장했다. 미국정부를 대변하는 검사는 흑인이었다. 그는 만일 알리의 징병을 면해 준다면 수많은 흑인 청년들에게 무슬림에 가입하라고 부추기는 결과를 가져올 것이라고 주장했다. 또한 검사는 징병심사 과정에서 알리가 갖가지 근거를 내세워 예외조치를 요구했다고 지적하면서, 이 때문에 양심에 따른 거부자라는 알리의 주장은 진지함이 결여되었다고 볼 수밖에 없다고 했다(미국법에서 양심에 따른 거부 청원자를 심사하는 결정적 조항의 하나가 진지함이었다). 검사의 주장이 계속되는 동안 우리의 유명인사 피고인은 입을 꽉 다물고 따분한 표정으로 듣고 있었다. 배심원단은 20분간의 심의 끝에 알리에게 유죄평결을 내렸다. 알리는 어서 빨리 판결을 끝내라고 판사에게 요구했다. "형량판결을 지금 내려주시면 감사하겠습니다. 질질 시간을 끌기보다는 지금 판결을 끝냅시다." 그러자 검사는 전과기록 없이 깨끗하던 '클레이'가 "종교단체이자 정치단체인 흑인 무슬림 교단에 가담하면서 골칫덩이가 되었다"고 판사에게 말했고, 이에 대해 알리는 재판중 처음으로 항의를 했다. "내가 믿는 종교는 전혀 정치적인 게 아니올시다.”

  판사는 최대 5년 수감과 1만 달러 벌금형을 선고했다. 이런 사건의 경우 형량은 18개월이 관행이었던 터라, 법조인들조차 이 가혹한 판결에 놀랄 수밖에 없었다. 알리는 즉시 상고를 함으로써 보석으로 석방되었고, 여권은 압수당했다.

  알리에게 유죄판결이 내려진 날, 워싱턴 의사당의 하원들은 찬성 337, 반대 29로 징병기간을 향후 4년 더 연장하는 법안을 통과시켰다. 그리고 또 한 가지 법안을 385 대 19로 통과시켰는데, 다름아니라 국기 ‘모독’행위를 연방정부 차원의 범죄로 규정하는 내용이었다. 6월 23일 알리는 처음이자 마지막으로 반전시위에 모습을 나타냈다. 존슨 대통령이 로스앤젤레스 센추리플라자 호텔에서 열리는 1인당 500달러 모금의 후원행사장에서 연설하기로 되어 있자, 이에 대응하여 로스앤젤레스의 반전활동가들이 체비엇힐 운동장에서 집회를 연 것이다. 이날 집회에는 그때까지의 남부 캘리포니아 반전집회 중 가장 많은 수인 2만 명이 모였다. 벤저민 스포크(Benjamin Spock)[1]와 랩 브라운도 연사로 참가했다. 롤스로이스를 타고 현장에 도착한 알리는 쓰레기통 위에 올라서서 연설했다. “평화를 위한 것이면 무엇이든, 전쟁을 중단시키기 위한 것이면 무엇이든, 저는 100퍼센트 지지합니다. … 저는 지도자가 아닙니다. 저는 여러분에게 충고 따위를 하려고 온 게 아닙니다. 하지만 이 말만은 꼭 하겠습니다. 우리의 요구를 마음껏 외칩시다.” 이어서 그는 어느새 익숙해진 후렴구를 외쳤다. “누가 세계챔피언입니까?” 그러자 군중들은 “클레이의 블랙 무슬림 식 이름”으로 대답했다며 『로스앤젤레스 타임스』는 몹시 못마땅한 논조로 보도했다.

알리의 연설이 끝난 뒤 시위대(여기에 알리는 끼여 있지 않았다)는 슈프림스(Supremes)[1]가 대통령을 위한 공연을 하고 있는 호텔로 행진했다(이 그룹의 매니저이자 슈프림스의 소속사 모타운 레코드사의 사장인 베리 고디는 이 공연이 짭짤한 수익을 가져다줄 것이라고 믿어 마지않고 있었다). 주지사 로널드 레이건은 주방위대에게 출동준비 태세를 취하고 대기해 있을 것을 명령해 놓았고, 시위대의 일부가 호텔 앞에서 평화적인 연좌시위를 벌이자 로스앤젤레스 경찰 1200명이 곤봉을 휘두르며 공격했다. 1시간 동안 자행된 무차별적인 폭력의 결과, 200명이 부상을 당하고 50명이 연행되었다. 이 광경에 몹시 충격을 받은 (백인)시위자 한 명은 다음과 같이 증언했다. "그날 밤 나는 로스앤셀레스에서 미시시피를 보았다."[2] 시위조직자들은 경찰의 잔혹함을 고발하는 상세한 문서를 주의회에 제출했지만, 주의회는 이를 받아들이기는커녕 오히려 시위대를 비난했다. 그후 로스앤젤레스에서 두번째 대규모 반전시위가 일어나기까지는 몇 년이 더 지나야 했다.

센추리플라자 외부에서 자행된 폭력을 계기로, 그후 알리는 대규모 반전투쟁에 참가하기를 주저하였다. 그 이후로도 알리의 반전입장은 조금도 변함이 없었지만, 그가 개인 자격으로 발언하는 쪽을 택했다는 것은 분명한 사실이다. 그렇지만 미국의 사법당국이 알리를 대하는 태도에는 아무런 변화가 없었다. '클레이'에 대한 감시를 강화할 것을 권고하는 FBI의 7월 25일자 보고서에는 클레이가 "미국의 유명선수라

[1] 다이애너 로스를 주축으로 한 흑인여성 보컬그룹

[2] 미시시피주에서 흑인을 상대로 자행된 폭력을 가리키는 것임

는 지위를 이용해서 각종 집회에 참석하여 평등, 전체를 위
한 정의, 신과 조국에 대한 사랑 등 미국의 기본 가치와 전혀
무관한 사상을 조장하고 있다"고 씌어져 있다.

●   ●   ●

1967년 8월, 여권 압수조치에 대한 알리의 이의신청을 심
리하는 청문회가 휴스턴에서 열렸다. 이날 청문회에 앞서 휴
매클배니를 만난 알리는 자신이 여느 블랙파워 인사들과는
다르며, 자기 신념이 비폭력임을 입증하려 안간힘을 쓰는 모
습이었다.

랩 브라운 같은 무명씨들이야 제 하고 싶은 대로 말을 하죠.
아무도 신경 쓰지 않으니까. 나는 다릅니다. 만일 내가 흑인구
역에 가면, 나를 따라다니는 친구들이 있어요. 그리고는 이것저
것을 집어던지는 거죠. 이들은 인종 같은 것은 생각하지 않습
니다. 그들은 유명세를 좇는 겁니다. 멋진 인사를 만나길 원하
는 거죠. 난 그런 친구들과는 가까이하고 싶지 않습니다.

변호인단은 알리가 출연한 TV프로의 녹화테이프를 제출
하여 알리가 반미적이거나 선동적인 발언을 한 일이 전혀
없음을 입증하고자 했다. 알리도 흑인지역을 방문할 때는 관
할 경찰서장에게 고지하겠다고 직접 약속하기까지 했다. 이
는 알리가 흔해빠진 구식 영웅일 뿐임을 법정에 납득시키려
는 뒤늦은 노력이었지만, 수포로 돌아갔다. 판사는 알리가

로스앤젤레스에서 열린 평화집회에 참석한 것을 문제삼으며, 이것이 "반정부 및 반전 활동에 언제든 참가하려는 태도"의 증거라고 판시했다. 판사는 한 주나 한 지역 내로 거주제한을 내리지 않는 것만으로도 행운으로 생각해야 한다고 말하기까지 했다.

1967년 후반 들어 미국 내의 반전투쟁은 더욱 격렬해져서, 미 국방부건물 외곽에서 벌어진 대규모 시위와 오클랜드의 징병거부 운동에서 그 절정을 이루었다. 저항의 파고가 높아지는 한편으로 전쟁의 잔혹함 또한 극을 향해 치달았다. 그해 말 미 국방부의 발표에 따르면, 미군에 의해 죽임을 당하거나 부상당한 베트남의 비전투요원이 일주일에 1천 명을 헤아렸다. 또 CIA가 1968년 초에 실행한 이른바 불사조작전(Operation Pheonix)에서는 수만 명의 베트남 민간인들이 납치 혹은 고문을 당했으며, 같은 해 3월 미군은 미라이 부락의 민간인 347명을 몰살시켰다. 이 천인공노할 행위는 미국에 의해 은폐되었다가 1969년 11월에 가서야 세상에 드러났다. 미국의 납세자들은 월 20억 달러의 전쟁비용을 부담했고, 일주일에 100여 명의 미군이 죽어가고 있었다. 극비리 입수되어 폭로된 국방부 기밀문서(Pentagon Papers)에 의하면, 맥나마라 국방장관의 보좌관들은 당시 미국의 전쟁목표의 "70%는 미국의 수치스런 패배를 막는 데" 투입되고 있고, 10%는 "남베트남 인민들이 더 자유롭고 나은 생활을 할 수 있도록 하는 데" 투입하는 것이라고 표현했다.

슬픈 표정의 늙은 병사가 얘기 하나를 들려줬네
그가 싸운 전투이야기를
인간은 자신의 영광을 위해 싸워선 안 된다 했네
무엇이 옳고 그른지 알아야 한다 했네

그래서 난 제일 가까운 외국국경으로 갔네
내가 제일 좋아하는 마을 밴쿠버로 갔네
이따위 법과 질서는 거기 없으니까 말야
선량한 남자를 도망다니게 하지 않으니까 말야

(플라잉 버리토 형제 Flying Burrito Brothers, 1968)

1967년 징병통지를 받은 35만 명의 청년 중 알리를 포함하여 952명이 징병법 위반으로 유죄판결을 받았고, 그중 90%가 실형을 선고받았다. 이렇게 물방울이 새는 정도에 불과했던 비율은 이후 3년 동안 거대한 파도의 기세로 불어났다. 1-A등급 판정에 대한 이의신청은 1965년 1천 명당 4명에서, 1968년 79명, 1969년에는 102명으로 급격히 늘어났다. 1970년에는 지방징병위원회에 제출된 양심에 따른 병역거부 신청자가 10만 명을 넘었는데, 이는 1차대전과 2차대전 당시 양심에 따른 병역거부 신청자를 모두 합한 것보다도 많은 숫자였다. 전쟁이 끝날 무렵 징병법 위반으로 기소된 남성은 2만 2천 명에 달했지만, 이 가운데 옛날식의 평화주의 신념을 주장한 사람은 7%에 불과했다. 이와 별개로 해외로 도피해 간 사람도 5만 명을 헤아렸다.

　1964년 후반에 처음으로 소집영장을 불태우는 행동이 일어났다. 1965년 10월에는 민주사회를 위한 학생연맹(SDS)이 각 지부별로 징병위원회 건물 외곽에서 연좌농성을 벌였다(이때 징병위원회 책임자인 루이스 허시 장군은 일부 시위학생들의 병역등급을 2-S에서 1-A로 변경하는 보복조치를 취했다). 1966년 12월 민주사회를 위한 학생연맹은 전국위원회를 열어 징병법에 대한 불복종을 선언하고 "항의에서 저항으로"라는 슬로건을 채택했는데, 이런 변화는 사실 알리가 비록 자발적이지는 않았어도 이미 취하고 있던 입장이기도 했다. 같은 해 12월 시카고대학교에서 500명이 참가한 전국징병반대회의가 개최되었으며, 이 자리에 모인 학생회장들은 존슨 대통령에게 다음과 같은 경고를 보냈다. "병역의무를 앞에 두고 있는 수많은 사람들은 이 의무의 이행이 자신의 순결과 양심에 부합하기 어려움을 인식하고 있다."

　1967년 4월에는 집단적으로 소집영장을 불태우는 대규모 행사가 개최되었으며, 샌프란시스코에서는 데이비드 해리스(David Harris)[1]가 레지스탕스 결성을 선언했다.

　징병을 피하고 이 전쟁을 회피할 방법은 여러 가지 있다. 우리들 대부분은 [학생이기 때문에] 징병 유예조치를 받고 있다. …그러나 이런 식의 개별적 회피는 징병과 전쟁과 이 나라의 지배적 의식에 아무런 영향을 주지 못한다. 징병조치에 협력하는 것은, 전쟁을 위해 필수적인 제도를 이 정부가 영구화하게 놓아두는 것이다. 우리는 이제 징병에 도전하고 정부와 그들의 전쟁에 직접 맞서기로 결단했다. …우리는 미국의 모든 젊은이들이 우리의 선례를 따라서, 징병과 전쟁에 저항할 것인가 순응할 것

[1] 존 바에즈의 남편이자 미국에서는 알리 다음으로 유명한 징병거부자였다

인가를 결단할 때가 왔음을 깨닫기를 희망한다.

1967년 10월에는 징병반대주간(Stop the Draft Week)이 선포되었고, 미국 곳곳에서 시위가 벌어졌다. 민주사회를 위한 학생연맹의 유인물은 "말하기 전에, 먼저 행동하라"고 촉구하면서 "반대하기에 중단시켜야 한다"고 외쳤다. 오클랜드에서는 수천 명의 백인시위대가 현지 징병소를 폐쇄해 버리겠다며 경찰과 격투를 벌였는데, 학생연맹의 한 전략가는 이날의 투쟁이 "흑인운동의 와츠투쟁에 비견될 정도로, 백인학생의 징병거부운동의 분수령"이 되었다고 평가했다. 이날 오클랜드 투쟁을 모의했다는 혐의로 7명이 기소당했다.

한편 워싱턴에서는 시위대가 국방부건물을 에워쌌으며, 같은 시각 예일대학교의 교목 윌리엄 슬로앤 코핀(William Sloane Coffin)[1]과 벤저민 스포크는 1천 명의 소집영장을 법무부에 반환하려 했지만, 법무부는 수령을 거부했다. 이로부터 일주일 뒤 대니얼 배리건과 그의 동료들은 볼티모어 세관을 습격하여 징병기록철에 피를 뿌려버렸다. 12월에는 두 번째 징병반대주간이 선포된 가운데, 각 징병소와 징병위원회를 폐쇄하려는 투쟁이 벌어져(대부분 실패했고) 수백 명이 체포되었다. 맨해튼 저지대의 화이트홀에서는 벤저민 스포크가 연좌투쟁을 이끌자 기마경찰이 출동해서 이를 해산시켰으며, 스포크와 코핀을 비롯한 몇몇 주모자들은 징병기피자를 "조언, 지원 및 선동할 것을 모의했다"는 혐의로 법정에 소환되었다.

정부의 보복조치에도 개의치 않고 2년 동안 징병에 반대

[1] 목사이자 반전운동가

하는 직접적 행동들은 급속히 확산되어 나갔다. 1968년 5월
에는 캐턴스빌 9인조가 볼티모어 교외의 징병위원회 건물을
습격했으며,[1] 1969년에는 파사데나 3인조(Pasadena Three)
가 1-A등급자 600명의 서류를 빼내어 운동장에서 불태웠다
(이들은 연방교도소 3년형을 선고받았다). 같은 해 실버스
프링 3인조(Silver Spring Three)가 징병서류에 페인트를 붓
고 소각했고, 시카고 15인조(Chicago Fifteen)도 서류를 탈
취하여 불태웠다. 또 7월 4일에는 뉴욕 5인조(New York
Five)가 6500명의 1-A등급자 서류를 문서절단기로 파기하
고 징병위원회 사무실 안 타자기마다 '1'자와 'A'자 자판을
망가뜨려 놓았으며, 10월에는 애크런에서 활동가 두 명이 징
병기록을 불태우는 사건이 발생했다. 잇따라 인디애나폴리
스와 미니애폴리스, 보스턴에서도 징병기록이 피기되었다.
그리고 1966년에 이어 두번째로 학생회장들은 백악관에 보
내는 서한을 발표했는데, 이 서한에는 저항의지가 직접적으
로 드러나 있어 1966년 이후 달라진 분위기를 가늠할 수 있
게 해준다.

 우리는 고뇌에 찬 선택을 해야 한다. 우리들 자신, 우리 조국
 그리고 같은 인간들에 대해 무책임한 행동이라고 여겨지는 군
 복무 소집에 응할 것인가, 아니면 소집을 거부하여 법 존중의
 정신을 위반하고 우리들 개인의 삶과 이력에 손상을 각오할 것
 인가. 제3의 선택이 없는 상황에서 우리는 양심에 따라 행동할
 것이다. 수많은 학우들과 함께 우리 학생지도자들은 부도덕하
 고 부정의한 전쟁에 참여할 수 없음을 밝힌다.

[1] 일명 Catonsville Nine 사건. 반전반핵 운동가 필립스 배리건 신부와 동생 대니얼 배리건 신부 등 9명이 중심이 되어 메릴랜드주 캐턴스빌에 있는 징병위원회 건물에서 징병서류를 들고 나와 건물 바깥에서 기자와 시위대가 지켜보는 가운데 불태워버렸다. 이들은 모두 유죄판결을 받았고, 필립스는 선고 후 도피하여 수배를 받다가 체포되었다. 이들의 재판과정은 훗날 영화로도 만들어졌다

수많은 징병거부자들 중 알리만큼 고립되어 있으면서도 동시에 유명했던 사람은 없었다. 알리의 행동은 반전운동의 성장과정에서 으레 기록되는 각주 정도로 그치기에는 확실히 그 가치가 너무나 크다. 양심에 따른 병역 및 징병 거부의 으뜸가는 본보기로서, 그는 조직된 운동에 포괄되지 않은 많은 젊은이들에게 용기를 주었다. 저항운동을 목격하게 하고, 듣게 하고, 또 매력적인 것으로 만든 이가 바로 알리였다.

이 시기는 젊은 명사들이 배출된 때였지만, 알리만큼 곤혹스런 진퇴양난에 놓인 사람은 극히 적었고, 알리만큼 자신의 선택이 가져온 결과를 선뜻 감수한 사람도 거의 없었음을 우리는 주목해야 한다. 당시에 풍미한 자칭 반문화(counter culture)에 대해 일반인들은 적어도 이것이 전쟁에 대한 저항과 밀접한 관계가 있다는 것은 느꼈지만, 사실 여기에는 오직 '사랑과 평화'에 대한 애매모호한 찬양을 제외하고는 전쟁과 반전운동의 정치적 내용이 거의 담겨 있지 않았다.

팝음악은 반문화와 반전운동에 통일된 정서를 제공해 주었지만, 팝음악가들 가운데 노래가사든 그 삶으로든 알리와 같은 길을 걸은 이는 거의 없었다. 60년대 후반에 베트남을 언급한 음악이 주로 징병문제를 건드렸고, 그만큼 이 음악을 듣는 많은 청중들의 삶에 직접적인 영향을 미쳤던 것은 사실이다. 1967년 봄 팝그룹 컨트리 조 앤더 피시(Country Joe and the Fish)가 내놓은 〈걸레조각으로 죽을 것 같아〉(Feel-Like-I'm-Fixin-to-Die-Rag)는 그 속에 담겨 있는 섬뜩한 비아냥거림 때문에 구세대 평화운동가들에게서는 불쾌감을 자아냈지만, 10대는 환호했다. 그리고 같은 해 발표된 아를로 거스리(Arlo Guthrie)의 〈앨리스의 레스토랑〉(Alice's Restaurant)과 그룹 버즈(The Byrds)의 감미로운 컨트리 음조에 폭격과 사격 소리를 효과음으로 집어넣은 〈징병날 아침〉(Draft Morning)이 있었다.

오늘은
행동의 날
침대를 떠나
살인을 하는 날
왜 그래야만 하지?

여느 노래들과 마찬가지로 이 노래에서도 징병은 사생활의 침해라는 점에서 주로 비판되고 있다. 이듬해에는 그룹 CCR(Creedence Clearwater Revival)이 〈행운의 아들〉(Fortunate Son)을 발표했고(징병제도의 계급적 불평등을 다룬 노래), 스테펜울프(Steppenwolf)가 한동안 잊혀졌던 곡인 〈징병저항자〉(Draft Resister)를 발표한 것도 이때였다. 역시 같은 해에 그룹 버리토스(Burritos, 〈징병날 아침〉의 공동작사가 크리스 힐먼도 이 그룹에 들어 있었다)가 발표한 발라드 곡 〈마이 엉클〉(My Uncle)은 백인그룹이 징병을 소재로 부른 최초의 노래로서 징병을 도덕적 선택의 문제로 다룬 몇 안 되는 곡 가운데 하나이다. 또 1969년 존 레넌과 플라스틱 오노 밴드(Plastic Ono Band)가 내놓은 〈평화를〉(Give Peace a Chance)은 그 내용이 전혀 정치적이지 않음에도 불구하고 당시 상황에서 엄청난 정치적 충격을 던져준 노래였다. 11월 14일 워싱턴에서 열린 반전집회(November Moratorium)[1]에서는 피트 시거가 100만 명의 시위군중 앞에 서서 합창 후렴구를 이끌었다.

대중문화의 영웅들 중에서 미국의 베트남정책을 정면으로 반대한 점에서 그나마 알리에 근접한 사람이라면 실로 존 레넌 한 사람뿐이었다. 1971년 레넌은 마이클 엑스에게 수천 파운드를 주고 알리의 피묻은 권투가운을 샀는데, 이 가운은 알리가 1966년 마이클 엑스에게 선물한 것이었다. 레넌은 마이클 엑스에게서 사들인 알리의 가운을 반전 모금 운동자에게 기부했다. 또 레넌은 베트남전쟁에 대한 발언 때문에 알리와 마찬가지로 FBI의 수사표적이 되어 있었다.

한편 로큰롤의 발흥은 반전운동과 궤를 같이하며, 이 둘은 수많은 백인청년들을 끌어들였다. 그 결과 일부 급진 평론가들은 이 새로운 음악을 사회혁명의 도구로 생각하게 된바, 존 싱클레어(John Sinclair)[2]의 표현대로 '기타군단'(guitar army)은 미국권력의 요새를 강타했다. 그렇지만 록음악과 저항정치 사이에는 근본적인 차이가 있었다. 록음악은 젊은이를 소비자로서 극단화한 반면, 저항정치는 록을 애호하는 청년들을 정치참여자로 여겼던 것이다. 음반회사의 중역들이야 그렇다 치더라도, 언론이 키워낸 이른바 '신세대'의 대변인들은 이런 차이를 흔히 간과하곤 했다.

주목할 점은 1969년 이후로 백인 대중음악에서는 베트남과 징병 문제가 크게 퇴조했다는 사실이다. 록그룹 제퍼슨 에어플레인(Jefferson Airplane)의 (밉살스러운) 〈자원자들〉

313

(Volunteers)은 겉을 혁명적인 음악으로 포장했지만, 전쟁과 징병에 대해서는 한마디도 입에 올리지 않았다. 1970년 새해 전야에 지미 헨드릭스(Jimi Hendrix)는 자신의 새 흑인밴드 집시들(Gypsies)과 함께 청중들 앞에서 〈기관총〉(Ma- chine Gun)을 생음악 공연으로 취입했는데, 그는 청중들을 향해 "이 노래를 지금 벌어지고 있는 짓거리에 바칩니다. …시카고, 밀워키, 뉴욕에서 싸우는 병사들… 그리고 오, 베트남에서 싸우는 모든 병사들에게도 바칩니다"라고 말했지만 이 헌사는 물론이고 노래 역시도 모호하기는 마찬가지였다.

　기관총
　내 몸을 갈가리 찢고 있지
　악마가 나로 하여 살인하게 하네
　악마가 그대 손으로 날 죽이게 하네
　악마가 내 손으로 그댈 죽이게 하네
　몸은 달라도 우린 한가족인데
　오 나는 도끼를 집어들고 폭격기처럼 싸운다네
　(무슨 뜻인지 알겠지)
　이봐 네 총알이 날 쓰러뜨리네

　전투, 섹스, 음악적 메타포를 한데 뒤섞어놓은 헨드릭스의 이 노래를 두고 데이비드 제임스(David E. James)는 "자학의 황홀한 열정을 발휘하는 모호성"의 수법을 전형적으로 구사함으로써 "록과 전쟁이 서로 넘나드는 비유로 느껴지게 된다"고 평했다. 60년대 중반 영국에서 사이키델릭 사운드의 선구자로 탈바꿈했던 헨드릭스(알리와 동갑이다)는 미국에 와서는 흑인 리듬 앤드 블루스의 대가가 되었다. 이런 점에서 헨드릭스에게 흑인 됨이란 이국적인 동시에 에로틱한 것이었다. 1970년 1월 말 그의 밴드 집시들은 매디슨스퀘어가든에서 반전기금모금을 내걸고 두번째 공연을 가졌다. 헨드릭스의 매니저는 지나치게 정치적이라는 이유로 이 공연을 반대했는데, 당시 그가 기타연주자의 LSD 과용을 방치해서 무대에 서지 못하게 만들었다는 설이 있다. 진실이야 어떻든, 연주 당시 두번째 곡에서 헨드릭스는 돌연 노래를 중단하고 "죄송합니다. 제대로 못하겠네요" 하고는 무대에서 나가버렸다. 이것이 집시들의 마지막 공연이기도 했다.

록음악은 정서적 통합을 이루는 데 한몫하였고, 반전운동에 대한 문화적 사명감을 불어넣어 주었다. 하지만 또한 무저항주의와 소비주의를 조장하기도 했다. 60년대에는 대중적 저항운동과 자본이 국제 미디어시장에서 일시적으로 결합되었는데, 알리의 이력은 이 일시적 결합 속에서 형성되었다. 또한 이 시기는 저항의 몸짓도 상품화·시장화될 수 있으며, 그래서 이윤의 순환이 그 반대자로 보이는 세력들을 오히려 더 살찌우게 할 수도 있음을 보여준 때였다. 이에 대해 키스 리처즈(Keith Richards)[1]는 다음과 같이 썼다. "우리가 데카(Decca)[2]를 위해 벌어준 빵값이 자그마한 블랙박스를 만드는 데로 흘러들어갔고, 이것은 이른바 북베트남 악당을 폭격하는 미국 폭격기 부품으로 들어갔다. 이 사실을 우리가 깨닫는 데는 몇 년이 걸리지 않았다."

대중문화는 저항의 도구인 동시에 기업의 돈벌이 도구 역할도 하였다. 사회운동이 급속히 변화하는 경우——특히 미

[1] 그룹 롤링스톤스의 기타리스트

[2] 미국의 거대 음반사 가운데 하나

국처럼 조직적인 노동운동과 사회주의 전통이 뿌리를 내리
지 못한 곳에서는——이와 같은 모순적 변화의 충격은 악영
향을 끼치게 마련이다. 60년대 후반 급진적인 학생운동권은,
미국의 흑인사회가 여러 세대 동안 직면해 온 것과 똑같은
궁지에 빠지게 되었다. 기득권층이 대중의 대변자라고 인정
해 주는 사람들은 그들이 대변할 것으로 기대되는 대중들에
대해 전혀 책임감을 가지고 있지 않았다. 당시 알리가 여느
대중문화 영웅들과 달랐던 점은, 그는 이런 책임감을 강하게
지니고 있었다는 사실이다. 그가 자유자재로 이용했던 언론
에 대한 책임감이 아니라, 급속하게 늘어가는 전세계 지지자
들에 대한 책임감 말이다.

● ● ●

　권투계에서 추방되어 있는 동안 알리는 재정지원자도 조
직적 지지자도 없이 홀홀단신이었다. 백인 흥행사와 변호사
들은 알리의 캠프에서 모습을 감추었고, 이슬람네이션은 멀
찌감치 떨어져서 알리의 일에 계속 관여했지만 금전적 후원
은 물론이거니와 약간의 정치적 지원도 전혀 해주지 않았다.
로스앤젤레스 집회 이후 알리는 조직적인 반전운동이나 징
병거부운동과는 거리를 두었다. 권투를 하고 있을 때와 반대
로 알리는 고독했다. 그러면서도 동시에 그는 수억 명의 국
제적 지지자들이 자신을 껴안고 있음을 깨닫고 있었다. 언론
의 헐뜯기와 투옥협박이 끊이지 않았는데도 불구하고, 이 세
월 동안 알리는 분한 감정을 내비친 적이 거의 없었다. 기자

들은 평온하고도 단호한 심경이면서도, 여전히 농짓거리와 말장난, 초현실주의적 독백 등을 구사하며 분위기를 환기시키는 알리의 모습에 주목했다.

1967년 8월 알리는 이슬람네이션에서 성장해 온 17세의 벨린다 보이드와 결혼했다. 첫 아내 손지와의 피곤한 결혼생활에 염증을 느꼈던 알리인지라, 다소곳하면서도 이슬람네이션식 무슬림 여성상을 받아들이는 상대자를 찾았을 것으로 짐작된다. 링에서 추방당한 탓에 어쩔 수 없이 겪어야 했던 검소한 생활을 그나마 유지할 수 있었던 데는 벨린다가 결정적인 역할을 했음이 분명하다. 고단한 생활 속에서도 벨린다는 결혼 후 4년 동안 자말리아와 라시다 쌍둥이를 포함하여 4명의 아이를 낳았다. 법정소송료가 눈덩이처럼 불어나고 가족부양까지 해야 했던 알리는 마침내 대학가 순회강연에 나섰다. 그는 흑인대학이든 백인대학이든, 아이비리그 대학이든 A&M대학이든 가리지 않고 다녔는데, 1968년 한 해 동안에만도 200여 대학에서 강연을 했다.

주로 대학 축제기간에 연사로 초빙된 알리는 농담과 시구, 정치재담을 섞어 학생들을 압도해 나갔다. "권투보다 말하기가 훨씬 쉽네요"라고 말했지만, 시간을 내서 연설준비를 하고 심지어 거울 앞에서 예행연습을 하기도 했다. 그는 학생들을 향해 마약, 섹스, 알코올 그리고 인종이나 종교가 다른 사람간의 혼인을 반대하는 보수적인 어조를 취했지만, 이런 훈계가 끝나고 연설을 마무리할 때가 되면 학생들은 한목소리로 화답하곤 했다. "링에서 쓰러지지도 않았는데 챔피언타이틀을 빼앗기다니 말이 됩니까?" "아니오!" "다시 한번 더!" "아니오!" "헤비급 세계챔피언은 누구입니까?"
"바로 당신!"

대학가 연설에서 알리는 흑인민족주의——흑인분리주의,
흑인 된 자존심, 흑인만의 조국을 건설할 필요성 등——를
단골화제로 삼았으며, 60년대 초에 말콤 엑스가 즐겨 쓰던
비유법과 멋진 명제 만들기 수법을 이따금 구사하곤 했다.
"우리가 흑인민중으로 깨어나서, 백인이 흑인보다 낫다는
거짓말을 끝장낼 때가 언제 올까요? 우리는 워낙 오랫동안
바닥에서 기어왔기 때문에 우리의 나라를 만들 수 있다는
상상조차 하지 못합니다." 그리고 말콤 엑스와 마찬가지로
인종적 자부심을 일깨우면서 이를 새로운 국제주의적 전망
과 결합시켰다. "저는 태평양 건너 남베트남 민중을 해방시
키도록 되어 있습니다. 똑같은 바로 그 시간에 이곳의 내 형
제들이 잔혹하게 학대당하고 있으니, 이야말로 베트남에서
일어나는 것과 똑같은 현실 아닙니까."

알리는 거의 언제나 양심의 명령에 따라 "권력에 맞서 진
실을 말할" 필요성을 느낀다고 말하곤 했는데, 이는 60년대
를 관통하던 가장 굵직한 주제였다. 대학가에서 그는 징병
문제를 더욱 정곡을 찔러가며 언급하였으며, 이런 발언은 듣
는 이로 하여금 영감을 불러일으켰다. 게다가 알리는 학생
들에게 주어지는 징병연기제도의 보호막 혜택을 받을 수 없
었던 처지인지라, 그의 연설은 더욱 호소력을 가질 수밖에
없었다.

돈은 개뿔입니다. 헤비급 챔피언도 개뿔입니다. 내 형제를

팔아먹어 백인들의 돈을 버느니 차라리 죽어버리겠습니다. 나 자신이 내면으로 만족하지 못하고 알라의 뜻과 합치하지 않는데, 미국의 부가 다 무엇이며 전쟁을 지지하는 인간들과의 우정 따위가 다 무엇이겠습니까?

알리가 대학가를 순회하는 동안 미국 곳곳에서는 흑인 학생운동의 새로운 물결이 휩쓸고 있었다. 블랙파워운동에 의해 촉발된 이 새로운 물결은 흑인연구의 필요성을 누누이 강조하였다. 60년대 초에 말콤 엑스가 흑인의 정체성과 흑인문화를 주장했을 때만 해도 생소하고 극단적인 발언으로 받아들여졌지만, 이제는 흑인청년들 사이에서 너무도 당연한 개념이 되었다. 이렇게 되기까지에는 명쾌하고 분명한 태도로 모범을 보이고 캠퍼스마다 모습을 나타냈던 무하마드 알리에게 힘입은 바 컸다. 1968~69년 샌프란시스코주립대학교에서는 대학신문에 알리에 대한 모욕적인 기사가 실린 것이 발단이 되어 흑인학생연맹과 대학신문 백인기자들 사이에 심한 갈등이 일어났다. 이 갈등은 흑인연구학과를 신설하고 소수인종의 입학기회를 확대하라는 요구와 함께 134일간의 치열한 학생파업으로 발전했고, 결국 경찰이 학교를 완전히 장악하고 시위지도자들이 1년 동안 수감되는 결과를 빚어냈다.

●　　●　　●

1968년 4월 마틴 루터 킹이 암살당한 여파가 여전히 이어지는 가운데 120여 개 도시의 흑인거주지역에서 소요가 터져나왔다. 그리고 6만 5천 명의 주방위군과 연방군대가 소집되었다. 마침내 시위대 1만 5천 명이 체포되고 38명이 살해당했는데, 피살자 중에는 흑표범당의 회계담당자이던 열일곱 살의 바비 허튼도 있었다. 워싱턴에서는 ‘반전 반징병 흑인연합’(Black Anti-War Anti-Draft Union)이 한 고등학교에서 행진을 시작하여 하워드대학으로 진입하여, 1천여 군중이 환호하는 속에서 성조기를 끌어내리고 대신 흑인민족주의 깃발을 게양하였다.

마틴 루터 킹에 대한 평가에서, 알리의 징병사건은 우연의 일치이면서도 핵심적인 역할을 하고 있었다. 미국시민자유연맹은 알리사건에 대한 이의신청을 함으로써 징병위원회에 흑인참여가 배제된 데 항의했다(이는 앞서 학생비폭력조정위원회 활동가 클리블랜드 셀러스 Cleveland Sellers 사건 때도 거론된 바 있었다). 미국시민자유연맹은 이의신청서에서 알리의 징병관련 서류는 편견으로 가득 찬 편지와 신문기사로 채워져 있다고 지적하면서, 심지어 어떤 시민이 보낸 편지에는 “그 깜둥이놈을 날려버려라”라고 씌어 있다고 했다. 1968년 6월 순회항소법정은 알리의 유죄판결을 재확인했다. 법정은 알리의 변호인단이 주장한 대로 “징병위원회에서 흑인의 참여를 체계적으로 배제”한 점이 있었음을 인정하면서도, 알리의 등급에 관한 징병위원회의 판정에 손을 들어주었다.

그렇지만 이 법정신문 과정에서는, 알리의 견해에 관해 수집된 정보가 알리가 마틴 루터 킹 등의 인사와 나눈 전화

대화를 도청한 FBI 기록에 기초한 것임이 드러났다. FBI가 마틴 루터 킹에 대해 광범위하면서도 때로는 불법적인 감시를 하고 있다는 사실은 일찍부터 시민운동권이 공개적으로 문제삼아 왔지만, 이때 비로소 그 단초가 드러난 것이다. 후버 국장은 모든 사실을 부인했지만, 1968년 8월 30일 법무부는 감시대상 인물 5명과 알리가 나눈 대화를 기록해 왔다는 사실을 시인했다. 알리가 말콤 엑스를 만나던 때부터 알리 관련 서류를 FBI가 작성해 왔다는 사실도 훗날 드러났으며, 심지어 알리가 심야방송에 출연해서 발언하는 내용을 녹취하기 위해 FBI요원 한 명이 배치되기도 했는데 그 결과 알리가 자니 카슨(Jonny Carson)[1] 같은 사람과 만난 기록이 마틴 루터 킹이나 엘리야 무하마드 등과 만난 기록과 나란히 철해지는 꼴도 빚어졌다.

이런 증거가 드러나자 연방대법원은 알리가 징병법 위반으로 유죄판결을 받는 데 불법도청이 어떤 영향을 미쳤는지 판단하기 위한 특별청문회를 개최하라고 휴스턴지방법원에 명했다. 이 청문회에서 FBI요원 한 사람이 마틴 루터 킹에 대한 감시작전을 증언했으며, 미국시민자유연맹측 변호인은 알리의 대화서류철 5개 중 4개의 세부기록을 재판기록으로 낭독했다. 그리고 다섯번째 대화를 나눈 상대의 경우 법정에서 그 신원이 '해외첩보'에 종사하는 사람이라고만 발표되었는데, 판사 혼자 이 기록을 열람한 후 1969년 6월 도청이 알리의 유죄판결에 아무런 영향을 미치지 않았다고 판결했다.

[1] 텔레비전 토크쇼로 이름을 날린 명사

●　　　●　　　●

　알리는 수천의 사람들이 징병거부로 나아가는 기폭제가 되었을 뿐 아니라, 흑인 스포츠스타들 사이에서 저항의 물결을 일으켰다. 1967년 여름 뉴저지주의 뉴어크에서 열린 블랙파워회의는 알리가 헤비급챔피언 자리로 복귀하지 못하면 흑인선수들은 1968년 올림픽을 보이콧해야 한다는 결의안을 채택했다. 그리고 1967~68년의 학기 동안 백인이 다수를 차지하는 37개 대학의 흑인 운동선수들은 흑인 코치, 흑인용 편의시설, 흑인 치어리더, 흑인 트레이너 등의 숫자를 늘려줄 것을 요구했으며, 훗날 멀리뛰기 기록 경신자가 되었던 밥 비먼은 백인의 우월성을 강조하는 정통모르몬교가 주류를 이룬 브리검영대학교와의 경기를 거부했다가 출전자격을 박탈당했다. 같은 해에 흑인선수들은 올림픽인권프로젝트 (Olympic Project for Human Rights)를 결성하였는데, 이 단체는 "알리의 타이틀 회복조치"와 인종주의자인 에버리 브런디지를 미국올림픽위원회 위원장에서 해임할 것 그리고 남아프리카공화국과 로디지아[1]의 올림픽 출전권을 박탈할 것 등 세 가지 요구사항을 내걸었다. 이 요구사항에는 블랙파워운동의 국제주의와 알리를 상징적 구심으로 여기는 인식이 반영되어 있었는데, 알리가 링에서 추방된 것은 곧 흑인들이 세계적 차원에서 배제되고 있는 현실을 표현하는 것이라고 보았던 것이다. 올림픽인권프로젝트의 핵심 창립자의 한 사람인 해리 에드워즈는 이에 도전하고 저항하는 알리의 능력을 가리켜 "미국에서 흑인선수들의 반란을 이끄는

[1] 남아프리카공화국과 로디지아는 악명 높은 인종차별 국가였다

성자와 같은 전사"라고 표현했다.

처음에 올림픽인권프로젝트는 흑인선수들의 올림픽참가 보이콧을 주장했지만, 올림픽이 일생일대의 기회인 흑인선수들로부터 보이콧 전술의 지지를 이끌어내기는 무척 어렵다는 것이 드러나자 한발 물러서서 내부에서의 반란을 꾀하는 쪽으로 운동의 초점을 돌렸다. 올림픽 메달수상대는——국가를 위해 나선 탁월한 개인을 기리는 자리이기에——상징적 의미를 강하게 지니고 있었지만, 그것은 흑인의식이라는 개념과 대립되는 것이었다. 전투적인 흑인선수들은 경기에 참가해서 우승하길 원하면서도, 자신들의 형제자매를 차별하는 미국을 대표하는 건 더 이상 원치 않았다. 1968년 10월 16일 멕시코시티에서, 이주노동자의 아들이자 올림픽인권프로젝트의 지지자인 스물네 살의 토미 스미스가 200미터 달리기에서 세계기록을 세우며 금메달을 차지했다. 3위를 한 할렘 출신의 스물세 살 난 존 카를로스 역시 올림픽인권프로젝트의 지지자였다. 전세계 수억의 사람들이 지켜보는 가운데 메달수상대에 선 두 선수는 미국국가가 연주되는 동안 고개를 숙이고 주먹을 부르쥔 손을 번쩍 치켜들었다. 스미스는 이 동작이 갖는 의미를 다음과 같이 말하고 있다.

우리 둘은 검은 장갑을 한 짝씩 나눠서, 나는 오른손에, 카를로스는 왼손에 끼었다. 치켜든 나의 오른손은 블랙 아메리카의 힘을 상징한다. 카를로스의 왼손은 블랙 아메리카의 단결을 상징한다. 우리는 치켜든 두 손으로 단결과 힘의 아치를 그린 것이다. 나는 목에 검은 목도리를 감았는데, 이는 흑인의 자부심

을 뜻한다. 신발을 신지 않고 검은 양말만 신은 것은 인종차별
국가 미국의 흑인 빈곤을 상징한다. 우리 둘은 흑인의 영광을
되찾고자 일체가 되어 분투한 것이다.

　스미스와 카를로스는 구시대의 성공모델을 전복시켜야
한다는 사명감에서 새로운 상징을 창안해 낸 것이다. 개인적
영광, 국가적 영광이란 말 대신 인종적 연대라는 표현이 그
자리를 차지했다. 올림픽에서 미국이 거둔 승리에 대한 태도
는——1960년 올림픽에서는 알리를 냉전대결의 승리자로 조
명했지만——이제 완전히 거꾸로 뒤집혀, 미국과 미국이 해
낸 일들을 공개적으로 거부하기에 이른 것이다. 이에 대응하
여 미국당국은 같은 멕시코올림픽에서 헤비급 금메달을 딴
조지 포먼을 설득하여 시상식 때 작은 성조기를 들게 했다.
당시 FBI가 작성한 보고서는 포먼이 소비에트 선수를 꺾고
시상식에서 애국적 행동을 보임으로써 "모든 미국인들의 사
기를 북돋웠다. …앞서 블랙파워를 상징하는 검은 장갑을
역겹게 끼고 나온 토미 스미스와 존 카를로스의 행동이나,
캐시어스 클레이의 베트남전쟁 반대 행각과 크게 대조"를
이루었다고 쓰고 있다. 올림픽 폐막 후 FBI는 자유재단
(Freedom Foundation)이 포먼에게 상을 수여하도록 주선했
는데, 이 재단은 에드거 후버 재단과 관계가 있는 단체였다.
　스미스와 카를로스는 올림픽경기 참가를 금지당하고 선
수촌에서 쫓겨났으며, 고향에서는 중상모략에 시달렸다. 이
들의 행동을 지지한 다른 흑인선수들 역시 같은 운명을 밟
았다. 나중에 카를로스는 이렇게 말했다. "나의 행동을 하는

동안 나는 내 생애 최고로 자유로움을 만끽했다. …하지만 집에 돌아와서는 증오심에 가득 차게 되었다.”『시카고 아메리칸』(*Chicago American*)의 브렌트 머스버거는 두 사람의 행동에 갖은 악평을 퍼부어댔다.

국가가 지불한 비용으로 경기를 즐기던 선수들이 미국을 우롱하다니, 한심한 생각이 들지 않을 수 없다. 인종주의에 항의하는 건전한 행동을 미국 안에서 벌이는 일은 있을 법하다. 하지만 전세계가 지켜보는 놀이이자 경기인 토너먼트 중에 정신머리 없는 선수 두 명이 더러운 입성을 선보인 것은 철부지 짓거리에 지나지 않는다.

스미스와 카를로스는 폴 로브슨의 행동을 뒤이었으면서도 그때와는 또 다른 항의방법을 선보였고, 그 결과 두 사람의 선수생명은 끝이 났다. 그러나 미국의 권력자들이 이 두 사람에게서 빼앗지 못한 한 가지 자산이 있었는데, 다름아니라 대중들의 뇌리에 두 사람은 남자 200미터 달리기 세계 1위와 3위로 새겨져 있었다는 사실이다. 마치 알리가 헤비급 챔피언으로 남아 있듯이 말이다. 이 세 사람은 공정하고 자유로운 경기를 벌여 이토록 탁월한 지위를 획득한 것이다. 알리에 대한 지지가 늘어난 것은, 그가 반전여론의 물살을 탔기 때문만은 아니었다. 평등과 자치라는 스포츠이념에 호소했기 때문이기도 하다.

나의 헤비급 세계챔피언 자리는 타인이 가져다준 것도 아니요, 나의 인종 나의 종교 때문도 아니다. 그것은 나 스스로의 권투실력으로 링에서 싸워 얻어낸 것이다. 이 자리가 탐나서 경매장 같은 시합을 벌여가며 벨트를 얻은 자들은 나한테서 한소리 들어도 쌀 뿐 아니라, 그들 자신이 수치스런 존재임을 깨달아야 한다. 스포츠팬들, 정정당당함을 바라는 모든 미국인이 이런 식의 타이틀 보유자를 인정할 리 없다고 나는 확신한다.

1968년 8월 알리는 애덤 클레이턴 파웰과 함께 뉴욕 타임스스퀘어를 순회하면서, 12번째 연속 하원의원에 도전하는 파웰의 선거운동을 도왔다. 당시 파웰은 비윤리적 행동을 했다는 이유로 제소되어, 동료 하원의원들의 표결에 의해 의원직을 박탈당한 상태였다. 이날의 행사를 파웰은 다음과 같이 설명한다. "자유의 땅이자 용기 있는 자의 조국이라는 나라가 두 챔피언에게 어떤 짓을 했는지를 보여주면서 사람들과 악수를 나누기 위해서 이 자리에 왔다. …나는 하원에서 쫓겨났고, 그는 링에서 쫓겨났다."

'공석'으로 있는 챔피언을 선발하기 위한 토너먼트가 진행되자 알리는 이렇게 경고를 보냈다. "내가 챔피언이라는 사실은 모두가 알고 있다. 모든 경기장마다 내 혼이 찾아다닐 것이다. 거기서 나는 흰 천을 둘러쓰고 '알리이! 알리이—!' 하고 속삭일 것이다." 경기가 진행되던 매디슨스퀘어가든 밖에서는 ("우리는 절대 안 간다!" "파시즘과 싸우자, 알리에게 자유를" 등의 플래카드를 든) 항의시위대가 진을 쳤다. 하지만 권투계의 큰손들은 이에 아랑곳하지 않았다. 그들은 명사들이 몰려와 링 앞자리를 채워주고 텔레비전 시청률이 높게 나타난 것이 흐뭇할 따름이었다. 이들은 알리의 타이틀을 박탈함으로써 권투를 얼마나 손상시켰는지 그 몇 년 동안 전혀 깨닫지 못하고 있었다.

점점 늘어가던 알리의 지지자들 중에는 미국과 전세계의 스포츠팬들도 적지 않게 있었다. 그들은 자신이 헤비급 세계 챔피언이라는 알리의 주장이 논리적으로 옳다고 인정하고 있었다. 카를로스와 스미스는 순수한 스포츠세계에 정치를 끌어들였다는 이유로 징계를 받았다. 하지만 알리의 경우 정치를 끌어들인 장본인은 바로 권력자들이었다. 그들은 반전의 대의만이 아니라 공정한 경기, 스포츠의 순수함이라는 대의에서도 알리를 순교자로 만들었다. 알리 식의 정치에 대한 권력자들의 맞대응 결과, 오히려 일부 스포츠팬들은——수많은 노동계급을 기반으로 하는 권투팬을 포함하여——마침내 정치에 대해 진지하게 귀를 기울이기 시작했다. 알리는 자신에게 가해지는 부정의를 오히려 도구로 활용함으로써, 이보다 한층 논쟁적인 문제를 던지고 더 넓은 시야를 열어준 것이다.

●　　●　　●

1968년 12월 알리는 유효기한이 지난 면허증으로 운전했다는 혐의로 마이애미주 데이드카운티 감옥에서 열흘을 보냈다. 가혹한 판결에 의해 난생처음 감옥에 갇혔으면서도 그의 마음은 평온해 보였다. 그는 "감옥에 간다고 해서 두려울 것은 없습니다. 흑인들의 두려움을 겪으려면 누군가 뭔가 해야죠. 누군가 일어서야 하는 거죠"라고 석방소감을 밝혔다.

그는 종종 "권투가 그립지 않은가?"라는 질문을 받았으며, 그때마다 "아니오. 권투가 나를 그리워하고 있죠" 하고 대답했다. 그렇지만 1969년 초 하워드 코젤이 TV인터뷰에서 앞으로의 계획을 물었을 때, 알리는 다시 권투를 하고 싶다면서 그 이유는 돈이 필요하기 때문이라고 했다. 사실 알리는 질문에 대수롭지 않게 답한 것이었지만, 엘리야 무하마드는 벌컥 화를 냈다. 1969년 4월 4일자 『무하마드는 말한다』는 알라의 사도가 발표한 성명을 실었다.

우리는 무하마드 알리와 함께하지 않는다는 점을 세상에 밝힌다. 무하마드 알리는 이슬람을 따르는 형제들의 세계에서… 1년 동안… 추방되었다. 무하마드 알리는 지나친 모험심의 소유자다. 무하마드 알리는 코란이 금지한 행동을 하려고 한다. …우리는 무하마드 알리가 [이슬람역사의] 위대한 성자인 무하마드 알리의 이름으로 인식되지 않도록 할 것이다. 우리는 그를 캐시어스 클레이라고 부르겠다.

불과 1년 전만 해도 알리는 이슬람네이션의 시카고 구주절 연례행사 때 주요 연사의 한 사람으로 대접받았다. 그러나 가장 도움이 절실한 바로 그때에, 알리는 자신이 그토록 희생을 무릅쓰고 섬겨왔던 사람들로부터 걷어차였다. 수많은 시합 때마다 내걸었던 '본명'조차 그는 빼앗기게 되었다. 허버트 무하마드는 아버지 엘리야 무하마드의 결정을 두둔하면서, 앞으로 자신은 "스포츠계의 누구를 위해서도 일하지 않겠다"고 선언했다. 이슬람네이션의 전국담당 서기 존 알리는 알리가 돈이 떨어진 이유는 "낭비와 사치벽에서 구해 내려는 알라의 사도의 현명한 충고를 따르지 않았기 때문"이라고 주장했다.

일찍부터 프로권투를 금지해 왔던 엘리야 무하마드가 왜 이제 와서 느닷없이 이 금지령을 들고 나온 것일까? 알리가 공개적 자리에서 화려한 기언을 쏟아낸 지 벌써 몇 년째인데, 엘리야 무하마드는 왜 이제 와서야 알리의 잘못을 문제 삼은 것일까? 알리의 발언은 말콤 엑스가 케네디의 죽음을 놓고 말했던 것과 비교할 정도도 못 되었다. 클로드 클레그(Claude Clegg)는 그 이유를 이렇게 짐작한다. "알리의 십일조가 줄어들고 헤비급 타이틀도 잃은 상태이니, 엘리야 무하마드로서는 병역논쟁을 지켜보면서 향후 손실을 이 선에서 최소화해야겠다는 생각을 굳혔을 법하다. 이슬람네이션 입장에서 알리는 전부터 약점이 되었다. 특히 이슬람네이션은 1967년 FBI의 첩보작전이 확대되었음을 일찌감치 따갑게 감지하고 있었다." 어쩌면 이 노인은 이슬람네이션에서 가장 유명하고 인기 있는 성원에게 따끔한 가르침을 내림으로써 자신의 권위를 과시해 보일 생각도 했을지 모른다. 지난 10년 동안 엘리야 무하마드는 활동적인 제자들의 발을 봐란 듯이 묶어두고는 머리 굳은 추종자들(이들 중 일부는 FBI의 끄나풀이었다)만 승진시키는 식으로 이슬람네이션 교단을 다스려왔다.

언론은 이슬람네이션이 무하마드 알리를 고사시키는 작전을 쓰고 있다고 보도했지만, 존 알리는 이를 강력히 부인했다. 그러나 1970년 초에 무하마드 알리는 메인 부트(Main Bout)사가 자신의 돈을 헛되이 소모했다며 공개적으로 비난하고 나섰는데, 이 회사는 흥행사 밥 애럼과 이슬람네이션이 알리의 매니저업무와 흥행을 위해 공동으로 설립한 회사였다. 결국 엘리야 무하마드의 측근 중 한 사람이었던 존 알리는 무하마드 알리의 비난발언 후에 이슬람네이션 재정책임자에서 직위해제되었다(2년 후 이 자리에 복귀했다). 이즈음의 3년 동안 『무하마드는 말한다』는 전 세계챔피언이자 미래의 챔피언인 사람에 관해 언급하는 기사를 단 한 줄도 싣지 않았다.

그러나 블랙 아메리카의 분위기는 바뀌고 있었으며, 미국 백인들 다수의 분위기도 변화하고 있었다. 이슬람네이션에 가담했음을 공개적으로 밝힌 이후부터 알리는 고독한 처지에 놓이게 되었지만, 60년대 말이 되자 알리를 편드는 목소리가 나오기 시작했다. 1969년 말 미국 최대의 흑인 종교조직이자 오랫동안 반공의 방파제 역할을 해온 미국침례교협의회(National Baptist Convention)는 "국내의 긴장을 가라앉히기 위해" 알리에게 온정을 베풀라고 정부에 촉구했다. 물론 이 단체는 흑인청년들에게 "미국인의 미래는 미국 속에 있다"고 설득하는 용의주도한 면도 보였다.

베트남에 파견된 미국병사들 가운데서도 알리의 추종자가 생겨났다. 월리스 테리(Wallace Terry)는 전쟁에서 흑인들의 경험을 다룬 자신의 책 『블러즈』(Bloods)에서, 처음에 알리가 소집을 거부했을 때 대부분의 흑인병사들은 그가 "남자 되기를 포기했다"고 믿었지만 불과 몇 년 후에는 이런 생각이 완전히 뒤집혔다고 했다. "1969년 흑인병사들에게 미국의 누가 그들의 지도자인가라고 물었다면 아마 그들은 마틴 루터 킹, 말콤 엑스, 흑표범당의 엘드리지 클리버에 뒤이어 무하마드 알리를 꼽았을 것이다." 당시 『뉴스위크』의 보도에 따르면 흑인의 56%가 전쟁이 흑인사회에 미친 충격 때문에 반전입장을 취하고 있었다. 흑인민중들에게 베트남이란 "젊은 남성들을 죽여 없애고 국내의 병폐를 해결하는 데 쓰여야 할 에너지를 소모하는 전쟁이자, 특히 흑인에게 들씌워지는 악몽"이었다. 1968년부터 전투현장에서 미군들의 저항과 기강해이가 급격히 늘어나기 시작했으며, 1971년까지 전투중 부상으로 치료받던 미군병사의 4%가 약물남용 치료를 받고 있었다.

미국 내에서도 사람들이 미몽에서 깨어나기 시작했다. 1969년 10월에는 100만 명이 참가한 워싱턴행진이 있었고, 각 지방의 시위에도 수백만이 참여했다. 1970년 초가 되자 베트남전쟁에 찬성했다가 반대로 돌아선 미국인이 57%에 이르렀고, 대기업들도 국내의 분열과 경기침체를 이유로 들어 반대의 뜻을 표명하기 시작했다. 『월스트리트 저널』 『포춘』 『비즈니스위크』 등도 전쟁의 목적과 수행방식에 대해 점점 날카롭게 비판하는 기사를 내보냈다. 심지어 『에스콰이어』지는 "무하마드 알리는 자신의 타이틀을 방어할 권리가 있다"는 표지기사와 함께, 알리를 지지하는 유명인사들——그중에는 하워드 코젤, 마이클 해링턴(Michael Harrington), 로이 리히텐슈타인(Roy Lichtenstein), 시드니 루멧(Sidney Lumet), 조지 플림턴, 버드 슐버그(Bud Schulberg), 호세 토레스(Jose Torres), 트루먼 카포티(Truman Capote), 제임스 얼 존스(James Earl Jones)도 있었다(당시 제임스 얼 존스는 브로드웨이에서 공연된 연극 〈위대한 백인의 희망 The Great White Hope〉에서 잭 존슨 역을 맡아 주가를 날리고 있었다)——의 사진을 실었다.

1970년 4월 30일 미군이 캄보디아를 침공하자 반전운동은 절정에 달했다. 학생들의 항의운동이 즉각 터져나와 전국을 휩쓸었다. 오하이오주 켄트주립대학교에서는 주방위군의 발포로 백인학생 네 명이 사망하는 사건이 발생했고, 그때부터 며칠 사이에 350개의 대학이 동맹휴교에 들어갔으며 500여 대학에서 시위가 일어났다. 캘리포니아대학교 계열 전체[1]가 휴교를 했고, 21개의 캠퍼스에 주방위군이 진입했다. 미시시피주의 잭슨주립대학교에서는 3천 명이 항의투쟁을 벌이고 있는데, 폭력적인 경찰이 기숙사 밖에 있던 작은 무리를 향해 발포를 하여 두 명이 사망하고 14명이 부상을 당했다. 이에 희생자를 기리기 위해(그리고 흑인들의 노여움을 가라앉히기 위해) 뉴욕시는 하루 동안 모든 교육기관의 문을 닫았다. 하워드대학교는 정규강의를 중단하고 학기중 남은 기간을 흑인해방을 위한 연구로 돌렸다.

1970년 5월에는 400만으로 추산되는 대학생들(전체 대학생 수의 60%였다)이 참여한 항의시위가 일어났고, 고등학교는 물론 중학교까지 시위가 확대되었다. 미국의 어느 한구석도 영향을 받지 않은 곳이 없었다. 이렇게 번져나가는 요원의 불길을 통제하기 위해서는 양보안이 나오지 않으면——적어도 그럴 조짐이라도 있지 않으면——안 될 상황임이 뚜렷해졌다. 그해 말 베트남주둔 미군은 28만 명으로 감소했고, 전투사상자 숫자도 눈에 띄게 줄어들었다. 그리고 무하

[1] 캘리포니아주에는 여러 개의 주립대학교가 있다. UCLA, UC Berkley 등도 여기에 속한다

마드 알리는 링에 복귀했다.

●　　●　　●

　　알리의 징병거부에 대해서, 미국정부는 '종교적 이유'와 '인종적·정치적 이유'를 구분하려는 헛된 노력을 오랫동안 기울여왔다. 또 순전히 종교적 이유로 병역을 거부한다는 알리의 주장에 고개를 끄덕인 사람은 (알리 자신은 몰라도) 거의 없었다. 알리의 복잡한 동기를 정확히 구분해 내기는 어려운지라, 60년대를 구성하는 복합적인 요인들을 오늘날의 시점에서 하나하나 떼어내어 분석하려는 사람들은 망연자실해질 수밖에 없을 것이다. 알리가 걸어온 10년의 세월에는, 60년대 초반과 후반이 상호 밀접하게 연결되어 있으며, 개인적 차원의 표현과 집단적 행동 사이의 상호작용 그리고 문화적인 것과 정치적인 것, 주변적인 것과 주류적인 것, 개인적 정체성과 세계적 연대성 등의 상호작용이 담겨 있다. 이와 같은 상호관계들을 설명해 낼 수 있을 때, 그리고 무하마드 알리를 설명할 수 있을 때, 비로소 우리는 60년대를 조명하고 미래를 예견해 주는 유일한 가늠자를 갖게 될 것이다.

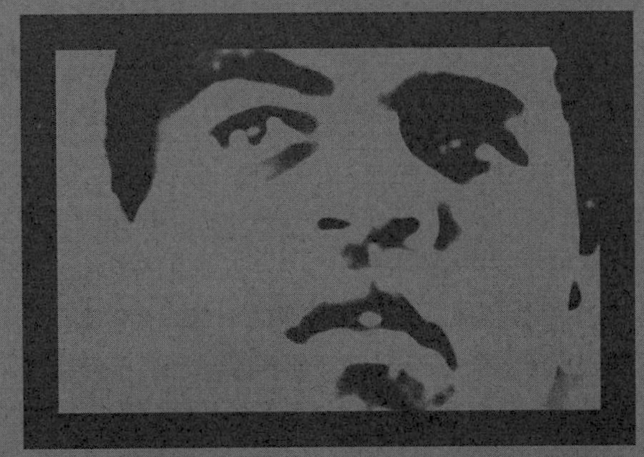

5

위대한 승부처

At the Rendezvous of Victory

그 어떤 인종도 미(美)를 독점하거나 지혜와 힘을 독차지할 수 없다.

승리의 조우지점에는 모든 사람을 위한 자리가 예비되어 있다. 태양은 돌고 돌아, 오로지 우리 의지로 선택한 우리 계획에 마침내 빛을 뿜어주리라는 것을 우리는 안다. 우리의 힘은 무한하며 하늘의 모든 별이 그 위로 쏟아진다는 점도 우리는 안다. (에메 세제르 Aimé Césaire,[1] 『귀향기』 *Cahier d'un retour au pays natal*)

1967년 링에서 추방당한 뒤 알리가 미국에서 다시 시합을 치른 것은 1970년 8월 애틀랜타에서였다. 이는 마틴 루터 킹 1세, 메이나드 잭슨(Maynard Jackson) 등 이 도시 흑인 엘리트들의 정치적·경제적 힘이 상승하고 있음을 입증하는 사건이었다. 주지사 레스터 매독스는 법무부의 개입까지 요청하며 격렬하게 반대했지만, 흑인 엘리트들은 이 조치를 밀어붙였다. 많은 사람들은 알리의 타이틀 탈환을 위한 첫 상대로 조 프레이저가 정해지기를 희망했지만, 알리의 법적 지위가 계속 불안정한 상태에 있게 되자 프레이저측은 어물어물한 태도로 일관했고, 결국 알리는 제리 쿼리와의 시합계약서에 서명했다.

한편 전미유색인지위향상협회의 법률구조부는 알리를 대리해서 뉴욕주 체육위원회를 고소했다. 9월 28일 열린 법정에서 연방판사는 유죄판결을 받은 강간범이나 절도범, 탈영병조차도 위원회로부터 면허를 받고 있다고 지적하며 수정헌법 14조[2]에 따른 알리의 권리가 침해되고 있으므로 그의 권투면허를 복권할 것을 명했다.

애틀랜타 시합을 앞두고 알리의 증오자들은 자신들의 존

[1] 프랑스에서 활동한 흑인 작가, 미술평론가

[2] 미국에서 태어나거나 귀화한 모든 사람에게 동등한 시민권을 인정하는 조항임

재를 과시해 보였다. 조지아주 숲에 차렸던 알리의 오두막 캠프 밖에서 총탄이 발사되었는가 하면, 알리 앞으로 배달된 소포상자에는 검정색 치와와의 잘린 머리와 함께 "조지아에서는 징병을 기피하는 개를 처치하는 방법을 알고 있다. 애틀랜타를 떠나라!"라고 씌어진 종이쪽지가 들어 있었다.

10월 26일, 마침내 알리가 링에 복귀했다. 오랫동안의 추방생활 속에서 알리는 자신이 대표자로서 짊어져야 할 기이한 굴레를 더욱 명징하게 인식하고 있었다. "나는 지금 한 사람과 싸우는 게 아니다. 나는 수많은 상대와 싸우며, 저들이 꺾을 수 없는 한 사람이 여기 있음을 보여줄 것이다. 이 시합에서 지면 나만 패배하는 것이 아니다. 전세계 수백만 사람들에게 슬픔을 안겨줄 것이다." 관중의 90%를 이룬 흑인들은 알리가 3회에 제리 쿼리를 KO시키는 모습을 지켜보았다(제리 쿼리는 1962년 이후 알리가 처음으로 싸운 백인이다). 관중석에는 빌 코스비(Bill Cosby),[1] 시드니 포이티에(Sidney Poitier),[2] 랠프 애버내시(Ralph Abernathy),[3] 앤드루 영(Andrew Young),[4] 코레타 킹(Correta King),[5] 휘트니 영(Whitney Young), 메리 윌슨(Marry Wilson)[6] 등의 얼굴도 보였다. 줄리언 본드(Julian Bond)[7]는 "이 시합 덕택에 애틀랜타는 미국흑인의 정치수도가 되었다"고 말했다.

알리가 링에 복귀한 시기는 흑인의 자부심과 흑인문화가 활짝 꽃피운 때였다. 블랙파워라는 주제는 솔과 펑크 음악에 반향을 일으켰다. 백인음악인들은 베트남전쟁 이슈에서 등을 돌리고 사회진보를 추구하는 음악에서도 멀어졌지만, 흑인가수와 흑인 작곡가 및 편곡자들은 전보다 더욱더 열렬하

[1] 흑인 탤런트

[2] 흑인 영화배우로 〈초대받지 않은 손님〉〈밤의 열기 속에서〉 등에서 열연했다

[3] 목사이자 흑인인권운동가

[4] 정치가이자 목사로서 시민권운동에 적극 참여하여 킹과 함께 SCLC를 이끌었다

[5] 마틴 루터 킹의 부인

[6] 가수. 흑인여성그룹 슈프림스의 일원

[7] 흑인인권운동가로 전미유색인지위향상협회 의장을 지냈음

고 직선적으로 전쟁에 대해 발언했다. 1970년 에드윈 스타
(Edwin Starr)는 음반 〈전쟁〉(War)을 선보여 반향을 일으
켰고, 그룹 템프테이션스(Temptations)도 〈혼돈의 무도회〉
(Ball of Confusion)를 내놓아 "세계민중이 전쟁중지를 외치
고, 밴드는 연주를 계속하네"라고 노래했다. 이듬해에는 마
빈 게이(Marvin Gaye)가 사회현실과 종교적 속죄의 열망을
모자이크처럼 짜넣은 〈무슨 일이지〉(What's Going On)를
발표하였다.

범죄가 늘어나고
경찰은 총싸움을 즐기네
공포가 사방에 퍼지네
우리가 어디로 가는지 하느님만이 알겠지

흑인이 처한 가난과 억압을 생생히 그려내고, 인종적 각
성을 호소하며, 흑인사회에 대한 책임성을 외치는 모습은 60
년대 초반만 해도 상업적인 면에서는 죽음과의 입맞춤으로
여겨졌지만, 이제는 흑인 문화산업의 단골품목이 되었다. 마
빈 게이, 커티스 메이필드(Curtis Mayfield), 스모키 로빈슨
(Smokey Robinson), 스티비 원더(Stevie Wonder), 바비 워
맥(Bobby Womack)을 비롯한 흑인음악인의 손을 거치면서
사회의식은 감각적이고 성찰적인 예술로 변조되었다. 알리
처럼 노골적으로 정치적 입장표명을 하는 일은 보기 드문
현상이 되었다. 그렇지만 이 시기에도 흑인 대중음악은, 미
국 흑인문화 속에서 오랫동안 이어져 온 주제와 감정들을

분명히 표현하고 전파했으며 또 정당성을 부여했다.

본래 이 주제들과 감정을 공개적으로 드러낸 사람은 말콤 엑스와 알리였다. 그러나 거론의 당사자가 알리와 말콤 엑스라는 이유로 해서, 당시에는 미국대중들에게 전혀 받아들여질 수 없는 황당한 것이라고 치부되었다. 이제야 흑인 대중 음악인들이 이를 살려냈지만, 이것들이 백인이 지배하는 음반회사의 우산 아래서——그리고 이윤을 위해——이루어졌음은 분명한 사실이다.

또한 이 시기는 검은 대서양의 문화가 독특하게 녹아 있는 레게음악이 융성한 기간이기도 하다. 그룹 웨일러즈(Wailers)는 카리브식의 박자와 연주기법으로 미국의 리듬 앤드 블루스와 솔 음악을 재창조했다. 카리브 음악 자체도 수백 년 세월 동안 성숙되어 온 복합적 문화의 소산이다. 카리브의 레게세대는 서인도제도까지 울려퍼진 블랙파워운동의 충격을 몸으로 느꼈는데, 이들은 탈식민지 이후의 인종적 억압현실에 대해 음악으로 응답한 셈이었다. 밥 말리(Bob Marley)와 피터 토시(Peter Tosh)는 북아메리카 흑인구역의 소요에 영향을 받았을 뿐 아니라, (마리화나가 피워내는 초국적 신비주의는 물론이고) 가비주의와 범아프리카주의 그리고 제3세계의 저항운동으로부터도 영향을 받았다. 두 사람은 자메이카 빈곤층의 현실과 그들의 열망을 노래하면서도, 이를 세계적인 맥락에서 자리매김했다. 이슬람네이션과 마찬가지로 그들은 낙원에서 추방당하고 복귀하는 과정을 성서의 언어로 표현함으로써, 집단과 개인의 구원에 대한 꿈을 노래했다. 알리와 마찬가지로 그들은 디아스포라를 말하

고 또 외침으로써, 인간애로 지탱되는 보편적 사회정의의 꿈
을 형상화했다. 세계경제의 주변부에서 변방의 말로 노래하
는 그들의 음악은 전위적이고 현대적인 소리를 창안해 냈으
며, 대서양 양안과 남북 반구 곳곳에 거대한 영향을 미쳤다.

레게음악이 그 본거지에서 바깥으로 찬란히 뻗어나가며
카리브인들의 자부심과 디아스포라적 동류의식을 구현해 냈
듯이, 70년대 서인도제도 출신의 위대한 크리켓선수들도 레
게음악인과 똑같은 역할을 고향 밖에서 해냈다. 클리브 로이
드(Clive Lloyd)의 지도 아래 이들은 고향의 지지와 반목을
뒤로하고, 대중의 상상력을 휘어잡는 크리켓의 상징인물들
로 성공을 거두었다. 안티과 출신의 명타자 비브 리처즈(Viv
Richards)는 영국에서 활약하면서 그곳 흑인사회에 커다란
즐거움을 선사했다. 리처즈는 흑인 됨의 자부심을 자각한 인
물로서, 공개적인 자리에서 자신을 래스터패리언주의자
(Rastafarianism)[1]이자 블랙파워주의자라고 거리낌없이 밝혔
다. 그가 자주 무하마드 알리를 영감의 원천이자 자신의 '성
공 본보기'라고 말한 것은 전혀 놀랄 일이 아니다.

그러나 흑인의 자부심과 흑인 된 의식이 갈수록 극적으로
표현된 이 시기가, 미국에서는 정치적 참여가 쇠퇴하고 정치
조직이 퇴조한 시기이기도 하다. 반전운동은 그 꼭지점에 도
달해 있었다. 미국 폭격기가 여전히 동남아시아 땅에다 전례
없이 엄청난 폭탄을 쏟아부으며 파괴작전을 수행하고 있었
지만, 닉슨정부는 베트남전쟁의 베트남화를 주장하며 미 지
상군을 감축함으로써 미국 내 반대여론에 쐐기를 박았다. 시
민권운동의 전선에서는 법적인 진보를 요구하는 활동이 걸

[1] 래스터패리는 에티오피아
황제 하일레 셀라시에의 본
명으로, 그를 숭상하는 주
의가 래스터패리언주의다.
아프리카로의 복귀를 주장
하는 것이 특징이다

음을 멈추었다.

60년대 말부터 흑인거주구역의 실업률은 높아갔지만, 베트남전쟁도 이를 호전시키지 못했다. 베트남전쟁의 현실은 미국인의 뇌리에서조차 차츰 물러가고 있었다. 이 시대의 노래들은 거리현실을 굳세게 증언하고 사회비판을 계속하면서도 쾌락주의와 민족음악적 유토피아를 찬양하는 기조 또한 담고 있었다. 펑크음악의 주제는 펑크 그 자체가 되어 "음악으로 하나의 국가를"이라고 읊었고, 정치발언은 갈수록 대표자만의 역할로 축소되었다. 바야흐로 할리우드식 흑인상업주의의 시대, 선거로 등장하는 흑인관료들의 시대가 도래한 것이다. 이렇게 모순된 시기를 배경으로 무하마드 알리의 두번째 이력——1971~78년 시기——이 전개된다. 이 시기는 블랙파워운동이 절정에 달했다가 분열과 쇠퇴를 겪는 기간이기도 하다.

●　　●　　●

애틀랜타에서 복귀전을 치른 지 6주일 후 알리는 매디슨 스퀘어가든에서 가진 오스카 보나베나(Oscar Bonavena)와의 경기에서도 14회 KO승을 거뒀다. 그리고 12월 30일 조 프레이저와의 대전계약에 서명했다. 명실공히 누가 헤비급 세계챔피언인가를 놓고 겨루는 경기였기 때문에, 대전료나 세계적인 관심도 면에서 그때까지의 권투역사상 최대의 격돌이었다. 아이러니컬하게도 흥행사나 언론들은 징병거부를 이유로 권투계에서 추방당한 알리에게 이 노다지를 캔 공적을 돌려야 했다. 공식적인 챔피언은 프레이저였고, 알리는 도전자였다. 하지만 프레이저 스스로 인정했다시피, 알리를 때려눕히기 전까지는 프레이저가 챔피언보유자로 인정받을 수 없는 현실이었다. 권투팬들이 볼 때도 이 대전은 세계 스포츠 역사에서 가장 뜨거운 논쟁의 종식을 약속하고 있었다. 진정 누가 최고의 헤비급 권투선수인가?

그렇지만 권투에 크게 관심도 없는 사람들까지 이날을 손꼽아 기다리게 만든 까닭을, 그저 알리가 오랫동안 링을 떠나 있었다는 사실에서만 찾을 수는 없었다. 이 대전에는 그 이상의 의미가 담겨 있었던 것이다. 이 무렵쯤 되어 알리는 권투를 빗대어서 인종과 정치현실을 능수능란하게 건드리고 있었다. 이런 방식으로 대중의 지지를 끌어내는 데(그리고 표를 파는 데) 알리만큼 능숙한 사람은 아무도 없었다.

프레이저는 전혀 챔피언이 아닙니다. 그에게 말을 거는 사람도 없잖아요. 아, 그가 이길 경우 닉슨 정도는 전화를 하겠네요. 나한테는 전화 안 하겠죠. 하지만 내 형제들 중 98%가 나와 함께하고 있습니다. 그들은 자기들이 나와 똑같이 싸우고 있다고 생각합니다. 그들은 매일매일 거리에서, 나와 똑같은 투쟁을 하고 있으니까요. 내가 이기면 그들도 이기는 거고, 내가 지면 그들도 지는 거죠. 프레이저가 날 이길 거라고 생각하는 사람은 엉클 톰밖에 없습니다.

이보다 60년 전 두보이스가 "외피가 검을수록, 힘은 더 강해진다"고 말했을 때, 이는 흑인사회 내에서조차 충격적인 선언이었다. 지금은 알리가 보통사람의 말투로 권투흥행을 노리며 이 사상을 주장하고 있는 셈이었다. 공교롭게도 프레이저는 사우스캐롤라이나주의 흑인빈민가 중에서도 가장 가난한 곳에서 자란 사람이고, 그 자신이 지적한 대로 그의 피부는 알리보다 더 검었다. 알리는 프레이저를 '무식한 고릴라'라고 불렀는데, 만일 백인 권투선수가 이런 말을 했다면 흑인들 사이에서 난리북새통이 일어났을 것이다. "조 프레이저는 너무 못생겨서 챔피언이 되지 못한다. 그는 또 너무 바보라서 챔피언이 될 수 없다. 헤비급 챔피언은 나처럼 똑똑하고 예쁜 사람이 되어야 한다. 조 프레이저에게 '기분이 어떤가, 챔피언?' 하고 물으면 그는 그저 '아다다, 아다다, 아다다' 할 것이다."

이렇듯 알리로부터 제2의 소니 리스턴 취급을 받자 프레이저 또한 골이 단단히 났으니, 그즈음 공개적인 자리에서 알리와 가시 돋친 말을 주고받을 사람이 또 하나 늘어난 셈이었다. "그는 날 엉클 톰이라고 불러대고 백인용 챔피언이라 헐뜯고 있다. 모두 사람들이 내게서 등을 돌리게 하려는 사기짓이다. 알리는 지금 자기를 위해 말하고 있는 것이지 흑인을 위해 말하고 있는 게 아니다. 알리는 결코 흑인의 지도자가 아니다. …알리 머리통이 날아가는 꼴을 보려고 많은 사람들이 경기날 밤에 몰려올 것이다. 난 그들의 기대를 충족시키기 위해 최선을 다할 것이다."

그러나 말은 이랬어도, 프레이저는 진퇴양난에 놓여 있었다. 그가 알리를 눕히기를 바라는 이들은 알리와 관련되는 것이면 무엇이든 혐오하는 인종주의 강경파들로서, 알리를 이기지 못하면 프레이저는 국물도 없다고 벼르고 있었다. 프레이저는 탁월한 선수였지만, 하필 알리와 같은 시기에 활동한 까닭에 알리의 장식품 역할밖에 못하는 존재로 비쳐지고 있다는 것이 그의 비극이었다. 알리가 흑인의 대표성을 자신에게서 빼앗아 독차지하고 있다며 프레이저가 거센 항변을 하는 모습은, 조 루이스나 잭 존슨의 시대는 말할 것도 없고 소니 리스턴이나 플로이드 패터슨 때와 비교할 때 시대가 얼마나 달라졌는가를 보여준다. 흑인이란 존재가 긍정적 요소가 된 것이다. 흑인이라는 점이 프로선수의 인기를 더해주고 경기장 안팎의 성공을 좌우하는 열쇠 역할을 하고 있었다. 그야말로 엄청난 성과라고 하지 않을 수 없으니, 이렇게 된 데는 무하마드 알리의 공적 또한 크다.

당시 흑인 예술운동의 주요 인물이었던 시인 래리 닐(Larry Neal)은, 알리가 흑인을 대표하는 흑인이 되고 프레이저는 백인을 대표하는 흑인으로 갈리는 상황에 주목했다. 그는 이런 대립양상에 훨씬 흥미로운 변증법이 숨어 있다면서, 두 사람은 흑인문화의 표현양식에서 필연적으로 나타나는 두 가지 스타일을 가리킨다고 확신했다. "프레이저는 스톰프다운(stomp-down)[1] 블루스, 베이컨, 거친 곡물식사, 주일예배다. …그러나 알리는 온몸으로 노래하는 비밥(body bebop)[2]이다."

두 사람의 시합은 두 가지 권투스타일의 싸움일 뿐 아니라 두 의지의 싸움이자 현존하는 두 권력의 싸움이라는 의미를 지녔다. 두 사람은 이 경기를 시발로 해서 이후 4년 동안 세 차례의 라이벌전을 갖게 되는데, 이 첫번째 경기는 격렬한 전투의 양상을 띠었다. 경기는 15회까지 진행되었고,

[1] 재즈연주중 발을 구르는 동작을 말함

[2] 재즈가 백인의 것으로 포섭되는 현상에 대응하여 흑인적 요소를 더 강렬하게 담으면서 탄생한 음악 장르를 말함

프레이저의 승리로 선언되었다.[1] 1964년 이래 처음으로 알리는 비공식적인 헤비급 챔피언이라는 주장을 할 수 없게 되었다. 마침내 알리가 "한방 먹은" 것이다. 알리는 프로입문 이후 첫 패배를 평온하고 위엄 있는 태도로 받아들였다. 그러나 파키스탄에서 알리의 팬 한 사람이 심장마비로 사망했다. 파키스탄에서는 인도와의 크리켓경기를 제외하고는, 응원하다 사망한 유일한 사례였다. 런던에 있던 시바난단은 이렇게 탄식했다.

오늘밤 모든 흑인들은 그들의 왕이 승하하셨다고 통곡하고 있다. 그러나 내일이 되면, 또 내일이 되고 다시 내일이 되면… 모든 흑인은 스스로의 왕이 될 것이다. 이것이 무하마드 알리가 남긴 유훈이다. …시민권운동이 한 일은 기껏 스포츠에 반투스탄[2]을 만들어놓고 그 안에 흑인선수를 집어넣고는 줄을 둘러친 것밖에 없다. 흑인의 전면적 해방이라는 책무는 말콤 엑스와 블랙파워운동에 위임되었다. 이 전면적 해방의 축소판이랄 수 있는 인물이 바로 무하마드 알리였다. 전면적 해방이라는 메시지는 백인사회를 향해 빗발치듯 날아갔다. 알리는 한 사람의 프로 권투선수 이상이요 한 남자 이상의 존재였다. 그는 곧 수많은 사람으로서, 그들 모두는 흑인이었다.

●　　●　　●

이런 와중에도 투옥협박은 여전히 알리의 뇌리를 떠나지 않았다. 1970년 7월 연방항소법원은 알리의 유죄판결을 확정했다. 제리 쿼리, 보나베나, 프레이저 들과 대전을 치르는

[1] 프레이저의 판정승으로 끝났음

[2] 남아프리카 흑인자치구

동안에도 알리는 최종심을 기다리는 보석 상태였다. 그러다가 1971년 4월 마침내 알리의 사건은 연방대법원에 회부되었다. 그 바로 전에 이 법정에서는 특정한 전쟁에만 반대하는 양심적 병역거부는 제재해야 한다는 판결을 내린 바 있는데다 남부의 의원들은 여전히 알리의 형집행을 실시해야 한다고 압력을 넣고 있었으며, 법무부는 알리의 병역거부가 "주로 정치적·인종적 이유에 근거하고 있다"는 주장을 굽히지 않은 상태였다. 재판장 워렌 버거는 닉슨이 지명한 판사였고, 알리는 재키 로빈슨의 말을 빌리면 "닉슨에게 눈엣가시"였다.

1969년을 돌이켜보면, 알리의 사건이 처음 연방대법원에 회부되었을 때 알리의 주장을 경청한 사람은 브레넌 판사 한 사람뿐이었다. 그러던 중 도청사건이 폭로되면서 판사들은 사건을 하급심으로 돌려보낼 근거를 찾아낸 것이다. 이제 브레넌을 비롯한 대법원판사들은 더 이상 문제를 회피할 수 없음을 직감했다. 이들은 알리의 투옥조치를 실행할 것을 검토했으나, 당시 미국의 분위기를 감안하여 알리에게 법정진술의 기회를 부여하기로 했다.

서굿 마셜 판사는 법무부가 알리를 제소했을 때 법무차관으로 있었기 때문에 심리를 기피했다. 다른 판사들 중에서 알리를 지지한 사람은 더글라스와 브레넌, 스튜어트 세 사람뿐이었고, 나머지 다섯은 유죄판결을 확정하고 알리의 형집행을 실행하는 쪽에 표를 던졌다. 판사임기 마지막 해에 있던 할런 재판관이 다수 의견을 문서로 작성하는 일을 맡았는데, 마침 그의 서기는 말콤 엑스 자서전을 읽은 동료서기의 영향을 받아 알리의 주장을 재검토해야 한다는 생각을 갖고 있었다. 할런은 서기의 건의를 받아들여 엘리야 무하마드가 쓴 「미국흑인에게 보내는 메시지」라는 글을 검토한 끝에 법무부가 알리와 이슬람네이션의 신념을 잘못 판단하고 있다는 확신을 갖게 되었다. 알리는 모든 전쟁에 진지하게 반대하고 있으므로 그의 병역을 유예해야 한다는 것이 할런이 내린 결론이었다. 이리하여 판사들의 의견은 4 대 4가 되었다. 이에 화가 난 버거 판사는 자기 서기한테 할런이 블랙 무슬림의 옹호자 노릇을 하고 있다고 투덜거리기도 했다.

연방대법원이 판결 불능에 봉착했다는 것은 하급심의 판결이 유효함을 의미했다. 알리는 여전히 감옥에 가야 할 운명이었다. 그런데 이때 스튜어트 판사가 연방대법원이 결론을 내리지 못한 상태에서 알리의 형집행을 실시한다는 데 우려를 품음으로써, 타협안을 마련하자는 쪽으로 의견이 모아졌다. 게다가 행정부가 대법원에 제출한 의견서 또한 그때까지의 입장과는 미묘하게 달라져 있었다. 행정부는 베트남 전쟁에 반대하는 알리의 태도의 '진지함'뿐 아니라, 종교적 신념에 기초하고 있다는 사실도 인정했다(이 두 가지는 양심에 따른 병역거부 여부를 판단하는 조항의 첫 부분에 나오는 것들이다). 그러나 행정부는 여전히 알리가 모든 전쟁에 반대하는 것(양심에 따른 병역거부를 판단하는 세번째 조건임)은 아니라는 주장을 고수했으며, 그 근거로 내세운 것이 자기 형제를 위해 성전(Holy War)에서 싸우겠다고 한 알리의 발언이었다. 하지만 이는 알리가 1-A등급 판정에 불복했을 때 법무부가 징병위원회에 밝힌 것과는 달랐다. 결국

이 사실이 드러나면서 연방대법원은 행정부가 징병위원회에
(알리의 병역거부가 진지하며 종교적 신념에 근거한다는 점
에 대해) 부정확한 조언을 했다고 판단할 수 있었고, 이로써
징병위원회의 유죄결정을 번복할 충분한 근거가 생긴 셈이
었다. 이제 대법원은 위험한 판례를 새로 만들지 않고도 알
리를 자유롭게 풀어줄 수 있었다. 버거 판사는 마뜩찮았지
만, "흑인대중의 지위를 향상시키는 좋은 조치"가 될 것이라
고 인정하면서 동료들의 의견에 동의했다.

마침내 1971년 6월 28일 연방대법원은 무하마드 알리에
대한 유죄판결을 파기했고, 법무부는 알리에 대한 모든 형사
제소를 취하했다. 알리의 반응은 의미심장하다.

실감이 나지 않습니다. 외국으로 여행을 떠나 낯선 사람들을
만나봐야겠습니다. 그러면 내가 자유롭다는 것을 느끼게 될 것
같아요.

그해 8월 알리는 카라카스와 트리니다드로 날아가서 시범
경기를 가졌으며, 11월에는 부에노스아이레스를 방문했다.
이듬해 초에는 허버트 무하마드와 함께 리비아로 날아가 카
다피를 만났다. 카다피는 런던유학생 시절에 알리의 탈의실
을 방문해서 친필서명을 받은 일화가 있다. 두 사람은 시카
고에 이슬람사원을 신축하는 비용으로 300만 달러를 무이자
로 제공하는 데 합의하였다. 이리하여 알리는 이슬람네이션
의 유력한 대변인으로 다시 부상하였다. 12월이 되자『무하
마드는 말한다』는 "세계화제 두 사람에게 집중!"이라는 제

목과 함께 알리와 엘리야 무하마드의 사진을 표지에 실었다.

흑인민족주의의 주도권이 급진적인 조직들로 넘어가면서, 이슬람네이션은 60년대 초처럼 역동적이지는 않았지만 그래도 흑인사회에서 인정받고 존경까지 받는 단체가 되었다. 엘리야 무하마드는 흑인의 자부심을 상징하는 어른의 한 사람으로 떠올랐으며, 흑인들 사이에서의 이같은 지위와 더불어 재력과 보수적 정치관 덕택에 뒤늦게나마 미국의 백인들로부터도 인정을 받게 되었다. 시카고 시장 리처드 데일리는 3월 29일을 '엘리야 무하마드님의 날'로 선포하기까지 했으며, 무하마드는 FBI요원을 만나 "법과 질서를 옹호하며…미국을 깊이 사랑한다"고 말했다. 이런 한편으로 교단 내 종파들에 대해서는 경계를 늦추지 않았다. 그중 한 집단이, 알리 식으로 제 갈 길을 갔다고 할 수 있는, 카림 압둘 자바가 참여한 하나피(Hanafi)파였는데, 1973년 1월 이슬람네이션의 맹원들은 하나피파의 창립자 하마스 압둘 칼리스의 가족 5명을 잔혹하게 처형했다.

1972년 흥행사 밥 애럼이 알리에게 접근하여 남아프리카 요하네스버그에서 대전을 가질 것을 제의했다. 알리와 허버트 무하마드는 처음에 호의적인 반응을 보이다가, 아파르트헤이트 반대운동가들의 반대로 접기로 했다. 이슬람네이션은 알리가 자신의 재능을 백인 아메리카에 팔아넘기고 있다고 비난했지만, 정작 그들이 스스로를 백인 남아프리카에 팔아넘기고 있다는 것은 깨닫지 못했다. 당시 미국흑인들 사이에서는 흑인의식이 폭발하고 있었지만, 남아프리카의 실상에 대해서는 잘 모르고 있었다. 그러다가 소웨토 봉기사건[1]과

1976년 올림픽보이콧 사태[1]가 일어나면서 상황이 변하였다.

따라서 만일 알리가 1972년에 남아프리카에서 대전을 치렀더라면 장기적으로 볼 때 그의 명성에 큰 손상을 입었을 것이다. 물론 허버트 무하마드에게는 이런 것이 별 의미가 없었을 테지만, 알리는 달랐다. 알리는 몹시 혼동스럽던 순간에도, 자신이 갖는 독특한 이미지에서 힘이 생겨난다는 점을 잘 인식하고 있었던 것이다. 오늘날 돌이켜볼 때, 그가 단 하루의 거액 개런티에 마음이 움직였다면, 얼마나 많은 것을 잃었을지 너무도 분명하다.

알리가 프레이저에게 패한 후 권투평론가연하는 사람들은 너도나도 알리를 퇴물 취급하는 글을 써댔다. 알리는 다시 올라가기 위해서 참으로 고단한 과정을 밟아야 했다. 그는 14차례의 대전을 더 치르고서야 프레이저와 두번째 대결을 펼칠 수 있었는데, 그 가운데 유일한 패배는 켄 노턴과의 대전으로 이 경기에서 노턴은 알리의 턱뼈를 부러뜨렸다(그로부터 6개월 후 가진 노턴과의 재대결에서 알리는 승리를 거뒀다). 취리히·도쿄·밴쿠버·자카르타를 전전하며 대전을 가진 그는, 더블린에서 자신의 증조할아버지가 그래디라는 이름의 아일랜드 사람이었다고(이것은 사실이다) 기자들에게 털어놓기도 했다.

마침내 1974년 1월 알리는 다시 프레이저와 링에서 마주섰다. 그 사이 프레이저는 조지 포먼에게 챔피언 타이틀을 빼앗긴 상태였다. 예전처럼 격렬하게 12회전을 겨룬 뒤, 알리는 심판 전원일치의 판정승을 거뒀다. 이제 조지 포먼과의 무대가 기다리고 있었다.

• • •

킨샤사에 내리자마자,[1] 알리는 전보다 훨씬 더 심하게 허풍을 떨어 보였다. 일명 '정글의 혈전'이라 불린 이 대전은 전설이 되었고, 영화 〈우리가 왕이었을 때〉 덕분에 후세대까지 이어져 내려온다. 알리는 스포츠의 천재성과 심장이 멈출 듯한 드라마를 연출하며 예상을 뒤엎는 승리를 거두었다. 그 자리에는 알리를 지지하는 아프리카 사람들이 있었으며, 스포츠 역사상 손꼽히는 엄청난 규모의 시청자들이 세계 곳곳에서 텔레비전을 통해 경기를 지켜보았다. 이 경기는 상징적인 승리를 마음껏 펼쳐 보인 것이라 할 수 있다. 즉 고통에서 구원으로, 추방의 운명에서 귀향으로 전환한 것이니, 이는 흑인의 아프리카 낙원 복귀를 주장하는 래스터패리언주의의 한 장면이기도 했다. 킨샤사에서는 알리가 온몸으로 연기한 구원의 노래가 울려퍼졌다. 이는 흑인의 대표자가 고난의 현실을 힘겹게 이겨내고 얻어낸 승리이기도 했다.

• • •

1966년 클리블랜드의 숫자도박사이자 클럽 임시소유주였던 돈 킹이란 사내가 권총으로 한 남자를 사살한 사건이 일어났다. 그는 2급살인죄로 기소되었지만, 판사는 이를 단순살인으로 낮추었다. 비록 죽은 뒤의 일이지만, 나중에 그 판사는 마피아와 연루되어 있었다고 밝혀졌다. 바로 그 판사가 1976년 주 항소법원 판사선거에 출마했는데, 돈 킹의 요청을

---

[1] 포먼과의 경기는 자이르 킨샤사에서 열렸음

받아 알리가 흑인 라디오방송에 선거지지자로 출연한 적이
있다.

　돈 킹은 알리와 프레이저의 시합을 감옥에서 라디오로 들
었다. 그는 출소 후 로이드 프라이스를 만났는데, 프라이스
는 알리가 좋아하는 리듬 앤드 블루스 음악인이자 한때 알
리의 스승역할도 한 사람이었으며, 킹과는 50년대 건달시절
에 사귀었고 킹이 수감되어 있을 때는 면회도 갔었다. 나이
마흔이 된 킹은 흑인 최초의 거물 권투흥행사가 되기로 결
심하고 있었다. 그렇게 해서 그가 처음 시작한 사업은, 흑인
지역 봉사활동에 나선 클리블랜드병원의 재정난을 타개하기
위한 기금모집 시범경기였다. 킹에 대한 호의의 표시로 프라
이스는 알리를 설득해서 두어 회 정도 스파링을 가지게 했
고, 킹도 수완을 발휘하여 루 롤스(Lou Rawls)와 마빈 게이
(Marvin Gaye)를 초빙하여 노래를 부르게 했다. 그밖에도
팀스터노동조합(Teamster)[1]의 재키 프레서 위원장은 표를
뭉텅이로 사주었으며, 기자회견장에서는 돈 킹의 옆자리를
지켜주었다. 이 이벤트를 계기로 돈 킹은 전과자라는 인상을
지워버릴 수 있었고, 지역언론으로부터 찬사도 받았다. 물론
클리블랜드병원은 킹이 모금했다는 돈을 거의 받지 못하고,
1978년에 문을 닫아야 했지만 말이다.

　바야흐로 권투계에 흑인 흥행사가 나올 시점이었다. 킹은
기꺼이 '대표 검둥이'를 자처하며 용감하게 권투업계의 문을
두드렸다. 스포츠나 어떤 부문을 막론하고 흑인 기업활동의
으뜸 장애물은 사업수완이 아니라 자본의 부족이었다. 이 문
제를 해결하기 위해 킹이 발휘한 수완은 사람들(그중에는

[1] 당시 미국 최대 노동조합

모부투, 마르코스 그리고 마피아조직도 있었다)을 설득해서 선금을 받는 것이었다. 그는 엄청난 능력을 발휘하여 일을 성사시켰으며, 권투선수들은 그를 믿고 자신들의 운명을 맡겼다. 『돈 킹의 생애와 그의 범죄』(*The Life and Crimes of Don King*)에서 잭 뉴필드(Jack Newfield)는 돈 킹이 알리-포먼 대전을 성사시키기 위해 벌인 희한한 노력을 상세히 그리고 있다. 그는 천진난만하게 헛장도 쳐 보이면서 특히 같은 흑인이라는 점을 각별히 강조한 끝에, 이미 두 선수 진영 내에 인맥을 갖고 있던 밥 애럼을 제쳐버렸다. 그리고 그래도 망설이고 있던 포먼에게 변죽 좋게 이렇게 말했다. "당신들은 쌍벽을 이루는 스포츠영웅이고, 또 모두 흑인일세. 자잘한 걱정 하지 말자구. 이건 두 사람 개인의 울타리를 넘어서는 이벤트란 말야. 기념비적 사건이지. 수입도 그렇거니와, 흑인의 입장에서 보면 전세계로 퍼져나갈 충격적인 상징이잖아. 바로 이게 나의 흥행방식이지! 게다가 난 흑인이잖아!"

허풍과 허풍의 연속 끝에 킹은 알리와 포먼의 대전계약을 체결하는 데 성공했다. 하지만 킹이 대전료를 마련하기는 어려워 보였던 터라, 알리나 포먼 모두 과연 계약대로 경기를 치를 수 있을지 긴가민가했을 것이다. 실제로 킹이 자금마련을 할 전망은 갈수록 어두워지기만 했는데, 그러던 중 프레드 웨이머라는 사람이 킹에게 접근해 왔다. 웨이머는 얼마 전 버니 콘펠드 투자스캔들에 연루되었다가(이 때문에 그는 미국입국이 금지되어 있었다), 당시엔 모부투의 스위스은행 구좌를 관리하고 있었다. 모부투의 대리인으로 킹과의 교섭에 나선 웨이머는 대전을 킨샤사에서 치른다는 조건으로, 파

나마에 적을 두고 모부투의 해외자산을 관리하는 리스넬리
아라는 기업을 통해 두 선수에게 각각 480만 달러의 대전료
를 지급하기로 하고, 즉각 킹에게 그 회사의 480만 달러짜리
신용장 2부를 보내주었다. 이렇게 알리-포먼 대전을 성사시
킴으로써 바야흐로 돈 킹은 권투업계 최고봉에 오르는 보증
수표를 거머쥔 셈이었다.

모부투는 세계적인 대전을 유치함으로써 체제를 공고히
하고 외국투자를 유치할 뿐 아니라 자신의 국제적 위신을
높이겠다는 계산이었다. 1965년 정권을 잡은 독재자 모부투
는 탄압과 측근 정치로 일관하였으며, 식민지에서 독립한 콩
고를 시민적 권력이 와해된 나라로 만들어버렸다. 국가 기간
시설은 최악의 상태였고, 도시인구가 팽창하면서 농촌에서
는 인구공동화 현상이 일어났다. 또 60년대 후반 들어서 아
프리카화 정책을 내세우면서, 1972년에 자신의 이름을 [조제
프 데지레 모부투에서] 모부투 세세 세코로 바꾸고, 나라와
수도 이름도 콩고민주공화국에서 자이르공화국으로, 종래의
레오폴드빌에서 킨샤사로 바꾸었다. 이러는 사이에 수도 킨
샤사가 식량공급을 독점하면서 농촌지역에는 기아가 만연하
고 광물자원은 국외로 유출되었다. 1969~76년 현재 절대다
수의 생업인 농업에 대한 투자는 국가지출의 1%도 안 되는
형편이었을 정도로, 모부투는 서방의 자본과 정치지원까지
받아서 자이르를 자기 개인의 제국으로 만들어 가혹하게 착
취했다. 그 가혹함은 벨기에의 레오폴드 2세가 콩고자유국
이라는 미명 아래 식민통치를 하던 때 못지않았다. 온 나라
가 지옥의 나락으로 떨어지는 속에서 모부투는 세계 최고의

부를 쌓아올리고 있었던 것이다.

● ● ●

가수로서 무대 위를 걸어다니며 사람들이 스스로 만든 노래를 들려주노라면 나는 위대한 일치감을 느낀다. 한 개인으로서만이 아니라, 청중과 혼연일체가 된 예술가로서 느끼는 감정이었다. (폴 로브슨)

이제 서른두 살이 된 알리는 마치 발전소를 연상시킬 만큼 지칠 줄 모르는 상대를 맞이한 약한 도전자처럼 비쳤다. 그러자 알리는 기자들에게 지난날을 환기시켰다. "이 작자[조지 포먼]가 날 두들겨부술 거라고들 한다. 하지만 10년 전에 사람들은 소니 리스턴을 두고 똑같은 말을 했다. 조지 포먼은 털끝만한 기회도 잡지 못할 것이다. 세상은 내게 경배할 것이다. 무대는 날 위해 마련되었다." 이에 기자들이 포먼의 펀치력이 엄청나지 않느냐고 묻자, "당신네 흰둥이 기자들은 이걸 알아야 해. 흰둥이는 흑인에게 벌벌 떨지만, 흑인은 그런 식으로 흑인에게 겁먹지 않는다는 걸 말야" 하고 너스레를 떨었다. 그러나 전 챔피언 알리가 포먼의 적수가 된다고 꿈속에서라도 생각하는 사람은 극소수 열렬한 추종자들밖에 없었다. 나 역시 알리의 여느 팬들처럼, 전혀 가망이 없겠지만 그래도 만의 하나 나의 영웅이 옛 영광을 되찾을 수 있다면 이번 '정글의 혈전'이 아마 그 마지막 기회일 거라고 생각했다.

　"나는 당신들이 원하는 챔피언이 되지는 않을 겁니다"라고 선언한 이래 10년의 세월이 흐르는 동안 알리는 엄청난 상징적 자산을 쌓았으며, 그의 팬도 실로 지구 곳곳에서 거대한 숫자로 늘어났다. 알리는 이런 자산과 팬들의 성원을 포먼과의 대전에 활용했다. 포먼은 1968년 멕시코올림픽에서 작은 성조기를 흔들어댐으로써, 알리가 벌이는 비유극에서 한 역을 맡은 바 있다. 알리는 프레이저에 이어서 포먼에게도 '백인의 희망'이라는 배역을, 즉 열등한 흑인남성으로서 야비하고 무식하기만 한 모습을 부여했다. 그리고 알리가 자신에게 부여한 배역은 지난 10년간 백인 아메리카의 지배에 맞서서 성장해 온 모든 세력의 대표자였다. 알리는 자신이 이들 세력과 한 운명체임을 서슴없이 주장했다.

　닉슨이 사임해서 세계가 놀랐다고 생각합니까?
　그렇다면 기다려보쇼. 포먼을 때려눕혀서 더 놀라게 해줄 테니까.[1]

　대전준비를 위해 미국에서 훈련하는 동안 알리는 장난삼아 기자들에게 "당신네가 아프리카에 가면, 모부투 사람들이 당신네들을 솥에 넣고 요리해서 먹어버릴 거요"라며 따끔하게 쏘아붙이기도 했다. 그러자 모부투정권의 외무장관은 허버트 무하마드에게 "무하마드 알리씨가 우리 이미지를 망치고 있다"며 항의를 했다. 개인수행원 35명을 이끌고 아프리카에 도착한 알리는 짐짓 그때가 첫 방문인 듯 행동하면서 그곳의 자동차며 마천루 거리, 텔레비전 수상기들 그리

[1] 그해 8월 닉슨은 워터게이트사건으로 대통령에서 물러났음

고 흑인조종사가 모는 비행기를 화제로 해서 노래 부르듯 말을 쏘아댔다. "아프리카엔 야만인들만 사는 줄 알았어요. 근데 지금 여기 와보니 대부분이 나보다 똑똑한 분들이란 말씀입니다. 영어도 할 줄 알고, 외국어는 두어 개 정도 합니다. 근사하잖아요? 우리 미국인들이 야만인이라 이 말예요."

선수생활을 하는 동안 알리는 이런 유의 말을 전가의 보도처럼 즐겨 휘둘러댔다. 이런 언어구사력은 흑인들의 전통으로 자리잡은 것에서 빌려왔다고 할 수도 있겠지만, 수많은 팬들과 교감하기 위해 계발해 낸 알리만의 비법이기도 했다. 여느 때 같으면 기자들은 알리가 예전에 한 말을 다시 써먹고 있다고 꼬집었겠지만, 이번에는 그렇지 않았다. 그들은 10년 전 알리가 처음으로 아프리카를 방문했을 때 거의 같은 말을 했다는 사실을 눈치채지 못한 것이다.

예정된 시합을 8일 남겨놓고 포먼이 스파링을 하다가 눈 위가 찢어지는 부상을 입는 바람에, 시합은 9월 25일에서 10월 30일로 연기되었다. 모부투정권은 두 선수에게 시합 때까지 현지를 떠나지 말아달라고 당부했다. 한편 흑인 디아스포라를 기념하는 음악회를 알리-포먼 대전에 맞춰 열기로 계획한 로이드 프라이스는 시합연기와 상관없이 그대로 음악회를 개최하였다. 첫날 공연은 매우 한산했지만 자이르정부가 입장권을 무료로 뿌리면서 마지막날 밤의 공연은 입추의 여지가 없었다. 공연 도중 로이드 프라이스가 무대에 올라 자신의 히트곡 〈절름발이 리〉(Stagger Lee)를 부르자 알리도 일어서서 그의 전매특허 발놀림을 선보이기도 했다.

프라이스는 음악회 개최에 많은 힘을 기울였지만 아무런

대가도 받지 못했다. 다른 사람과 마찬가지로 그 역시 그동안 돈 킹을 믿었던 게 잘못이라는 것을 깨닫게 되었다. 제임스 브라운은 처음부터 돈 킹을 사기꾼으로 생각했지만 행사의 의미를 생각해서 흑인의 대의를 내세우며 공연에 참가했으며, 알리는 사적인 자리에서 돈 킹과 언성을 높이곤 해도 공적인 자리에서는 "돈 킹은 세계 최고의 흥행사다. 우리들이 돈 킹과 다투러 아프리카에 온 것은 아니잖은가" 하고 말을 잘랐다.

킨샤사에서 알리는 1960년 로마올림픽 이후 처음으로 자신의 이미지를 조작하고 상품화하는 것을 결과적으로 묵인하게 되었다. 대전 개최지가 아프리카라는 사실이 중요한 의미를 가지긴 했지만, 그보다는 무하마드 알리라는 걸출한 인물이 참가한다는 역사적 사실 때문이었다. 그런데 흑인을 상징으로 해서 연주되는 이 교향곡의 지휘자는 알리가 아니라 돈 킹이었다. 킨샤사는 아프리카 정신을 상징하는 장소가 되었거니와, 미국 흑인중산층 사이에서 유행하는 '흑인옷 입기'(Dashikism)도 붐을 이루었다.

하지만 미국인이 생각하는 아프리카와, 아프리카인들 스스로가 보여주고 싶어하는 아프리카 사이에는 괴리가 있었다. 기자회견장에 돈 킹은 민속의상을 입고 나타났지만, 모부투정권의 각료들은 양복차림으로 나왔다. 또 시합을 알리는 광고물에서도 이 나라의 천연자원(다이아몬드와 구리)과 유망한 경제전망을 비롯하여 도시의 으리으리한 건물이며 새로 단장한 관공서, 깨끗한 대로 들을 선전하는 데 역점을 두었다. 시합중계방송에서도 돈 킹이 고용한 아나운서는 말끝마다 "아프리카 자이르에서 위성생중계 중입니다"를 되풀이했다.

오히려 블랙 아메리카와 블랙 아프리카의 진정한 교감은 노래와 춤을 통해서, 그리고 특히 킨샤사 거리에 모습을 드러낸 무하마드 알리를 통해서 이루어졌다. 영화 〈우리가 왕이었을 때〉에서 가장 기억에 남는 장면은 알리가 한가한 시간을 틈타서 아프리카의 빈민들, 특히 어린이들과 스스럼없이 어울리는 모습이었다.

알리의 이런 모습을 보고 기자들은 알리가 정치가 기질을 다듬어가고 있다는 말을 입버릇처럼 했다. 그러나 알리가 아이들에게 입맞춤을 한 것은 인기를 의식해서가 아니라, 부드러움과 놀이, 공상 즐기기 등 그가 평소 좋아하는 것들을 아이들에게서 마음껏 느낄 수 있었기 때문이다. 그리고 어린이들과 함께하는 동안은 흑인의 대표자라는 굴레에서 자유로울 수 있었기 때문이기도 하다. 그러나 이런 세세한 속내까지 읽어낸 사람은 아무도 없었을 것이다. 알리의 행동에는 격의 없는 태도가 물씬 풍겨났으며, 이에 화답하듯 낯선 이들——아프리카 아이들과 빈민가의 민중들——도 그만큼 격의 없이 대해 주면서 알리의 힘을 북돋웠다. 알리는 "민중을 사랑"하노라면 '힘'이 생긴다는 말을 즐겨 했다. 이는 시인적 자질 이상의 것이다. 민중에 대한 그의 사랑은 복잡한 심리적 과정을 거치면서 링 안에서 발휘되고, 힘으로 표출되었다. 그는 흑인의 대표자라는 부담을 무한한 인내와 결단력의 원천으로 바꾸어놓은 것이다.

알리가 구상한 '정글의 혈전'에서 그는 도전자이면서도,

밥 딜런의 노랫말로 표현한다면 "한밤의 낙오병" 같은 이들
의 대변자였다. 시합 얼마 전에 알리는 레온 게스트(Leon
Gast)[1]의 카메라 앞에서 직격탄을 날렸다. 편집하면서 이 컷
을 비롯해서 몇 군데 중요한 대목이 잘려나갔지만, 이 장면
은 알리의 권투이력사상 최고의 시험대를 앞둔 순간을 생생
하게 보여준다. 여기서 알리는 죽은 친구인 말콤 엑스의 가
르침을 기억해 낸다. "나는 신과 내 형제를 위해 싸우는 거
야. …명예나 돈 때문에 싸우는 게 아냐. 날 위해서 싸우는
것도 아니야. 나는 흑인의 삶을 위해서 싸우고, 미래 없는 흑
인을 위해 싸우고, 술에 절고 마약에 중독된 흑인들을 위해
싸우는 거야. 나는 알라신을 대변하는 정치가야." 그리고는
영웅 말콤 엑스를 불러낸다. 비록 시합후원자 중 한 사람이
말콤 엑스를 죽인 범인이었지만, 그는 무엇인가를 동경하는
듯한 어투로 말을 계속한다. "루뭄바가 날 만나러 올 수 있
다면 얼마나 좋을까."[2] 알리는 또 한번 자신이 느끼는 이상
의 것을 말한 셈이다.

●　　●　　●

　　그저 한판의 시합일 뿐이지만
　　숱한 주장이 여기서 판가름나게 마련이오

이 잔치를 치르기 위해 모부투가 자기 나라의 부를 얼마
나 탕진했는지는 그 누구도 상상할 수 없을 정도다. 그 규모
에 관해서는 잭 뉴필드의 책에 자세하게 서술되어 있는데,

[1] 〈우리가 왕이었을 때〉의
감독

[2] 루뭄바는 콩고민주공화국
의 초대 대통령이었으나 모
부투의 쿠데타로 실각하여
사망했다

킨샤사 외곽에 새 경기장을 짓고 여기서 50마일 떨어진 위성중계국까지 100개의 전화선을 가설하고 공항에 새 활주로를 닦고 공항과 킨샤사 중심의 호텔가까지 4차선 고속도로를 신설하는 등의 작업이 불과 4개월 만에 이루어졌다. 그리고 고속도로 주변에는 "전세계가 블랙파워를 말하지만, 오직 자이르만이 블랙파워를 실천한다"는 등의 문구가 씌어진 광고판이 들어서서 판자촌을 감추어주었다.

마침내 1만 5천 명이 지켜보는 가운데 계체량이 실시되었다. 조지 포먼은 알리의 이미지를 능가해 보이겠다는 심산으로 아프리카 의상을 입고 등장했으며, 시합이 시작되기 전에는 국가 차원에서 준비한 '부족'무용이 장시간 공연되었다. 모부투정권은 이 화려한 행사를 통해서 전세계의 전파를 타고 아프리카 전통을 자랑하고자 했지만, 실제로는 흑인육체를 상업화하여 대부분 백인인 시청자의 눈요깃거리로 전락시킬 따름이었다. 이런 점에서는 본시합도 마찬가지였다.

1회전 공이 울리고, 6만 2천여 관중들(대부분이 아프리카인들이었다)이 지켜보는 가운데 알리는 링에 오르자마자 포먼을 공격하고는 곧 이어 줄곧 로프에 기대기만 하고——나중에 그는 이를 '로프중독'이라고 불렀다——양손을 얼굴에 붙인 수비자세로 일관했다. 포먼이 알리의 몸통을 향해 주먹을 휘둘러댔지만 별 타격을 입히지는 못했다. 휴식시간마다 알리는 군중을 이끄는 제스처를 써서 천지가 진동할 듯한 함성을 끌어냈다. "알리! 죽여라!"(Ali! Bomaye!) 알리는 경기 내내 한시도 쉬지 않고 포먼에게 조롱을 퍼부어댔다. 성난 포먼은 웬만한 선수라면 벌써 끝장났을 주먹을 휘둘러댔

지만, 알리는 이를 다 받아넘김으로써 포먼의 공세를 무색하
게 했다.

이전의 경기들과 비교해 볼 때, 킨샤사에서의 경기모습은
알리의 영리한 기술과 권투에 대한 절묘한 감각을 정말 아
낌없이 보여주었다고 할 수 있다. 경기 전에 자신이 예견한
바와는 정반대로, 알리는 1회를 빼고는 춤추는 듯한 발놀림
을 거의 보이지 않았으며 줄기차게 파고드는 포먼을 코너에
서 코너로 유도해 내기만 했다. 링 앞에 앉은 평론가들조차
알리가 도대체 무슨 전술을 쓰고 있는 것인지 고개를 갸우
뚱거렸지만, 알리는 자기 흐름을 유지하고 있었다. 한번은
갈비뼈 쪽에 엄청난 타격을 입었으면서도 TV카메라를 향해
윙크를 해 보이기까지 했다. 포먼을 붙잡고 끌어안고 몸으로
밀고 두 팔로 감고 짜증스럽게 만들어버리는 등 현란한 쇼
맨십이 이보다 더 효력을 발휘한 적은 없었다. 알리가 내뻗
어 명중시킨 펀치의 횟수는 포먼의 그것보다 적었지만, 유효
타는 더 많았다. 날래고 경제적이고 정확한 펀치였다. 언뜻
보면 가벼운 펀치였지만, 퉁퉁 부어오른 포먼의 얼굴이 그
반대의 상황임을 입증해 주고 있었다.

8라운드를 30초 남겨놓고 로프에서 몸을 빼낸 알리는 지
친 포먼을 향해 별안간 날카로운 펀치를 날렸다. 왼손오른손
연타가 완벽히 명중하자 챔피언은 링바닥에 벌렁 나자빠지
고 말았다. 잠시 알리는 그 앞에 우뚝 서서 제자리뛰기를 하
며 펀치를 더 날릴 태세였다. 으르렁 포효하는 듯한 얼굴은
너무도 당당했고, 두 눈에는 승리의 불길이 이글거리고 있었
다. 관중들과 기자들, 방송중계자들 모두 넋이 나갔다. 방송

중계를 하던 데이비드 프로스트는 이날 딱 한번 옳은 말을
했는데, "권투역사상 가장 멋진 장면입니다!"라면서 승리의
환호로 야단법석인 순간을 전했다. 그로부터 몇 년 뒤 나이
지리아의 시인이자 소설가이며 인권운동가인 월레 소잉카
(Wole Soyinka)는 아프리카와 미국의 속담들을 동원해서,
킨샤사에서 구사한 알리의 전술을 다음과 같이 표현했다.

> 절굿공이를 절구가 두들기네. 그 정도로
> 때려서 무슨 소용인가? 얌은 그 정도로 물렁하지 않네
> 때려라, 멍청이, 두들겨라! 내가 얌을 먹게 되면
> 한때 절굿공이라 불렸던 섬유가닥을 씹어대겠지!
> "난 싸우진 않겠노라"던 전사였지만
> 전쟁에 맞서 무기를 들라는 예언자의 부름에 일어섰네

권투계에서 추방당해 있던 내내 알리는 자기 자신을 믿었
고 미래를 확신했다. 그는 고통 속에서 기다리는 법을 배웠
으며 불리한 예상을 뒤엎고 이길 수 있음도 배웠다. 일찍이
그가 이슬람네이션에서 배운 자립과 단결의 교훈은 민중에
대한 사랑과 자신에 대한 신뢰가 굳게 결합된 불굴의 정신
으로 성숙되었다. 킨샤사 경기 그리고 그 이후 '마닐라의 전
율'(Thrilla in Manila)[1]에서 과시한 그 놀라운 용기는 추방과
박해를 자양분으로 해서 자라난 것이었다. 70년대 그가 거둔
승리의 열쇠는 60년대의 고난에서 단련된 것이었다.

로버트 립사이트는 '정글의 혈전'을 "세계 스포츠사상 가
장 신화적인 순간"이라고 표현했으며, 알리 자신은 대전의

[1]1975년 10월 1일 챔피언 알리가 조 프레이저를 도전자로 맞아 타이틀을 방어한 경기를 말한다

의미를 이렇게 설명한다. "사람들은 기적을 바란다. 사람들은 허약한 도전자가 그 기적의 주인공이기를 바란다. 사람들은 역사적 순간의 목격자가 되기를 바란다." 알리가 링 밖에서 오랫동안 벌여온 투쟁 덕분에, 킨샤사에는 예상을 뒤엎은 승리의 흥분을 뛰어넘는 분위기가 충천해 있었다. 그것은 티 없는 인간성과 지혜가 비인격적 완력에 맞서서 거둔 승리를 뜻했다. 또한 알리가 지키고 함께해 온 모든 것, 모든 사람들의 승리이기도 했다. 흑백을 불문한 전세계 사람들이 알리의 승리를 자신의 승리로 여겼으며, 역사적 순간이 얼굴을 드러낸 것임을 직감했다. "거대한 군중의 어린애 같은 얼굴/그 모습이 곧 다가온다네."

그러나 이 위대한 승부처에는 다른 얼굴도 함께 있었음을 잊지 말아야 한다. 그중 한 사람이 돈 킹이다. 그후 20년 동안 돈 킹이 헤비급권투의 일급 흥행사이자 흑인 프로권투의 가장 잔혹한 각다귀로 활약하면서 어마어마한 수익을 올릴 수 있었던 것은 상당 부분 알리 덕분이었다. 또 다른 얼굴로는 모부투 세세 세코가 있다. 자기 나라 국민들이 한자리에 대거 모이는 일이라면 무조건 꺼리던 모부투는 이 시합에도 직접 참석하지 않았다. 대신 그는 개인 자격으로 방문한 이디 아민(Idi Amin)과 함께 폐쇄회로 TV로 시합을 지켜보았다. 세계언론이 수도 킨샤사에서 들끓는 순간에도 구리가격은 폭락하고 있었고, 자이르의 경제 역시 몰락의 길을 걷고 있었다. 킨샤사의 대주교는 이렇게 탄식했다. "돈기갈이 사람들을 암살범으로 만들고 있다. 한줌의 권력이라도 움켜쥐고 압력을 행사할 수 있는 사람이라면 하나같이 국민을 짓누르고 단물을 빨아먹는다.”

모부투는 이후 20년 동안 권좌를 움켜쥐고 있었지만, ‘정글의 혈전’을 계기로 미국흑인들의 도움을 얻어 아메리카와 아프리카의 교류를 증진시키려 했던 그의 희망은 뜻대로 되지 않았다. 킨샤사의 대전이 사태의 갈림길이 되어, 아프리카는 경제적·정치적으로 상황이 더욱 악화되었는데, 1975~95년에 외채는 갈수록 늘어나고 상품가격은 하락했으며 사하라 이남 국가들에서 미국으로 유출되는 부는 해마다 커져갔다. 영국의 기자 베이질 데이비드슨(Basil Davidson)[1]은 “식민지 독립 초기 시절에는 상상할 수 없는 타락”의 전형이 바로 모부투정권의 자이르라고 평했다. 그에 따르면 루뭄바 살해사건은 ‘추락’의 ‘전환점’이었다.

● ● ●

‘정글의 혈전’은 미국흑인에게 아프리카를 조상으로 섬긴다는 자부심을 르네상스처럼 불어넣어준 도화선이었다. 또 다른 도화선이 있었으니, 1976년에 출판된 알렉스 헤일리의 『뿌리』(*Roots*)였다. 제임스 볼드윈은 『뉴욕타임스』에 쓴 서평에서, 노예화와 해방의 과정을 그린 헤일리의 소설을, 헤비급 챔피언이 대변하는 가치와 자연스럽게 연결시켰다.

아버지는 아이를 안고 하늘을 올려보며 “보십시오. 당신보다 위대한 단 하나의 존재입니다”라고 조용히 말한다. 20세기 오늘을 사는 사람 중, 이 장면에 감동을 느낄 이는 무하마드 알리

[1] 영국의 기자, 작가

한 사람만은 아닐 것이다.

이듬해 TV에서는 『뿌리』를 원작으로 하는 드라마가 방영되었다. 이 드라마는 거대한 수의, 극히 다양한 모습으로 존재하는 블랙 아메리카의 아프리카적 형상을 보여주었고, 이로써 100여 년의 세월 동안 흑인 지식인과 운동가들이 키워온 주제들이 대중문화의 주류로 우뚝 서게 되었다. 알리도 함께 길을 닦아 준비한 이 중대한 순간은, 그후 20년 동안 서로 모순되는 내용의 작품들로 열띠게 발전해 나갔다.

급진적 범아프리카주의의 대중화는 70년대 세계적 위기에 대한 대응으로서, 피억압자들에게는 풍부한 문화적 자양분이 되어주었지만 특권계층을 보호하는 망토 역할도 했다. 범아프리카주의의 대중화는 블랙 아메리카 시장을 겨냥한 흑인문화의 상품화를 낳았으며, 이와 동시에 펑크·힙합 아티스트와 시인, 무용가, 화가 들에게 영감을 불어넣어 주는 역할을 했다.

또한 80년대 남아프리카공화국의 자유투쟁을 위한 단결행동에 블랙 아메리카를 동원하는 역할을 해냈으며, 90년대 나이지리아 군사독재자와 루이스 패라칸(Louis Farrakan)[1]을 협상테이블에 마주앉게 하는 원천이기도 했다. 검은 대서양 사상(및 그러한 명칭)과 아프리카중심주의(Afrocentrism)가 주장하는 '흑인의 정수론'(black essence) 저변에는 범아프리카주의의 대중화 현상이 자리잡고 있었다. 그리고 이 모든 현상의 전조가 되는 것이 무하마드 알리의 역정이다.

[1] 현재 이슬람네이션의 지도자로 아프리카식 이름 쓰기를 주창했으며 1995년 워싱턴에서 100만 남성 대행진을 이끈 바 있음. 이 책의 저자는 패라칸에 대해 비판적인 입장이다

킨샤사 승리의 흥분 속에서, 알리의 오랜 적들조차도 알리가 진정 '가장 위대한 자'라는 데 동의하지 않을 수 없었다. 권투잡지 『링』은 그를 '올해의 권투선수'로 선정할 수밖에 없었으며, 『스포츠 일러스트레이티드』는 그를 '올해의 스포츠맨'으로 뽑았다. 그리고 1974년 12월 알리는 백악관에 초대되었다. 포드 대통령은 알리를 베트남전쟁과 워터게이트사건 이후 시대의 화해를 상징하는 존재로서 포옹하며 환영하였다. 소니 리스턴과의 타이틀전에서 챔피언 벨트를 획득한 뒤 처음으로 막대한 신뢰를 한몸에 받은 셈이었다. 결국 알리를 꺾을 수 없었던 아메리카는 그를 끌어안고 순화시키는 쪽으로 방향을 돌린 것이다.

모두가 알다시피, 킨샤사의 승리는 알리에게 있어 기득권층의 인정을 받아낸 무대이자 육체적 쇠퇴의 기점이기도 했다. 링 안팎에서 알리 이력의 절정은, 흑인자유운동이 쇠퇴하기 시작하고 흑인사회가 그때까지 성취한 바를 빼앗기는 시기와 일치하고 있다. 사이공은 베트콩의 수중으로 떨어졌지만, 보스턴을 비롯한 미국 도시에서는 흑백 버스함께타기 운동을 반대하는 백인들이 결집하여 격렬한 반대구호를 외쳐대고 있었다. 1954년 시민권운동의 시발점이 되었던 흑백통합 평등교육은 여전히 실현되지 않는 공수표로 남아 있었다. '정글의 혈전' 이후 10년 사이에 흑인 청년남성의 평균 실질소득은 절반으로 떨어졌고, 상시고용 흑인남성의 비율도 역시 절반으로 감소했다. 70년대 중반부터 탈산업사회 물결이 일고 백인중산층이 속속 교외로 이사를 가고 공공부문 재정까지 감축되면서, 흑인사회의 경제적·사회적 기반은 잇따라 타격을 입었다. 게다가 흑인중산층들이 대거 흑인거주지를 빠져나가면서(이전 시대의 투쟁으로 얻은 성과물이 있었기에 가능한 일이었지만) 엎친 데 덮친 격으로 흑인사회는 더욱 심각하게 공동화(空洞化)되어 신음하고 있었다. 지난 20년 동안 좁혀지던 흑백간의 소득격차 또한 다시 벌어지기 시작했다.

저항의 물결이 쇠퇴하고 흑인해방운동도 점차 뜸해지다가 마침내 자취를 감추자, 알리의 위협적인 이미지도 빛이 바래기 시작했다. 짐 브라운은 토마스 하우저에게 이렇게 털어놓았다. "미국인들이 사랑하는 지금의 알리 모습은 내가 열렬히 사랑하던 때의 모습이 아니야. …내가 추앙하던 전사는 갔어. 어떤 면에서 그 역시 기득권층의 한 사람이 되고 있지."

알리가 점잖은 이미지를 갖게 된 것은 1975년 2월 엘리야 무하마드가 사망한 뒤 이슬람네이션 내에서 일어난 일들의 덕택이라고 할 수 있다. 엘리야 무하마드 사망 며칠 뒤, 구주절 행사에서 알리는 이슬람네이션의 지도급 인사들과 함께, 한때 배교자였던 월리스 무하마드를 최고 목회자로 인정하고 충성을 공언했다. 그리고 알리는 허버트 무하마드, 루이스 패라칸 등과 함께 월리스 무하마드를 보좌하는 5인위원회의 한 사람으로 지명되었다. 그 뒤 1년간 월리스 무하마드는, 사원에서 의자를 치우고 마룻바닥에서 기도하게 하고, 신문판매의 할당제도를 없애고, 준군사집단이던 '이슬람의

열매'를 폐지하고, 신도들의 유권자등록과 투표참여를 장려
하는 등 이슬람네이션을 변모시켰다. 월리스는 '새로운 애국
심'을 제창하면서 흑인들은 "국토 및 국기와 일체감을 이루
어야 한다"고 요구했다. 할렘의 제7사원은 전 포교사 '말콤
샤베즈'로 이름을 바꾸었다. 이 모든 변화 가운데서도 특히
충격적인 변화가 있었으니, 다름 아닌 백인의 입교를 받아들
인 것이다.

　　1976년 10월 월리스 무하마드는 신도들을 향해 이제 이슬
람네이션이 아니라 '서양이슬람공동체'(World Community of
Islam in the West)로 되었다고 선언하였다. 그리고 7개월 뒤
에는 아버지 엘리야 무하마드가 알라의 사도라는 것을 공개
적으로 부인하면서, 수니파와 같은 정통노선을 조직의 교리
로 채택했다. 공개적으로뿐 아니라 사적으로도 알리는 월리
스의 개혁조치에 찬성했다. 그는 이미 '백인악마'라는 논리에
줄곧 불편을 느껴온 터였으며, 해외여행을 하면서 세계의 이
슬람과 엘리야 무하마드의 가르침 사이에 괴리가 있다는 사
실도 인식하고 있었다. 그렇지만 알리의 오랜 스승인 제레미
아 샤베즈는 이런 조치에 대해 경악과 불쾌감을 표시하면서
교단을 떠났다. 루이스 패라칸 역시 교단을 떠나 제2의 이슬
람네이션을 창설하여 엘리야 무하마드의 흑인민족주의와 보
수적 사회철학을 강조해 나갔다. 이렇게 해서 이슬람네이션
은 다시 세상의 빛을 보게 되었지만, 그것은 루이스 패라칸
의 뛰어난 전략에 힘입었다기보다는 제1이슬람네이션 탄생
의 원천이었던 흑인 빈곤과 차별의 현실이 여전히 남아 있었
기 때문이다.

킨샤사 대시합 이후 알리는 3년 6개월 동안 콸라룸푸르, 푸에르토리코, 뮌헨, 보고타 등 세계 각지에서 11차례 타이틀을 방어했으며, 특히 저 유명한 마닐라 시합에서는 조 프레이저와 세번째이자 마지막으로 격돌했다. 마닐라 시합을 앞두고 알리는 이미 익숙해진 연극적 수법을 또 발휘했다. 알리는 여전히 '가장 위대한 자'였고, 프레이저도 여전히 '고릴라'였다. 그러나 링에서 벌어진 싸움은 스포츠 역사상 가장 순수하고 격렬한 권투경기로 변해 있었다. 두 선수는 혼신을 다해 쥐어짜낸 펀치를 날리고 숨가쁘게 받아넘겼다. 결국 승리는 마지막 힘과 지략까지 발휘한 알리 쪽으로 돌아갔다. 이 대전은 알리가 자신의 천재적 재능을 발휘한 마지막 경기였다. 그러나 그 대가 또한 엄청나, 그때 입은 부상 때문에 그 이후로는 예전의 기량을 회복하지 못했다.

마닐라 시합에 알리는 무려 50명의 수행원을 동반했는데(조 프레이저는 17명을 대동했다), 수행원 중에는 젊고 아름다운 베로니카 포치도 끼여 있었다. 1년 전 '정글의 혈전' 홍보포스터 촬영을 위해 뽑은 네 명의 '포스터걸' 중 한 사람이었던 베로니카는 그후 알리와 사귀기 시작했다. 그전에 킨샤사에서 부인 벨린다가 어느 날 밤늦게 남편이 베로니카를 데리고 호텔로 돌아오는 모습을 발견하고는 남편의 뺨을 때리는 소동이 일어나기도 했건만, 알리는 베로니카와의 관계를 지속했고 1년 뒤 마닐라 시합 때도 베로니카를 대동한 것이다. 그때 부인 벨린다는 아이들과 함께 미국에 있었다. 언론은 두 사람의 관계를 알고 있었지만, 당시만 해도 스포츠 스타의 사생활을 보호해 주는 것이 불문율이었다. 그러나 알리가 필리핀 대통령 마르코스 부부를 만나는 자리에까지 베로니카를 동반함으로써, 그때까지 비밀 아닌 비밀이었던 사실이 만천하에 드러나게 되었다. 마르코스는 마치 베로니카가 알리의 부인인 양 대했을 뿐 아니라 기자들이 지켜보는 가운데 베로니카의 아름다움에 찬사를 보내기도 했다. 『뉴스위크』는 이 오래된 관계를 터뜨렸고, 잔뜩 부아가 난 알리는 언론의 위선에 맞서기로 작정했다.

유명인들한테 사생활이 없다는 건 나도 잘 안다. 그렇지만 아무리 유명인이라도 최소한 같이 자고 싶은 사람과 잘 순 있어야 하지 않은가. 내 마누라가 누군지 궁금한 사람이 있다면 이렇게 대답해 주겠다. 내가 누구와 자는지 신경 쓰지 마쇼. 나도 당신이 누구와 자는지 신경 쓰지 않을 테니. …내가 대답해 줘야 할 사람은 벨린다 알리 딱 한 사람인데, 벨린다에 대해선 걱정하지 않는다.

다음날 벨린다는 불쾌한 감정을 애써 감추고 태연히 마닐라공항에 모습을 나타냈다. 벨린다는 알리와 단둘이 자리를 하고는(비록 호텔복도로 고함소리가 튀어나왔지만), 곧바로 미국행 비행기를 탔다. 그리고 1년 후 벨린다는 가정소홀·간통·정신적 학대 등을 이유로 이혼소송을 했고, 1977년 6월 알리는 베로니카와 결혼했다. 그때 둘 사이에는 이미 아이가 하나 있었고 머지않아 또 하나가 태어날 예정이었다. 그러나 80년대 초 알리의 지병이 심해지자 두 사람의 결혼

생활도 위기를 맞았고, 1986년 7월 둘은 이혼했다. 그해 11월 알리는 네번째 결혼을 했다.

『플레이보이』지는 '마닐라의 전율' 경기 후 알리와 인터뷰한 기사를 내보내면서, 이슬람네이션은 여성에 대해 이중기준을 갖고 있다고 독필을 휘둘렀다. 이에 노여움과 당혹감을 감추지 못한 알리는 자신과 자신의 종교를 방어하기 위해 입을 열었다.

자기 여자를 보호할 수 없으면, 자기 조직도 보호할 수 없는 법이다. …무슬림교단의 여신도에게 손을 댄다면, 그 즉시 죽음이다. …말이나 개, 노새 따위는 엉덩이를 내놓고 다닌다. 그렇지만 인간은 엉덩이를 가린다. …우리 여성들에게 불경한 남자는 죽어야 한다. 이건 백인만이 아니라 흑인에게도 해당된다.

알리의 절친한 친구들은 그가 깐깐한 첫 아내 손지와 이혼한 다음부터 여성편력이 시작되었다고 말하지만, 벨린다는 이슬람네이션의 뿌리깊은 위선 때문에 남편의 타락이 방조되었다고 비난했다. "그 사람들 중에는 결혼을 하고도 방탕하게 사는 사람들이 있었다. …그 작자들은 남편에게도 그렇게 하라고 부추겼고, 결국 성공한 거다." 알리는 엘리야 무하마드가 그랬듯이, 코란 구절을 들먹이면서 자신의 방탕함을 변명했다. 그러나 지금 돌이켜보면 알리도 자신의 잘못을 인정하고 있었다. "내 아내를 괴롭게 했다. 그리고 내 종교에도 손상을 끼쳤다. 그렇게 해서 나의 행복을 느껴본 적은 없었다." 최근 그는 혼외관계로 얻은 두 아이의 친자관계도 인정하고 있다.

알리의 추앙자 가운데 가장 통찰력 있는 사람이라고 할 수 있는 제프리 새먼스(Jeffrey Sammons)[1]는 "알리는 자기 시대의 성관념이나 직업윤리 그리고 자신이 선택한 신앙의 한계를 넘어서지 못했다"고 씁쓸한 결론을 내렸다. 백인의 성차별보다 흑인의 성차별이——적어도 많은 백인들에 의해서——더 가혹한 비난을 받아왔다는 것도 사실이다. 데이비드 버너(David Burner)[2]는 60년대에 관해 쓴 글에서, J. F. 케네디의 연이은 간통사건에 대해서는 "정치인과 부자들 사이에서 드물지 않은 일"이라는 이유로 넘어간 반면에, 휴이 뉴턴과 스토클리 카마이클의 경우는 끈질기게 물고늘어짐으로써 정치적으로 치명적인 약점으로 작용하게 했다고 지적하고 있다.

그럼에도 불구하고 섹스스캔들에 대해 인종적 이중기준을 적용한다고 항변하는 것은 변명에 불과하다. 1991년 10대 미인대회에 참가한 흑인여성을 강간한 마이크 타이슨의 사건을 둘러싸고 나타난 반응을 살펴보면, 많은 사람들이 흑인이나 권투 등은 여성폭력과 매우 밀접한 관계가 있다고 인식하는 경향을 보인다. 이같은 경향은 알리도 예외가 될 수 없이 비난세례를 받게 했던 역사적 유산이기도 하다. 타이슨을 두둔한 사람은 루이스 패라칸뿐 아니라 기독교목사들도 있었다. 그들은 피해자 데지레 워싱턴이 결과를 뻔히 알면서도 남자를 유혹했다는 등 그녀를 유혹의 화신이자 여성의 교활함을 상징하는 존재로 묘사하는 한편, 타이슨을 희생자로 부각시켰다. 클래런스 토마스 대 아니타 힐 사건[3]과

[1] 뉴욕대 교수이자 역사학자로 알리에 관한 저서가 있음

[2] 뉴욕대 교수이자 역사학자로 1960년대에 관한 저서가 있음

[3] 연방대법원 판사 지명자이자 흑인인 클래런스 토마스의 청문회에서 비서 아니타 힐이 성희롱 피해를 증언한 스캔들을 말함

타이슨 사건에서, 우리는 '흑인 된 자부심'이 흑인여성을 파
탄에 빠뜨리는 경우를 볼 수 있다.

●   ●   ●

'마닐라의 전율' 경기를 치르는 데 드는 돈은 필리핀의 마
르코스 대통령이 댔지만(모부투의 경우와 마찬가지로 이 돈
에서 얼마가 마르코스 가족의 재산에서 나온 것이고 또 얼
마가 필리핀 정부재정에서 충당되었는지 구분하기 어렵다),
이 놀라운 대전의 실질적 주역은 돈 킹이었다. 대전이 있고
얼마 안 되어 그는 뱃심좋게도 허버트 무하마드를 제치고
자신이 알리의 매니저를 맡겠다고 나섰다. 그러나 그동안 알
리를 무하마드 가족과 떼어놓으려 했던 여느 사람들과 마찬
가지로 돈 킹의 시도는 헛일로 끝났고, 그 과정에서 허버트
무하마드뿐 아니라 알리와도 적대적인 관계가 되었다(알리
의 훈련장에 참여한 사람들에게 뇌물을 주었던 것도 중요한
이유였다). 1976년 5월 알리가 양키스타디움에서 켄 노턴과
방어전을 갖기로 하고 매디슨스퀘어가든측과 계약하자, 화
가 난 돈 킹은 백인 추종에 맛들이기 시작한 이슬람네이션
때문에 자신은 '재정적 희생양'이 되었다면서 허버트 무하마
드를 '유다'라고 비난했다.

　젊은 투사 앨 샤프턴(Al Sharpton)[1]이 돈 킹을 옹호하고
나섰는데(그는 뒷날 FBI에 돈 킹 관련 정보를 제공했다), 그
는 돈 킹을 '제3세계 청년들'의 우상이라고 추켜세우면서 흑
인들은 알리-노턴전을 보이콧해야 한다며 매디슨스퀘어가

[1] 흑인 목사이자 정치가, 인
권운동가

든 사무실 앞에서 연좌농성을 벌이기까지 했다. "타이틀을 박탈당하고 중상모략을 당할 때 우리가 그 곁에 있었다는 사실을 알리는 잊었는가? 저들이 타이틀을 빼앗아갔을 때, 알리의 머리에 민중의 챔피언 왕관을 씌워준 것이 우리였다는 사실을 잊었단 말인가? 알리를 비롯한 흑인형제들에게 일찍이 생각도 못한 많은 돈을 가져다준 사람이 바로 이 흑인 흥행사라는 사실을 잊었는가? 알리의 활동정지 조치에 손 들어준 장본인이 매디슨스퀘어가든이라는 걸 잊었단 말인가? 알리는 입으로는 흑인을 말하지만, 그 밑바닥은 백합처럼 새하얗다."

하지만 입으로만 흑인을 말하는 것으로 치면, 돈 킹만한 사람이 있을까. 킹은 알리와 매디슨스퀘어가든의 거래를 "노예가 노예주에게 허겁지겁 되돌아가는 꼴"이라고 비난했다. 흑인사회는 돈 킹과 샤프턴의 말을 귀담아듣지 않았지만, 이 두 사람의 행각은 블랙파워운동이 흑인의 권력을 쟁취하려는 현실운동과 얼마나 멀어질 수 있는가를 생생히 보여준다.

킹은 흑인사회를 대변한다고 주장하지만, 그에게 이용당한 흑인 권투선수들은 그 실상을 낱낱이 폭로한다. 래리 홈스(Larry Homes)는 킹은 "겉보기는 검지만, 백인처럼 살고 녹색으로 생각하는" 존재라고 했으며, 팀 위더스푼(Tim Witherspoon)은 "흑인을 상대로 흑인이 벌이는 범죄행각이 킹의 특기"라고 비꼬았다. 킨샤사의 대승부를 성사시킨 후 20년 동안 킹에게 불만을 품은 선수와 매니저들이 제출한 소송은 100건이나 되었다. 그렇지만 돈 킹에 대해 정말로 궁금한 점은 그가 헤비급 권투선수들을 어떻게 사기 치고 이용해 먹었는가 하는 것이 아니다. 그보다는 어떻게 똑같은 수법으로 정부와 사법제도를 이용해 먹을 수 있었는가 하는 점이 더 궁금하다. 우리가 명심해야 할 것은, 킹이 백인 기득권층에 맞서는 대신 그들과 결탁했기 때문에 성공을 누릴 수 있었다는 사실이다. 가격만 적당하다면 누구나 킹과의 거래를 마다하지 않았다. 결국 돈 킹은 권투계를 물들인 병폐를 극단적으로 대표하는 유형이었다.

● ● ●

켄 노턴과의 대전계약에 서명하고 얼마 후 알리는 도쿄로 가서 일본 챔피언[1]을 상대로 권투와 레슬링을 혼합한 경기를 치렀다. 이 경기는 무엇보다 엄청난 돈을 걸어놓고 벌인 희한한 활극이었지만, 알리로서는 자신이 보유한 세계챔피언의 세계라는 글자가 미국야구 월드시리즈의 월드 이상의 의미를 지니게 하기 위해 애쓴 갖가지 노력의 일환이기도 했다. 그렇지만 경기는 결국 진정한 스포츠경기에서 맛볼 수 있는 긴장이나 활기와는 거리가 먼, 수치스런 볼거리로 추락했고, 기이하게도 이번에도 주인공은 무하마드 알리였다. 흑인 스포츠영웅의 이미지를 창조해 온 사람이 이제는 조 루이스가 벌인 볼거리 권투행진이나 제시 오웬스(Jesse Owens)[2]가 말과 벌인 뜀박질 경주 수준으로 떨어진 것이다. 전보다 더 많은 돈이 알리의 주머니 속으로 들어갔고 전보다 더 극진한 대접을 받았지만, 그만큼 알리 자신과 권투의

[1] 레슬러 안토니오 이노키를 가리킴

[2] 1936년 베를린올림픽에서 육상 4관왕을 차지한 흑인선수

이미지는 실추되었다.

  이때까지 알리는 신념의 표출과 익살꾼 노릇 사이에서 중용의 길을 걸어왔지만, 후년 들어서는 이 두 가지를 구분하는 주의력을 갈수록 잃어만 갔다. 알리의 초상화가 책이며 포스터, 잡지표지, 영화, TV 등 곳곳을 장식했거니와, 이런 알리의 이미지를 이용해서 돈을 버는 사람이 숱하게 불어났다. 알리의 자서전『위대한 자』(*The Greatest*)가 1976년 후반에 출판되었다. 오늘날 대부분의 전기작가들은 이 자서전의 정확성에 의문을 제기하며, 알리 자신도 이 책이 출판된 뒤 딱 한번 읽어본 게 전부라고 주장한다. 화려한 서술과 지루한 글이 번갈아 짜깁기된 이 책에서는 알리의 목소리라고는 거의 느껴지지 않는다. 도입부분은 어이없게도 허버트 무하마드에게 보내는 찬사로 시작하지만, 그나마 이 책이 알리의 노여움과 진보적 목소리를 담고 있는 마지막 문헌이라 할 수 있다. 아마도 그 공은 이 책의 집필자이자 흑인민족주의자인(그러나 무슬림은 아닌) 리처드 더럼(Richard Durham)과 편집자 토니 모리슨(Tony Morrison)에게 돌려야 할 것이다. 그 1년 후에 같은 제목으로 개봉된 영화에는 알리가 직접 출연했다. 지난날의 반항적인 모습을 재현하는 알리를 지켜보면서, 나는 〈버팔로 빌의 와일드 웨스트 쇼〉(Buffalo Bill's Wild West Show)에 나오는 인디언추장 '앉아있는 황소'(Sitting Bull)를 떠올렸다. 영화에서는 리틀빅혼(Little Big Horn) 전투[1]가 재현되고 있지만, 관객은 편안한 의자에 앉아 간질간질한 자극을 즐기고 있을 뿐 인디언들의 적의에 위협을 느끼는 일은 전혀 없다.

[1] 1876년 리틀빅혼 강에서 앉아있는 황소가 이끄는 수족과 카스터 장군이 이끄는 백인기병대 사이의 대전투를 가리킴

　알리의 품성을 의외로 잘 드러내는 아바타는, 킨샤사 대시합 이후 1975년 3월 클리블랜드에서 척 웨프너(Chuck Wepner)와 치른 첫 방어전에서 영감을 얻어 만들어진 실베스터 스탤론의 영화 〈록키〉(Rocky)에 나온다. 돈 킹은 한수 아래의 척 웨프너를 '백인의 희망'이라고 선전하면서, 자신은 "백인종에게도 똑같은 기회를 주려고 하는 기회균등주의자 사업가"라고 칭했다. 이 시합에서도 권투는 인종대결장으로 이용되었다. 다만 예전의 인종대결논리는 격렬하고 아슬아슬한 반응을 불러일으켰지만, 이 시합에서는 돈벌이를 위해 갖다 붙인 속이 뻔히 들여다보이는 싸구려 장식품일 뿐이었다(이 경기의 흥행실적은 참패였다).

　그런데 처음부터 패배가 뻔한 도전자 웨프너의 모습에서 실베스터 스탤론은 자신이 쓴 시나리오의 록키 발보아 역을 끄집어냈다. 록키 발보아는 현란한 테크닉의 소유자이자 화려한 허풍꾼인 흑인챔피언 아폴로 크리드와 싸워야 하는 무명의 도전자였으며, 여기서 챔피언 역은 무하마드 알리를 모델로 한 것이 너무도 분명했다(또 〈록키〉는 알리와 프레이저의 라이벌전을 연상시키기도 한다). 영화에서 맹수 같은 힘에 의존하는 무명의 선수는 백인이며, 날렵한 발놀림과 지략을 구사하는 선수는 흑인이다. 오랜 스테레오타입을 이렇게 뒤집은 것은 알리에게 바치는 찬사이며, 알리가 대중의 인식을 얼마나 변화시켰는가를 말해 주는 시금석이라 할 수 있다. 그러면서 이 영화는 알리의 이미지가 시대의 흐름에 발맞추어 어디까지 변해 갔는지도 말해 준다. 영화는 미국독립 200주년 행사를 배경으로 하고 있으며, 영화의 클라이맥스를 이루는 타이틀전은 아메리카 내셔널리즘을 축하하는 행사의 하나이다. 챔피언 아폴로 크리드는 성조기 무늬로 장식된 엉클 샘 모자를 쓰고 등장한다('이탈리아 종마'로 나오는 록키가 민족성을 더 부각시키고 있다). 첫편에 이어 제작된 후편들은 현실에서 더욱 멀어지고 있다. 후편에서는 타이틀 보유자인 백인영웅이 방어에 성공하며, 아폴로 크리드는 할리우드의 교과서적인 흑인 조역으로 쪼그라들어 있다.

1977년 알리는 앤디 워홀의 실크스크린 판화의 모델로 나섰다. 이로써 그는 마릴린 몬로, 엘비스 프레슬리와 함께 앤디 워홀이 그린 아메리카 '초상'의 반열에 끼였다. 챔피언은 앤디 워홀이 "한 시간 노동으로" 얼마나 많은 돈을 받는지 놀라움을 표시했고, 워홀은 식은 죽 먹기라며 심드렁하게 머리를 끄덕였다. 지금 볼 때 워홀의 초상화작업은 알리를 상업적 기호로 이용하고, 갈등의 상징에서 화합의 존재로 변화시킨 시발점이었다. 워홀의 초상화 연작에서 알리는 끝없이 늘어선 스타 초상들 중의 하나가 되었다. 이들은 가치 면에서 아무런 차별성도 없으며 교환 가능한 존재들이다. 지난 20년 동안 긍정적인 면이라면, 알리가 급성장하는 국제 미디어산업의 전송망을 이용함으로써 엄청난 수의 새로운 지지자들을 향해 자신의 면모를 드러내 보이고 자신의 주장을 전파할 수 있었다는 점이다. 그러나 동시에 이 미디어산업은 자신들의 메시지를 전송하고 자기 기업과 상품을 팔아먹기 위해 알리를 이용해 왔다. 알리의 초상은 계속 변모할 수밖에 없었던 것이다.

　1978년 2월 알리는 말재간도 변변치 않고 투박한 인상의 젊은 선수 레온 스핑크스(Leon Spinks)에게 패배했다. 이 대전은 돈 킹의 라이벌인 밥 애럼이 주선하였는데, 졸지에 그는 새로 탄생한 챔피언의 다음 세 경기의 옵션을 행사하게 되었고, 즉시 알리와의 재대결을 논의하기 시작했다. 한편 헤비급 챔피언 사업에 발을 디밀어야 했던 돈 킹은 또 다른 권투기구인 세계권투평의회(WBC)와 공모하여 스핑크스의 타이틀을 박탈했다. 이유는 스핑크스가 래리 홈스나 어니 셰버스(셰버스는 돈 킹의 캠프에 소속된 선수였다)와 대전하는 대신 알리와의 재대결을 먼저 논의함으로써 규정위반을 했다는 것이었다. 이후 '공석'이 된 타이틀을 겨냥한 챔피언 결정전이 몇 차례 이어졌지만, 이때를 기점으로 해서 권투기구는 갈가리 찢어져 저마다 헤비급 챔피언이라 주장하는 선수가 쏟아져 나왔으며 이로써 권투승부의 의미는 퇴색해 갔다.

　밥 애럼은 알리에게 접근하여 스핑스크와 선시티(Sun City)에서 다시 한번 맞붙을 것을 권유했다. 선시티가 남아프리카공화국의 괴뢰국가인 보츠와나의 수도이자 휴양도시인 데서 짐작할 수 있듯이, 남아프리카공화국의 후원을 등에 업은 애럼은 알리에게 1400만 달러라는 현기증나는 금액을 보장해 주겠노라고 했고, 알리는 흔들렸다. 그리하여 아서 애시와 제시 잭슨의 반대를 무릅쓰고 허버트 무하마드가 대전협상을 진행시켰지만, 세금문제가 복잡하게 얽힌데다 폐쇄회로 중계를 보이콧한다는 위협 때문에 협상은 중단되었다. 헌터 톰프슨의 심야대담프로에 출연한 알리는 이 문제에 대한 자신의 입장을 털어놓았다. 먼저 헌터 톰프슨이 남아프리카공화국에서 그 나라의 백인선수를 때려눕히면 될 것 아니냐며 알리의 대전참가를 종용하자, 알리는 잠시 골똘히 생각하고는 "좋죠" 하며 구미가 당기는 듯 답하고 이렇게 조건을 달았다. "대전 당일 경기장 안에서는 흑백평등이 이루어져야 합니다. 그 나라 대중과 세계인들이 반대한다면, 나는 가지 않겠습니다." 그는 이런 종류의 시합이 갖는 상징적 의미에 귀가 솔깃해하면서도 용의주도한 모습을 잃지 않았다. "고민이 되는 것은, 남아프리카공화국의 백인에게 내가 지면 어떻게 되냐는 거죠. …세계가 그걸 바라고 있지요. …남아프리카공화국에서 내가 백인에게 얻어맞는 꼴을 말이죠. …내가 상대를 너무 심하게 두들겨패고 그 나라를 떠나면, 그들은 내 형제들을 두들겨패지 않겠습니까? 나는 가볍게 행동하지 않습니다. 나는 흑인의 대표자니까요. …그것은 너무 민감한 문제입니다. …내가 관련이 되면 그것은 스포츠 이상의 의미를 가지게 됩니다."

많은 사람들은 알리가 마닐라 경기를 끝으로 은퇴해야 했다고 생각했다. 특히 스핑크스에게 패한 뒤로는 이렇게 생각하는 사람이 더 많아졌지만, 알리는 다시 등장했다. 그는 훈련을 충분히 하지 못한 스핑크스를 꺾었지만, 헤비급 챔피언이 되겠다는 열망에 가득 차 있었다고는 할 수 없을 것이다. 사실 알리는 이로써 세계챔피언을 세 차례나 차지하는 초유의 기록을 세웠다. 그러나 이번 승리는 그리 값진 것은 아니며, 옛 영광의 모방에 불과했다. 1979년 6월 37세의 알리는 은퇴를 선언했고, 대부분의 팬들은 안도의 한숨을 내쉬었다. 알리는 19년 가까이 프로선수로 뛰면서 54회의 대전을 치르는 가운데 단 세 번—조 프레이저, 켄 노턴, 레온 스핑크스에게서—패배를 기록했다.

알리는 1980년에 다시 아프리카를 찾았다. 이번 아프리카 행은 지금까지와 달리 미국의 공식사절로 방문한 것이었는데, 카터 대통령이 소련의 아프가니스탄 침공에 항의하여 모스크바올림픽 보이콧을 선언한 워싱턴의 입장에 호응의 북소리를 끌어내는 일을 알리에게 맡긴 것이다. 어쩌면 알리는 이슬람에 대한 헌신과 미국에 대한 의무가 마침내 합치하게 되었다고 생각했을지도 모른다. 그러나 아프리카에 도착한 그는 곧바로 미몽에서 깨어났다. 탄자니아, 케냐, 나이지리아, 세네갈 등지의 정치가와 기자들은 알리에게 날카로운 질문을 던졌다. 그들은 새로운 냉전의 선전도구로 이용당하는 것이 아니냐며 알리의 입장과 의향을 추궁했고, 궁지에 몰린 알리는 기존 입장에서 물러서며 이렇게 시인했다. "아마도 제가 뭔가 옳지 못한 일에 이용당하는 것 같습니다. 여러분 덕에 세상을 다른 각도로 보게 되었습니다. 저는 흑인의 배반자가 아닙니다." 발언이 여기까지 이르자 배석한 국무부 관리는 기자회견을 중단시키고 알리를 문 밖으로 거칠게 내몰았다.

어머니의 땅 아프리카를 찾았던 지난날의 여행과는 너무도 대비되는 이 사절여행은 알리에게 일종의 대재난이었다. 알리는 당혹감과 곤혹감을 안고 미국으로 돌아와서는, 또다시 링에 복귀했다. 한때 은퇴 뒤 지도적 역할을 하겠다는 구상을 했던 그가 말이다. 아프리카에서 겪은 실망감이 그를 링에 오르게 한 한 가지 요인이었을까. 돈이 필요해서 혹은 승부의 무대에 중독이 되어서였을까. 아니면 징병거부로 박탈당한 3년 6개월의 시간을 보상받고 싶은 욕구 때문이었을까. 가장 그럴듯한 해석은 이런 요인들 외에도 여러 요소가 한데 어우러진 결과라는 것이다. 아무튼 이렇게 해서 그는 옛 스파링 파트너였던 래리 홈스와 복귀전을 치르라는 돈 킹의 제안에 서명하였다. 킹은 처음으로 대전경비를 자신이 다 충당해야 했는데, 그러다 보니 알리의 건강에 대한 우려가 커졌어도 대전은 성사될 수밖에 없었다. 알리를 영웅으로 숭배하고 있던 홈스는 11회 동안 서른여덟 살의 이 전설적 인물이 온전한 모습을 유지할 수 있도록 깊은 타격을 입히지 않기 위해 최선의 노력을 다했다.[1]

그러나 돈 킹은 홈스만큼 사려가 깊지 못했다. 그는 계약서에 약정된 액수보다 적은 117만 달러를 알리에게 지급했고, 마침내 알리는 소송을 제기했다. 당시 킹은 이보다 앞선 웨프너와의 대전 때 빌린 돈을 갚으라는 압력을 마피아로부터 받고 있었던 터라 알리가 요구하는 액수를 모두 줄 형편이 아니었다. 그는 법정 밖에서 타협을 보려고 안간힘을 쓰다가, 필라델피아에서 전도업무를 보고 있던 제레미아 샤베즈를 찾아가 그를 통해서 알리에게 돈을 보냈다. 그때 알리는 처음 은퇴를 선언하기 전부터 시달려오던 원인불명의 신경계통 질환을 치료하기 위해 병원에 입원해 있었다. 샤베즈는 현금 5만 달러를 알리에게 건넸고, 알리는 킹의 나머지 부채를 면제한다는 서류에 서명했다. 그리고 몇 년 뒤 윌레

[1] 경기는 래리 홈스의 11회 TKO로 끝났다

소잉카는 늙어가는 전 챔피언의 모습을 묘사했는데, 그 챔피언은 경기장 앞자리에 앉아 한때 자신의 것이었던 타이틀을 놓고 이류급 선수들이 싸우는 모습을 지켜보고 있다.

> [알리는] 고개를 조금 끄덕이네
> 카메라는 상냥하고 얌전하게 회전하며
> 주술사의 애매모호한 말을 전하네
> "그런 증상은 알겠지만, 결과는 장담할 수 없소"
> 흥행사들, 거간꾼들은
> 수건을 던질 때이네
> 파킨슨병
> 병명부터 다음절(多音節)이라 각운을 맞출 수 없네
> 한때 재재발랐던 루이빌의 떠버리와 운을 맞출 수 없네

알리가 젊은 시절 기꺼이 포기했던 돈과 영광과 성공을 집요하게 추구하며 끈질기게 링에 올랐다는 사실은 그리 놀랄 일이 아니다. 오히려 충격적인 것은 그렇게 행동하도록 방관한 사람들이 있다는 사실이다. 미디어와 권투관련 기구, 흥행사, 투자자 들이 없었다면 알리는 자신에게 그토록 심각한 타격을 입힌 일들을 할 기회조차 없었을 것이다. 링 복귀를 고집한 사람은 알리 자신이었다는 둥, 그렇지 않고서는 다른 방도가 없었을 것이라는 둥, 알리는 파킨슨병을 대가로 싸우기를 감수했다는 따위의 말을 이른바 식자연하는 사람들이 주장할 때마다, 나는 밥 딜런이 초기에 작곡한 (그리고 1963년 피트 시거가 부른) 〈누가 데이비 무어를 죽였나〉(Who Killed Davey Moore?)를 떠올리지 않을 수 없다. 노

래에서 가수는 심판과 매니저와 흥행사와 관객과 도박사 그
리고 기자 들에게 어려운 질문을 던진다.

> 누가 데이비 무어를 죽였나
> 그는 왜 죽었지? 이유는 뭐지?
> "난 아냐" 권투기자는 말하네
> 낡은 타이프라이터를 두들겨대면서
> 이렇게 말하네 "권투 탓이 아냐
> 권투는 미식축구 정도로 위험할 뿐이야"
> 또 말하네 "주먹싸움은
> 미국의 오랜 전통이잖아
> 그가 죽은 건 내 탓이 아냐
> 아니란 말야, 날 탓하지 말라구"

  알리의 후반기가 가르쳐준 교훈도 낡은 것이 되었다. 패
배 속에 승리의 씨가 담겨 있듯이, 승리 안에도 패배의 씨가
담겨 있는 법이다. 그 오랜 세월 동안 알리는 C. L. R. 제임
스가 말한 '현재 안의 미래'를 몸으로 구현한 존재였다. 비극
이라면, 그의 육체가 과거의 상처를 미래의 것으로까지 지니
고 있다는 사실이다. 이 비극 속에는 현실의 제도와 권투의
역사가 불가분의 관계로 녹아들어 있다.

●　　●　　●

  1980년 1월 알리는 인도항공과 아물(Amul)사[1]가 기획한
홍보행사에 초청을 받아 당시 아내 베로니카와 함께 봄베이

[1] 인도의 식품업체

를 찾았다. 타지 호텔의 고급객실에서 『더 타임스 오브 인디아』(*The Times of India*)의 젊은 두 기자를 맞은 알리는 자신의 종교관과 정치관을 상세히 설명했다.

무하마드는 아라비아인들에게, 크리슈나는 인도인에게, 붓다는 중국인에게, 예수는 유대인과 기독교인에게 돌아갔다고들 합니다. 인간은 오해와 자기도취 속에서 타인과 싸움을 벌입니다. 그러나 현실에서는 단 하나의 메시지가 있을 뿐입니다. 지혜의 메시지가 그것이지요. 이는 인간의 메시지가 아니요, 신의 메시지입니다. 내가 이슬람으로 개종한 단 하나의 이유는, 그 안에서 모든 사람이 평등하고, 올바르게 살고 신의 말씀을 믿으면 누구든 천국에 갈 수 있는 유일한 종교가 내가 듣기로 이슬람뿐이기 때문입니다.

"그렇지만" 하고 기자가 말을 잘랐다. "마르크스도 모든 사람이 평등하다고 말했습니다."

알리가 대답했다. "나는 그 사람을 모릅니다. 그 사람, 신앙이 있는 사람이었나요?"

"아닙니다."

"선행을 베푼 사람입니까?"

"그렇습니다. 그렇게 하길 희망했지요."

"그렇다면, 그는 천국에 갔을 겁니다."

● ● ●

이 원고를 마무리할 무렵, 알리는 영국의 TV방송에 두 역할을 새로 맡아 출연했다.

하나는 은퇴연금 광고이다. 광고에서는 먼저 젊은 알리의 모습을 보여준다. 펄펄 뛰는 생명력, 힘차게 놀리는 입 등 여전히 뭇사람의 시선을 빼앗아버리는 모습은, 겉모습은 더 그럴듯해도 실질가치는 떨어진 오늘날의 스타들보다 훨씬 강렬하다. 이어서 입도 제대로 떼지 못하는 알리의 요즘 모습이 비춰진다. 그는 한 흑인소년의 어깨를 어색하게 두드리고 있다. 그리고 내레이션이 나온다. "당신도 여전히 위대한 자가 될 수 있습니다. 은퇴한 뒤에도 말이지요." 그러나 이 광고의 후반부, 비틀거리는 알리의 모습은 더 이상 위대한 자의 모습이 아님이 분명하다. 나는 광고주의 진짜 목적은 60년대를 기억하는 시청자들로 하여금, 자신들이 늙고 불안한 존재라고 느끼게 하려는 데 있지 않았나 하는 의구심을 떨칠 수 없었다.

그리고 또 한 가지 역은 제3세계의 부채를 청산하는 캠페인이다. 광고에서 그는 침묵을 지키지만 변함없이 감동적인 챔피언이다. 이 광고가 표현하는 대의에 알리는 안성맞춤이었다. 가장 최근의 알리 모습을 지켜보는 동안 문득 이런 생각이 들었다. '그들은 여전히 알리를 길들이지 못했다. 알리의 이미지든 알리 자신이든 말이다. 그저 거기 있는 것만으로도 알리는 그 세대가 속한 60년대의 투쟁을 현재의 것으로 되살려놓았으며, 제3세계 원조를 위한 미래의 지구적 저항으로 만들어놓았다.'

맺음말:
왕관과 화환을 그대에게

Conclusion:
Crowns and Garlands

레온타인(Leontynes)과 레나(Lenas)의 화환을 만들어
하와이 레이처럼
당신의 목에
둘러드리겠어요
새미와 시드니와 해리의 왕관을 만들어
아 그리고 무하마드 알리 클레이의 왕관도 만들어
당신의 이마에 월계관으로 씌워드리겠어요
바로 오늘—
당신이 걸음을 옮겨
이 모퉁이를 돌기도 전에
그 화환과 왕관들이
떨어지고 시들어 흩어져버리는 모습을
보게 되겠지요
내 머리에 영광으로 빛난 것들이지만
단 하루를 가지 못합니다—
단 하루도—
고기도 빵도
집세도 대신 물어주지 않지만
왕관과 화환으로 빛날 위대한 이름들이여!
오!
나는 랠프 번치를 사랑하지만—
점심끼니를 대신할 순 없네. (랭스턴 휴스, 1967)

이탈리아 팔레르모를 찾은 일이 있다. 구시가지에는 (마
피아들이 50년 동안 관리하면서 엉망으로 만들어놓은 덕분
에) 2차대전의 잔해인 돌조각들이 여전히 어지럽게 나뒹굴
고 있었다. 그 가운데서 나는 서아프리카에서 온 흑인 노점
상과 마주쳤다. 그는 폭격으로 부서진 바로크식 궁전 앞의

보도 위에 물건을 늘어놓고 있었다. 주머니칼, 플라스틱 쌍안경 따위가 널려 있는 옆에, 각종 포스터가 자리를 차지하고 있었다. 옛 것과 새로 찍은 것이 뒤섞인 포스터들은 대부분 화려한 빛깔로 인쇄되어 있었지만, 개중에 몇 개는 끄트머리가 말려 올라가기도 했다. 이 낡은 포스터들 속에 70년대 중반에 찍은 무하마드 알리의 사진도 끼여 있었다. 알리는 마돈나와 교황, 레오나르도 디카프리오, 스파이스 걸스 그리고 이탈리아와 아프리카 축구선수들 틈바구니에 반쯤 몸이 가려진 채 얌전히 누워 있었다. 이 스타사진들 중 알리 외에 또 다른 미국흑인으로는 마이클 조던이 있었는데, 그때 그는 프로 농구선수로서 마지막 시즌을 마친 직후였다.

마이클 조던이 은퇴를 발표했을 때,[1] 언론들은 그를 '미국의 전지구적 상징'으로 치켜올렸고, 그의 은퇴행사는 농구의 인기가 심심풀이 카드놀이보다도 못한 나라에서까지 주목받았다. 그러나 조던의 은퇴를 접한 세계의 체육도들은, 알리가 대표하는 한층 위대한 세계적 종목을 떠올렸을 것이다. 미국의 언론들은 농구가 세계적 인기를 얻는 종목이라고 다소 착각하고 있다. 미국의 여느 스포츠종목과 비교하면 농구가 세계적인 기반을 약간이나마 구축하고 있는 것은 사실이다. 그러나 권투가 각 대륙에 넓혀놓은 저변과 비교해 볼 때, 농구가 다져놓은 기반은 지극히 왜소할 따름이다. 물론 축구는 더 말할 것도 없다. 마이클 조던은 미국 밖뿐 아니라 농구라는 영역을 넘어서도 유명인사인데, 그 첫째 이유는 그가 역사상 어느 운동선수보다도 스포츠를 통해 많은 돈을 벌었기 때문이며, 둘째는 그가 나이키사와 손을 잡았기 때문이

[1] 마이클 조던은 전성기를 구가하던 1999년 농구에서 은퇴하여 프로야구에 뛰어들었다가 다시 농구에 복귀했고, 2003년 봄에 완전히 은퇴했다. 여기서 가리키는 시점은 1999년임

다. 그가 상징하는 미국은 주식회사 아메리카이자, 승자독식
(winner-takes-it-all) 철학이다. 흑인 마이클 조던은 미국인
마이클 조던이라는 점에 의해 의도적으로 가려져 왔으니, 결
국 그의 흑인 됨은 그의 개인적 부와 성공신화로 쪼그라들
고 말았다.

알리의 시대 이후 거액이 오가는 스포츠종목에 흑인들의
진출이 두드러졌지만, 그와 동시에 그들의 출신지인 흑인사
회는 빈곤화과정을 겪어왔다. 흑인사회의 45%가 빈곤선 아
래에서 허덕이고 있는 상황에서, 최고의 지위에 지급되는 보
상액수는 하늘을 모를 정도로 치솟았으니──그 단적인 예
가 마이클 조던이다──흑인 스포츠스타를 흑인사회의 대표
자로 꼽기는 점점 더 어려운 형편이다.

『다윈의 선수들』(*Darwin's Athlete*)[1]에서 저자 존 호버먼
(John Hoberman)은 스포츠에서 흑인이 거두는 성공은 '인
종신화'를 공고히 유지시키고, 흑인의 개인적 혹은 집단적
발전을 왜곡하는 역할을 한다고 신랄하게 꼬집었다. 흑인 스
포츠영웅들이 출현하면서, 백인남성이 육체적으로 우월하다
는 19세기식의 신화는 오래 전에 깨져버렸다. 그런데 그 붕
괴된 신화의 자리에는 그 못지않게 사악한 신화가 들어섰다.
다름아니라 흑인의 육체적 우월성이라는 신화인데, 그 이면
에는 흑인의 지적 능력이 떨어진다는 논리가 은연중에, 그것
도 아주 자연스럽게 따라오게 된다. 많은 이들이 스포츠를
약속의 땅으로 바라보고 있지만, 존 호버먼은 스포츠를 인종
의 감옥이라고 갈파했다.

재키 로빈슨이 인종차별선을 깨뜨렸을 때, 적지 않은 사

[1] 1997년에 발간되었으며, "스포츠는 어떻게 블랙 아메리카를 손상시키고 인종신화를 유지시켜 왔는가"라는 부제가 붙어 있다.

람들은 메이저리그 야구가 미국사회를 비추는 정직한 거울
이 되었다고 생각했다. 그러나 예컨대 오늘날 백인의 평균수
명이 흑인보다 6년이나 긴 미국에서 한줌의 흑인 스포츠스
타들이 최고의 부를 누리는 모습은, 스포츠를 비틀린 거울
로, 아니 어떤 면에서는 노골적인 거짓말판으로 탈바꿈시켰
다 하지 않을 수 없다. 그동안 스포츠경기를 통해서 백인은
흑인들이 미국에 존재한다는 사실을 인정해 올 수밖에 없었
다. 그런 스포츠가 오늘날에 와서는 흑인사회가 여전히 당하
고 있는 고통과 인종차별의 현실을 은폐하는 데 한몫하고
있다.

　마이클 조던의 안전한 사업수완과 무하마드 알리의 정신
사이에는 그 어떤 공통점도 없다. 동남아시아에서 저임금을
착취하고 있는 나이키의 공장을 쟁점화시키기 위해 동분서
주하던 인권운동가들이 조던에게 도움을 요청했을 때, 그들
은 보기 좋게 퇴짜를 맞았다. 조던의 출신주인 노스캐롤라이
나주의 흑인 민주당원들도 인종차별주의자이자 동성애 혐오
자인 담배산업의 거물 제시 헬름스(Jesse Helms)의 당선을
막는 데 조던의 응원이 필요하다고 요청했지만, 역시 마찬가
지 꼴을 당했다. 알리는 "구호를 들지 않겠다"고 공언했었지
만, 조던은 돈을 받을 경우에 한해서 구호를 들어 보인다. 알
리는 백인적이지 않은 민족성을 찾기 위해 이슬람네이션이
라는 조직에 가담했다가 다시 국제주의적 휴머니즘 운동 속
에서 거듭 변모해 갔으며, 이 과정에서 모든 나라의 빈자와
무권력자에 대한 책임감을 발휘했다. 하지만 조던은 스스로
를 '아메리카'에 복속시킴으로써, 다국적기업의 민중수탈에

다름 아닌 '세계화'의 상징물이 되었다. 그가 농구경기장에서 거둔 놀라운 업적이나 그로부터 얻은 거대한 보상은 '미국식', 즉 자본주의식 삶을 정당화하는 표본 역할을 하고 있다. 조던은 이른바 신세계질서의 사회다윈주의(Social Darwinism)를 구현한 화신이다.

역사에서 단 하나의 교훈도 얻을 줄 모르는 언론들은 조던을 성공의 본보기로 찬양해 왔다. 돈도 명성도 없는 사람들에게 조던 같은 갑부 유명인사가 도대체 어떤 본보기가 될 수 있단 말인가? 대부분의 가난한 사람들이 조던처럼 힘들게 일하며 조던처럼 법을 지키며 인내와 겸양 속에서 살고 있지만, 그들에게 돌아오는 노력의 대가는 거의 없다. 요컨대 인기만점의 프로스포츠가 요구하는 신체적 자질을 갖춘 수많은 사람들 중 단 한줌의 대열에 끼지 않고서는, 우리가 마이클 조던의 흉내라도 낼 방도는 전혀 없다.

이와 정반대로 우리는 적어도 알리가 링 밖에서 행한 것들을 본받을 수는 있다. 즉 화려한 말놀음을 따라하는 것이 아니라, 사회적 압력에 도전하여 양심을 지키고 보다 높은 대의와 전체 공동체의 이해를 위해 헌신하며 진심 그대로 표현하던 모습을 본받을 수는 있는 것이다. 지극히 미천하고 작은 사람들의 운명과 자신의 운명을 하나로 여긴 '위대한 자'(the Greatest)의 의식적인 선택이 있었기에, 그토록 많은 이의 사랑을 받을 수 있었던 것이다.

미국은 자신들이 베트남 인민들에게 가한 짓을 잊고 싶어한다. 전쟁의 보상으로 동전 한푼 던져주는 일 정도가 남았을 것이다. 게다가 미국은 무하마드 알리를 끌어안고, 그를 국민통합의 상징물로 탈바꿈시키려 한다. 내가 미국을 떠나 산 지가 오래되어서 그런지 모르겠으나, 알리가 성공의 본보기가 되었던 까닭은 스스로 미국의 통합 상징물이 되기를 거부하고 이보다 더 원대하고 초국가적인 인식과 사회적 책임감을 옹호했기 때문이다. 알리의 역정은 스포츠·정치·생활의 영역 등에서 시도되는 국가적 통합이라는 것이 저절로 태어난 것도 신이 선물로 준 것도 아님을 항상 우리에게 일깨워준다. 국가적 통합이란 만들어진 것이며, 나아가 알리 스스로 입증했듯이, 해체시킬 수 있는 것이다.

일부 사람들은 알리가 불완전한 영웅임을 뒤늦게 알고 충격을 받기도 했다. 그러나 어떻게 보면 영웅이란 실제 존재하지도 않을 뿐더러 쓸모 없기만 한 것이다. 영웅은 단지 숭배될 뿐, 모방의 대상은 아니다. 알리의 인간적 결함을 바라볼 때 우리는 성공의 본보기란 언제나 불충분하고 모순된 것임을 깨닫게 된다. 앤젤라 데이비스(Angela Davis)[1]는 흑인민족주의의 상징적인 인물이 90년대에 다시 부각되는 모습을 평가하면서 이렇게 경고한 바 있다. "문화적 대변자 역할은 그 문화영역을 넘어서야 한다. 그렇지 않으면 문화로써 대변한다는 미명하에 행동을 포기할 뿐 아니라 문화적 행위가 곧 정치실천의 전부라고 여길 위험성이 생겨난다."

전성기 시절의 알리는 컴퓨터 바이러스와 같았다. 컴퓨터 바이러스는 양극 단자를 뒤집고 전기회로를 차단시키며 주변장치를 중심 영역으로 옮겨놓는다. 마찬가지로 알리는 흑백논리를 전복시키고 지배자들을 혼란시켰으며, 주변부의 논리를 중심부로 진출시켰다. 그러나 장기적인 관점에서 보

[1] 흑인 여성운동가. 미국공산당과 흑표범당에서 활동했으며 흑인과 여성 문제를 다룬 여러 저서들을 남겼음

면 그는 전자회로의 포로가 되었고, 바이러스 방화벽은 오늘
날까지 더욱 세련되고 예민하게 작동되어 왔다. 과거의 스포
츠스타들은 노예의 처지였으나 연봉상승, 거액의 대전료, 협
찬기업의 팽창 등이 이어지면서 노예의 지위에서 해방되었
다. 그 대신 그들은 기업이라는 권력에 더욱 종속되었을 뿐
아니라 거기에 잘 통합되었다. 기업권력에 순응하라는 압력
은 더욱 강해졌다.

마이클 오리아드(MIchael Oriard)[1]는 알리를 일컬어 "시
대에 뒤떨어진 인물, 스펙터클의 시대에서는 더 이상 나올
수 없는 영웅"이라고 말한 바 있는데, 알리의 시대보다 저항
의 가능성이 적어진 오늘날과 같은 현실에서는 맞는 지적이
다. 그러나 알리의 연대기를 되돌아볼 때, 저항의 가능성을
간단히 포기해 버리려는 이들은 밥 딜런의 노래가 경고한
함정에 빠질 위험에 처할 것임을 알려준다. 알리가 "나는 당
신들이 원하는 챔피언이 되지는 않을 겁니다"라고 선언한
다음 주에 발표된 밥 딜런의 곡을 들어보자.

> 펜으로 예언한다는 작가며 평론가여 와보시게
> 눈을 부릅뜨고 보시게 예언은 가망 없을 테니
> 너무 일찍 터뜨리지도 말게 수레바퀴가 굴러가고 있으니
> 누가 주인공이 될지도 알 수 없다네
> 오늘의 패자가 훗날 승자가 될 것이니

만일 자본의 지배가 전복되어 마침내 스포츠가 순수한 것
으로 존재할 수 있게 되는 스포츠혁명이 고맙게도 우리 시

[1] 학자이자 스포츠관련 저
술가

대에 일어난다면, 그리하여 스포츠가 돈벌이나 국가선전의 수단이 아니라 스포츠 그 자체만을 의미할 수 있게 된다면, 그 혁명가들은 무하마드 알리에게서 영감을 얻을 수 있을 것이라고 나는 단연코 확신한다. 개인적 도덕성과 지구적 연대의식의 모범을 보인 알리의 삶은 60년대의 향수에 그치지 않고 인류의 보편적 미래에 속할 것이다.

최근 다시 알리 붐이 인 것은 1992년 출판된 토마스 하우 저의 『알리 전기』(*Muhammad Ali: His Life and Times*)에 힘입은 바 크다. 구술사의 위대한 성취라 할 수 있는 이 책에는 적절한 균형감각과 주제에 관한 애착이 듬뿍 담겨 있다. 알리에 관한 글을 쓴 여타 필자들과 마찬가지로 나는 하우저의 이 역작에서 주요한 사실과 인용구를 많이 참고했다. 그렇다고 해도, 위대한 인물에 관한 이야기들이 그렇듯이 하우저의 전기는 그가 처한 시대와 장소의 산물이다. 『알리 전기』가 완결판이 될 수는 없다.

알리의 정치적 이력에 대한 시시콜콜한 사실까지 채워나가기 위해 나는 당시 신문(특히 흑인언론들)을 꼼꼼히 조사했으며, 흑인 자유운동과 반전운동에 관한 일화도 가능한 한 많이 찾아서 수집했다. 나는 또 여러 나라의 스포츠팬들이며 정치운동가들과도 편지를 주고받았다. 밥 딜런의 노래를 제외하고 이 책에 나온 노래가사들은 모두 내가 직접 뽑은 것이다.

참고자료는 매우 많았으나 그중 일부만 정리하면 다음과 같다.

Angelou, Maya, *The Heart of a Woman*, 1981.

______, *All God's Children Need Traveling Shoes*, 1986.

Armstrong, Scot and Bob Woodward, *The Brethren: Inside the Supreme Court*, 1979.

Ashe, Arthur, *A Hard Road to Glory*(three volumes), revised edition, 1993.

Bak, Richard, *Joe Louis, the Great Black Hope*, 1996.

Baldwin, James, *Collected Essays*, 1998.

Bergreen, Laurence, *Louis Armstrong, An Extravagant Life*, 1997.

Branch, Taylor, *Parting the Waters: America in the King Years, 1954~63*, 1988.

———, *Pillar of Fire: America in the King Years, 1964~96*, 1998.

Cleaver, Eldridge, *Soul on Ice*, 1968.

Clegg, Claude Andrew, *An Original Man: The Life and Times of Elijah Muhammad*, 1997.

Davidson, Basil, *The Black Man's Burden: Africa and the Curse of the Nation-State*, 1992.

Davison, Geoffrey, "The Cold War and the Evolution of Sports Consciousness in America," *Sporting Heritage*, 1, 1995.

Duberman, Martin, *Paul Robeson: A Biography*, 1988.

Du Bois, W. E. B., *Souls of Black Folk*, 1903.

———, *An ABC of Color*, 1963.

———, *The Autobiography*, 1968.

Early, Gerald, *The Culture of Bruising*, 1994.

Early, Gerald, ed., *The Muhammad Ali Reader*, 1998.

Essien-Udom, E. U., *Black Nationalism: A Search for an Identity in America*, 1962.

Evanzz, Karl, *The Judas Factor*, 1992.

Fraser, Ronald, *1968: A Student Generation in Revolt*, 1988.

Freedman, Suzanne, *Clay v. United States: Muhammad Ali Objects to War*, 1997.

Fryer, Peter, *Staying Power: The History of Black People in Britain*,

1984.

Garrow, David J., *Bearing the Cross: Martin Luther King Jr. and the Southern Christian Leadership Conference*, 1986.

Gilroy, Paul, *The Black Atlantic: Modernity and Double Consciousness*, 1993.

Gorn, Elliott J., ed., *Muhammad Ali: The People's Champ*, 1995.

Halstead, Fred, *Out Now! A Participant's Account of the American Movement against the Vietnam War*, 1978.

Hartmann, Douglas, "The Politics of Race and Sport: Resistance and Domination in the 1968 African American Olympic Protest Movement," *Ethnic and Racial Studies*, vol. 19, no. 3, July 1996.

Hayden, Robert, *Collected Poems*, 1996.

Haygood, Wil, *King of the Cats: The Life and Times of Adam Clayton Powell Jr.*, 1993.

Hoberman, John, *Darwin's, Athletes*, 1997.

Hughes, Langston, *Collected Poems*, ed. Arnold Rampersad, 1994.

James, C. L. R., *Nkrumah and the Ghana Revolution*, 1977.

Johnson, Jack, *The Autobiography of Jack Johnson*, reprinted, 1992.

Kelley, Robin D. G., *Race Rebels, Culture, Politics and the Black Working Class*, 1994.

______, *Yo' Mama's Disfunctional*, 1997.

King, Martin Luther, Jr., *A Testament of Hope: Essential Writings and Speeches*, ed. James M. Washington, 1988.

Kopkind, Andrew, *The Thirty Years War*, 1995.

Lewis, John (with Michael D'Orso), *Walking with the Wind: A Memoir of the Movement*, 1998.

Malcolm X, with the assistance of Alex Haley, *The Auto-*

biography of Malcolm X, 1965.

Marable, Manning, *W. E. B. Du Bois, Black Radical Democrat*, 1986.

__________, *Race, Reform and Rebellion*, 1991.

Marcus, Greil, *Invisible Republic, Bob Dylan's Basement Tapes*, 1997.

McIlvanney, Hugh, *McIlvanney on Boxing*, 1996.

Newfield, Jack, *The Life and Crimes of Don King*, 1995.

O'Reilly, Kenneth, *Racial Matters: The FBI's Secret File on Black America, 1960~72*, 1989.

Perry, Bruce, *Malcolm: The Life of a Man Who Changed Black America*, 1991.

Remnick, David, *King of the World*, 1998.

Roberts, Randy, *Papa Jack: Jack Johnson and the Era of White Hopes*, 1983.

Robeson, Paul, *Here I Stand*, 1958.

Rower, John Carlos and Rick Berg, eds., *The Vietnam War and American Culture*, 1991.

Sammons, Jeffrey T., *Beyond the Ring: The Role of Boxing in American Society*, 1988.

Shelton, Robert, *No Direction Home: The Life and Music of Bob Dylan*, 1986.

Sivanandan, A., *A Different Hunger: Writings on Black Resistance*, 1982.

Soyinka, Wole, *Mandela's Earth and Other Poems*, 1989.

Steen, Rob, *Sonny Boy: The Life and Strife of Sonny Liston*, 1993.

Tanner, Michael, *Ali in Britain*, 1995.

Terry, Wallace, *Bloods: An Oral History of the Vietnam War by Black Veterans*, 1984.

Thompson, Hunter S., *The Great Shark Hunt*, 1979.

Tygiel, Jules, ed., *The Jackie Robinson Reader: Perspectives on an American Hero*, 1997.

Ward, Brian, *Just My Soul Responding: Rhythm and Blues, Black Consciousness and Race Relations*, 1998.

Wolff, Daniel, *You Send Me: The Life and Times of Sam Cooke*, 1995.

Young, Andrew, *An Easy Burden: The Civil Rights Movement and the Transformation of America*, 1996.

무하마드 알리와 60년대 정신

『타임』지와 CNN이 선정한 20세기 최고의 영웅. "나비처럼 날아 벌처럼 쏜다"는 말 그대로 경량급에서나 볼 수 있는 빠른 스피드와 발놀림을 자랑하며 세계헤비급 챔피언을 세 차례나 차지했던 무하마드 알리를 모르는 이는 그리 많지 않을 것이다. 그는 상대의 속을 긁어대고 때로는 언론을 향해 비난의 직격탄을 날려대는 능수능란한 '떠버리'였고, 힘과 덩치만이 주름잡던 헤비급 권투계에 귀신같은 아웃복싱으로 펀치를 쏘아대는 새로운 스타일을 도입한 주인공이었다.

그러나 알리는 링 밖에서 펼친 싸움 때문에 더욱 기억된다. 캐시어스 마셀러스 클레이(알리의 본명)는 흑인의 절대금기로 여겨지는 인종차별 문제를 서슴없이 언급했고, 백인들이 가장 혐오하고 두려워하는 이슬람교단에 가입해 이름까지 이슬람식으로 바꾸었다. 바로 며칠 전까지 백인의 주문대로 수족을 놀려주던 어릿광대였지만 챔피언 벨트를 거머쥔 순간 "나는 당신들이 원하는 챔피언이 되지는 않을 것이다"라고 선언하고 '악당' 말콤 엑스와 공공연히 어울림으로써, 그는 순식간에 미국의 우상에서 적으로 탈바꿈하였다.

이에 미국은 알리의 징병검사 결과를 번복하고 베트남전 징집영장을 발부하는 것으로 응수했고, 알리가 병역거부를 선언하자

마자 타이틀 박탈이라는 최강수를 날렸다. 챔피언 자리를 빼앗긴 뒤에도 알리는 미국의 대외정책과 흑인차별에 대한 비판을 멈출 줄 몰랐다. 3년여 링을 떠났다가 복귀한 그는 권투선수로서는 환갑 나이인 32세에 세계 챔피언전에 도전하여, 당시 승승장구하던 조지 포먼을 누르는 극적인 반전을 연출해 보였다.

파란의 순간을 겪으면서 어느덧 알리는 스포츠 우상에서 정치적 색채를 지닌 아이콘이 되었고, 그러기에 미국 안에서보다 미국 밖에서 더욱 유명한 문제의 인물이 되었다. 그가 한국을 방문한 일이 있다는 것을 기억하는 이는 많지 않을 것이다. 당시 김포공항에서 서울 시내까지 연도에는 사람들로 가득 찼고, 어떤 곳에서는 알리를 환영하는 인파가 차도로 쏟아져 나와 "알리 만세!"를 연호했다고 한다.

이 책은 영국의 저널리스트이자 작가인 마이크 마커시(Mike Marqusee)의 『구원의 노래』(*Redemption Song*)를 옮긴 것이다. '무하마드 알리와 1960년대 정신'(Muhammad Ali and the Spirit of Sixties)이라는 부제가 말해 주듯, 이 책은 알리를 단순히 세계헤비급 챔피언이라는 측면에서만 살피지 않는다. 이 책은 저항의 시대로 기록되는 60년대 미국의 정세 속에서 무하마드 알리라는 인물이 갖는 의미를 그려내고 있다.

60년대는 현대 미국사에 중대한 전기를 이룬 시기였다. 우선 흑인 시민권운동이 급격하게 분출한 시대였다. 이전까지 두보이스 등 소수의 진보적 흑인지식인을 중심으로 이어져 오던 흑인운동은 마틴 루터 킹의 등장과 함께 대중적인 시민권운동으로 발전했다. 경찰, 군대, KKK 등은 살인·린치·폭력·투옥 등 모든 물리력을 동원했지만 한번 사슬을 풀고 나온 투쟁의 흐름은 그칠 줄 몰랐고 점차 여론의 지지도 얻어나가기 시작했다.

그러나 흑인 시민권운동이 대중화되면서, 노선을 둘러싼 갈등이 일어나기 시작했다. 마틴 루터 킹의 대척점에 말콤 엑스가 서 있었다. 흑인 무슬림단체인 이슬람네이션의 대변인 격이었던 말콤 엑스는 기존의 흑백차별 철폐운동이 백인의 동정을 구걸하는 중산층운동이라고 공격하고, 마틴 루터 킹이 주도하는 비폭력 무저항 방식의 투쟁을 비판했다. 특히 이슬람네이션은 흑백통합이 아니라 흑백분리를 주장하였는데, 이는 미국의 백인이 견지하는 흑백분리와는 전혀 다른 의미로, 흑인의 자주와 독립을 성취함으로써 백인과 완전히 분리되어야 한다는 파격적 주장이었다.

흑인 청년단체와 전투적 분파들은 말콤 엑스와 이슬람네이션에 주목했다. 말콤 엑스가 암살된 이후 이 흐름은 흑인의 힘과 정체성을 강조하는 블랙파워운동으로 발전했으며, 한편으로는 전세계 흑인들의 연대를 촉구하는 범아프리카주의와도 맥을 같이하게 된다. (이 책의 원제 *Redemption Song*을 밥 말리의 노래제목에서 따왔다는 것도 시사적이다. 밥 말리는 레게음악의 선구자로, 카리브해 연안과 아메리카대륙 등을 포괄하는 흑인 전체의 연대를 촉구하는 정치활동에도 관심을 기울인 인물이었다.)

다음으로 60년대는 베트남전쟁 등을 통해 세계패권을 움켜쥐려는 미국에 대항하는 저항운동이 격렬하게 솟구친 시대다. 미국 내에서는 징집 반대운동이 터져나왔고, 전세계계적으로는 아프리카·아시아 등을 중심으로 식민지해방운동과 반제국주의운동의 움직임이 줄을 이어 분출하였다. 냉전을 등에 업은 매카시즘에 숨죽여야 했던 미국의 지성계와 대중운동은 60년대 들어와서 반격을 시도한 셈이고, 그 결과 70년대 초까지 지속적인 민권운동의 길을 열게 되었다.

이 두 가지 운동의 흐름이 날줄과 씨줄로 교차하는 지점에 미국의 음악과 스포츠계가 놓여 있었다. 특히 미국의 대중음악은 비틀즈의 등장, 음유시인이자 '운동권가수' 역할을 한 밥 딜런의 출현으로 풍요롭고 역사적인 60년대를 구가했다. 흑인음악과 스포츠계에도 변화의 바람이 일기 시작했다. 백인 문화자본에 의해 상품화되면서 백인 취향의 얌전하고 부드러운 톤으로 순화되어 왔던 흑인음악은 차츰 흑인의 정체성을 짙게 추구하고 정치적 메시지도 담아나가기 시작했다. 이런 맥락에서 이 책은 솔의 대가 샘 쿠크를 특별히 주목한다.

스포츠계에는 변화가 다소 늦게 찾아들었다. 야구의 재키 로빈슨과 권투의 플로이드 패터슨은 백인이 바라는 모범적 신사 노릇을 충실히 이행하는 '엉클 톰' 타입이었다. 반면에 권투의 잭 존슨과 미식축구선수 출신의 배우 폴 로브슨 등은 행실 면에서 혹은 정치적 발언 면에서 공공연히 백인의 심기를 거스른 탓에 평생을 추방당하다시피 한 삶을 살아야 했다.

이런 시점에서 등장한 이가 캐시어스 클레이, 아니 무하마드 알리였다. 텔레비전이 라디오를 밀어내고 미디어의 주류로 부상한 60년대 초에 혜성처럼 등장한 미남 떠버리 클레이는 화려한 말솜씨와 말쑥한 외모, 현란한 권투솜씨를 휘날려댔다. 그는 시집과 시낭송 음반도 내놓았고 텔레비전 토크쇼에도 얼굴을 내미는 등 링 밖에서도 주저함이 없었다. 그는 미디어가 원하는 바 그대로의 신세대 스타였다. 새로운 미디어의 힘은 그의 일거수일투족을 아시아·아프리카·라틴아메리카 곳곳의 안방까지 실어

보냈다. 권투는 텔레비전 덕분에 세계화되었으며, 클레이는 최초로 진정한 의미의 세계챔피언이 되었다.

챔피언이 되기 전까지만 해도 그가 '불량한 검둥이' 소니 리스턴에 맞설 '백인의 희망'으로 여겨졌다는 것이 희극이라면, 그가 챔피언이 된 순간 스스로를 블랙 무슬림으로 선언하고 말콤 엑스와 어울렸다는 것은 비극의 시작이다. 이때부터 알리에게서 흑백통합의 망토가 벗겨지고, 저항의 아우라가 생겨나기 시작했다. 처음에는 이슬람교도임을 인정하는 데서 시작했지만, 미국의 공격 속에서 그는 점점 정치적 발언을 하게 되었다. 미국이 알리에게서 링이라는 무대를 앗아가자 베트남전쟁 반대투쟁, 인종차별 반대투쟁, 범아프리카주의 등의 경기장이 그 자리를 대신했다. 참으로 아이러니컬한 점은, 알리는 언제나 정치적인 인물이 되기를 꺼려했다는 사실이다. 알리는 누차 "구호를 들지 않겠다"고 공언했고, 말콤 엑스의 입장이 점점 더 공격적이고 정치적이 되자 이슬람네이션 교단의 회유로 그와의 관계를 단절했다. 그런데도 알리는 갈수록 정치적 인물로 비치었다. 이 책의 저자는 패권주의 미국과 흑인차별의 현실 속에서는 사실을 있는 그대로 말하는 것만으로도 저항의 코드로 불붙을 수밖에 없었다고 이해한다.

이 책은 또 미국의 상징으로 치켜세워지는 흑인 스포츠스타의 상품화 문제에 대해서도 언급한다. 여기서 저자는 무하마드 알리와 마이클 조던을 뚜렷이 대비시킨다. 농구계의 신화 조던 역시 불세출의 운동천재이며 대중의 우상이다. 조던 역시 미국을 상징하는 인물이며 전세계적으로 팬을 거느린 세계적 스타다. 그러나 두 사람은 확연히 다르다. 알리는 미디어를 스스로 '이용'하되 자신만의 메시지를 던지고 자신의 길을 헤쳐나갔지만, 마이클 조던

은 처음부터 (나이키) 자본과 손을 잡은 '걸어다니는 상표'요, 아
메리카의 세일즈맨이었다.

이 책은 낡은 기억을 위해 바쳐진 것이 아니다. 저자 마이크
마커시는 과거의 기억을 더듬는 것이 아니라, 오늘날 더욱 번성
하는 미국의 패권주의를 되새겨보게 하며 특히 문화자본이 장악
하는 문화계와 스포츠계의 현실을 직시하라고 요구한다. 그런 의
미에서 이 책은 음악인, 연극영화인, 체육인들을 위해 씌어졌다고
도 할 수 있다. 저자는 냉혹한 현금법칙과 숫자가 지배하는 문화
자본의 현실에서 진정한 문화인이 택해야 할 길이 어디인지를 묻
고 있는 것이다.

빛바랜 역사를 알리를 통해 되살려내려는 독자에게도 이 책은
훌륭한 체험의 원천이 된다. 소니 리스턴에서 무하마드 알리, 조
프레이저, 조지 포먼으로 이어지는 헤비급 권투선수의 계보를 더
듬고 흑인 블루스와 솔, 밥 딜런, 비틀즈의 음악을 다시 듣는 일
은 잊혀진 유년과 청년 혹은 옛 세대의 환희와 고통을 선사할 것
이다.

무엇보다 이 책은 오늘의 미국을 다시 들여다보게 한다. 저항
의 연대로 기억되는 60년대의 시민권투쟁을 통해 그나마 획득해
놓은 성과물들이 잘려나가는 한편으로, 전세계가 미국에 줄서기
를 강요당하는 현실은 60년대에 미국민중들이 겪은 신고와 그리
멀지 않다.